国郡全図　総図　　東谿青生元宣(尾張国)　　文政十一年(1828)編　天保八年(1837)刊

ものしり・・天保国郡全《てんぽうこくぐんぜん》図《ず》でみる

江戸諸国 東日本編

～奥羽、坂東、東国、北国、上方、蝦夷

無筆重宝　國尽案内（部分）

表紙の判《はん》じ絵《え》「無《む》筆《ひつ》重《ちょう》宝《ほう》　國尽案内《くにづくしあんない》」の答え合わせは最終頁をご覧ください。

人文社

170 年前の江戸諸国

●「諸国」とは

「諸国」は皇極《こうぎょく》四年（645）の大化改新に始まる律令時代に、中央（大和朝廷）によって設けられた地方制度です。延喜五年（905）に定められた律令細則『延喜式《えんぎしき》』によって、「畿道《きどう》」（京都周辺の畿内五カ国と地方七道）、「国郡《こくぐん》」（壹岐、対馬の 2 島を含む 68 カ国、590 余郡）、「里（のち郷）」の制度が確立されました。その後、七道に沿った諸国の区分が明治維新後の廃藩置県まで続きました。

明治元年（1868）に陸奥、出羽の 2 国が 7 カ国に分けられ、諸国は 68 カ国から 73 カ国になります。また明治二年（1869）蝦夷地が北海道と改められ、石狩、千島、渡島などの 11 カ国 86 郡に分けられました。

明治四年（1871）の廃藩置県に始まった現在の都道府県制度は、施行以来 130 年余りが経過しましたが、「諸国」は 1200 年以上の歴史を持っています。そのため現在でも私たちの生活、行事、自然の中で、旧国名など諸国の名称が日常的に数多く用いられています。

例：駿河湾、遠州灘、三河湾、
　　静岡市駿河町、浜松市遠州浜など。

●「国郡全図」について

天保八年（1837）名古屋の永楽堂から「国郡《こくぐん》全図《ぜんず》」（全 2 巻、B5 版、木版彩色刷）が出版されました。これは尾張国（愛知県）の碩学東谿《せきがくとうけい》青生元宣《あおうもとのぶ》が、地方七道別に一国一紙で諸国を表して 2 冊の図帖にまとめたもので、幕末まで何度も版を重ねました。かな文字、逆字、当て字などの地名が入り交じった国絵図ですが、当時の諸国の姿をよく現しています。

江戸の人々はこの図帖を通じて、なかなか訪れることのできない他国《たこく》や遠国《おんごく》に思いを馳せていたものと思われます。

●「ものしり江戸諸国」の意義

本帖では各道の諸国が畿内の山城国《やましろのくに》（京都府）から始まって都《みやこ》に近い順に並んでいますが、今回復刻、復刊にあたり全国を見やすくするために北から南への順としました。また、城・陣屋、街道、名所、史話などを諸国史料として掲載しました。

全市町村のルーツでもある諸国六十余州を、170 年前の江戸時代に生きた人々と同じ気持ちで見て回ることは、平成大合併の途上にあるわが市わが町の伝統と特性を見直す意味で、極めて意義のあることと考えます。本書によって時代を超えた郷土への愛着と興趣が読者諸氏に一層高まることを念じてやみません。

人文社編集部

ものしり江戸諸国 東日本編 目次

本書の愉《たの》しみ方

「ものしり江戸諸国」を見るにあたっての凡例と約束事です。古地図や日本史に興味のない方にも愉しんでいただけるよう、随所に工夫がちりばめられています。

江戸時代末期と現在の比較

- 国郡全図と同じ範囲、同じ向きの地図を掲載。そのため必ずしも北が上ではなく、縮尺も様々である。
- 現代図を作成するにあたり、江戸時代の主要な街道（旧街道）を調査し、さらにその主な宿場町を掲載した。現代図にある地名は、すべて国郡全図にもその名が見られるので、探してみて欲しい。
- 天保期における諸藩の城、陣屋のあった位置を現代図に印し、家、家紋、公称石高、所在地情報を添えた。城は■、陣屋は■、奉行・代官所など幕府直轄地は■の色で示した。

藩名、天保九年（1838）時の家名

城・陣屋 — 城 **水戸藩（徳川家）** — 家紋

家格 公称石高 — 親藩（御三家）35万石

茨城郡水戸（水戸市）

城・陣屋所在地（現在地）

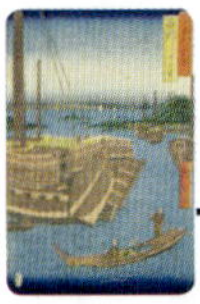

名所旧跡 見聞録

安藤広重／六十余州名所図会「下の関」

- 江戸時代を中心に、各国の歴史や事件、名所旧跡をコラムや写真、錦絵を交えて紹介。また、その土地に伝わる伝説や不思議な話、偉人伝などにも触れた。文中に番号（1）が登場する場合は、国郡全図にもその名所や地名が掲載されている。

- その国の印象が一目で分かるレーダーチャート。ただし各評価は人文社編集部の独断。

天保年間 知っとくDATA

- 各国の天保期の人口、名物、名産品のデータ集。現代まで語り継がれている埋蔵金噂話、代表的妖怪も合わせて掲載。

御家 変遷表 天保九年（1838）～廃藩置県を経て現代まで

- 御家変遷表には各藩の天保九年（1838）及び明治二年（1869）時点での藩主、公称石高、城・陣屋、詰所、家格、そして明治十七年（1884）の華族令における爵位（公侯伯子男）を掲載。また各藩や天領がどのような変遷を経て今日の都道府県に至るのか、廃藩置県前後の流れも記載した。変遷表は武鑑をもとに作成しているので、国郡全図中の群名とは必ずしも一致しない。

親 譜 外…家格。親藩、譜代、外様

帝 雁 廊 柳 菊 溜 大…江戸城の詰間。帝鑑間、雁間、大廊下 柳間、菊間、溜間 大広間

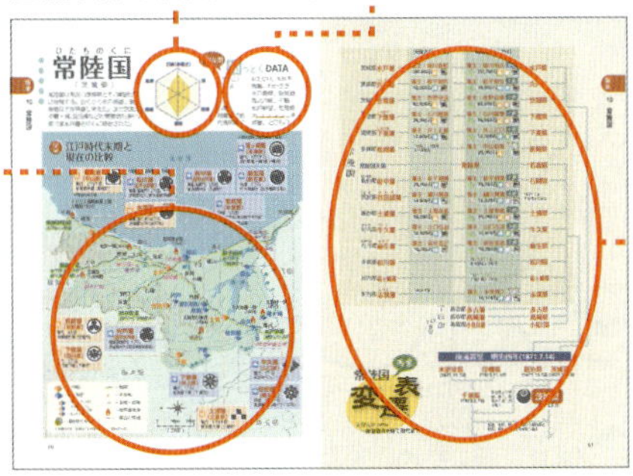

- 国郡全図は原色原寸で掲載。ただし次頁で取り上げている名所や土地に関しては番号（1）を印し、国内の主要な街道の一つに加色した。

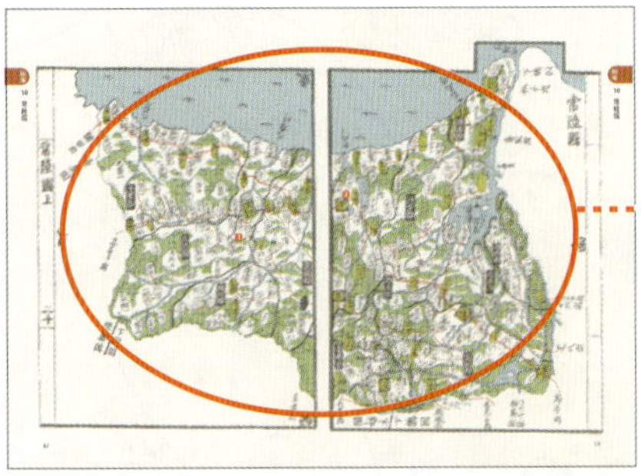

- 各国輩出有名人を生まれ順にリスト化。その中から1～2名をピックアップし、人となりや経歴を記載。
- 各国に伝わる郷土料理。江戸時代から伝わるレシピ通りに編集部で実践。成功しなかった例もあり。
- 各国の代表的な城、個性的な城を選んで紹介。

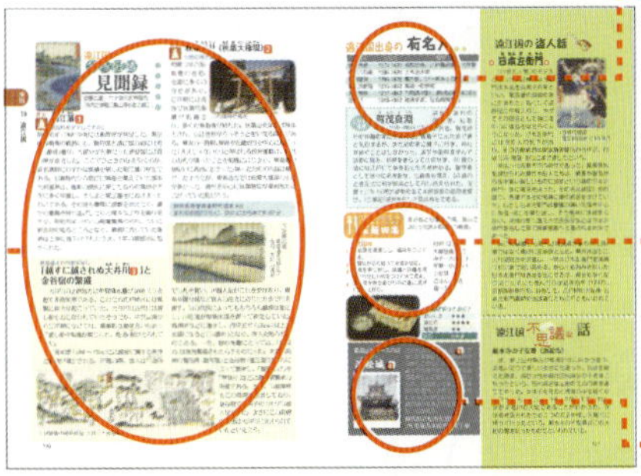

※上方以西は ものしり江戸諸国 西日本編 をご覧ください。

日本海山潮陸圖（東半分）　元禄四年（1691）

松前
佐渡 三郡
越後 七郡
出羽 十二郡
陸奥 五十四郡
越中
上野 十四郡
甲斐 四郡
武蔵
相模 八郡
駿河 七郡
遠江 十四郡
伊豆 三郡
下野
常陸
下総 十二郡
上総 十郡
安房 四郡
東照宮大権現
秋田
新庄
山形
米沢
庄内
白河
仙台
江戸
東
大井川
西海道

陸奥国《むつのくに》陸奥《りくおく》

（青森県・岩手県）

陸奥国・陸奥は現在の青森県と岩手県の一部からなる。奥州街道の青森、羽州街道の弘前を中心に栄えた。十和田湖や恐山、岩木山など景勝地が多い。弘前藩津軽氏を中心に統治された。

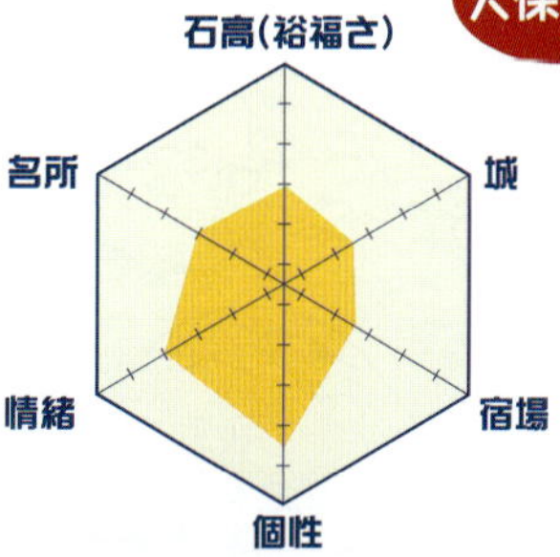

天保年間

知っとくDATA

推定人口 陸奥国 1,607,881人（1834年）
名産品 煎海鼠、津軽楮、埴土、舎利石、馬津軽塗、津軽焼、津軽こぎん
埋蔵金噂話 少 多
代表的妖怪 さだ

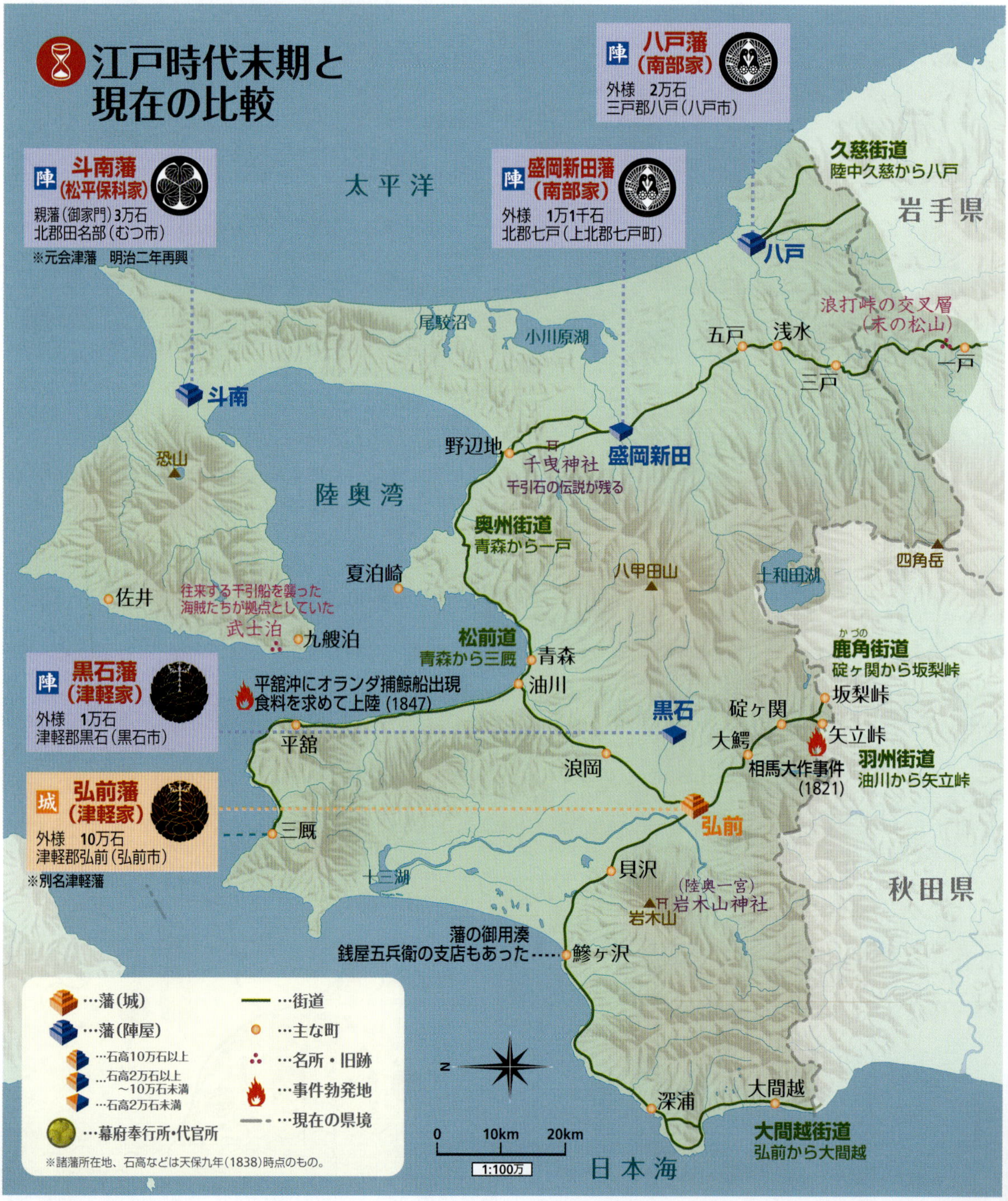

陸奥国陸奥 御家 表変遷

天保九年 (1838)
～廃藩置県を経て現代まで

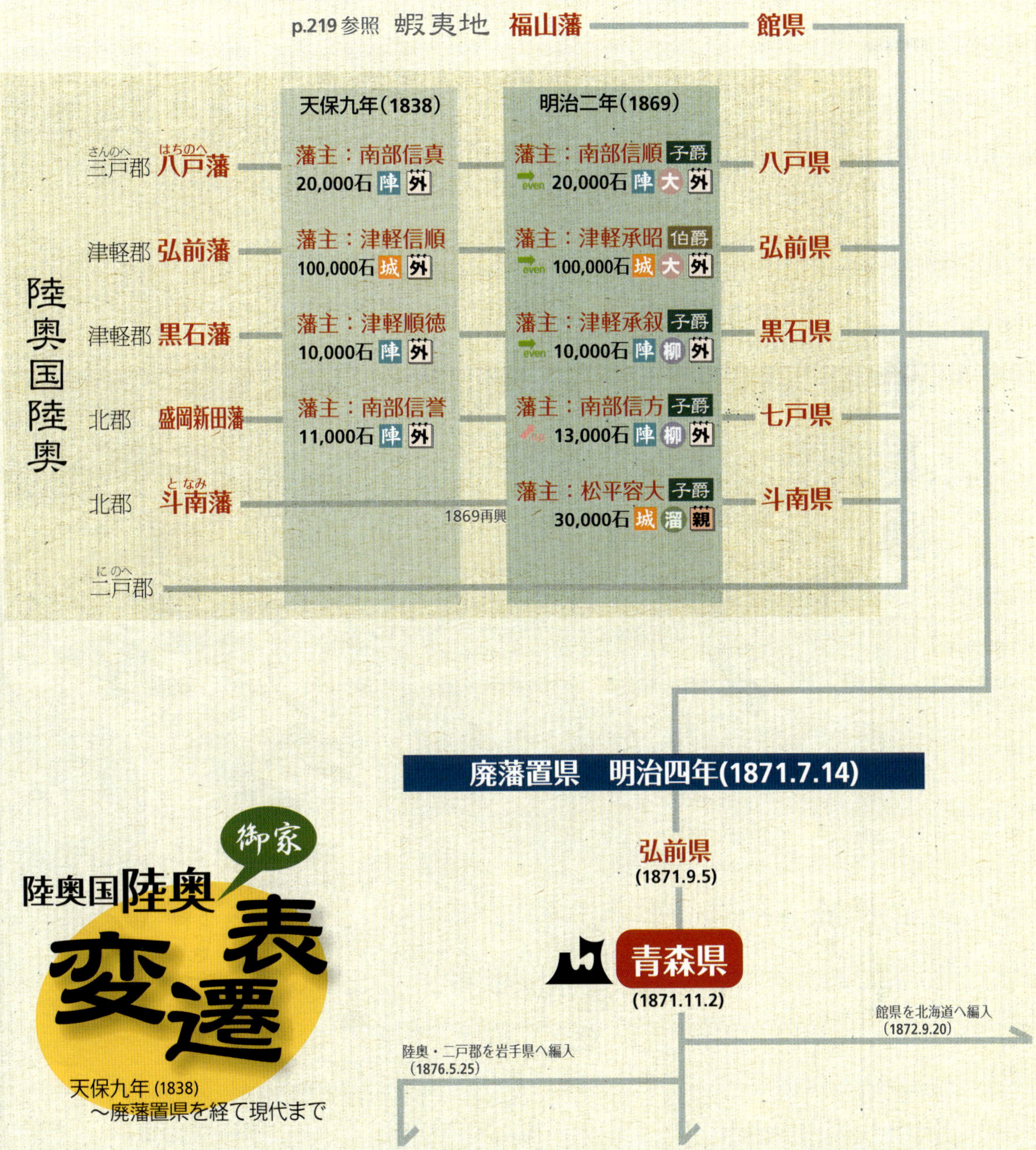

陸奥国陸奥のあらまし

陸奥国・陸奥は南北朝の時代、南朝方であった安東《あんどう》氏を蝦夷《えぞ》へ敗走させた北朝方の南部氏の支配下にあった。しかし、応仁の乱から戦国騒乱の時代になると、もともと南部氏の配下であった大浦城の大浦為信《ためのぶ》(津軽為信)が、南部氏の諸城を落として次第に勢力を伸ばし始める。為信は天正十八年(1590)、豊臣秀吉の小田原攻めの際、主家である南部氏に先んじていち早く兵を送り、秀吉から直々に津軽三郡を安堵《あんど》され南部氏から独立する。以来、陸奥最大の藩である津軽藩は一貫して津軽氏が支配したが、その成立の経緯から南部氏との対立が続くこととなった。戊辰《ぼしん》戦争の際にも、奥羽越列藩同盟に加盟した南部氏の八戸藩・盛岡新田藩に、新政府軍に恭順を示した津軽氏の弘前藩・黒石藩が攻撃を加えている。戊辰戦争の山場箱館五稜郭への攻撃で、前線の補給基地となったのが陸奥であった。

国郡全図凡例
- 郡界
- 街道驛路
- 城廓
- 陣屋
- 驛或宿並
- 村名庄号
- 神社
- 佛閣堂廟
- 海河川谷
- 池水
- 滝
- 島々
- 峯嶺山岳
- 湊或舩着舟渡シ
- 陵或ハ名所舊跡
- 關路
- 古墟
- 温泉火井
- 新田ノ印
- ※修正する地名を版木から切り取って埋木した箇所。

陸奥國上

国郡全図では陸奥国が 4 図で表されていますが、明治元年（1868）に陸奥国は陸奥、陸中、陸前、磐城、岩代の 5 国に分割されましたので、本書では国別に 5 図に分けて掲載しました。

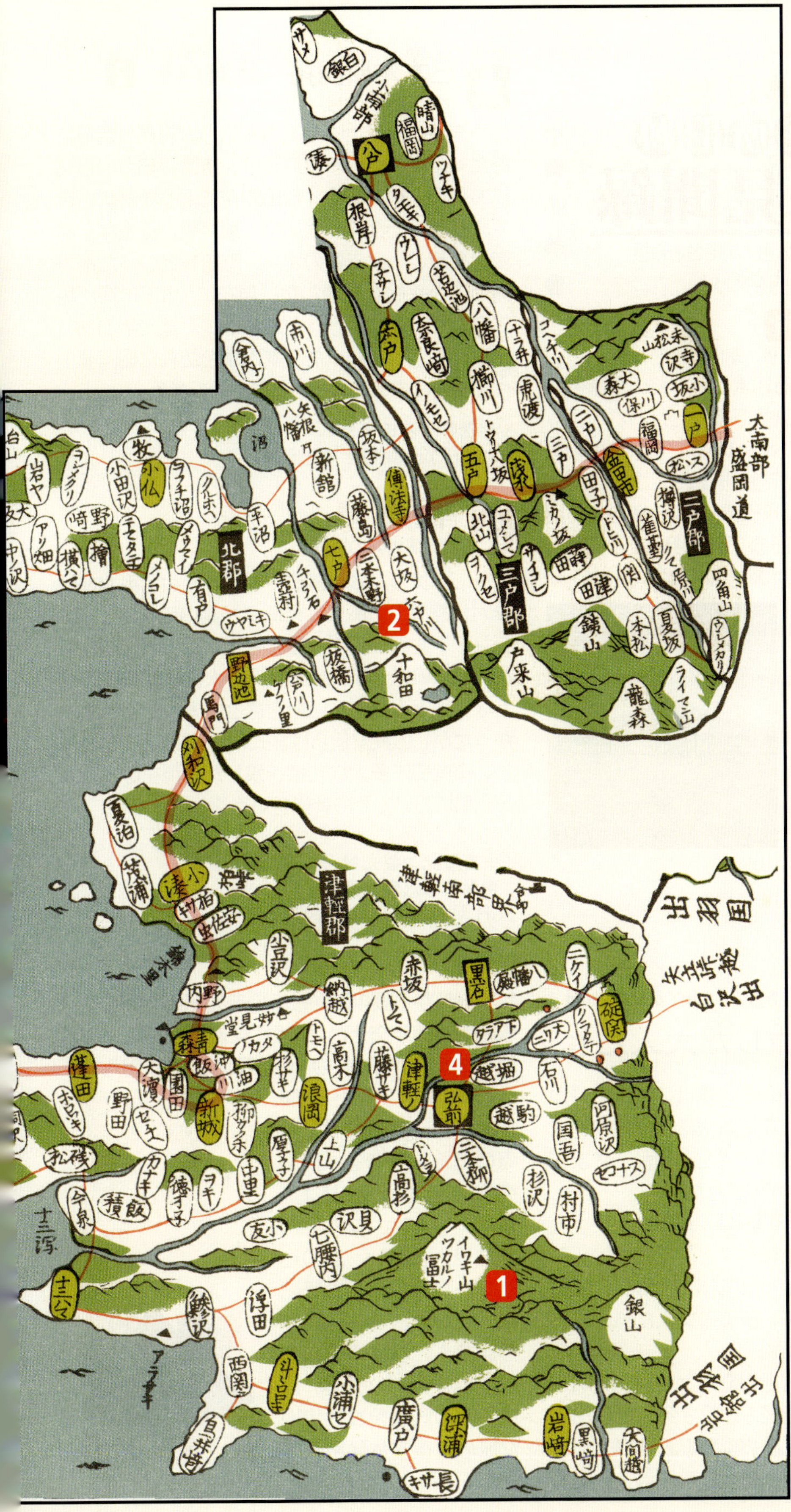
出羽国
津軽郡
津軽南部界
北郡
三戸郡
二戸郡
大南部盛岡道
弘前
黒石
浪岡
新城
藤崎
十和田
野辺池
七戸
五戸
三戸
二戸
一戸
金田市
戸来山
龍森
銀山
十三潟
小湊
2
4
1

陸奥国 陸奥 名所旧跡見聞録

二代広重 / 諸国名所百景
「奥州そとケ浜」

自然

岩木山参詣《いわきやまさんけい》 1

「お岩木様」に五穀豊穣、家内安全を祈願

「お岩木様」と尊称される岩木山で、お山参詣という集団登拝儀礼が弘前藩領で盛んに行われるようになったのは元禄期（1688 ～ 1704）。稲の作柄の見極めがつき収穫には間がある旧暦 8 月 1 日が山頂奥ノ院の神賑祭で、この日に御来迎を拝むべく旧暦 7 月 28 日から 8 月 1 日までに出発する。『奥民《おうみん》図彙《ずい》』によれば「紅染」の木綿を着て御幣を持ち「サイゲサイゲ」（現在ではサイギ）と唱えながら登る。数多く登った者は後襟に金札を、初めての者は赤い衣を身に付ける。太鼓を叩き笛を吹きにぎやかに登山したとある。国の重要無形民族文化財。

△岩木山

青森県中津軽郡岩木町

歴史

三本木原開拓《さんぼんぎはらかいたく》～新渡戸伝《にとべつとう》 2

十和田開拓の祖

江戸末期、荒野だった三本木原の大規模な開拓にあたった盛岡藩士新渡戸伝は、新渡戸稲造《いなぞう》の祖父にあたる人物である。新田開発による藩財政の建て直しだけでなく、駄馬市、瀬戸物、養蚕などの産業を起こし、寺社の建立、町割りといった都市開発にも手腕を発揮した。現在、十和田市の「稲生町」「稲生川」といった地名は、万延元年（1860）見事に生まれ変わった三本木原を訪れた盛岡藩主南部利剛《なんぶとしひさ》によって命名されたものである。

青森県十和田市
十和田観光電鉄十和田市駅

歴史

斗南藩《となみはん》 3

会津藩再興の道程

官軍に降伏した会津藩松平家は、明治元年（1868）12 月に陸奥上北郡・三戸郡・二戸郡内に領地を与えられ、下北郡田名部に藩庁を置いて再興を許された。北国の厳しい風土に加え、火山灰からなる不毛な土地での農作業に命を落とす者や去る者も多かったが、広沢安任《やすとう》らは洋式牧場「開牧社」を建設し、畜産史に多大な功績を残した。現在は、先人記念館においてその業績を知ることができる。

斗南藩記念観光村・先人記念館
青森県三沢市谷地頭
JR 東北本線三沢駅からバス

江戸の文人が、みちのくの地で夢見たものは

東北《とうほく》を旅《たび》した文人《ぶんじん》たち

みちのくの歌枕を訪ねての旅は、平安の昔から都人の憧れであり、江戸時代には風流の旅に出た文人墨客たちにより、東北を舞台にさまざまな見聞録や紀行文学が編まれた。

松尾芭蕉の『奥のほそ道』は、日本文学史上燦然と輝く、優れた俳諧紀行文として名高い。芭蕉が弟子の曾良《そら》と奥羽行脚に出たのは、元禄二年（1689）のこと。以降、多くの文人たちのみちのく行きに影響を与えた。

菅江真澄《すがえますみ》が故郷三河を出立したのは、天明三年（1783）。二度の旅を経て、没するまで秋田で暮らし、見聞した記録を『菅江真澄遊覧記』にまとめた。近代医学の先駆者 橘《たちばな》 南谿《なんけい》は、天明五年（1785）から翌年にかけての旅の記録を、医者の視点も織り交ぜた見聞録『東遊記』に著した。地理学者古川古松軒の『東遊雑記』は、天明八年（1788）に幕府の巡見使に随行、奥羽・蝦夷を視察した際の紀行文である。高山彦九郎の『北行日記』は寛政二年（1790）、ロシアの北方侵入を憂い、旅の途についた憂国の士の日記だ。変わりどころは江戸の旅芸人、富本繁太夫の手による『筆満可勢《ふでまかせ》』。民衆生活の底辺を渡り歩いた旅の貴重な体験記録となっている。

△菅江真澄

陸奥出身の　有名人…

この人に注目

乳《にゅう》井《い》貢《みつぎ》

正徳二年（1712）～寛政四年（1792）

津軽藩士。宝暦三年（1753）七代藩主津軽信《のぶ》寧《やす》に登用され藩政改革に着手した。改革実現のために、行政機構を一元化して権力を集中させ、経済統制を厳重にし、豪商・豪農の経済力を活用した。改革は一応の成功を収め、宝暦五年（1755）の大凶作では１人の餓死者も出さなかった。翌年には「標符《ひょうふ》」を発行。標符は「藩札」と違って売掛帳であり、武士、農民、商人の身分ごとに配付され、必要な物品を書き込んで藩から配給を受けるというシステムであった。物品を藩が一括で購入し、余計な金銭を藩外に流さないためのものだったが、貨幣のような信用を得られないまま発行を強行したため、藩内経済は混乱した。貢は責任を問われて蟄居となり、安永七年（1778）再び改革に挑むが失敗、天明四年（1784）から弘前塩分町に閑居した。

江戸時代の食文化 -01

けの汁

津軽藩祖大浦為信考案の粥《かゆ》の代用料理。けの汁の「け」は粥の意味。

recipe

1 材料を出来るだけ細かく切って鍋で水から煮る。
2 材料がやわらかくなったら、赤味噌で味付け、半日たった頃が食べ頃。

材料
大根…500g　人参…200g
ごぼう…150g　わらび…200g
ふき…100g　焼き豆腐…1丁
こんにゃく…1枚
煮金時豆…1カップ
赤味噌…適量

編集部でやってみた！

おいしさ	★★★
見た目	★★★
難易度	★★
総合	★★★

三層の天守と桜の名所

弘前城《ひろさきじょう》 4

津軽平野の中心にあり、岩木川と土淵川に挟まれた丘陵に三層の天守を構える弘前城は、桜の季節が最も美しい。津軽藩祖為信が築城を計画、子の信牧が慶長十六年に完成させた。戊辰戦争では新政府側についたため遺構がよく残り、天守閣や櫓、城門が現存する。

青森県弘前市下白銀町
JR 奥羽本線弘前駅下車

陸奥の悲話

唐糸《からいと》御前《ごぜん》（南津軽郡藤崎町）

鎌倉幕府の執権《しっけん》・北条時頼の側室に唐糸御前という美女がいた。しかし時頼があまりに唐糸御前を寵愛するので人々に妬まれ、根も葉もない噂話を流された唐糸御前は、いたたまれなくなって時頼の前から姿を消してしまった。津軽の藤崎に身を隠した彼女を時頼は懸命に捜したが、とうとう見つけることはできなかった。

それから数年たち、執権の地位を一族の長時に譲った時頼は30歳の若さで出家し最明寺入道と名乗り、民情視察のため各地を巡るようになる。そうして年月が流れたある日、唐糸御前に最明寺入道が津軽へやってくるという知らせが届いた。唐糸御前は時頼に会いたいと強く思う一方で、すでに若い頃の容色を失ってしまった今の姿を時頼だけには見せたくはないと悩んだ。苦悩の末、唐糸御前は時頼の記憶の中で若く美しいままに生き続けることを選び、近くの池に身を投げてしまった。やがて藤崎にたどりついた時頼は、唐糸御前の絶命を聞いて非常に悲しみ、近くに寺を建立して菩提を弔ったという。

陸奥　不思議な話

剣豪一戸三《けんごういちのへさん》之《の》介《すけ》（弘前市）

元禄太平の世、津軽藩に武芸十八般を修めた一戸三之介という剣豪がいた。三之介は自分の武芸を披露する場がなく、不満に思っていた。ある時ついに藩主の前で「泰平の世に生まれたことが無念」と言ってしまい、座敷牢に入れられてしまう。牢の中で奥義書を書いていた三之介は武芸が多くの過ちを呼んでいたことに気付き、仏道を志すようになる。許されて牢を出た三之介は弟子に武術を教えるかたわら仏道修行に邁進し、ついに「この奥義書を焼きながら死んでゆく」と言って生きながらにして墓の中に入った。近年墓を改葬した際、中には紙を焼いた灰が詰まっていたという。

黒神《くろがみ》と赤神《あかがみ》の戦《いくさ》（中津軽郡岩木町）

昔、陸奥国竜飛《たっぴ》岬の黒神と、羽後国男鹿《おが》半島の赤神が十和田湖の女神を巡って争った。その時、八百万《やおろず》の神々は岩木山に陣取って戦を見物した。黒神を応援する神は右に、赤神を応援する神は左に分かれた。黒神の応援の方が多かったので、岩木山の右肩は低くなってしまったのだという。

陸奥国《むつのくに》陸中《りくちゅう》

（岩手県・秋田県）

陸奥国・陸中は現在の岩手県と秋田県の一部からなる。古くから藤原氏の拠点平泉、奥州街道の盛岡が栄えた。南部馬や南部鉄、水晶など特産品が多い。盛岡藩南部氏を中心に統治された。

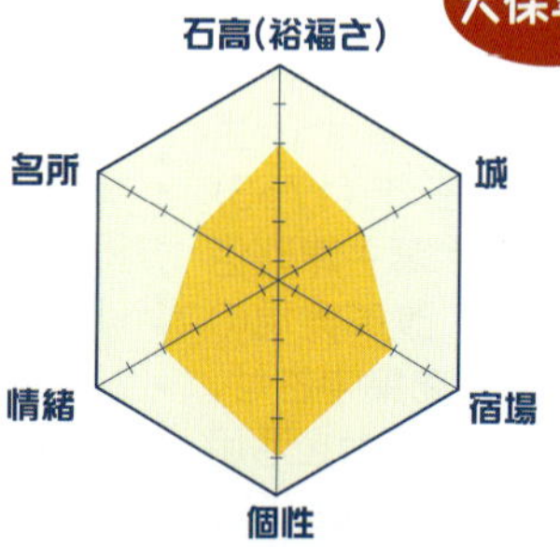

天保年間 知っとくDATA

推定人口　陸奥国 1,607,881人（1834年）
名産品　片栗、塩引き鮭、木材、砂金、銅、南部馬、気仙行李、南部鉄瓶、秀衡塗
埋蔵金噂話　少　多
代表的妖怪　やすくさえ

江戸時代末期と現在の比較

陸奥国陸中 御家 変遷表

天保九年（1838）～廃藩置県を経て現代まで

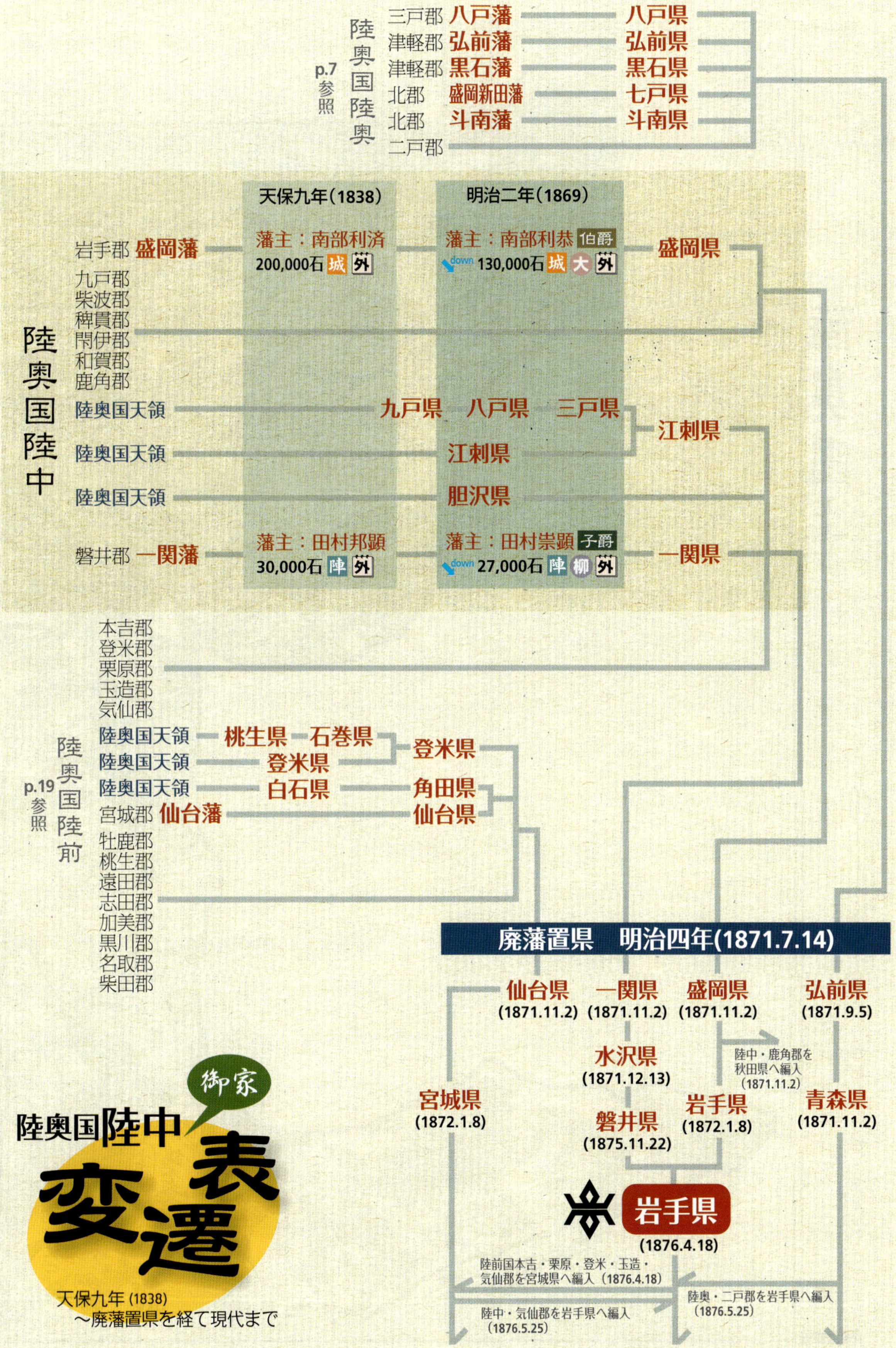

国郡全図では陸奥国が 4 図で表されていますが、明治元年（1868）に陸奥国は陸奥、陸中、陸前、磐城、岩代の 5 国に分割されましたので、本書では国別に 5 図に分けて掲載しました。

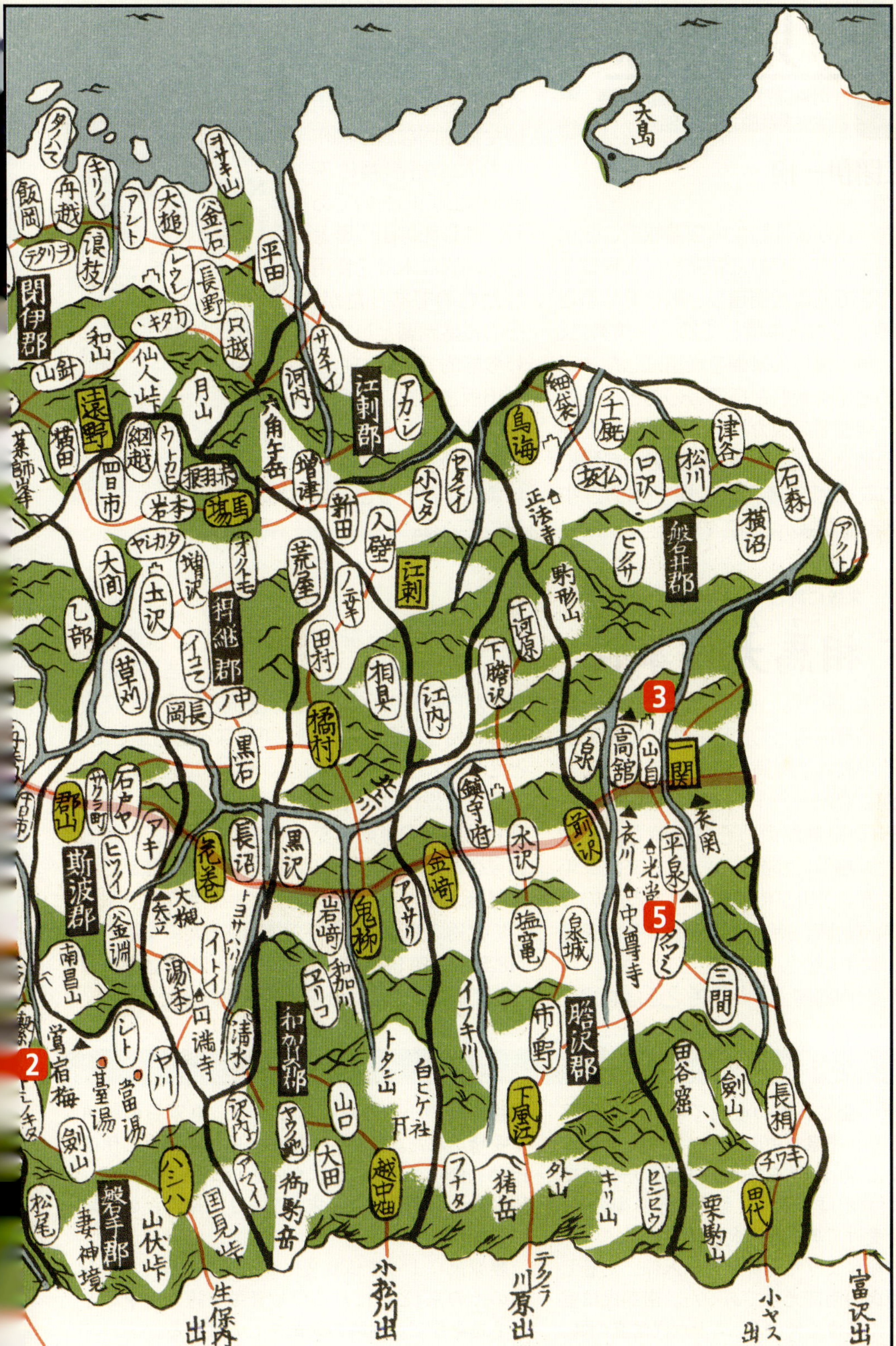
大島
平田
閉伊郡
遠野
江刺郡
江刺
磐井郡
胆沢郡
和賀郡
斯波郡
郡山
一関
鳥海
橋村
花巻
鬼柳
金崎
前沢
水沢
平泉
中尊寺
高館
泉
三間
田代
越中畑
下嵐江
栗駒山
剣山
猪岳
国見峠
山伏峠
妻神境
生保内出
小松川出
川原出
富沢出
石森
横沼
津谷
松川
千厩
黒沢
長沼
黒石
岩崎
土沢
大迫
和山
仙人峠
月山
六角牛岳
増沢
新田
荒屋
田村
江内
塩竈
泉城
市野
山口
大田
湯本
清水
沢内
大槌
釜石
長野
只越
舟越
飯岡
草刈
乙部
四日市
3
5
2

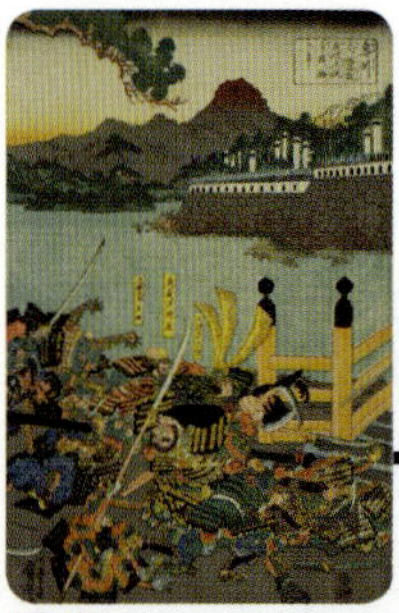

陸奥国 陸中 名所旧跡見聞録

一勇斎国芳 /「奥州高舘合戦義経主従勇戦働之事」(部分)

歴史 南部三閉伊一揆《なんぶさんへいいっき》

史上最強の一揆

江戸時代、最も一揆が多発した南部藩域で、弘化四年(1847)と嘉永六年(1853)に勃発した大規模な一揆。巧妙な方法で武器を調達し、軍を進めるごとに人数を増やして村を越境してゆく一揆勢に、役人は逃げ出し藩は藩境の警備を厳重にした。三浦命助をはじめとする優れた指導者のもと、この一揆は南部藩、伊達藩の数カ月に及ぶ話合いを経て成就し、中心地だった田野畑村の民俗資料館には一揆衆が勝ち取った「安堵状《あんどじょう》」や一揆で掲げた「小○」(困るの意味)旗が展示されている。

文化 南部盛岡暦《なんぶもりおかごよみ》

文字の読めない人々に重宝された絵暦

江戸時代には幕府統制の下、各地で暦《こよみ》が出版されているが、南部地域では文字の読めない人のために絵文字を用いた独創的な暦が制作された。南部暦は南部地域独自のものであり、はじめは田山暦として簡素な木版を使用したものであったが、その後盛岡暦としてより機能的で美しいものが出版された。右の暦は一番上右より文・寅・十三、つまり文政十三年寅の年ということを表している。

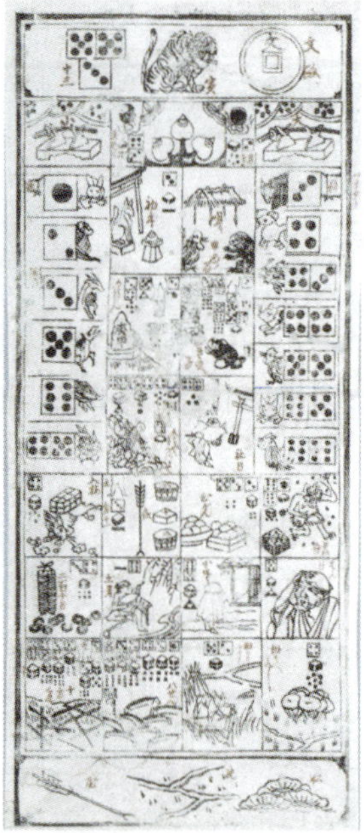

△盛岡暦

未遂に終わった津軽藩主襲撃計画

相馬大作事件《そうまだいさくじけん》

津軽藩と南部藩の長い確執の始まりは天正十八年(1590)の豊臣秀吉の小田原攻めにまでさかのぼる。その後も江戸時代を通じて対立してきた両藩だが、寛政十一年(1799)、幕府によって両藩に蝦夷地警備が命じられた時も、警備の功を競った昇格争いが激しかった。文政三年(1820)、津軽藩主寧親《やすちか》が侍従に昇格するという報が南部に入った時、南部藩主利敬《としたか》はそれを憂いて病を得、幼主を残して死んでしまった。

これを聞いた南部藩士下斗米秀之進《しもとまいひでのしん》は義憤を覚え、津軽藩主寧親の暗殺を決意する。文政四年(1821)、日頃懇意にしている刀鍛冶《かじ》大吉に寧親が江戸から帰国する期日と道順を聞き出すように依頼し、自らは脅しの大砲や小銃などを用意した。ところが大吉は大名暗殺という大罪に巻き込まれることを恐れ、津軽藩の番屋へ密告してしまう。寧親は帰国の道筋を変えて事なきを得、計画の露見を悟った秀之進は江戸へ逃亡した。激怒した津軽藩は幕府に上訴し、江戸で相馬大作と名乗っていた秀之進は公儀の手で捕縛された。文政五年(1822)8月29日、秀之進と門弟関良助《せきりょうすけ》は小塚原刑場で斬首となる。24歳の若さであった。

陸奥国陸中のあらまし

陸中は中世、金と良馬の産地であり、奥州藤原氏三代により、平泉を中心に長く平和と繁栄が続いた。しかし源義経《みなもとのよしつね》を秀衡《ひでひら》が保護したことで源頼朝《みなもとのよりとも》と対立がはじまり、秀衡の子泰衡《やすひら》の時、頼朝の追討を受けて奥州藤原氏は滅亡する。

後、頼朝の命により九戸郡糠部《ぬかのぶ》に入部、定着したのが甲斐源氏の南部光行《なんぶみつゆき》であった。南部氏は室町時代に大きく勢力を伸ばし、二十六代信直の時、盛岡城(不来方城《こずかたじょう》)を築いた。天正十八年(1590)年、豊臣秀吉の小田原攻めに参陣し、10万石の所領を安堵された。こうして陸中一円は南部氏と伊達氏とで分領されることになる。江戸幕府開府後も、陸中最大の盛岡藩は幕末に至るまで南部氏の支配であった。

藤原氏によって仏教文化が開花した陸中は「みちのくの京」と呼ばれるほど繁栄を誇り、中尊寺や毛越寺《もうつうじ》などが往時の栄華をしのばせる。

陸中出身の　有名人..

名前	生没年	概要
新渡戸伝	1793-1871	農政家。三本木原台地を開拓
畠山太助	1816-1873	盛岡藩三閉伊一揆の頭取の一人
三浦命助	1820-1864	盛岡藩三閉伊一揆の頭取の一人
大島高任	1826-1901	釜石鉄山で洋式高炉を建設
後藤新平	1857-1929	明治・大正期の政治家
新渡戸稲造	1862-1933	教育家・思想家。『武士道』

この人に注目

建部清庵《たてべせいあん》

正徳二年(1712)~天明二年(1782)

蘭学の隆盛と多くの人材を育て「一関に過ぎたるもの」と讃えられた一関藩医。宝暦五年(1755)の飢饉の際は救荒作物の栽培法を教える日本初の対策書『民間備荒録』を著した。一関城跡の釣山公園には彼の教えた食用植物が植えてある。蘭方医学は独学で学び、当時第一人者だった江戸の杉田玄白に疑問点を書いた手紙を送った。その往復書簡が寛政七年(1795)『和蘭《オランダ》医事問答』として出版され、蘭医の入門書となる。またハンセンがハンセン病は遺伝病ではなく外因性のものだと発見する1世紀以上前に気付き、治療に効果を上げたという。

この人に注目

高野長英《たかのちょうえい》

文化元年(1804)~嘉永三年(1850)

仙台藩水沢領の藩士後藤実慶の三男に生まれ、のちに高野玄斎の養子となる。江戸で蘭学を学び、文政八年(1825)長崎に赴きシーボルトに学ぶ。シーボルト事件後、江戸で渡辺崋山の西洋事情研究会のメンバーとなり、『戊戌夢物語』などを著して幕府の政策を批判した。天保十年(1839)蛮社の獄が起こると投獄されるが、弘化元年(1844)脱獄する。以後、宇和島藩などで庇護を受けたが、嘉永三年(1850)潜入した江戸で幕吏に襲われ自刃した。

啄木が詠う不来方の城

盛岡城《もりおかじょう》 1

北上、雫石、中津川が合流する丘陵に築かれた城は、南部二十七代信直と利直二代にわたって45年の年月で完成した。戊辰戦争では奥羽越列藩同盟に加わり敗れたため、賊名をこうむった。天守や櫓なども破却され、石垣が残るのみだ。城から見る秀峰岩手山が美しい。

岩手県盛岡市内丸

JR東北本線盛岡駅下車

陸中　江戸時代の　名勝地

鶯宿温泉《おうしゅくおんせん》（雫石町）2

北上川支流の鶯宿川にのぞむ静寂の湯。天正(1571～1590)の頃、鶯が足の怪我を湯につけて治しているのを加賀国から移り住んでいた樵《きこり》が発見し、鶯湯と名付けたという。南部藩十五代藩主利剛の命で江刺恒久がまとめた『奥々風土記』の温泉の項には「～諸病に験あれと別て、中風･折傷･金瘡･古傷等にはいとよく相応～」とあり、藩主らも湯治に訪れたという。

高館《たかだち》（西磐井郡平泉町）3

源頼朝に追われた義経が、藤原の秀衡の庇護を受けて住んだといわれる舘跡で、判官館ともよばれる。文治五年(1189)四代泰衡に襲われ義経は自害したという。

厨川《くりやがわ》（盛岡市）4

前九年の役(1056～1062)の最後の決戦場。胆沢、江刺、和賀、稗貫、斯波、磐手の奥六郡を支配して栄えた安倍氏の居舘があった。

平泉《ひらいずみ》　中尊寺《ちゅうそんじ》（西磐井郡平泉町）5

奥州藤原三代100年の栄華の跡をとどめる地。その中心をなす中尊寺は慈覚大師円仁が開いた天台宗の名刹で、有名な金色堂がある。

陸中の　不思議な話

錦木塚《にしきぎづか》（鹿角市）6

昔、大湯の草木に住む若者が政子という美しい娘に思いを寄せた。若者は錦木を毎晩家の前に立てて求婚を続けたが、九百九十九夜目ついに病に倒れ死んでしまう。若者の思いを知った政子は悲しみ、あとを追うように死んでしまった。2人を埋葬した場所を錦木塚と呼んでいる。

酒買地蔵《さけかいじぞう》（盛岡市）

盛岡城城下の酒屋に毎晩酒を買いに来る小僧がいた。ある時、店の主人が貸した樽を返してくれと言ったが返事がない。腹が立ってつい殴りつけてしまったが、心配になって小僧の後をつけると地蔵堂の前で姿を消した。堂の中には酒の空き樽と額に傷を負った地蔵がいたという。

巨石《きょせき》の怪《かい》（紫波郡紫波町）

昔紫波の赤石村の橋に、夜な夜な妖怪が出て人々を悩ませていた。阿部庄右衛門という侍が退治に向かい、妖怪に斬りつけたが死体はなく、足元に石が転がっているだけだった。そののち、人日堂の巨石の肩が欠けていることがわかり、妖怪の正体がその石だったことがわかった。

陸奥国《むつのくに》陸前《りくぜん》

（宮城県・岩手県）

陸奥国・陸前は現在の宮城県と岩手県の一部から成り立っていた。奥州街道の仙台、東北屈指の湊町石巻を中心に栄え、日本三景のひとつ松島を有する。仙台藩伊達氏が領内を統治した。

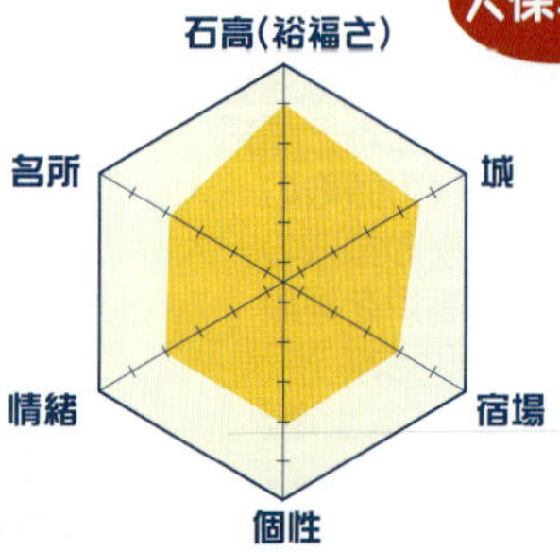

天保年間

知っとくDATA

推定人口	陸奥国 1,607,881人（1834年）
名産品	仙台米、金海鼠、伊達絹、鳴子塗
名物	仙台駄菓子、仙台味噌、酒
埋蔵金噂話	少 多
代表的妖怪	じんべえさま

江戸時代末期と現在の比較

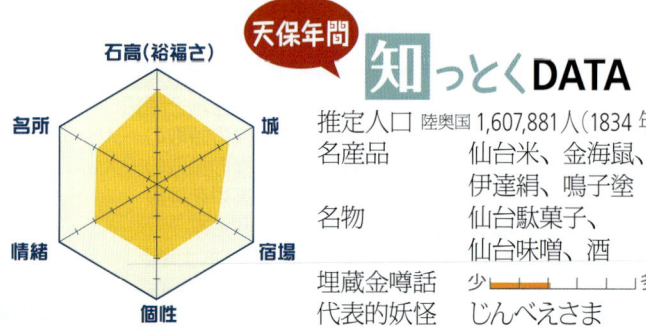

陸奥国陸前 御家変遷表

天保九年（1838）
〜廃藩置県を経て現代まで

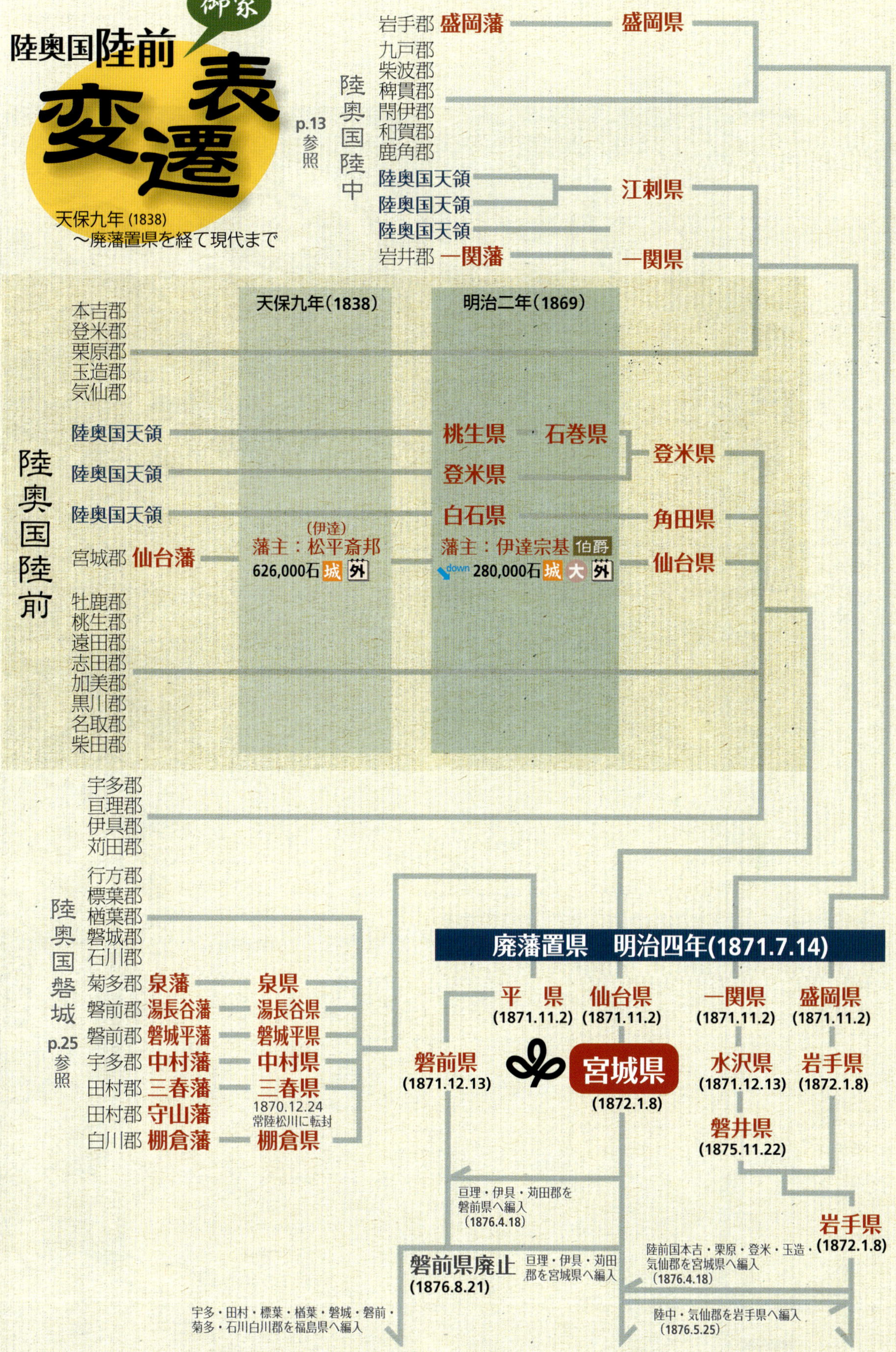

国郡全図では陸奥国が 4 図で表されていますが、明治元年（1868）に陸奥国は陸奥、陸中、陸前、磐城、岩代の 5 国に分割されましたので、本書では国別に 5 図に分けて掲載しました。

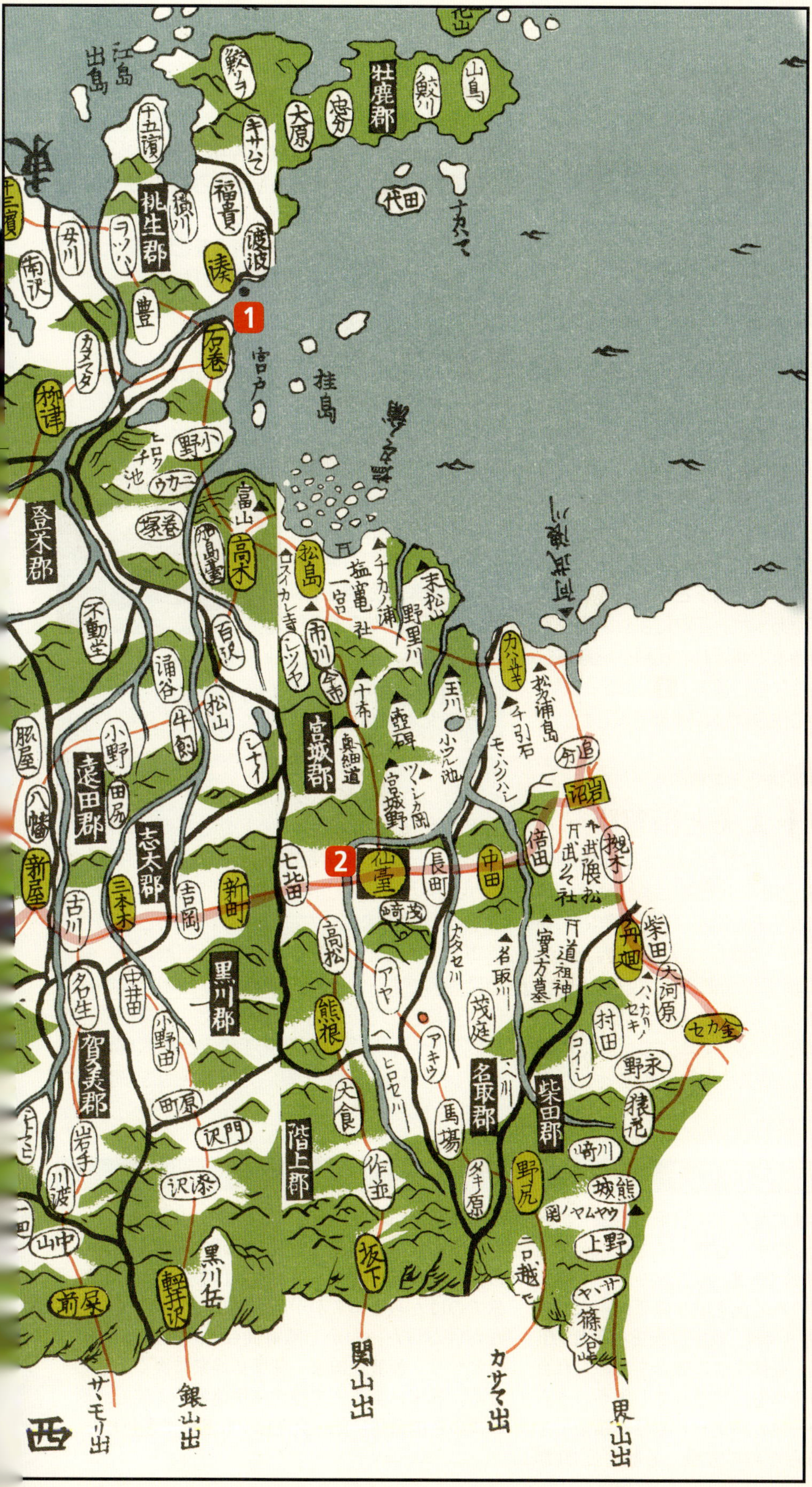
1
2
西
江島
出島
牡鹿郡
桃生郡
登米郡
遠田郡
志太郡
黒川郡
宮城郡
名取郡
柴田郡
賀美郡
大原
山鳥
代田
湊
渡波
石巻
桂島
松島
塩竈
宮戸
仙臺
長町
中田
岩沼
玉川
宮城野
高松
作並
坂下
野尻
上野
古川
新屋
三本木
吉岡
新町
中新田
小野田
岩手
川渡
山中
黒川岳
大倉
馬場
茂庭
舟廻
大河原
関山出
銀山出
カサヽ出
笹谷峠
笹谷山出
サヽモリ出

陸奥国 陸前 名所旧跡見聞録

安藤広重 / 六十余州名所図会
「松島風景富山眺望之略図」

歴史

北《きた》上《かみ》川《がわ》改《かい》修《しゅう》工《こう》事《じ》～川《かわ》村《むら》孫《まご》兵《べ》衛《え》

先進的な技術を持ち仙台藩の産業開発に従事

川村孫兵衛重吉は長州出身。数学、土木技術、測量等を学び毛利氏に仕えていたが、関ヶ原合戦後浪人し近江国蒲生郡に移住。この地が伊達政宗の領地となった縁で、仙台に移り仙台藩内の金山開発、製塩に従事。元和二年（1616）に着手した北上川改修工事は寛永三年（1626）に完成。迫川、江合川を現在の桃生町神取付近で北上川に合流させ、河南町鹿又と福田の中間から北上川の本流を南下させ石巻で海に注ぐようにした大改修であった。これにより隣接する南部領内の物資が石巻まで運ばれ、江戸へ廻送されるなど水運の便が良くなり石巻湊（1）は繁栄した。孫兵衛はその後石巻に住み続け、74 歳で没した。

歴史

叢《くさむら》塚《づか》

飢饉の爪痕

旧仙台藩域には、飢饉で命を失った人々を供養するするために建立された叢塚が各所に現存する。天明、天保の飢饉では、比較的裕福とみられていた仙台藩に東北各地から人々が流れ込んだ。粥《かゆ》小屋が設けられたが、押し寄せる流民や疫病の蔓延に対応しきれず、数多くの亡骸《なきがら》が周辺に埋葬された。

歴史

大《おお》崎《さき》八《はち》幡《まん》宮《ぐう》

境内には林子平の考案した日時計がある

華麗な桃山建築と伊達の美学を代表する権現造りの社殿は、慶長十二年（1607）に建立された。創建は古く、天喜五年（1057）に源義家が安倍貞任・宗任の討伐にあたり祀った胆沢八幡邑を、大崎家兼が遠田郡八幡村に勧請したのが始まりと伝えられる。

△大崎八幡宮

宮城県仙台市青葉区八幡 4-6-1
JR 東北本線仙台駅よりバス 15 分

幕末模様

烏組の異名をとる無敗の烈士たち

細《ほそ》谷《や》十《じゅう》太《だ》夫《ゆう》と衝《しょう》撃《げき》隊《たい》

衝撃隊は戊辰戦争における仙台藩の戦闘部隊であり、仙台藩士細谷十太夫により慶應四年（1868）に結成された。細谷は、戊辰戦争での仙台藩兵の不甲斐無さに憤慨し、知己の侠客、農民、猟師などを集めて衝撃隊を編成した。隊士全員が黒装束を身に着け、隊旗には翼を堂々と広げた烏の絵が描かれていた。夜陰にまぎれた奇襲戦法を得意として、官軍を大いに悩ませ、官軍側に「細谷烏と十六ささげ　なけりゃ官軍高枕」と言わしめたほどであった（十六ささげは棚倉藩士による誠心隊の別称）。しかし長岡城の落城や、久保田藩の裏切りなどにより奥羽越列藩同盟が瓦解し、明治元年（1868）9 月、仙台藩は官軍への降伏を決定した。降伏が決まると細谷は官軍に抵抗した佐幕派の一員として追われ、官軍に捕縛された。しかし仙台藩からの助命嘆願により細谷の処刑は中止となった。檻禁解放後の同年十月、細谷は御蔵元手代安治清太郎から1000 両を借り、隊士全員に分け与え隊を解散させたという。

陸奥国陸前のあらまし

奥州では藤原氏滅亡後から所領争いが激しかったが、南北朝の戦乱の中で台頭してきたのが伊達郡に本拠を置く中村（伊達）氏であった。伊達氏は政宗の時、会津の芦名氏を破り藤原氏以来、奥州をほぼ平定する。しかし、政宗は天正八年（1590）の小田原攻めの際、豊臣秀吉に遅参を責められ会津、岩瀬、安積の3郡を没収されてしまう。さらにその後、領内の一揆の鎮定をめぐり本領全てを取り上げられ、あらためて宮城、名取など 20 郡が与えられた。

家康が天下を制覇した後、所領は安堵されたものの外様の実力者であった政宗は警戒され、関ヶ原でのはたらきにもかかわらず刈田郡が与えられただけだった。しかし陸前仙台藩の石高は 62 万石となり、加賀前田家、薩摩島津家に次ぐ大藩となる。幕末に至るまで陸前は伊達家が支配し、その後の新田開発に伴い実高は 100 万石と言われた。

陸前出身の 有名人…

名前	生没年	概要
伊達秀宗	1591-1658	宇和島藩初代藩主 伊達政宗の長子
蘆東山	1696-1776	儒学者、『無刑録』

この人に注目

大槻玄沢《おおつきげんたく》（盤水《ばんすい》）

宝暦七年（1757）～文政十年（1827）

一関藩医玄梁の長男で、12歳で建部清庵の門弟となる。清庵と杉田玄白の往復書簡である『和蘭《オランダ》医事問答』をまとめた。安永七年（1778）玄白の門に入り、さらに前野良沢からオランダ語を学ぶ。両師の名から玄沢と名乗る。仙台藩医となるが、一時帰郷を除き江戸で暮らすという特別待遇が与えられた。長崎でオランダ語を研究し、寛政元年（1789）日本初の蘭学塾「芝蘭堂」を江戸に開き、門人の育成にあたるとともに蘭学の聖典である『蘭学階梯《らんがくかいてい》』を完成させた。『解体新書』を正誤した『重訂解体新書』も出版、医学の進歩に大きく貢献した。

この人に注目

千葉周作《ちばしゅうさく》

寛政六年（1794）～安政二年（1855）

陸前国栗原郡花山村の北辰《ほくしん》夢想流を唱える家に生まれる。剣術を小野派一刀流の浅利又七郎および中西忠兵衛に学び、独立して北辰一刀流を創始する。諸国遍歴の武者修行をして名声を挙げ、道場玄武館を品川町に開き、のち神田お玉が池に移転した。庶民にも分かりやすい懇切丁寧な指導を心掛けたため、門弟は3000人余りにも及びその中には桜田門外の変の水戸浪士らもいた。水戸弘道館で剣術指南をした縁から、水戸藩から天保十二年（1841）100石の馬廻役にとりたてられるが、政治的な活動をすることはなく、終生一剣客としてあり続けた。

独眼龍62万石の城

仙台城《せんだいじょう》 2

東に断崖と広瀬川、南にも深い沢、西北に谷という天然の要害の地に伊達政宗が慶長五年築城を開始、八年に完成した。5基の隅櫓、肥前名護屋城から移築した大手門があり、石垣を使った東北最大の近世大名の居城で青葉城ともいう。復元した隅櫓と長塀がある。

宮城県仙台市青葉区
JR東北本線仙台駅下車

陸前の 御家騒動

伊達騒動《だてそうどう》

万治三（1660）年、仙台藩62万石の三代藩主伊達綱宗は放蕩三昧の生活を咎《とが》められ幕府から逼塞《ひっそく》・隠居を命じられた。家督を継いだのは幼少の世子亀千代丸（のちの綱村）で、まだ2歳であった。実は綱宗を逼塞・隠居に追い込んだのは、初代政宗の第10子で綱宗の叔父にあたる宗勝で、政宗の子である自分を差し置いて甥の綱宗が家督を継いだことに不満を持ち、綱宗の失脚を画策したのであった。

2歳の藩主綱村の後見役に収まった宗勝は、一門の田村宗良・家老原田甲斐らとともに藩政の実権を握り、伊達宗家の横領を企てて専横の限りを尽くした。宗勝は幕閣へも触手を伸ばし、「下馬将軍」として権勢を誇った大老酒井忠清の後ろ盾を得るためにその娘を嫡子の妻に迎えた。約10年にわたって藩政を私した宗勝は、とうとう幼主綱村を毒殺して宗家乗っ取りを成就しようとした。幸い暗殺は未遂に終わったが、見かねた伊達一門の老臣・伊達安芸宗重は寛文十一年（1671）、藩政を腐敗させたとして宗勝らを幕府に訴えた。同年3月27日、酒井忠清の屋敷に宗勝、宗良、原田甲斐、安芸宗重ら関係者が集まった。評定が進む席上、形勢不利を悟った原田甲斐は突然脇差を抜き、安芸宗重を斬殺する。しかし原田も同席の者たちに即座に斬られ即死した。

これを受けた幕府は、宗勝を土佐藩にお預け、宗良を閉門、原田家を取り潰すという裁定を下した。仙台藩62万石は辛うじて所領を安堵され、以後藩主綱村に後見役は置かれなかった。

陸前の 英雄伝

津太夫世界一周《つだゆうせかいいっしゅう》

寛政五年（1793）、石巻湊を出帆した米廻船若宮丸が海難事故に遭い、宮城郡寒風沢の水主津太夫らがアリューシャン列島に漂着した。津太夫らはその後、ロシア人の助けを得てシベリアへ渡り、イルクーツクに滞在後首都ペテルスブルクで皇帝アレクサンドルに拝謁《はいえつ》した。津太夫らは10年の歳月をロシアで過ごし、大西洋を渡るロシア船に乗船、ブラジル、マゼラン海峡を経て太平洋を横断、文化元年（1804）レザノフらに護送されて長崎へ帰国した。津太夫らは初めて世界一周をした日本人である。

陸奥国《むつのくに》磐城《いわき》

（福島県・宮城県）

陸奥国・磐城は現在の福島県東部と宮城県の一部から成り立っていた。奥州への入口である勿来ノ関や白河の関を有する。名馬三春駒や木材のほか干鰯や牡蠣、雲丹といった海産物も産した。

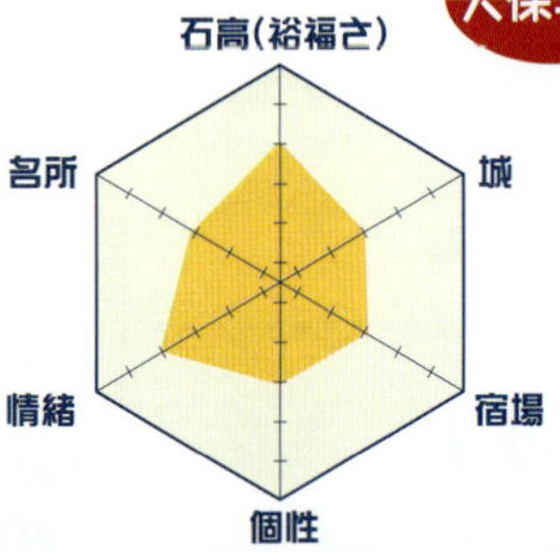

天保年間

知っとくDATA

推定人口 陸奥国 1,607,881人（1834年）
名産品 蚕種、楮、菅笠、三春駒、雲丹、干鰯、藍、牡蠣、相馬焼、川俣絹
埋蔵金噂話 少 ― 多
代表的妖怪 おんぼのやす

江戸時代末期と現在の比較

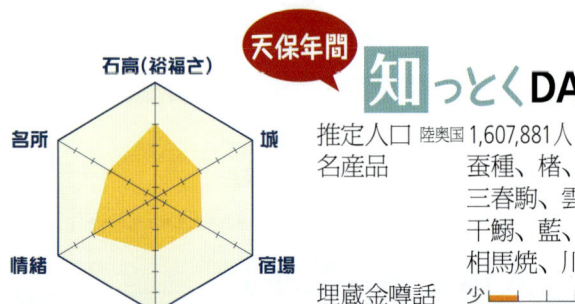

陸奥国磐城 御家変遷表

天保九年(1838)
〜廃藩置県を経て現代まで

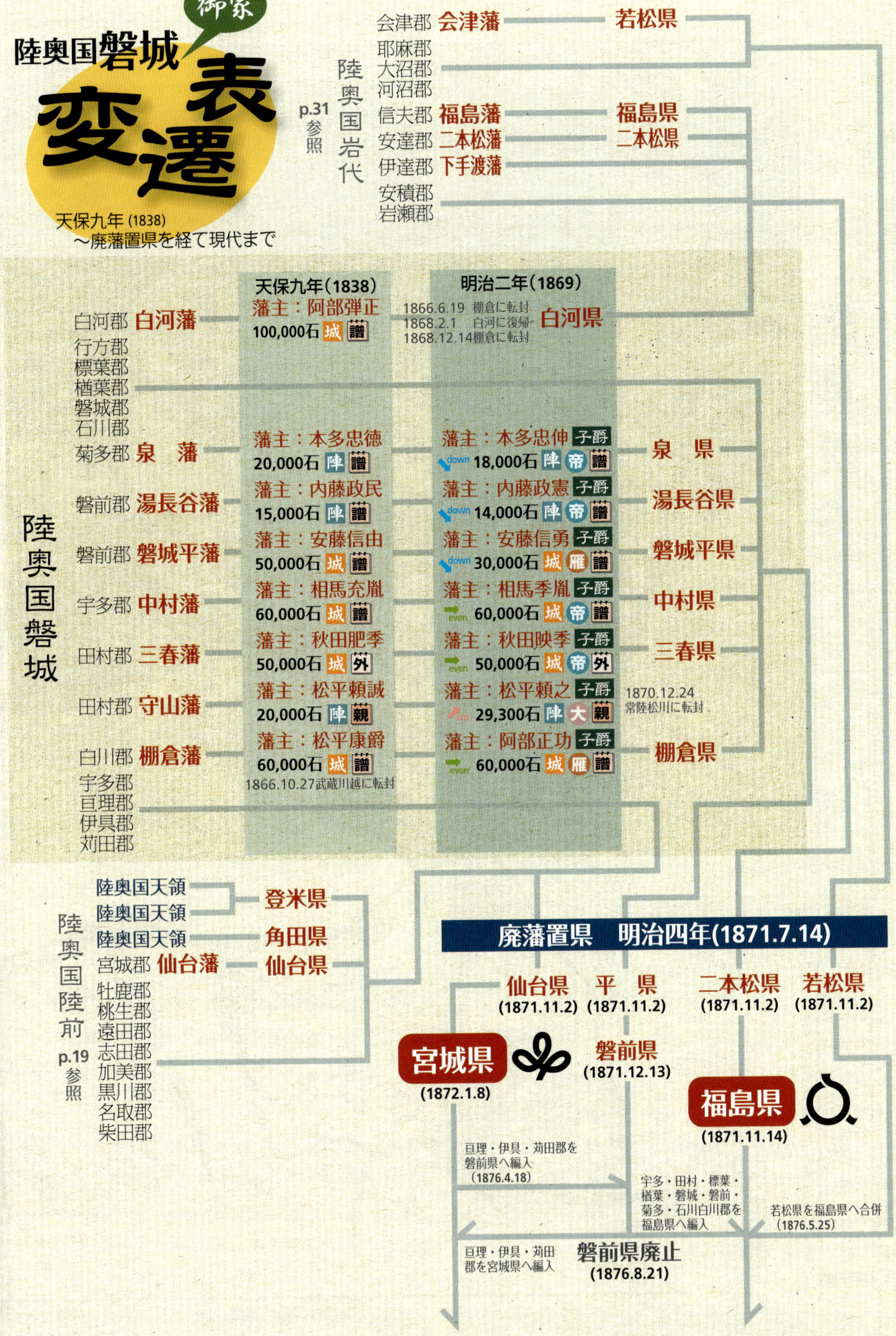

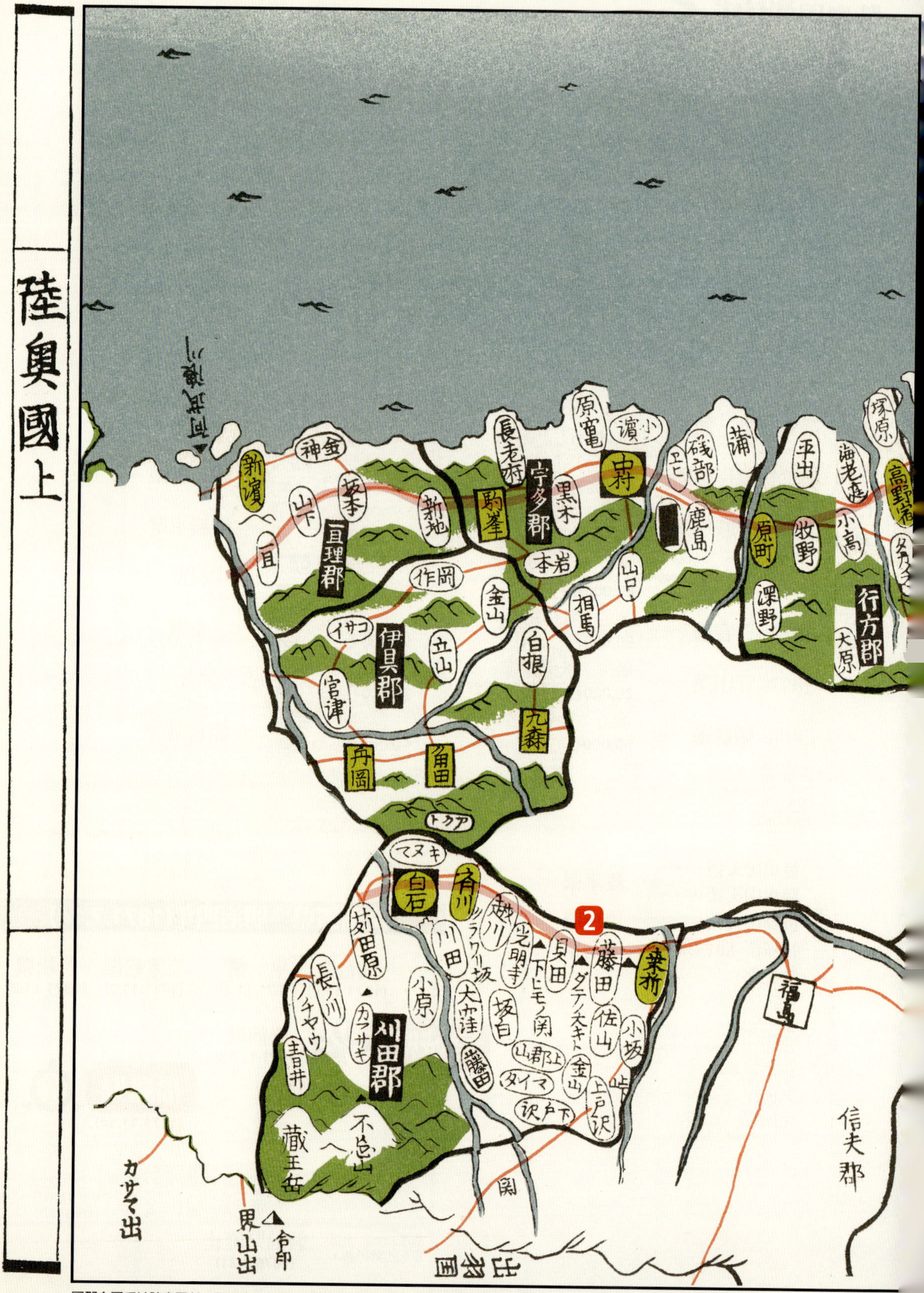

国郡全図では陸奥国が4図で表されていますが、明治元年（1868）に陸奥国は陸奥、陸中、陸前、磐城、岩代の5国に分割されましたので、本書では国別に5図に分けて掲載しました。

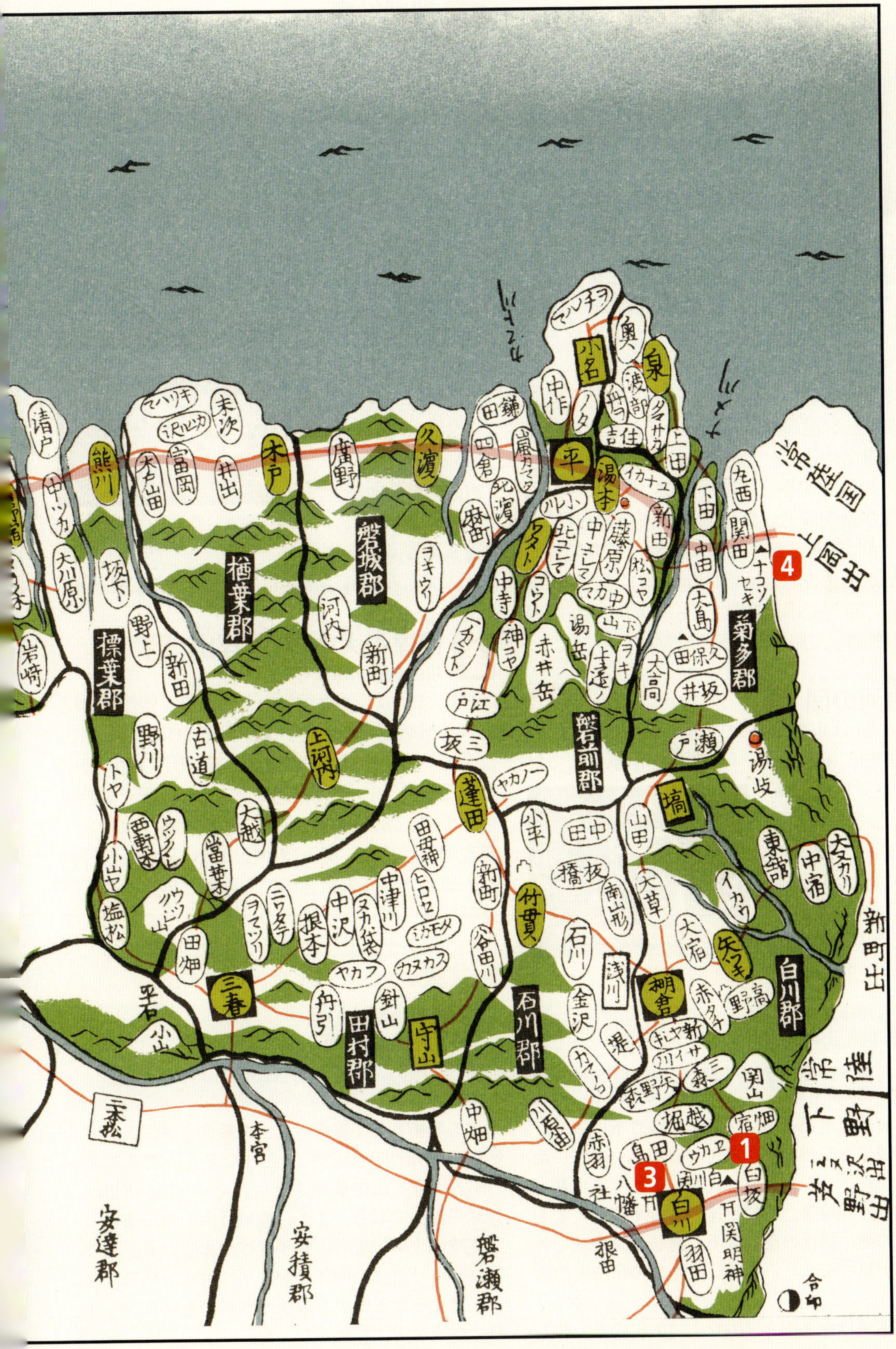
常陸国
磐城郡
楢葉郡
標葉郡
磐前郡
菊多郡
白川郡
石川郡
田村郡
安達郡
安積郡
磐瀬郡
小名
泉
平
湯本
木戸
久濱
熊川
上河内
蓬田
竹貫
三春
守山
棚倉
塙
白川
常陸
下野
上岡出
新町出
1
3
4

二代広重 / 諸国名所百景
「奥州相馬妙見祭馬追の図」

陸奥国 磐城
名所旧跡見聞録

歴史
相馬《そうま》藩《はん》尊徳《そんとく》仕法《しほう》
相馬地方の淳風美俗に影響を与えた二宮仕法

大凶作に見舞われた相馬中村藩は、弘化二年（1845）二宮尊徳の「興国安民法」を採用した。寛文五年（1665）から弘化元年（1844）までの年貢を調べ、尊徳に分度を依頼した。分度とは天から与えられた分限を測度し、己の実力を知り、それに応じて生活の限度を定めることである。仕法は富田高慶を中心に村単位で実施された。至誠、勤労、推譲、分度の四か条を説き、具体的な技術指導を行い、努力した人は表彰し無利息金貸与など特典を与えた。仕法が廃止される明治四年（1871）までに101村で実施、55村で困窮を脱した。この成功が農民を励まし荒廃した農村を復興させた。

歴史
白河《しらかわ》の関《せき》 1
みちのくいにしえの歌枕の里

孝徳天皇在位（645-654）の頃、蝦夷《えぞ》の南下を防ぐために設けられた。関跡の周囲は藤の名所で蔦《つた》葛《かずら》の這う藤の古木が多い。梶原景季《かげすえ》が「秋風に草木の露を払わせて君が越ゆれば関守もなし」と詠んだ古関。

△白河の関跡

福島県白河市旗宿
JR東北本線白河駅よりバスで30分

歴史
南湖公園《なんここうえん》
名君松平定信が造った日本最古の公園

享和元年（1801）松平定信が「四民共楽」のために造った公園。「南湖」は李白の詩句「南湖秋水夜無煙」からとったもので、吉野の桜や嵐山の楓が移植されている。城中にある大名庭園とは一線を画し、茶室「共楽亭」は庶民にも開放され、灌漑用水や藩士の水練、操船の訓練など多目的公園の役割も果たした。定信は八代将軍徳川吉宗の孫で、安永三年（1774）17歳で白河藩主松平定邦の養子となり、天明三年（1783）大凶作のさなかに藩主に。「質素倹約は我を手本とすべし」と家臣に宣言、農村の復興や殖産興業に力を入れ「寛政の藩政改革」に尽力した。

△南湖公園

福島県白河市南湖
JR東北新幹線新白河駅よりバス10分南湖公園下車

歴史
伊達《だて》の大木戸《おおきど》・厚樫山《あつけしやま》 2
仙台藩越河関所

厚樫山はかつて阿津賀志山と呼ばれ、奥州征討における激戦地であった。文治五年（1189）、源頼朝は全国統一に向けて奥州征討に乗り出した。奥州藤原氏四代当主・泰衡は阿津賀志山に防塁を築き迎え撃つが、28万余の軍勢と巧みな戦略により3日で攻め落とされ、奥州藤原氏は滅亡した。この戦いの軍功で常陸入道念西に伊達郡が与えられ、伊達朝宗を名乗り、伊達氏の祖となった。この地はまた、旧奥州街道上の要所であり、伊達氏の大木戸跡の碑が今も残っている。

福島県伊達郡国見町
ＪＲ東北本線藤田駅下車

陸奥国磐城のあらまし

戦国時代に奥州一円は伊達氏の勢力下に入ったが、磐城でも石川氏や白河氏、岩城氏が政宗に臣従していた。しかし江戸時代に入ると、徳川幕府は東北の外様雄藩、特に伊達氏に対する備えとして磐城の地に譜代の臣を数多く封じた。磐城で外様大名が封ぜられているのは三春藩の秋田氏のみである。

磐城平城は慶長七年（1602）に10万石で入部した譜代の鳥居忠政が難工事の末完成させた。以後東北の要衝として重視され、内藤氏、井上氏、安藤氏ら徳川譜代の臣が藩主となった。文久二年（1862）に坂下門で襲撃を受けた老中・安藤信正は磐城平藩主である。また、磐城最大の白河藩からは寛政の改革で著名な松平定信が出ている。幕末にはやはり譜代の阿部氏が白河に封ぜられていたが、藩主阿部正外が兵庫開港問題の責任を取らされ、以後白河は幕領となった。

磐城出身の　有名人…

名前	生没年	概要
八橋検校	1614-1685	箏曲演奏家。出生地には諸説有り
亜欧堂田善	1748-1822	画家、銅版画家
松平定信	1758-1829	白河藩主。寛政の改革を行う。徳川家斉期の老中首座。『宇下人言』
安積艮斎	1791-1860	幕末志士を門人に数多くもつ学者
富田高慶	1814-1890	二宮尊徳の一番弟子。『報徳記』
錦織晩香	1816-1888	「希賢舎」塾長
吉岡良太夫	1830-1870	勝海舟、福沢諭吉らと咸臨丸で渡航
河野広中	1849-1923	自由民権運動家。農商務相

この人に注目

天田愚庵《あまだぐあん》

安政元年 (1854)～明治三十七年 (1904)

歌人。磐城平藩士甘田平太夫の五男に生まれる。戊辰戦争後、行方不明になった父母妹を探して全国および台湾を流浪する。流浪中、山岡鉄舟に才能を高く評価され、侠客・清水次郎長の養子となったこともある。明治十七年 (1884)、次郎長が「賭博犯処分規則」により捕縛された時には、助命嘆願のために「東海遊侠伝」を書き上げた。これは後に広沢虎造により浪曲となった。明治二十年 (1887) 剃髪して愚庵と号し、京都清水に庵を結んだ。歌調は万葉風で、正岡子規が行った和歌の革新運動に大きな影響を与えた。

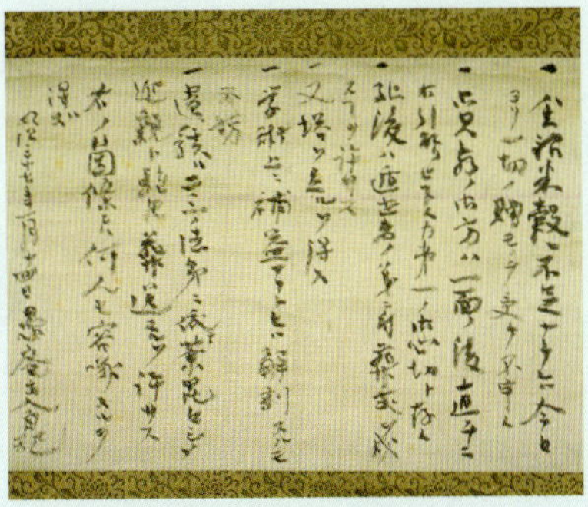

△天田愚庵遺言書六ヶ條

奥州関門の城

白河城《しらかわじょう》 3

古代には白河の関があった白河市は、奥州への関門の地を占めるため寛永四年 (1627)、築城の名手丹羽長重が 10 万石で入り大幅に改修、その後も譜代大名が封じられ、中でも松平定信は有名。戊辰では奥羽越列藩同盟軍と官軍の激戦の舞台となり焼失。石塁と再建された三重櫓がある。

福島県白河市郭内

JR 東北本線白河駅下車

磐城岩代の　悲話

戊辰戦争《ぼしんせんそう》　白河《しらかわ》～二本松《にほんまつ》の攻防戦《こうぼうせん》

慶応四年 (1868) の戊辰戦争の際、二本松藩丹羽家は奥羽越列藩同盟に加盟し各地に兵を出していた。白河口の戦いは壮絶を極めたが、官軍が白河城、棚倉城を落とし二本松へ殺到した。しかし二本松城内は藩兵のほとんどが出はらっており、木村銃太郎を隊長とする少年隊のみとなっていたのである。

「城を囲まれるよりは」と少年隊は大壇口に布陣し、激しい戦闘が繰り広げられた。しかし連戦連勝で意気あがる官軍が次第に優勢となり、少年たちは次々と倒れていったのである。長い戦闘が続き、少年隊の士気は徐々に衰えはじめた。その時、隊士を鼓舞し必死に指揮をとっていた隊長・木村銃太郎を一発の銃弾が貫いた。倒れた銃太郎に驚いた隊士たちが駆け寄ってくる。死を覚悟した銃太郎は少年たちに、敵の手に渡したくないから自分の首を斬ってくれと頼む。隊士の心の支えだった銃太郎の必死の頼みに少年たちはやむなく従った。しかし隊長を失った少年たちは退却すらできず、全員がその場で討ち死したのだった。銃声の止んだ戦場を見ると、銃太郎の首は、まだ幼い二人の隊士の亡骸の間にあった。少年一人の力では重くて持てず、二人で首を運んでいたのであろうか。

磐城の地名…その名の由来

赤沼《あかぬま》（いわき市）

昔、この付近でとてつもなく大きな赤大根ができた。ところが掘り出す前に洪水が起こり、大根は海まで流されてしまった。大根が抜けた穴には水がたまって大きな沼ができた。今沼はないが、赤大根ができたところが沼になったので「赤沼」と名前が付けられたのだと伝えられている。

勿来《なこそ》の関《せき》（いわき市） 4

蝦夷の勢力が強かった頃、その南下を防ぐために設けられた。「夷人よ、来る勿《なか》れ」の意。白河、念珠《ねず》とともに奥州三古関の一つ。平安朝以来数多くの歌に詠まれる。

陸奥国《むつのくに》岩代《いわしろ》

（福島県）

陸奥国・岩代は現在の福島県西部から成り立っていた。奥州街道の福島、二本松や日光街道の会津若松などが栄えた。安達ヶ原や磐梯山など名所も多い。会津藩松平家を中心に統治された。

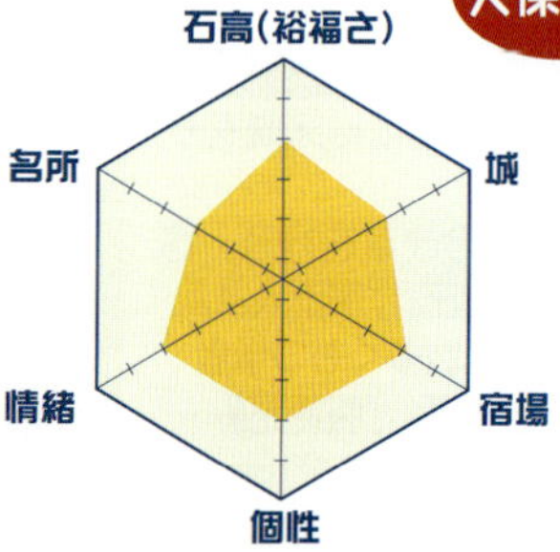

天保年間 知っとくDATA

推定人口 陸奥国 1,607,881人（1834年）
名産品 煙草、蚕種、漆、生蝋、鮎、熊革、会津塗、信夫摺絹、こけし、二本松焼
埋蔵金噂話 少 ━━━ 多
代表的妖怪 ふちかり

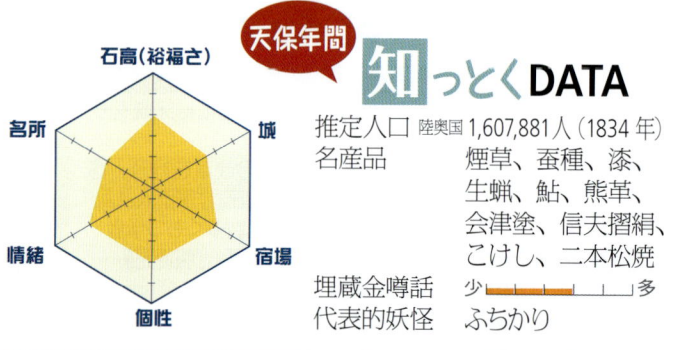

陸奥国岩代 表変遷

御家

天保九年（1838）
〜廃藩置県を経て現代まで

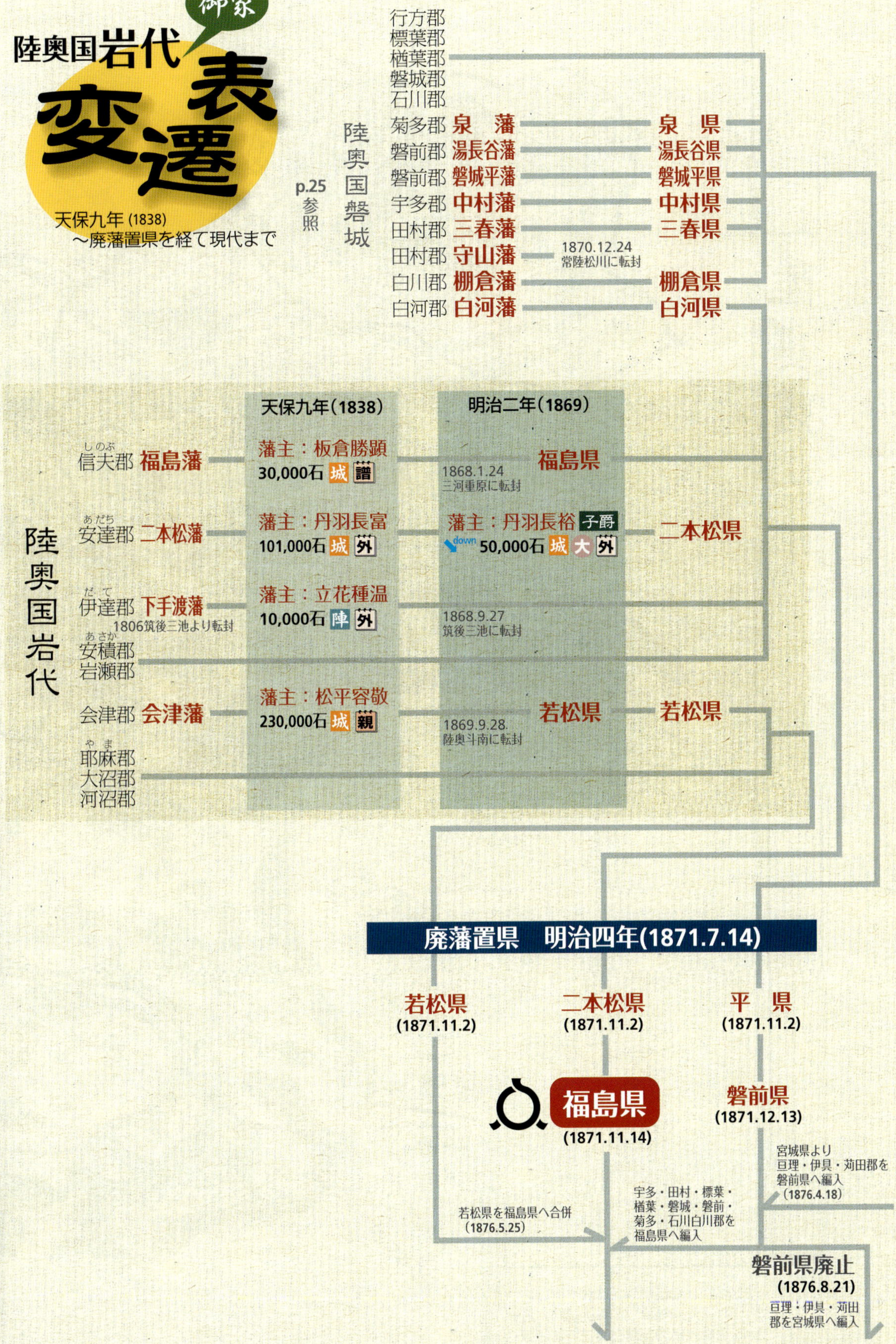
p.25参照
陸奥国磐城
行方郡
標葉郡
楢葉郡
磐城郡
石川郡
菊多郡 泉 藩 泉 県
磐前郡 湯長谷藩 湯長谷県
磐前郡 磐城平藩 磐城平県
宇多郡 中村藩 中村県
田村郡 三春藩 三春県
田村郡 守山藩 1870.12.24 常陸松川に転封
白川郡 棚倉藩 棚倉県
白河郡 白河藩 白河県
陸奥国岩代
天保九年（1838）
明治二年（1869）
信夫郡《しのぶ》 福島藩
藩主：板倉勝顕
30,000石 城 譜
1868.1.24
三河重原に転封
福島県
安達郡《あだち》 二本松藩
藩主：丹羽長富
101,000石 城 外
藩主：丹羽長裕 子爵
down 50,000石 城 大 外
二本松県
伊達郡《だて》 下手渡藩
1806筑後三池より転封
藩主：立花種温
10,000石 陣 外
1868.9.27
筑後三池に転封
安積郡《あさか》
岩瀬郡
会津郡 会津藩
藩主：松平容敬
230,000石 城 親
1869.9.28
陸奥斗南に転封
若松県
若松県
耶麻郡《やま》
大沼郡
河沼郡
廃藩置県 明治四年(1871.7.14)
若松県
(1871.11.2)
二本松県
(1871.11.2)
平 県
(1871.11.2)
福島県
(1871.11.14)
磐前県
(1871.12.13)
宮城県より
亘理・伊具・苅田郡を
磐前県へ編入
（1876.4.18）
若松県を福島県へ合併
（1876.5.25）
宇多・田村・標葉・
楢葉・磐城・磐前・
菊多・石川白川郡を
福島県へ編入
磐前県廃止
(1876.8.21)
亘理・伊具・苅田
郡を宮城県へ編入

国郡全図では陸奥国が4図で表されていますが、明治元年（1868）に陸奥国は陸奥、陸中、陸前、磐城、岩代の5国に分割されましたので、本書では国別に5図に分けて掲載しました。

石川郡
白川郡
常陸国
下野国
白川
盤瀬郡
會津郡
大沼郡
猪苗代湖
若松
田島
南
下野国
上野国
上野国
越後国
1
3

五雲亭貞秀 / 大日本国郡名所
「奥州会津郡若松」（部分）

陸奥国 岩代 名所旧跡 見聞録

歴史 半田銀山《はんだぎんざん》

「禿っぺ半田山」の山肌が隆盛を物語る

佐渡の相川、但馬の生野とともに三大銀山として隆盛を誇った半田銀山。錫《すず》や鉛も産出し、溶接の「ハンダ付け」の語源となったと言われる。大同二年（807）に発見されるが、本格的な開鑿《かいさく》は慶長三年（1598）上杉領となってから。享保八年（1723）、北半田村の野村勘右衛門が新鉱脈を発見すると幕府が注目、延享四年（1747）松平氏桑折藩が天領となってからは佐渡奉行が支配した。明治三年（1870）ガス中毒で廃鉱を余儀なくされたが同七年（1874）、五代友厚が欧米近代技術を応用し復活させた。トロッコが通った女郎橋跡には殉教者の慰霊碑が建つ。

歴史 日新館《にっしんかん》

白虎隊を育んだ会津武士道の学舎

藩主松平容頌《かたのぶ》の時代、家老田中玄宰《はるなか》の進言により鶴ケ城（会津若松城）西隣に整備された藩校。享和三年（1803）孔子を祀る大成殿が完成、3万8000坪の敷地に天文台、日本初のプールまで備わった全国300諸藩中最大の教育機関。医学や天文学など教科は多岐にわたった。10歳から18歳の藩士およびその子弟が就学を義務づけられ、「素読書」（小学校）から「講釈所」（大学）まで学ぶが、幼年からの教育に特に力を入れた。儒教中心の総合教育により会津独自の気風を育て、飯盛山《いいもりやま》で自刃した白虎隊士らもここで学んだ。建物は戊辰戦争で焼失し現在は天文台跡が残るのみだが、河東町高塚山に藩校全容が復元されている。

日新館天文台跡
福島県会津若松市米代
JR磐越西線会津若松駅よりバス

會津藩校日新館
福島県会津若松市郊外・河東町高塚山
JR磐越西線会津若松駅よりバス

白虎隊《びゃっこたい》の悲劇《ひげき》

慶応四年（1868）、鳥羽伏見での戦いを発端として戊辰戦争が勃発した。奥羽越列藩同盟に加盟した会津藩は軍制改革を行い、年齢によって藩士を4隊に分けた。50歳以上の藩士を玄武隊、36～49歳を青竜隊、18～35歳を朱雀隊、16～17歳を白虎隊としたのである。各隊は身分によって士中・寄合・足軽に分けられ、白虎隊には士中一・二番隊、寄合一・二番隊、足軽隊の5隊があった。

有栖川宮熾仁親王を総督とする東征軍が会津藩への攻撃を開始すると、白虎隊にも出撃命令が下り、越後口や戸ノ口原での戦いに参戦した。同年8月22日、白虎隊二番士中隊約40名は戸ノ口原で官軍の激しい攻撃に抗戦していた。しかし奮戦むなしく敗退し、そのうち約20名が飯盛山に敗走した。二番士中隊20名は翌23日、激戦のため黒煙に包まれている鶴ヶ城（会津若松城）を見て落城と思い込んでしまう。潔く藩と命運を共にしようとした20名の少年たちは壮絶な自刃を遂げた。その約ひと月後、会津藩は官軍に降伏したのである。官軍は見せしめのため白虎隊士の遺体を放置させたが、のちに許されてそのまま飯盛山に埋葬され、少年たちの墓は今も会津城下を見守っている。

陸奥国岩代のあらまし

戦国時代、岩代では伊達氏と芦名氏が勢力を二分していた。伊達氏は政宗の時、磐梯山麓の磨上《すりあげ》原《はら》で芦名氏を破り、岩代を平定する。しかし、天下統一を目指す豊臣秀吉は政宗の勢力拡大を嫌い、天正十八年（1590）小田原攻めの遅参を理由に会津などの領地を没収し蒲生氏郷《うじさと》に与えた。氏郷の死後、蒲生氏は国替えとなり、越後から上杉景勝が入国した。

関ヶ原後、上杉氏は米沢に転封となり再び蒲生氏が入封するが、寛永二十年（1643）、家康の孫で秀忠の庶子・保科正之が入国。保科家は正之の死後松平姓となり、以後会津は幕末まで松平氏が支配する。幕末、京都守護職となり新選組を配下に置いた松平容保《かたもり》も会津藩主である。戊辰戦争では会津藩、二本松藩、福島藩など岩代の各藩は旧幕府側に付いて激戦を繰り広げ、白虎隊や二本松少年隊などの悲劇を生んだ。

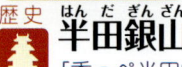

岩代出身の 有名人

名前	生没年	概要
南光坊天海	不詳 -1643	天台宗の僧。寛永寺を創建
古河善兵衛	1577-1637	西根堰開削
山鹿素行	1622-1685	兵学者。古学派の儒者。『武家事紀』
松平容頌	1744-1805	会津藩主。財政改革、郷村支配強化
中村善右衛門	1809-1880	養蚕技術家。寒暖計を発案
山本覚馬	1828-1892	明治前期の行政官・教育者
西郷頼母	1830-1903	会津藩士
佐々木只三郎	1833-1868	江戸幕府見廻組隊長
松平容保	1835-1893	幕末期の京都守護職。会津藩主
山川健次郎	1854-1931	物理学者
西郷四郎	1866-1922	柔道家。講道館最初の入門者
小原庄助	生没年不詳	酒で身持ちを崩した会津の大尽

歴史

大内宿《おおうちしゅく》

江戸時代の宿場の面影を今も残す

会津若松から今市へ通じる会津西街道の宿場町の一つで国の重要伝統的建造物群保存地区。今も寄棟造り茅葺《かやぶき》の家並みが続き、問屋本陣を復元した町並み展示館もある。参勤交代の折、若松を出立した会津藩主が昼食をとり、江戸から戻る際には家臣が出迎えたという。戊辰戦争の際、会津軍と新政府軍の激戦地となったが、当時の名主阿部大五郎の生命をかけた抵抗によって免れた。平氏打倒の兵を挙げ敗れた後白河天皇の第二皇子以仁王《もちひとおう》がこの地にのがれたという言い伝えに基づき、毎年7月2日、西の小高い山にある高倉神社では半夏祭りが行われる。

福島県南会津郡下郷町大内
会津鉄道湯野上温泉駅よりタクシー

戊辰戦争・悲劇の城

会津《あいづ》若松城《わかまつじょう》 1

会津盆地の中央に築かれた平山城で、蒲生氏郷が芦名氏の黒川城跡に新城を築き大城郭とした。上杉景勝、加藤氏とつづき保科正之が寛永20年城主となった。最後の藩主松平容保の時に新政府軍の猛攻を受け落城、白虎隊の悲劇を生んだ。復元された天守閣がある。

福島県会津若松市
JR 磐越西線会津若松駅下車

岩代の 伝説

安《あ》達《だち》ヶ《が》原《はら》の鬼婆《おにばば》(二本松市) 2

紀州熊野で修行を積んだ祐慶という僧が陸奥を目指して旅をしていた。安達ヶ原にさしかかったところで日が暮れてしまい、仕方なく1人の老婆が住む粗末な庵《いおり》に泊まることになった。老婆が薪《まき》を採りに外に出た隙に部屋をのぞくと、そこには人骨が山と積まれていた。老婆が鬼婆だと気付いた祐慶は庵を逃げ出すが、老婆に見つかり追われてしまう。いよいよつかまると観念した祐慶は観音像を取り出して経を唱えた。すると観音像が夜空に舞い上がり破魔《はま》の弓で鬼婆を射たのである。安達ヶ原の闇に悲鳴を残し、鬼婆はその最期を迎えたのだった。

福島県二本松市安達ヶ原には鬼婆が住んでいたと伝えられる岩屋や刃物を洗った血の池、鬼婆を埋めた黒塚などが残っている。謡曲や歌舞伎の舞台としても有名で、「みちのくのあだちが原の黒塚に　鬼こもれると聞くはまことか」という平兼盛の歌でも知られる。

月岡芳年▷
奥州安達がはらひとつ家の図

岩代 不思議な 話

只《ただ》見《み》川《がわ》毒《どく》流《なが》し (会津若松市) 3

藩主蒲生秀行が只見川で魚をとるために毒を流そうとしたその前夜、ある宿へ僧が泊まり無益な殺生を止めるよう説いた。宿の主は僧を粟の飯でもてなしたが、毒流しは決行された。翌日の毒流しで大鰻《うなぎ》が死んでいた。腹を割くと粟の飯が入っていたので、皆あの僧は鰻の化身だったと気付いたのだという。

猪苗代城《いなわしろじょう》の化物《ばけもの》 (耶麻郡猪苗代町) 4

会津若松城主加藤嘉明の家臣堀部主膳は猪苗代城代を務めていた。12月のある夜一人部屋にいると見知らぬ少女が現れ城主に挨拶しろと言う。主膳が「私は城代で嘉明が城主だ」と言って睨みつけると少女は消えてしまった。年が明けた元旦、いつの間にか葬式の用意がしてあり、主膳は間もなく亡くなったという。

出羽国《でわのくに》羽前《うぜん》
（山形県）

出羽国・羽前は現在の山形県とその範囲がほぼ合致する。米沢、鶴岡を中心に繁栄した。天童の将棋駒は幕末から生産されている。米沢藩上杉氏、庄内藩酒井氏を中心に領内は統治された。

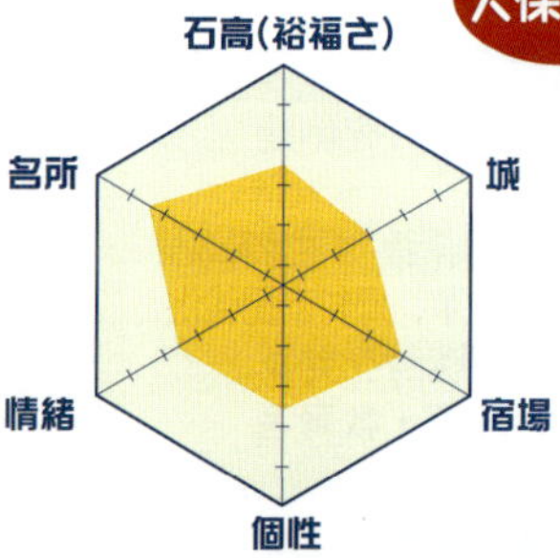

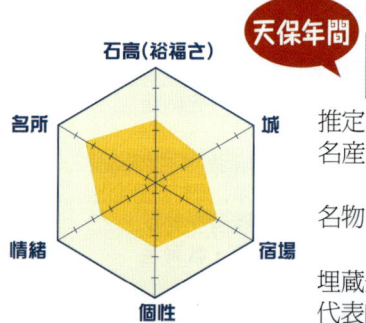

天保年間

知っとくDATA

推定人口	出羽国 940,929人（1834年）
名産品	最上紅花、青苧、黒柿細工、将棋駒
名物	熨斗梅、冷や汁、砂糖餅
埋蔵金噂話	少〜多
代表的妖怪	うこん・さこん

出羽国羽前 御家 変遷表

天保九年(1838)
～廃藩置県を経て現代まで

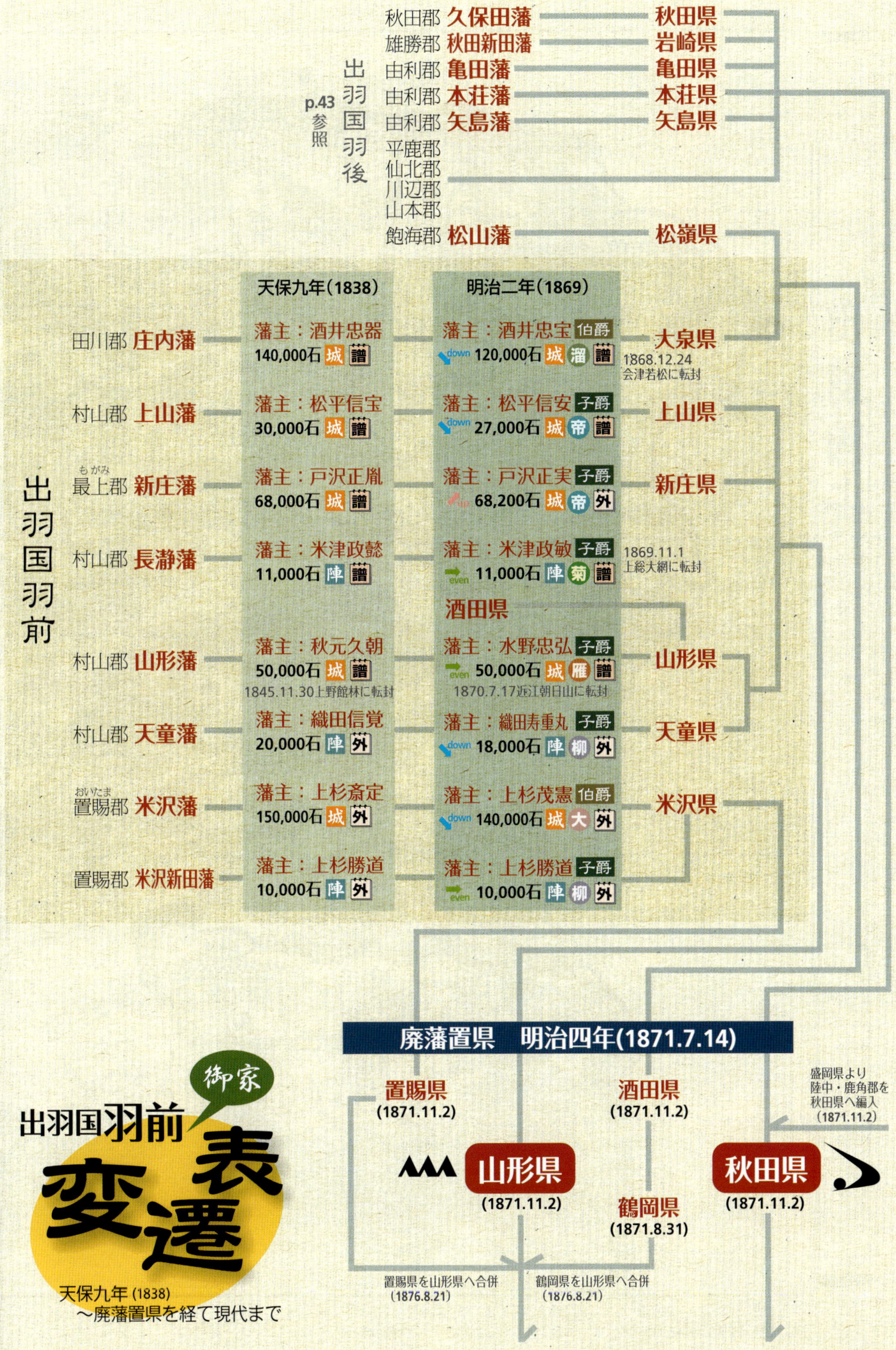
出羽国羽後
p.43参照
秋田郡 久保田藩 秋田県
雄勝郡 秋田新田藩 岩崎県
由利郡 亀田藩 亀田県
由利郡 本荘藩 本荘県
由利郡 矢島藩 矢島県
平鹿郡
仙北郡
川辺郡
山本郡
飽海郡 松山藩 松嶺県
出羽国羽前
天保九年(1838)
明治二年(1869)
田川郡 庄内藩
藩主：酒井忠器
140,000石 城 譜
藩主：酒井忠宝 伯爵
down 120,000石 城 溜 譜
大泉県
1868.12.24
会津若松に転封
村山郡 上山藩
藩主：松平信宝
30,000石 城 譜
藩主：松平信安 子爵
down 27,000石 城 帝 譜
上山県
最上《もがみ》郡 新庄藩
藩主：戸沢正胤
68,000石 城 譜
藩主：戸沢正実 子爵
up 68,200石 城 帝 外
新庄県
村山郡 長瀞藩
藩主：米津政懿
11,000石 陣 譜
藩主：米津政敏 子爵
even 11,000石 陣 菊 譜
1869.11.1
上総大網に転封
酒田県
村山郡 山形藩
藩主：秋元久朝
50,000石 城 譜
1845.11.30上野館林に転封
藩主：水野忠弘 子爵
even 50,000石 城 雁 譜
1870.7.17近江朝日山に転封
山形県
村山郡 天童藩
藩主：織田信覚
20,000石 陣 外
藩主：織田寿重丸 子爵
down 18,000石 陣 柳 外
天童県
置賜《おいたま》郡 米沢藩
藩主：上杉斉定
150,000石 城 外
藩主：上杉茂憲 伯爵
down 140,000石 城 大 外
米沢県
置賜郡 米沢新田藩
藩主：上杉勝道
10,000石 陣 外
藩主：上杉勝道 子爵
even 10,000石 陣 柳 外
廃藩置県　明治四年(1871.7.14)
置賜県
(1871.11.2)
酒田県
(1871.11.2)
盛岡県より
陸中・鹿角郡を
秋田県へ編入
(1871.11.2)
山形県
(1871.11.2)
秋田県
(1871.11.2)
鶴岡県
(1871.8.31)
置賜県を山形県へ合併
(1876.8.21)
鶴岡県を山形県へ合併
(1876.8.21)

国郡全図では出羽国が１つの国として２図で表されていますが、明治元年（1868）に出羽国は羽前、羽後の２国に分割されましたので、本書では国別に２図に分けて掲載しました。

南
陸奥国
越後国
置賜郡
米沢
山形
上山
赤湯
藏王岳
最上川
佐藤館
2
4
5

安藤広重 / 六十余州名所図会
「最上川月山遠望」

出羽国 羽前
名所旧跡 見聞録

歴史

致道館《ちどうかん》 1

少数精鋭、個性重視の藩校

庄内藩主酒井忠徳《ただあり》が田沼時代の華美な風潮や士風の退廃を憂い、郡代白井矢太夫の建議により文化二年（1805）に設立した藩校。朱子学ではなく徂徠《そらい》学を根本とし「天性、得手不得手これ有る者に候。その人の長ずる所、成就致し候様」と長所を伸ばす人材育成を目指した。教育課程は句読所《くとうじょ》（小学校）、終日詰《しゅうじつづめ》（中学）、外舎《がいしゃ》（高校）、試舎生《ししゃい》（大学教養課程）、舎生（大学の学部）の五段階に分かれ、厳重な試験を行い能力あるものだけを入学、進級させた。明治六年（1873）廃校となったが聖廟、講堂、御入りの間等が残り、一般公開されている。

山形県鶴岡市馬場町 11-45
JR 羽越本線鶴岡駅よりバス

△致道館

『奥《おく》の細道《ほそみち》』 松尾芭蕉～歌枕の旅

芭蕉が『奥の細道』の旅に向かう以前から、東北は歌枕を訪ねて多くの歌人、俳人が旅におとずれる地であった。芭蕉自身も西行や能因の足跡をたどり、みちのくの歌枕を訪ね歩いた。元禄二年（1689）46 歳だった芭蕉は江戸深川を後にし、岐阜大垣まで 2400 キロに及ぶ旅へと出る。「閑さや岩にしみ入蝉の声」は出羽の山寺（立石寺《りっしゃくじ》）で詠まれた句。

出羽国羽前のあらまし

南北朝時代、羽州探題として最上の地に入部した足利一門の斯波《しば》氏（最上氏）が山形城に拠って勢力を振るうようになった。家康が天下を制した後、最上氏十一代義光の頃、庄内三郡を含め石高 57 万石の大名となったが、元和八年（1622）、お家騒動が起こり改易となった。その後羽前は小藩分立で統治されることになる。

庄内には徳川譜代の実力者・酒井忠勝が入封し、出羽における幕藩体制の確立に寄与した（1）。酒井家は幕末まで一貫して庄内を領したが領内からの信頼が厚く、幕府から長岡への転封命令が出た際には領民が反対するほどであった。また、米沢には上杉氏が会津 120 万石から 30 万石に減封となって入封、さらに綱憲の代には 15 万石に半減された。困窮の上杉家を救ったのが 10 代藩主治憲《はるのり》（鷹山《ようざん》）である。治憲は漆《うるし》・楮《こうぞ》の栽培や絹織物などの殖産興業につとめ、藩財政を立て直して米沢藩中興の祖と呼ばれる（2）。

羽前出身の 有名人

名前	生没年	概要
伊達政宗	1567-1636	仙台藩 62 万石の大名
支倉常長	1571-1622	仙台藩士。慶長遣欧使節
鈴木清風	1651-1721	元禄期の豪商。芭蕉と親交のあった俳人
上杉治憲（鷹山）	1751-1822	米沢藩主。殖産興業につとめた
小関三英	1787-1839	蘭学者。蛮者の獄で捕まる前に自刃
清河八郎	1830-1863	幕府浪士隊に入るが暗殺される

この人に注目

最上徳内《もがみとくない》

宝暦五年（1755）～天保七年（1836）

26歳の時に江戸に渡り幕府の医官山田宗俊の見習いとなる。天明五年（1785）、第一回蝦夷地見聞に赴き、翌年は単身で再び蝦夷に渡るが、田沼意次失脚など幕府の混乱もあり、徳内の蝦夷報告は採用されず失職。しかし寛政元年（1789）のクナシリ・メナシのアイヌ反乱が起こると蝦夷に詳しい徳内はまた蝦夷に渡る。しかし帰府後、いわれなき理由により投獄される。出獄後、蝦夷を詳細に知る徳内は幕府に重宝され、蝦夷地においてロシアとの支配調役、アイヌとの交易改善、北方警備などに大活躍した。アイヌ語辞典出版のアイデアを出したり『蝦夷草紙』を著すなど、語学・文学関係でも有名。

自然

出羽三山《でわさんざん》 3

東北屈指の名をはせる山岳信仰の聖地

飽海《あくみ》郡の羽黒山、月山《がっさん》、湯殿山《ゆどのさん》の三山を指すが、鳥海山や葉山を数える説もある。江戸時代には羽黒三山、羽州三山とも呼ばれた。古くから山岳信仰の霊山で、羽黒修験道場として各地から集まる行者で賑わった。当時は、豊前の英彦山《ひこさん》、大和の大峰山、加賀の白山に比肩する勢力で武家不入の特権をもち、民衆の信仰も集めていた。

山形県東田川郡羽黒町

出羽の驍将《ぎょうしょう》最上氏の城

山形城《やまがたじょう》 4

関ヶ原の戦功により一躍 57 万石の大大名となった最上義光の居城で、平城ながら雄大な規模を誇った。諸門は石垣の枡形門で固め、天守閣はなかったが二重櫓 7 基があった。最上氏改易後、12 氏が城主となり水野氏で明治を迎えた。二の丸東大手門が復元されている。

山形県山形市霞城町
JR 奥羽本線山形駅下車

羽前の 伝説

阿古耶姫伝説《あこやひめでんせつ》（山形市）5

出羽国の領主藤原豊成の娘に阿古耶という琴の上手な姫がいました。ある夜、阿古耶が琴を弾いていると、どこからか琴の響きに調子を合わせた笛の音が聞こえてきます。その音に誘われてふと目を上げると、垣根の向こうで美しい若者が笛を奏でていました。その夜以来、阿古耶が琴を弾くたびに若者が姿を現し笛を吹くようになり、二人は互いに想い合うようになったのでした。

ある夜、いつものように姿を現した若者は悲しそうに、実は自分が千歳山の松の精で明日切り倒されることになったと告げます。阿古耶は驚き悲しんで若者にとりすがりましたが、若者は煙のように消えてしまいました。翌朝、阿古耶が千歳山へ登ると確かに松が切り倒されていましたが、多くの人が引き下ろそうとしているのに全く動きません。阿古耶が進み出て引いてみると、不思議なことに松は動き出したのでした。

阿古耶は松のあった跡に庵を建て、一本の若い松を植えて若者の菩提を弔って暮らしました。その後、庵で亡くなった阿古耶は新しく植えた松の根元に葬られ、人々はいつからかその松を阿古耶の松と呼ぶようになりました。

与次郎稲荷《よじろういなり》（東根市）6

佐竹義宣《よしのぶ》が久保田城を築城中、夢枕に老人が立ち、築城のため棲みかを奪われたので 10 坪ほど土地が欲しいという。目覚めて不思議に思った義宣だが言われたとおり土地を残して城が完成すると、白い狐が現れて礼を述べ、人の姿となって与次郎と名乗った。与次郎は江戸と秋田の飛脚を申し出た。与次郎は 6 日で江戸まで往復できたので義宣は重宝したが、幕府がこれを知り六田という場所で与次郎を捕らえて殺してしまう。その後六田で奇怪な事件が続いたので、村人は白狐を祀る与次郎稲荷を建立した。

久保桜《くぼざくら》（長井市）

征夷大将軍坂上田村麻呂《さかのうえのたむらまろ》は奥羽平定の際、地元の豪族久保氏のもとに滞在した。久保家にはお玉という美しい娘がおり、田村麻呂とお玉は恋に落ちた。しかし奥羽の乱が鎮まると田村麻呂には帰京命令が下り、この地を去った。お玉は悲しみのあまり衰弱し、田村麻呂を恋い慕いながらこの世を去った。知らせを聞いた田村麻呂はお玉の霊を供養するため、摂津・摩耶山の桜の苗をこの地に植えたと伝えられている。

出羽国《でわのくに》羽《う》後《ご》

（秋田県・山形県）

出羽国・羽後は現在の秋田県と山形県の一部から成り立っていた。羽州街道の久保田（秋田）を中心に栄え、海産物・農産物などに名品が多い。久保田（秋田）藩佐竹家を中心に統治された。

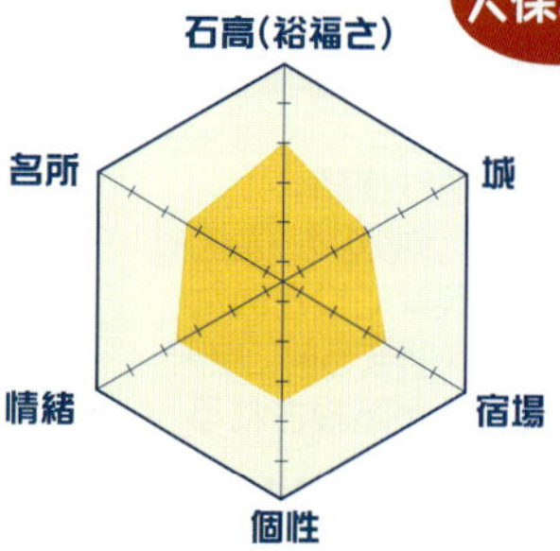

天保年間 知っとくDATA

推定人口　出羽国 940,929人（1834年）
名産品　秋田蕗、薇、鰰、金、銀、銅、秋田杉
名物　能代春慶、亀田縞、きりたんぽ、諸越
埋蔵金噂話　少　多
代表的妖怪　三吉鬼

江戸時代末期と現在の比較

出羽国羽後 変遷表

御家

天保九年(1838)
～廃藩置県を経て現代まで

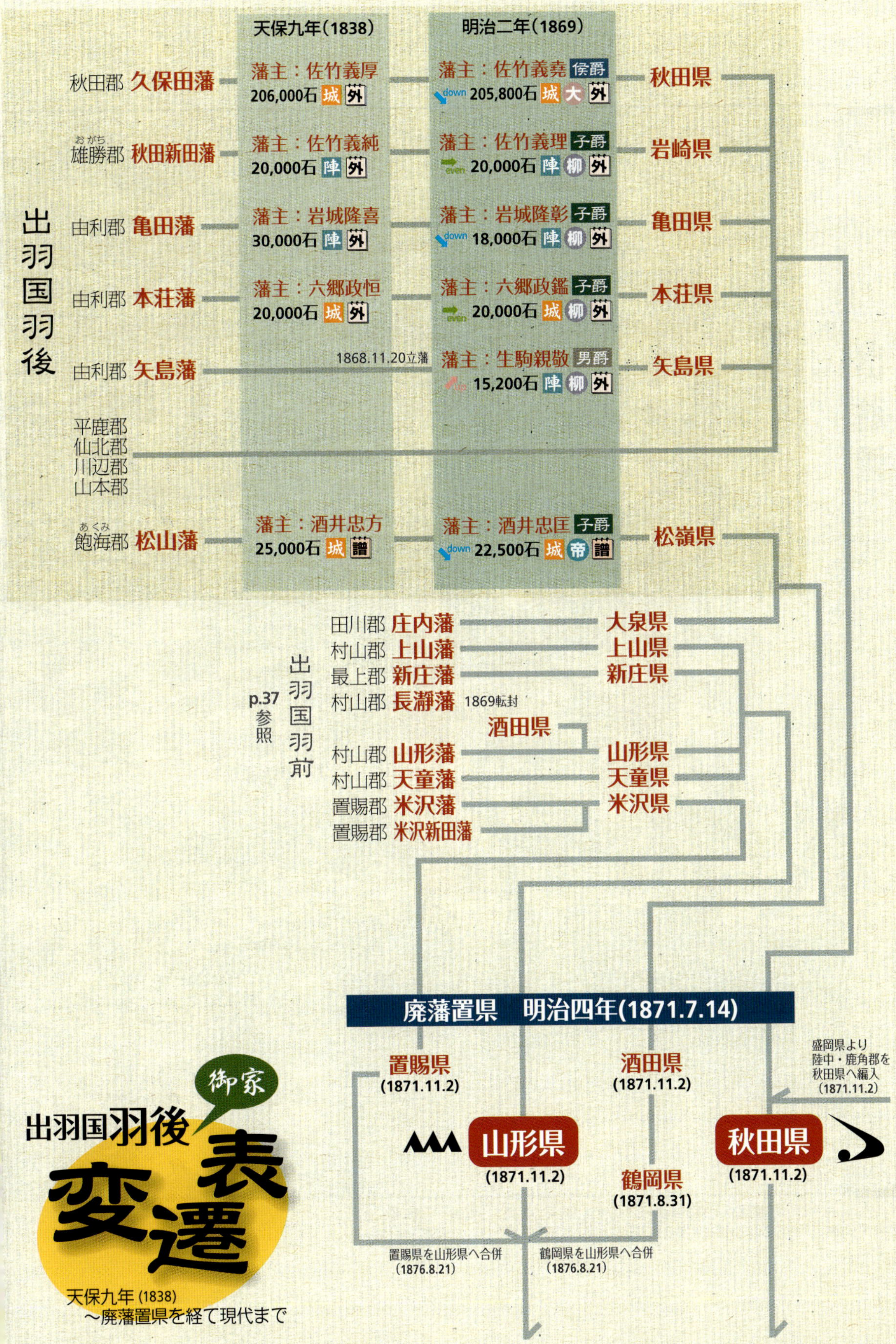
天保九年(1838)
明治二年(1869)
出羽国羽後
秋田郡 久保田藩
藩主：佐竹義厚
206,000石 城 外
藩主：佐竹義堯 侯爵
down 205,800石 城 大 外
秋田県
雄勝《おがち》郡 秋田新田藩
藩主：佐竹義純
20,000石 陣 外
藩主：佐竹義理 子爵
even 20,000石 陣 柳 外
岩崎県
由利郡 亀田藩
藩主：岩城隆喜
30,000石 陣 外
藩主：岩城隆彰 子爵
down 18,000石 陣 柳 外
亀田県
由利郡 本荘藩
藩主：六郷政恒
20,000石 城 外
藩主：六郷政鑑 子爵
even 20,000石 城 柳 外
本荘県
由利郡 矢島藩
1868.11.20立藩
藩主：生駒親敬 男爵
up 15,200石 陣 柳 外
矢島県
平鹿郡
仙北郡
川辺郡
山本郡
飽《あく》海《み》郡 松山藩
藩主：酒井忠方
25,000石 城 譜
藩主：酒井忠匡 子爵
down 22,500石 城 帝 譜
松嶺県
p.37参照
出羽国羽前
田川郡 庄内藩
大泉県
村山郡 上山藩
上山県
最上郡 新庄藩
新庄県
村山郡 長瀞藩
1869転封
酒田県
村山郡 山形藩
山形県
村山郡 天童藩
天童県
置賜郡 米沢藩
米沢県
置賜郡 米沢新田藩
廃藩置県 明治四年(1871.7.14)
置賜県
(1871.11.2)
酒田県
(1871.11.2)
盛岡県より
陸中・鹿角郡を
秋田県へ編入
(1871.11.2)
山形県
(1871.11.2)
鶴岡県
(1871.8.31)
秋田県
(1871.11.2)
置賜県を山形県へ合併
(1876.8.21)
鶴岡県を山形県へ合併
(1876.8.21)

国郡全図では出羽国が１つの国として２図で表されていますが、明治元年（1868）に出羽国は羽前、羽後の２国に分割されましたので、本書では国別に２図に分けて掲載しました。

東
西
雄勝郡
平鹿郡
由利郡
飽海郡
横手
湯沢
古市
岩崎
院内
金沢
六郷
大曲
角館
本荘
亀田
松山
坂田
象潟
鳥海山
小町古跡
保呂波
戸島川
白竹川
塩田川
トコ島
1
3
5
6

出羽国 羽後 名所旧跡見聞録

二代広重 / 諸国名所百景「出羽鳥海山」

歴史
院内銀山《いんないぎんざん》と阿仁金山《あにきんざん》 1 2
久保田藩の財政を支えた鉱山

秋田における鉱山の開発は、佐竹氏が入部した慶長七年（1602）以降盛んに行われ、中でも南部の院内銀山と北部の阿仁金山が双璧をなした。院内銀山は慶長十一年（1606）に発見され、天保期（1830～44）には「天保の盛り山」と称される最盛期を迎え当時の人口は城下町久保田（秋田市）をしのぐほどだった。産出量が減ってくると、物産学者平賀源内を招いて採鉱、鍛練法に改良を加えたがしだいに不振となった。一方阿仁金山は古くから開発が行われ、金だけでなく銀や銅が次々と発見された。藩は幕府への運上銀を確保する一方で、集住する鉱山町の住民に対し採鉱のための上納金を課し、供給米を独占販売するなどして流通面からも大きな利益をあげた。

▷ JR奥羽本線院内駅に併設された院内銀山異人館。天保年間の院内銀山の詳細な様子や人々の生活を記した、銀山お抱え医者門屋養安《かどやようあん》の日記が読める。

院内銀山跡　秋田県雄勝郡雄勝町上院内
JR奥羽本線院内駅下車
阿仁金山跡　秋田県北秋田郡阿仁町
秋田内陸縦貫鉄道阿仁合駅下車

歴史
角館《かくのだて》 3
城下町の面影を残す町

元和六年（1620）、大名配置によって角館は佐竹義宣の弟、芦名義勝の居城となった。芦名氏のもと整備された町並みは、現在でも往時をそのままとどめ、見通しを遮る桝形や、内町（武家町）と外町（町人町）の間にあった火除け地など、城下町の基本的な形をみることが出来る。内町では、青柳家、岩橋家、石黒家、河原田家など、現存する武家屋敷が公開されており、また外町では住民の生活と共存する形で伝統が受け継がれ、趣きある景観が続く。

△青柳家住宅

秋田県仙北郡角館町
ＪＲ秋田新幹線・田沢湖線角館駅から徒歩約20分

歴史
野代《のしろ》（能代） 4
秀吉も認めた秋田天然杉の流通拠点

檜原郡野代（能代）は、宝亀三年（772）に渤海《ぼっかい》国の使者が到達したといわれる地。慶長七年（1602）、佐竹氏が秋田藩主となってから野代奉行が置かれ、北前船の寄港地として、また野代川流域（現・米代川）の材木の積出し湊として流通の拠点となった。主に蝦夷、北陸沿岸から上方方面との交易が盛んになり野代は活況を呈した。しかし元禄と宝永年間の大地震で一時荒れ野原と化した。これを機に「野に代る」より「能く代る」という地名の方がよいとして「能代」に改められたという。能代最大規模の夏祭「能代ねぶながし」は、阿倍比羅夫《あべのひらふ》や坂上田村麻呂が蝦夷との戦いの際に多数の灯籠《とうろう》で威嚇したのが起源と伝えられる。またその語源は元禄時代、子供たちが「ねふねふ流れ、豆のはにとまれ」と囃《はや》し歩いたことから付いた呼称であるという。

出羽国羽後のあらまし

南北朝から室町時代には、国内の諸豪族による勢力争いが激しかった羽後では、安東氏（のちの秋田氏）が強い勢力を持ち、本拠を山本郡から雄《お》物《もの》川河口の土崎湊（秋田市）に移し、湊城を構えた。

慶長五年（1600）関ヶ原の役後、秋田に封ぜられたのは西軍に付いた常陸水戸の佐竹義宣であった。慶長七年（1602）、佐竹家はまず20万石で土崎の湊城に入ったが、翌年窪田神明山に久保田城を築き、藩政の中心を久保田（秋田）に移した。羽後最大の藩である久保田藩は、以後幕末まで佐竹家が支配する。天明の飢饉後、九代藩主義和は疲弊した藩内を立て直すため疋田定常《ひきたさだつね》・大越《おごし》範国らの補佐を得て殖産興業を保護し、藩政改革に努めた。戊辰戦争の際には、羽後の多くの藩は久保田藩をはじめとして早くから官軍側に付き、奥羽越列藩同盟と激しい戦いを繰り広げた。

羽後出身の 有名人・・

名前	生没年	概要
佐竹義敦	1748-1785	秋田藩八代目藩主、画家
小田野直武	1749-1780	画家。「解体新書」の挿絵を描く
佐藤信淵	1769-1850	経世思想家。『経済要録』
佐竹義和	1775-1815	秋田藩主
平田篤胤	1776-1843	国学者、神道家
石川理紀之助	1845-1915	明治期の農業指導者

この人に注目

安藤昌益《あんどうしょうえき》

元禄十六年 (1703)～宝暦十二年 (1762)

秋田郡二井田村出身。仏門に入った後京都で儒医学を学ぶ。その後八戸市十六日町で町医者として活動した。寛延二年 (1749)、宝暦五年 (1755) の大飢饉に直面し、万人が等しく農耕に直接携わる「直耕《ちょっこう》」、貧富の差や支配関係もない平等な「自然世」が理想社会と考え、稿本『自然真営道』を上梓。封建社会や身分制度を徹底的に否定、神仏信仰から村民を解放するなどして多くの門人を育成した。その様は哲学者狩野亨吉により明治三十二年 (1899) に紹介され、戦後カナダ人学者 E・H・ノーマンの著書『忘れられた思想家』によって広く知られる。

江戸時代の食文化 -02

なんばこ

「なんばこ」の名の由来はなんばん (とうがらし) に似た形から。

recipe

1 溶かしたマーガリンと材料を混ぜ、耳たぶぐらいの柔らかさにし形を整える。
2 多めの油で強火で揚げる。

材料

上新粉…250g　さとう…半カップ
ベーキングパウダー…小さじ半分
卵…1個　水…100ml　塩…1g
マーガリン…5g 黒ごま…小さじ 1

編集部でやってみた！

おいしさ	★★★★
見た目	★★★
難易度	★★
総合	★★★★

土塁造りの城

久保田城《くぼたじょう》 5

関ヶ原合戦後に常陸 54 万石から秋田 20 万 5000 石に減封された佐竹義宣は、秋田市街の中心地矢留の森に築城を開始した。天守閣は造らず、石垣も使用しない土塁の城で、幕府に遠慮したとされる。戊辰の役で勤皇方に組し奥羽越同盟軍と戦った。千秋公園がその名残。

秋田県秋田市千秋公園内
JR 奥羽本線秋田駅下車

羽後の 賢人

平田篤胤《ひらたあつたね》

安永五年 (1776)、篤胤は佐竹藩士大和田祚《とし》胤《たね》の第四子として久保田城下の下谷地町に生まれた。幼名を正吉といい、のちに半兵衛と名乗った。8 歳で藩の儒学者中山青莪について漢学を修め、20 歳の頃単身江戸に出た。江戸で学問に邁進した篤胤は、日本の古典はもちろん、儒教、仏教、道教、バラモン教、洋学をも研究し、25 歳の時、備中松山藩士平田篤穏《あつやす》に認められてその養子となった。以後篤胤は諸学の研究に没頭し、従来の学説を批判検証して独自の学流「古道学」を大成する。

篤胤は門下に佐藤信淵や大国隆正など多くの俊才を育てたが、定説の打破を恐れぬその舌鋒《ぜっぽう》の鋭さから多くの論敵を作り出した。やがてその姿勢は各方面の学者たちから様々な反感を買い、その結果天保十二年 (1841) 66 歳の時、著書の内容を咎《とが》められて江戸払いとなり、故郷秋田へ向かうことになった。篤胤は秋田にいる甥大和田盛胤の家に身を寄せ 2 年の歳月を過ごした。天保十四年 (1843)「思ふこと　一つも神に務め終へず　今やまかるか　あたら此の世を」の辞世を残し病没した。68 歳であった。

儒教・仏教・キリスト教を批判し、皇道を説いた篤胤の思想は、幕末から明治にかけての思想界に多大な影響を与え、尊王攘夷運動の柱の一つとなったのである。

羽後 不思議な 話

老犬神社《ろうけんじんじゃ》 (大館市)

代々マタギを生業としている大湯の定六は、他領でも猟ができる免状を持っていた。ある日、愛犬のシロと猟に出掛けたが他領で捕まってしまう。しかも免状を家に忘れてきたため、死罪を言い渡されてしまった。シロは家まで駆け戻り免状を持ってくるがすでに定六は処刑されていた。悲しみのあまり死んでしまったシロを人々は神社に祀ったという。

田沢湖《たざわこ》の主《ぬし》 (仙北郡田沢湖町) 6

田沢湖近くに不老不死を願う辰子という美しい娘がいた。ある夜山の奥の清水を飲めば願いが叶うというお告げがある。山へ出掛けた辰子は清水を見つけて飲んでみたが、飲んでも飲んでも喉が渇くばかり。そのうちに辰子の身体は大蛇に変わっていた。辰子は田沢湖に潜り姿を見せなくなったという。

上野国《こうずけのくに》

（群馬県）

上野国は現在の群馬県とその範囲が合致する。街道が豊富で宿場町を中心に栄えた。榛名山、赤城山、妙義山の上毛三山を有し、草津、伊香保など名湯も多い。家門・譜代大名が統治した。

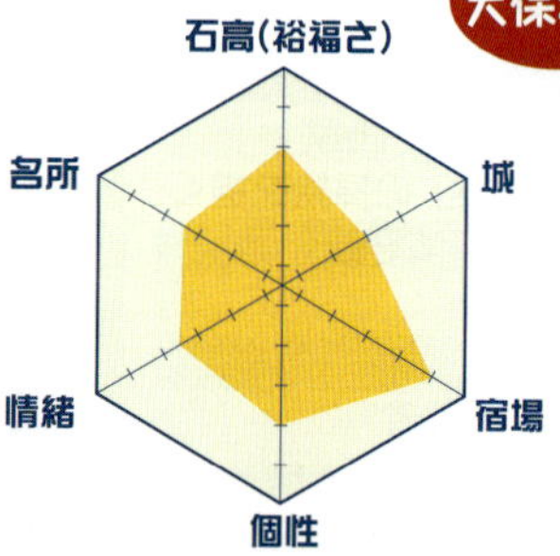

天保年間 **知っとくDATA**

推定人口	451,830人（1834年）
名産品	松茸、干蕨、砥石 養蚕、木綿 日野絹、竹細工
名物	蒟蒻、焼き葱
埋蔵金噂話	少〜多
代表的妖怪	おぼ、十二様

上野国 御家 変遷表

天保九年 (1838)
～廃藩置県を経て現代まで

下野国

p.55 参照

旧領	明治初期	県
下野国天領	真岡県	日光県
日光奉行	日光県	日光県
塩谷郡 喜連川藩		日光県
足利郡 足利藩		足利県
安蘇郡 佐野藩		佐野県
寒川郡 壬生藩		壬生県
寒川郡 吹上藩		吹上県
塩谷郡 高徳藩 1870.8.18転封		

上野国

郡	藩	天保九年(1838)	明治二年(1869)	県
邑楽《おうら》郡	館林《たてばやし》藩	藩主：井上正春 60,000石 城 譜	藩主：秋元礼朝 子爵 even 60,000石 城 雁 譜	館林県
上野国天領				岩鼻県
多胡《たこ》郡	矢田藩	藩主：松平信敬 10,000石 陣 親	藩主：吉井信謹 子爵 up 20,000石 陣 廊 親	岩鼻県（1869.12.26 併合）
甘楽《かんら》郡	七日市《なのかいち》藩	藩主：前田利和 10,000石 陣 外	藩主：前田利昭 子爵 even 10,000石 陣 柳 外	七日市県
甘楽郡	小幡《おばた》藩	藩主：松平忠恵 20,000石 陣 譜	藩主：松平忠恕 子爵 even 20,000石 陣 帝 譜	小幡県
佐位郡	伊勢崎藩	藩主：酒井忠恒 20,000石 陣 譜	藩主：酒井忠彰 子爵 even 20,000石 陣 菊 譜	伊勢崎県
群馬郡	高崎藩	藩主：松平輝承 82,000石 城 譜	藩主：大河内輝照 子爵 even 82,000石 城 雁 譜	高崎県
碓氷《うすい》郡	安中《あんなか》藩	藩主：板倉勝明 30,000石 城 譜	藩主：板倉勝殷 even 30,000石 城 雁 譜	安中県
利根郡	沼田藩	藩主：土岐頼功 35,000石 城 譜	藩主：土岐頼知 子爵 even 35,000石 城 帝 譜	沼田県
群馬郡	前橋藩	1867.1.28 武蔵川越より転封	藩主：松平直克 伯爵 170,000石 城 大 親	前橋県

武蔵国

p.85 参照

入間郡 川越藩 ― 川越県

廃藩置県　明治四年(1871.7.14)

埼玉県	入間県	群馬県	栃木県	宇都宮県
(1871.11.13)	(1871.11.13)	(1871.10.28)	(1871.11.13)	(1871.11.13)

熊谷県
(1873.6.15)

栃木県
(1873.6.15)

群馬県
(1876.8.21)

入間県を埼玉県へ編入

邑楽・新田・山田の上野三郡を群馬県へ編入

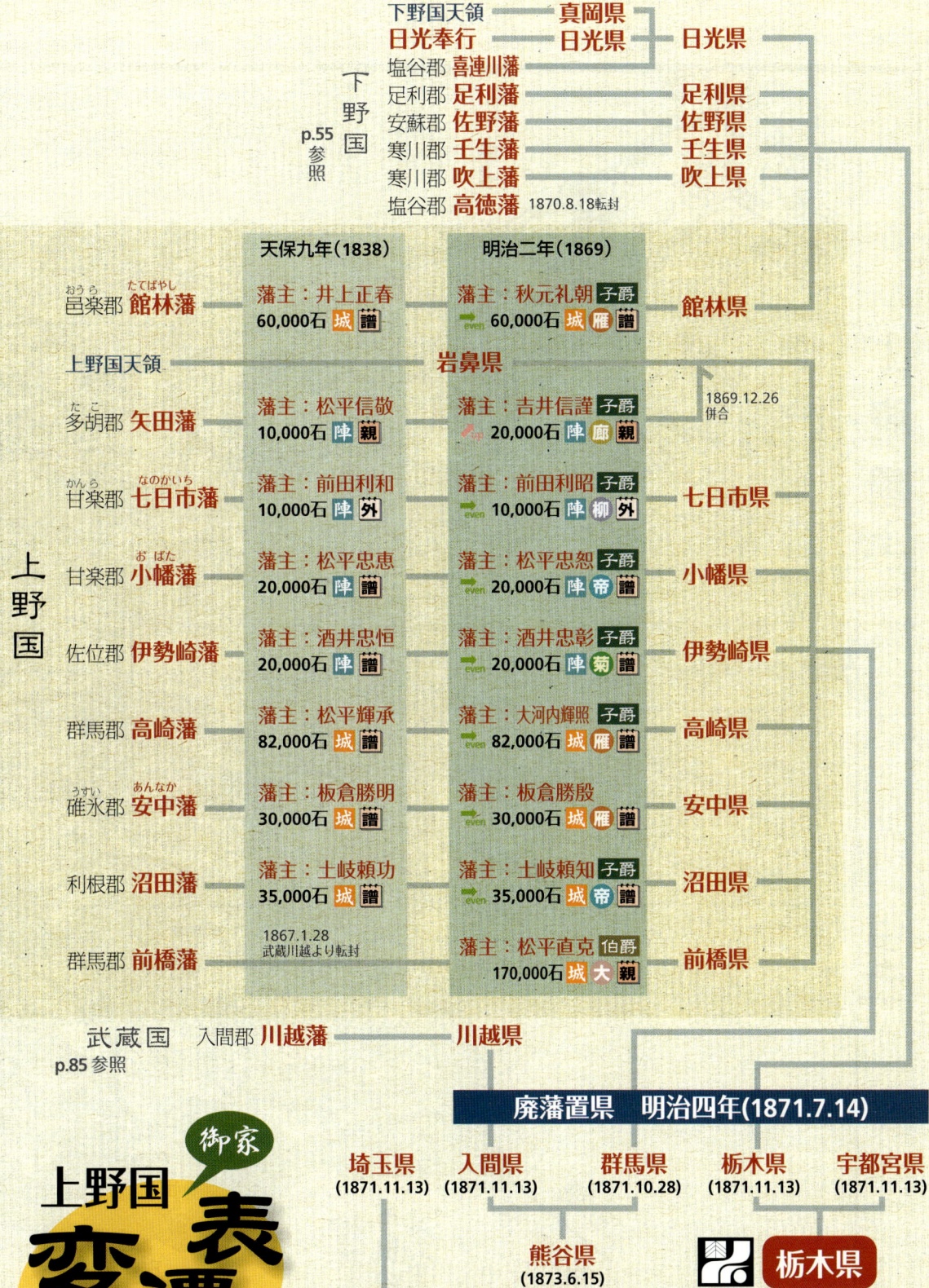

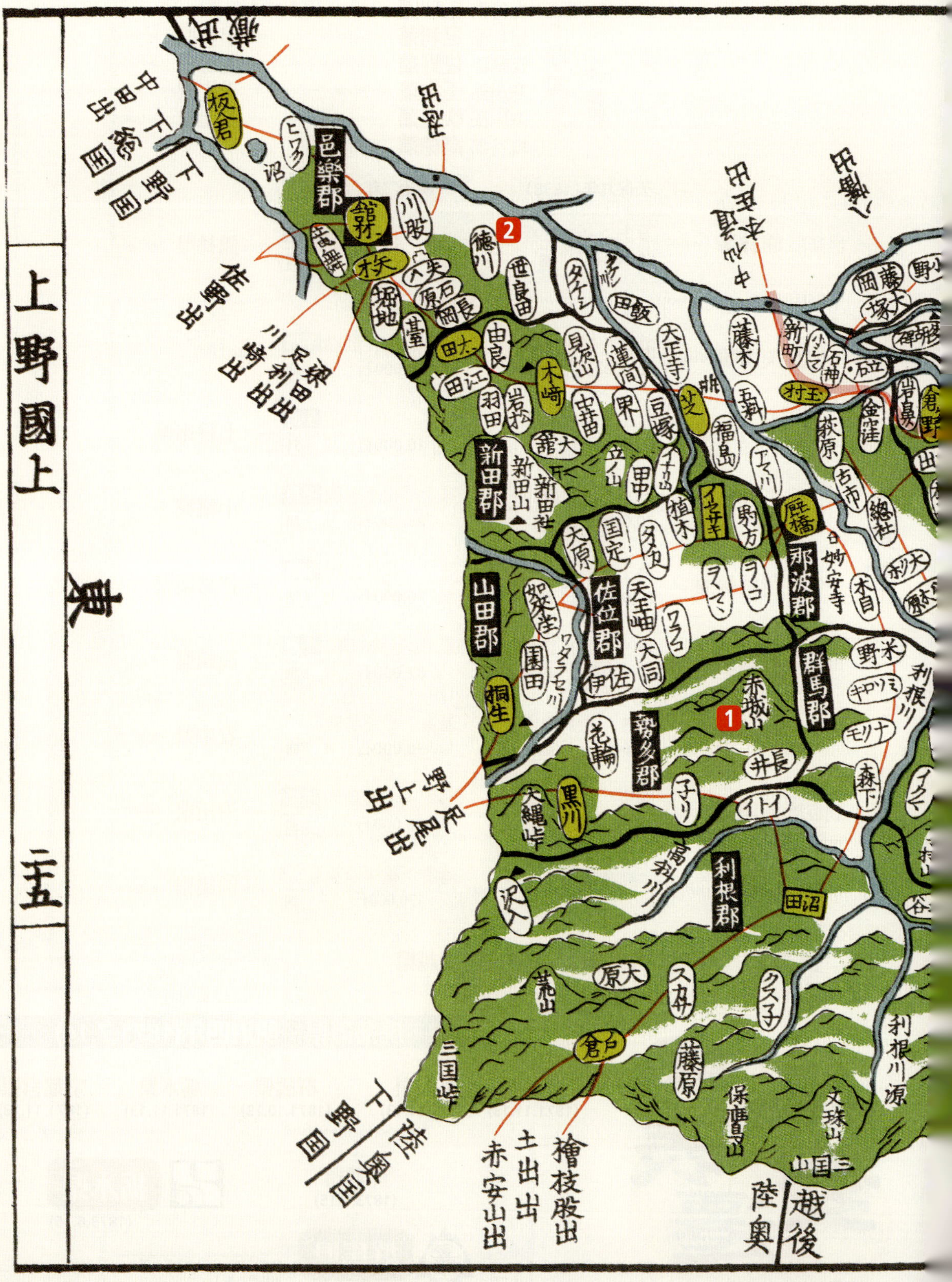
上野國上
東
二五
武蔵
中田出
下総国
下野国
板倉
沼
邑樂郡
川股
徳川
世良田
佐野出
梁田出
足利出
川崎出
新田郡
新田山
新田社
山田郡
佐位郡
那波郡
群馬郡
勢多郡
利根郡
赤城山
桐生
野上出
足尾出
黒川
大縄峠
高科川
沢入
荒山
藤原
文珠山
三国峠
下野国
陸奥国
檜枝股出
土出出
赤安山出
越後
陸奥
利根川源
利根川
木崎
芝
厩橋
妙安寺
総社
古市
藤木
福島
由良
羽田
大原
国定
伊佐
大同
園田
花輪
1
2

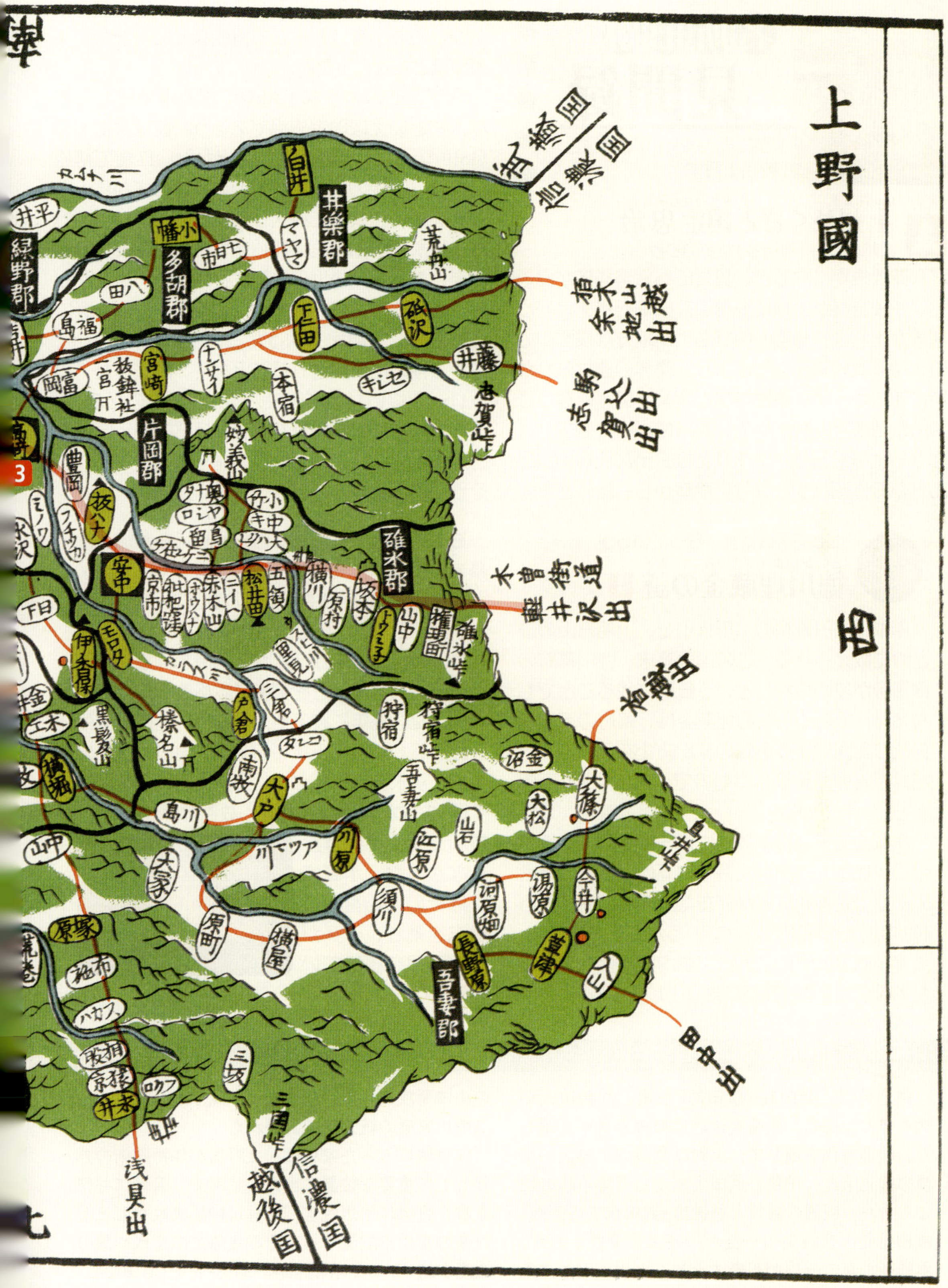
上野國
西
甘楽郡
多胡郡
緑野郡
片岡郡
碓氷郡
吾妻郡
妙義山
榛名山
木曽街道 軽井沢出
碓氷峠
狩宿峠
三国峠
浅貝出
越後国
信濃国
草津
長野原
安中
松井田
坂本
下仁田
一宮
本宿

上野国 名所旧跡見聞録

安藤広重 / 六十余州名所図会
「榛名山雪中」

歴史

上州《じょうしゅう》やくざと国定忠治《くにさだちゅうじ》

上州地方に「無宿者」が多いわけ

江戸時代後期になると、農村にも貨幣経済が浸透し、住民全員が土地に根付いて田畑を耕すという図式が崩れはじめる。中でも上州地方は浅間山の噴火や年貢の重圧などにより、青年の農村離れが特に激しかった。養蚕業など産業が盛んになりはじめた時期とも相まって、都市に出る者も少なくなかったのである。フラリと村を出た彼らのほとんどが行方知れずとなり、戸籍からも除外されてしまうので「不斗出者《ふとでもの》」あるいは「無宿者」と呼ばれた。中には都市で成功をおさめる例もまれにあったが、不斗出者は転落して博徒などに身をやつす者がほとんどだった。

さて、そのような上州やくざの中で最も有名な人物といえば国定忠治であろう。彼は文化七年(1810)頃、佐位郡国定村に生まれた。17歳で博徒になり、24歳の時に賭場《とば》争いのいざこざから人を殺め逃走、赤城山に潜伏しながら勢力をひろげるも、嘉永三年(1850)に捕らえられ、関所破りの罪で磔《はりつけ》となった。後世の映画などにより、虚像が独り歩きしている感もないではないが、飢饉の際に私財を投じて窮民を助けたというエピソードや、生涯公権力に束縛されることなく、徹底したアウトローを貫いた点が民衆の支持を得たのだろう。養寿寺にある忠治の墓石は、かけらを持っていると運がよくなるといわれ、現在でも人に削られるそうである。

400万両は本当に眠っているか

徳川埋蔵金の謎《とくがわまいぞうきんのなぞ》 1

赤城山は円錐型の二重火山で、上毛三山のひとつに数えられる。この山は幕末、徳川幕府の御用金が埋められたという伝説が残ることでも有名だ。そもそもこの埋蔵金は、幕府の軍費確保及び開国に伴う金銀の流出防止を目的に、大老井伊直弼《いいなおすけ》が画策したもので、総額は400万両ともいわれている。

埋蔵金伝説は日本各地に存在するが、赤城山の徳川埋蔵金は関連文書や物証の多さ、探索者の多さでも群を抜いた存在だ。明治の半ばから100年以上も探索を続けている水野家をはじめ、太平洋戦争の頃には近衛文麿《このえふみまろ》内閣に指令を受けた軍隊が大々的な発掘に乗り出している。

さてこの伝説は、上野の彰義隊にも参加した幕末の御家人水野智義という人物が親戚(義父という説もあり)の中島蔵人《くらんど》の遺言で「徳川埋蔵金」の話を聞かされたことに始まる。智義もはじめは真《ま》に受けなかったが、明治半ば家族を流行病で亡くしたことを契機に本格的に探索に乗り出した。長年に渡る努力の結果、埋蔵に関係したと思われる児玉拡平《こだまかくへい》の話や、角田源次郎の井戸、双永寺の銅板など、御用金埋蔵の謎を解く鍵といわれる証言、物証の数々を得たものの、結局発見までには至らなかった。水野家ではその後も智義の遺志を継ぎ、子孫が代々発掘を続けているそうだ。

△赤城山の夕焼け
この山に埋蔵金が眠る？

上野国のあらまし

鎌倉時代、新田荘《にったのしょう》(新田郡)を領した新田氏が代々勢力を持ち、北条氏追討に新田義貞が活躍した。戦国時代を通じて、上野は越後の上杉氏、相模の後北条氏、甲斐の武田氏による三雄争覇の地となった。戦国の名将上杉謙信・武田信玄の死後、織田信長の武将滝川一益《かずます》が一時上州を領したが、本能寺の変で一益が西帰すると、上州一円は北条氏の支配地となった。天正十八年(1590)豊臣秀吉の小田原攻めによって北条氏が滅ぶと、坂東の地は徳川家康の統治下におかれた。

江戸城に入った家康は、上野国が江戸防衛の外郭として重要な位置に当たると考え、箕輪に井伊直政、厩橋に平岩親吉、館林に榊原康政など三河以来の重臣を配置する。その後藩主の交代や藩の改廃が続いたが、前橋・高崎・館林・安中・沼田など、家門もしくは譜代の大名が幕末まで封ぜられた。

上野国出身の有名人…

名前	生没年	概要
磔茂左衛門	不詳 -1682	月夜野村の義民。磔刑にされる
関孝和	不詳 -1708	数学家。和算を大成
高山彦九郎	1747-1793	尊王家
大前田英五郎	1793-1874	江戸後期の侠客
国定忠治	1810-1850	江戸後期の博徒

この人に注目

天野八郎《あまのはちろう》
天保二年（1831）～明治元年（1868）

甘楽郡の農家に生まれるが、若い頃から農業になじめず、読書や剣術に励み、各地に出かけては志士たちと交際していたという。鳥羽・伏見の戦いにおける徳川慶喜の江戸帰還、ひいては恭順の態度に怒り、旧幕臣中の有志で再挙を目論み、彰義隊を結成。副頭取をつとめた。頭取渋沢成一郎の脱走など内部対立もあって彰義隊はわずか１日で壊滅してしまい、八郎は逃れて江戸市中を転々とするも密告を受けて捕らえられ、獄中で病死した。

歴史

幕府公認《ばくふこうにん》の縁切寺《えんきりでら》・満徳寺《まんとくじ》 2

江戸時代の離婚事情

尾島町徳川にある満徳寺は、全国に２カ所しかない幕府公認の縁切寺のひとつである。江戸期、夫は妻に「三下り半」をつきつけ離婚できたが、妻側からの離婚請求権は認められておらず、妻側から離婚できる唯一の方法は、相模国鎌倉の東慶寺か、この満徳寺に駆け込むことだった。そこで25日間尼僧と同様の生活を送れば、離婚できるとされていたのである。駆け込んだ妻たちの話によると、離婚を希望する理由は夫の「農業不精にて大酒を好む」「度々打擲《ちょうちゃく》に及ぶ」など、近現代と大して変わらない。また、徳川家康の孫・千姫が満徳寺に入寺（実際は侍女が入寺）し、のちに再婚したという前例から、ここへ駆け込んで離婚が成立したのちは、再婚も可能だったという。

徳川忠長幽閉の城

高崎城《たかさきじょう》 3

烏川を背後に築かれた平城で、徳川四天王の１人井伊直政が築く。城主がめまぐるしく交替したが、安藤重信が入部しその後三代の間に城が完成した。寛永十年この城に謀反の疑いで幽閉されていた忠長が自刃している。遺構として乾櫓と東門があり、外堀が残る。

群馬県高崎市高松町
JR高崎線高崎駅下車

上野国の奇人と呼ばれた男

～勤王家・高山彦九郎《たかやまひこくろう》編

高山彦九郎は延享四年（1747）、上野国新田郡細谷村の高山良右衛門の家に生まれた。祖先は新田義貞に仕えた武将であったといわれる。13歳の時『太平記』を読み、後醍醐《ごだいご》天皇の南朝が敗れたくだりを読んでひどく嘆き悲しみ、以来彦九郎は勤王家への道を邁進していくことになる。

18歳で京都に上り、数多くの名士と交際する一方で学を修め、さらに諸国を巡って様々な人々と交わった。この頃から彦九郎は、世間の人には「奇行」と見える行動をとるようになってくる。自分を育ててくれた祖母が死去した時には、墓の横に庵を結び３年の間そこで喪に服していたという。また石巻に後醍醐天皇の卒塔婆を拝したときには斎戒沐浴して跪き、一句ごとに涙を流しながら奉納文を読んだという。京都三条大橋の頂で御所を拝した姿は、現在銅像となって残っている。彦九郎は後世、林子平、蒲生君平とともに「寛政三奇人」と呼ばれるようになった。

ロシアが北方を脅かすようになった寛政元年(1789)、危機感を覚えて江戸を発った彦九郎は、水戸、石巻、津軽を経て松前に至った。蝦《え》夷《ぞ》地《ち》を視察すると京へ向かい、さらに中国地方を通って九州久留米に到着する。しかし寛政五年（1793)６月27日、久留米の森嘉膳宅に寄宿していた彦九郎は、つけていた日記を破って水に投じ、突然自ら命を絶ってしまう。47歳であった。自殺の理由は謎である。

歴代天皇の名とその陵墓を全て覚えていたという高山彦九郎の無私の勤皇精神と行動は、その後の尊皇攘夷思想に少なからぬ影響を与えていくことになる。

上野国不思議な話

呪《のろ》われた寺《てら》（吾妻郡原町・善導寺）

昔、岩櫃山の城の吾妻太郎行盛が武田信玄に攻められた時、善導寺の住職が秘密の水源を教えたため行盛の城は落ちてしまった。その後善導寺では出所がわからない不思議な火で何度も伽藍《がらん》が焼けた。これは行盛の祟りだということになり、善導寺では普請を綺麗に仕上げないのだという。

下野国《しもつけのくに》
（栃木県）

下野国は現在の栃木県とその範囲がほぼ合致する。奥州街道の宇都宮が栄えた。日光の東照宮や中禅寺湖、華厳滝のほか那須岳など景勝地が多い。領内は譜代大名を中心に統治された。

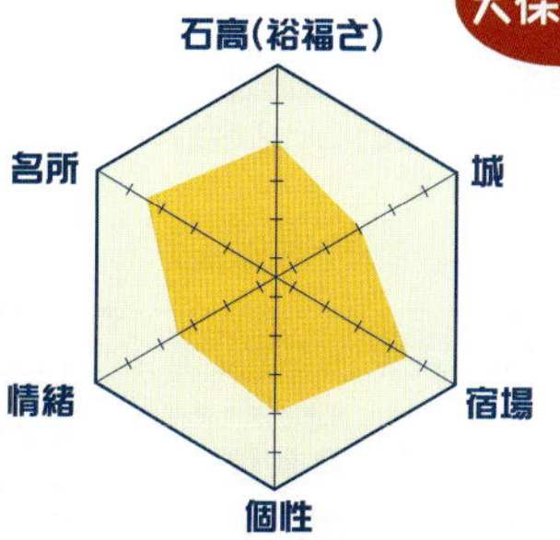

天保年間

知っとくDATA

推定人口	342,260人（1834年）
名産品	牛蒡、生姜、瓢箪 日光湯葉、銅 漆、大谷石
名物	素麺、益子焼
埋蔵金噂話	少 多
代表的妖怪	九尾の狐

江戸時代末期と現在の比較

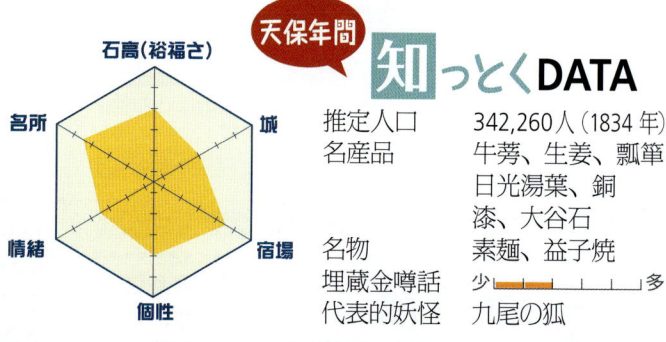

下野国
御家
変遷表

天保九年 (1838)
～廃藩置県を経て現代まで

下野国

郡	藩	天保九年(1838)	明治二年(1869)	県
那須郡	烏山藩《からすやま》	藩主：大久保忠保 30,000石 城 譜	藩主：大久保忠順 子爵 even 30,000石 城 雁 譜	烏山県
河内郡《かわち》	宇都宮藩	藩主：戸田忠温 78,000石 城 譜	藩主：戸田忠友 子爵 down 70,800石 城 雁 譜	宇都宮県
那須郡	黒羽藩《くろばね》	藩主：大関増儀 18,000石 陣 外	藩主：大関増勤 子爵 even 18,000石 城 柳 外	黒羽県
那須郡	大田原藩《おおたわら》	藩主：大田原愛清 11,000石 城 外	藩主：大田原勝清 子爵 up 11,400石 城 柳 外	大田原県
芳賀郡《はが》	茂木藩		1871.2.8 常陸谷田部より転封	茂木県
下野国天領			真岡県	
日光奉行			日光県	日光県
塩谷郡《しおや》	喜連川藩《きつれがわ》	藩主：喜連川熙氏 5,000石 陣 外	藩主：足利聡氏 子爵 even 5,000石 陣 外	
足利郡《あしかが》	足利藩《あしかが》	藩主：戸田忠録 11,000石 陣 譜	藩主：戸田忠行 子爵 even 11,000石 陣 菊 譜	足利県
安蘇郡《あそ》	佐野藩	藩主：堀田正衡 16,000石 陣 譜	藩主：堀田正頌 子爵 even 16,000石 陣 帝 譜	佐野県
寒川郡《さむかわ》	壬生藩《みぶ》	藩主：鳥居忠挙 30,000石 城 譜	藩主：鳥居忠宝 子爵 even 30,000石 城 帝 譜	壬生県
寒川郡	吹上藩《ふきあげ》	1841 上総五井より転封	藩主：有馬氏弘 子爵 10,000石 陣 菊 外	吹上県
塩谷郡	高徳藩《たかとく》		藩主：戸田忠綱 子爵 11,100石 陣 菊 譜	1870.8.18 下総曾我野に転封、廃藩
上野国 邑楽郡	館林藩			館林県

p.49 参照

廃藩置県　明治四年(1871.7.14)

入間県 (1871.11.13)
群馬県 (1871.10.28)
栃木県 (1871.11.13)
宇都宮県 (1871.11.13)

熊谷県 (1873.6.15)

栃木県 (1873.6.15)

埼玉県
群馬県

邑楽・新田・山田の
上野三郡を群馬県へ編入

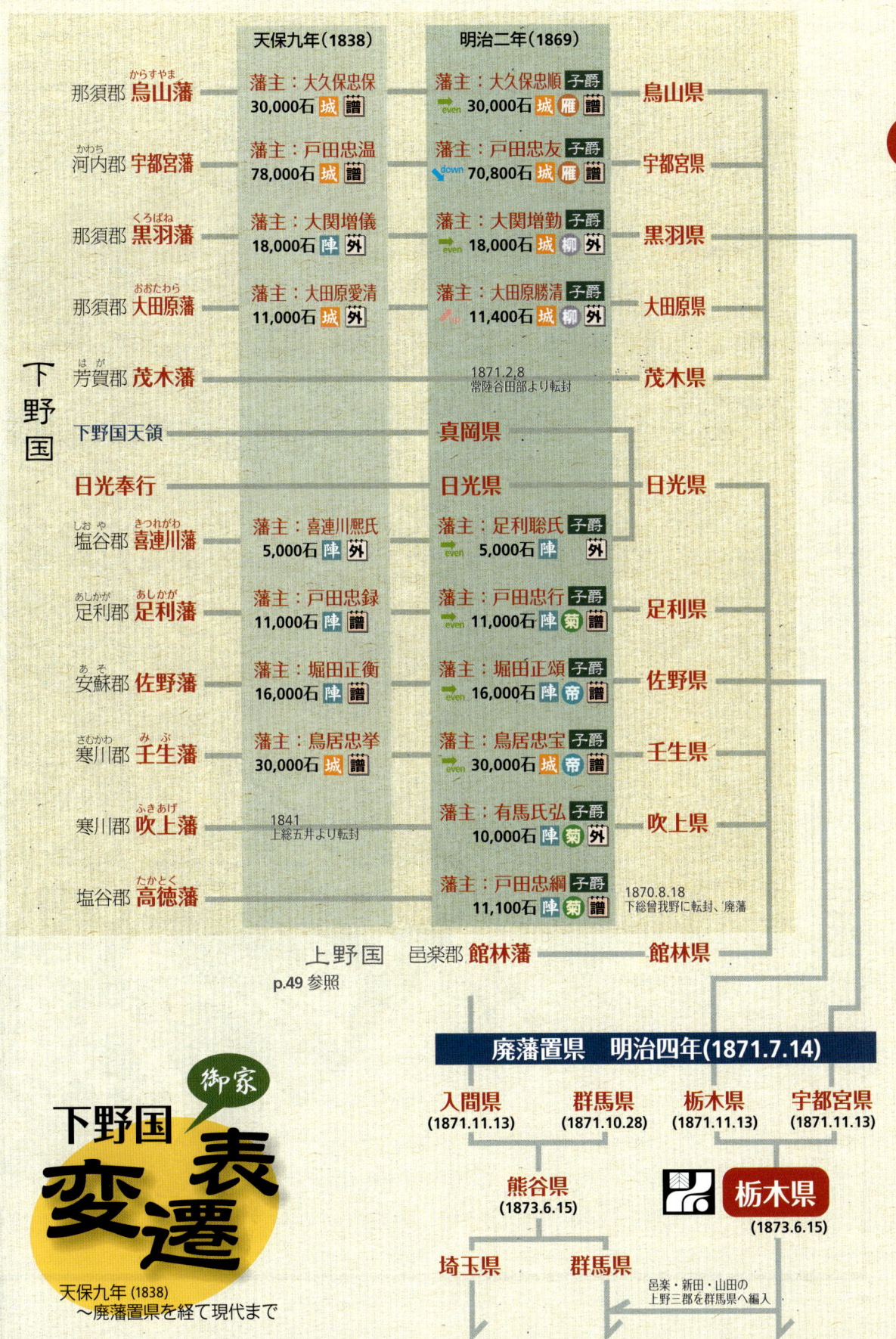

下野國上
二十六
北
那須郡
塩屋郡
河内郡
大山田
雲岩寺
野沢
黒羽
烏山
小口
馬頭
吉田
福原
石井沢
稲沢
芦野
遊行柳
清水
鍋掛
佐久山
大田原
早乙女坂
上石
金沢
泉
川崎
氏家
関屋
高原山
塩原
湯本
那須野
殺生石
岳
追分
大原
高徳
今市
藤原
板橋
三王峠
栗山
湯前
日光山
東照宮
中禅寺
黒髪山
日根山
湖
一宮
陸奥国
上野国
1
2
3

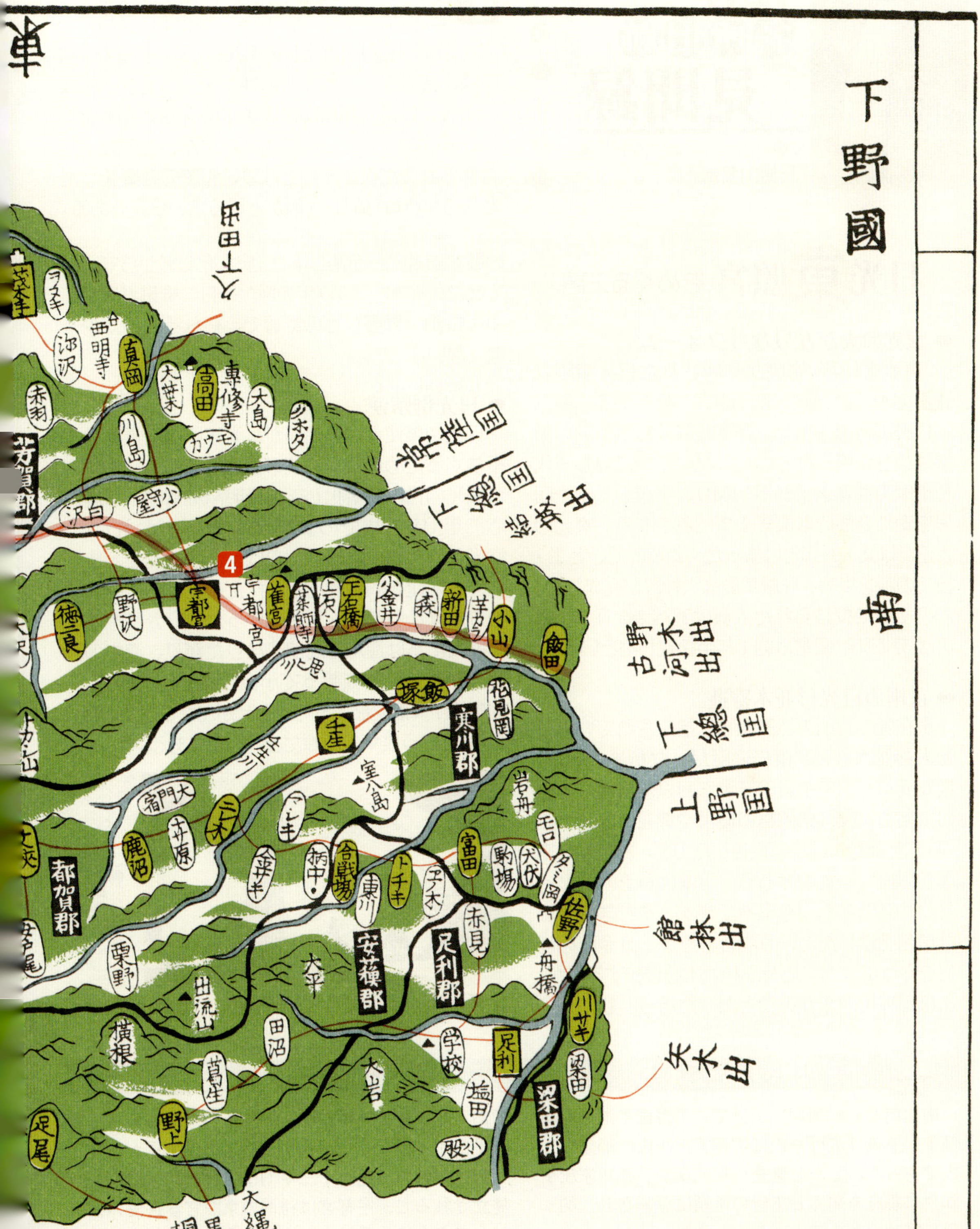
下野國
東
南
西
常陸国
下總国
上野国
宇都宮
真岡
高田
東修寺
大島
川島
徳良
野沢
飯塚
壬生
寒川郡
都賀郡
安蘇郡
足利郡
梁田郡
鹿沼
合戦場
富田
赤見
駒場
佐野
舟橋
足利
学校
田沼
葛生
出流山
横根
野上
足尾
大岩
小金井
新田
小山
古河出
野木出
館林出
矢木出
大縄峠越
黒川出
桐生出

下野国 名所旧跡見聞録

安藤広重 / 六十余州名所図会
「日光山裏見ノ滝」

伝説
戦場ヶ原《せんじょうがはら》 1
日光山と赤城山の戦

戦場ヶ原はかつて男体山の噴火によってできた湖だったが次第に埋め立てられ、湿原になったといわれている。その名の由来は、昔赤城山と男体山の神が争ったとき、赤城山は大百足《むかで》に、男体山は大蛇に姿を変え死闘をくりひろげたという伝説による。また、この闘いで両者の流した血が赤沼となり、和解の会議をしたところが勝負（菖蒲）ヶ浜だという言い伝えもある。

日光東照宮をめぐる三題

● 家光の大がかりなリフォーム

「東照大権現」家康が勧請された日光東照社（2）の竣工は元和三年（1617）の春である。時は二代将軍秀忠の世で、保守的な彼らしく社《やしろ》の規模は小さく質素なものだった。これに対し三代将軍家光は寛永十一年（1634）、家康の二十一回忌を期に全面的な改修工事に着手する。家光の大造営は父・秀忠とはまったく対照的で、名工・技巧の粋を集め、荘厳華麗な大神殿が完成した。この工事に投じられた人員は延べ282万人、費用は57万両、日数は約1年半を要したという。

● 正綱の日光杉並木寄進

現在国の特別天然記念物に指定されている日光の杉並木は、家康の近臣だった松平正綱が、慶安元年（1648）主君の三十三回忌に寄進したものである。彼は東照宮の造営や儀礼に際し、江戸・日光間をしばしば往復したので、杉並木の寄進を思いついたのだろう。正綱は貧乏大名だったため高価なものを奉納できず、やむなく安価な杉苗を献じたという説もあるが、20余年の歳月をかけ37キロにも及ぶ杉並木を植樹する方が、よほど費用のかかることだったろう。しかし長い間参詣者の目を楽しませ、旅人を寒暑から守ってきた杉並木も、350年を経た今日、排気ガスや車両振動、風害などの影響で、枯れるものが少なくないらしい。

● 日光例幣使《にっこうれいへいし》

日光例幣使とは、朝廷が日光東照宮に貢物を奉納するため遣わす勅使のことである。三代将軍家光の世に慣習化し、以後明治維新前年の慶応三年（1887）までの221年間、毎年行われた。家光が例幣使を要請したのは幕府の威光を示すため、朝廷を利用せんとしたためだった。朝廷の方ではこれを快く思わなかったが、公卿やその家来たちは進んで勅使になりたがり、道中の村々から金品を強請って小金を稼いだという。例幣使が駕籠を揺すって金をせがんだことが「強《ゆ》請《す》る」という言葉の語源だという説もある。

△楊洲周延 / 千代田之御表 日光御社参

下野国のあらまし

南北朝から戦国期にかけて、下野国で激しい所領争いを繰り広げたのは宇都宮、小山、那須の三氏であった。しかし慶長八年（1603）、徳川家康が江戸に幕府を開くと下野の所領は分割され、関ヶ原に軍功のある将士に与えられた。

下野国には喜連川藩などの小藩があるが、下野諸藩の中で最も重視されたのは、奥州街道の宿場であり、もともと北関東の要衝であった宇都宮藩である。東北の外様諸藩への防衛の意味もあって奥平氏や本多氏、阿部氏など徳川譜代の臣が次々と封ぜられた。寛永十三年（1636）日光に東照宮が建立されると、宇都宮は将軍の東照宮参拝時の宿としてさらに重要性を加える。幕末の宇都宮藩主はやはり譜代の戸田氏であったが、大鳥圭介・土方歳三が率いる旧幕府軍が宇都宮城を攻撃するなど、戊辰戦争の戦地ともなった。

下野国出身の有名人

名前	生没年	概要
鈴木正長	1732-1806	黒羽生まれの民政家
田中正造	1841-1913	足尾鉱毒反対運動の指導者

この人に注目

蒲生君平《がもうくんぺい》

明和五年（1768）～文化十年（1813）

寛政の三奇人の一人。宇都宮の灯油商の家に生まれる。師や「尊号事件」に刺激され、天皇陵（古墳）の調査、研究を志した。京や佐渡、四国など実際古墳のある場所に赴き、ひどく荒れ果て苔むした山稜の現状に嘆き憤り、何とかせねばと思い立って著述『山稜志』を書き上げた。その中では山稜形式の変遷や歴代天皇陵の所在を地域別にまとめ、復興と尊ぶべきことを説いている。彼の思想は幕末の尊王論に多大な影響を与えたと言われる。

江戸時代の食文化 -03

芋《いも》ちゃのこ

両毛地区に伝わる郷土料理。あんこにまぶされた里芋とおもちが微妙な味わい。

recipe

1 里芋は皮をむき、一口大に切り、柔らかくなるまで煮る。
2 上新粉を熱湯でよくこね、食べやすい大きさにちぎって蒸し器で 10 分蒸す。
3 すり鉢でよくつき、細かくちぎって団子に丸める。
4 小豆はたっぷりの水で柔らかくなるまで煮る。
5 4 の小豆に砂糖を加えて火にかけ、飴状になるまで煮つめる。
6 あんのなかに里芋、団子を入れ、よく混ぜ合わせて完成。

編集部でやってみた！

おいしさ	★★
見た目	★★★
難易度	★★
総合	★★

材料（2 人分）
上新粉…100g　小豆…150g　砂糖…200g
里芋…150g　塩…少々

謀殺・釣天井の城

宇都宮城《うつのみやじょう》 4

北関東の要地にあり江戸の防衛と日光東照宮警護のため、譜代大名が封じられた。本多正純は城郭の大拡張を行ったが、秀忠が日光からの帰途宇都宮を避け、謀反の疑いから除封される事件が起こった。戊辰戦争の舞台ともなった城だが、現在は復元を目指して工事中である。

栃木県宇都宮市本丸町
JR 東北本線宇都宮駅下車

下野国の伝説

殺生石《せっしょういし》（那須郡那須町） 3

昔、京都で地震、火事、旱魃《かんばつ》、洪水などが相次いで起こっていたことがありました。都人《みやこびと》は不安におののき、荒れ果てた都をなすすべもなく見守っていました。帝《みかど》は心を痛め、その頃寵愛していた玉藻前《たまものまえ》という女官を片時も傍から離しませんでした。そのうちに帝の身体はどんどん衰え、ついに病に倒れたのでした。驚いた公卿たちは陰陽師《おんみょうじ》安倍泰成《あべのやすなり》を招き、祈祷をさせます。泰成が祈祷の末に見たものは、金色の九つの尾を持つ狐でした。それがなんと玉藻前に化けていたのです。正体を知られた玉藻前は黒雲に乗って東へ去りました。

帝は病が癒えると、ただちに九尾の狐の追討を命じます。すると下野国那須の那須宗重《なすのむねしげ》から報告がありました。三浦介義純《みうらのすけよしずみ》や上総介広常《かずさのすけひろつね》ら東国武士たちは那須野へ赴き、野に火を放ちます。すると義純、広常の前に巨大な狐が現れました。すかさず義純が矢を放ち、広常が長刀で切り伏せると、絶命した狐はそのまま岩となりました。しかしその岩は毒気を放ち、近づく生き物を殺し続けたのでした。人々はこの岩を殺生石と呼んで恐れました。

下野国不思議な話

羽黒山《はぐろさん》（河内郡上河内町）

鬼怒川の近くにある羽黒山は、昔「デイデンボメ」という巨人がどこからか山を背負って来てそこに落としてできた山だという。山を縛っていた藤蔓《ふじづる》がそこで切れてしまったからだそうだ。そのため近くの山には藤蔓が生えているが、羽黒山には今まで一本も藤蔓が生えたことはない。

火柱《ひばしら》（宇都宮市）

宇都宮辺りには、夜になると時々火柱が立つことがあるという。遠くから眺めていると火柱はしばらく真っ直ぐ立っていて、そのうちどちらかの方向に倒れて消える。その夜は何事も起こらないのだが、それから近いうちに火の倒れた方向に必ず火事があるということだ。

常陸国《ひたちのくに》

（茨城県）

常陸国は現在の茨城県とその範囲がほぼ合致する。古くから水戸街道、銚子街道などが発達し栄えた。また筑波山や霞ヶ浦、袋田滝などの景勝地も多い。御三家水戸藩を中心に統治された。

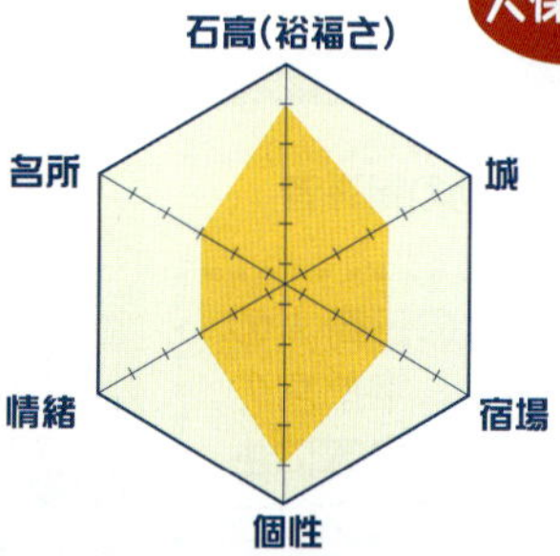

天保年間 知っとくDATA

推定人口	457,321人（1834年）
名産品	蒟蒻、わかさぎ 水戸煙草、結城紬 西之内紙、干鰯
名物	水戸納豆、笠間焼
埋蔵金噂話	少　多
代表的妖怪	河童、とびもの

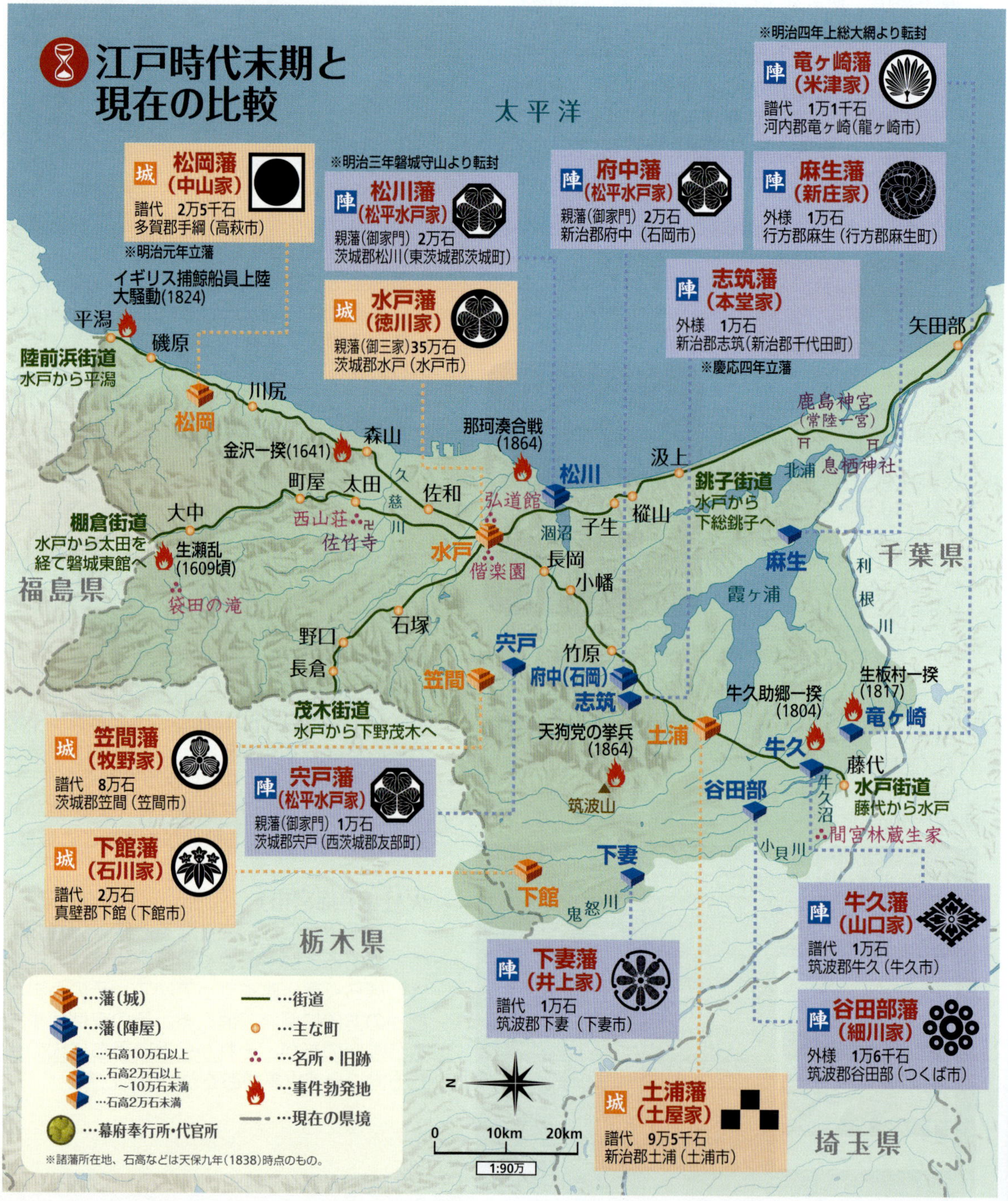

常陸国 変遷表

御家

天保九年 (1838)
～廃藩置県を経て現代まで

常陸国

郡	藩	天保九年(1838)	明治二年(1869)	県
茨城郡	水戸藩	藩主：徳川斉昭 350,000石 城 親	藩主：徳川昭武 侯爵 even 350,000石 城 廊 親	水戸県
茨城郡	宍戸《ししど》藩	藩主：松平頼筠 10,000石 陣 親	藩主：松平頼位 子爵 even 10,000石 陣 帝 親	宍戸県
茨城郡	笠間藩	藩主：牧野守貞 80,000石 城 譜	藩主：牧野貞寧 子爵 even 80,000石 城 雁 譜	笠間県
真壁《まかべ》郡	下館《しもだて》藩	藩主：石川総貨 20,000石 城 譜	藩主：石川総管 子爵 even 20,000石 城 雁 譜	下館県
真壁郡	下妻《しもつま》藩	藩主：井上正健 10,000石 陣 譜	藩主：井上正巳 子爵 even 10,000石 陣 菊 譜	下妻県
多賀郡	松岡藩	1868.1.24藩列 水戸家家老	藩主：中山信徴 男爵 25,000石 城 譜	松岡県
	常陸国天領		常陸県	若森県
新治《にいはり》郡	府中藩	藩主：松平頼縄 20,000石 陣 親	藩主：松平頼策 子爵 even 20,000石 陣 大 親	石岡県
筑波《つくば》郡	谷田部《やたべ》藩	藩主：細川興建 16,000石 陣 外	藩主：細川興貫 子爵 up 16,300石 陣 柳 外	1871.2.8 下野茂木に転封
新治郡	土浦藩	藩主：土屋彦直 95,000石 城 譜	藩主：土屋挙直 子爵 even 95,000石 城 雁 譜	土浦県
河内《かわち》郡	牛久《うしく》藩	藩主：山口弘封 10,000石 陣 譜	藩主：山口弘達 子爵 even 10,000石 陣 菊 譜	牛久県
行方《なめかた》郡	麻生《あそう》藩	藩主：新庄直計 10,000石 陣 外	藩主：新庄直敬 子爵 even 10,000石 陣 柳 外	麻生県
多賀郡	松川藩		1870.12:24 陸奥磐城より転封	松川県
河内郡	竜ヶ崎藩		1871.2.15 上総大網より転封	竜ヶ崎県
新治郡	志筑《しづく》藩	1868立藩	藩主：本堂親久 男爵 10,100石 陣 柳 外	志筑県

下総国

p.67参照

郡	藩	県
香取郡	多古藩	多古県
香取郡	高岡藩	高岡県
香取郡	小見川藩	小見川県

廃藩置県　明治四年(1871.7.14)

木更津県 (1871.11.13)
印旛県 (1871.11.13)
新治県 (1871.11.13)
茨城県 (1871.11.13)

千葉県 (1873.6.15)

新治県より香取、海上、匝瑳の下総三郡を編入

茨城県 (1875.5.7)

結城、豊田、岡田、猿嶋の下総四郡と相馬、葛飾の一部を茨城県へ編入

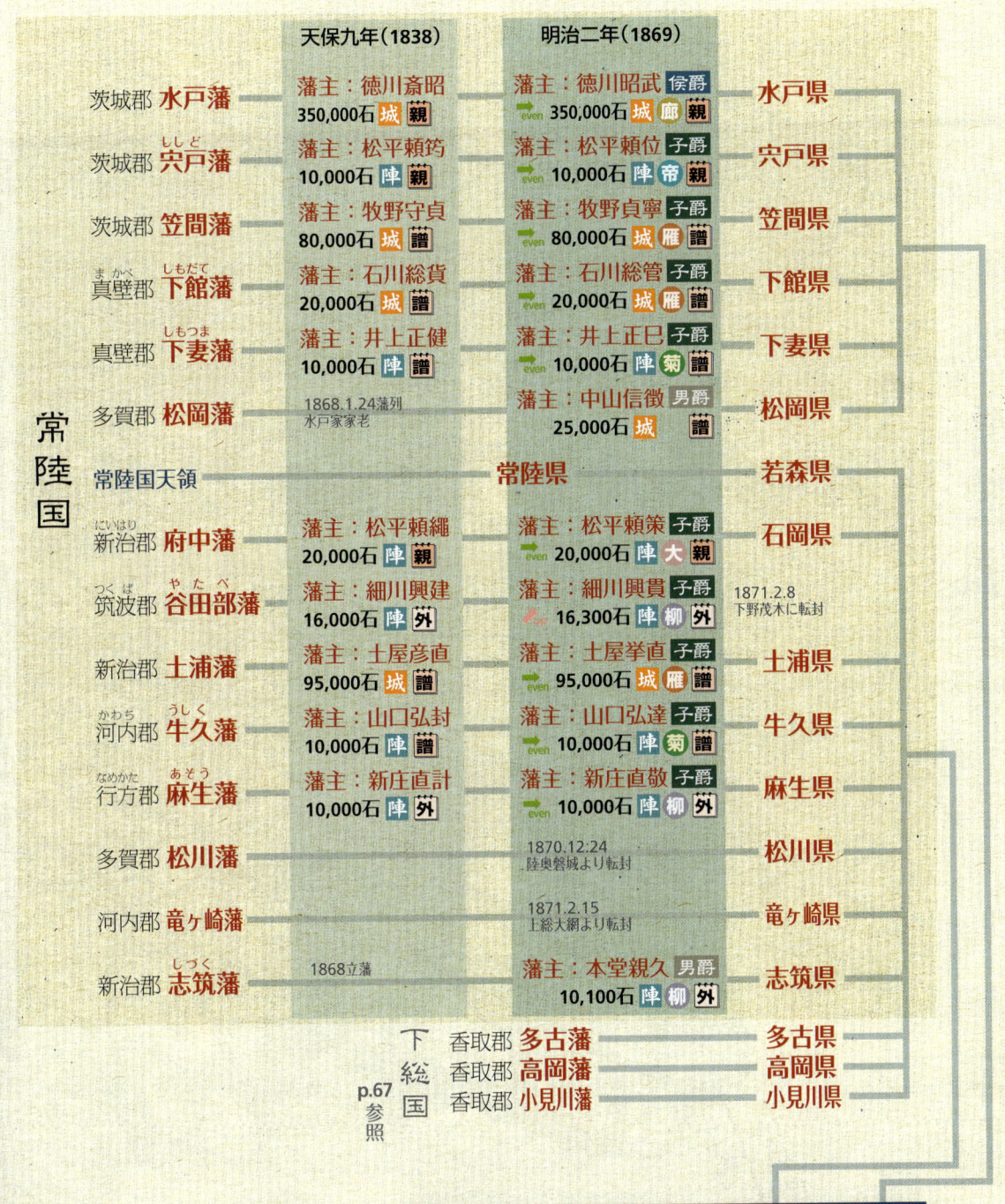

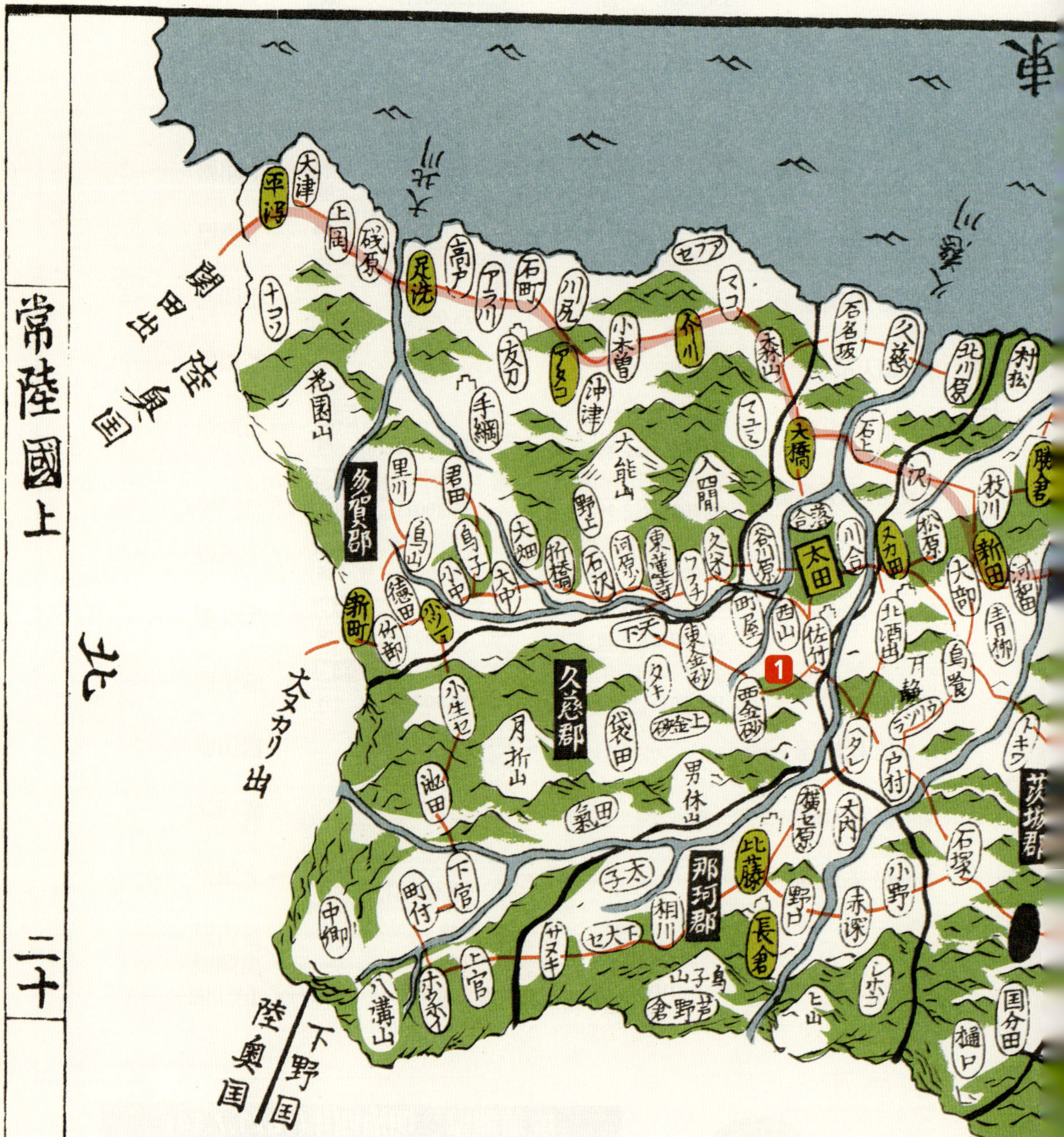
東
常陸國上
二十
北
西
陸奥国
下野国
陸奥国
多賀郡
久慈郡
那珂郡
大津
平潟
磯原
足洗
高戸
石町
川尻
小木曽
介川
森山
石名坂
久慈
北川原
村松
花園山
手綱
沖津
大能山
大橋
沢
枝川
新田
松原
太田
川合
里川
君田
鳥子
大畑
石沢
河原
東蓮寺
久米
谷河原
落合
新町
徳田
竹部
東金砂
西金砂
西山
佐竹
袋田
月折山
小生瀬
池田
男体山
大内
長倉
野口
赤塚
小野
石塚
国分田
樋口
下宮
町付
中郷
八溝山
上宮
相川

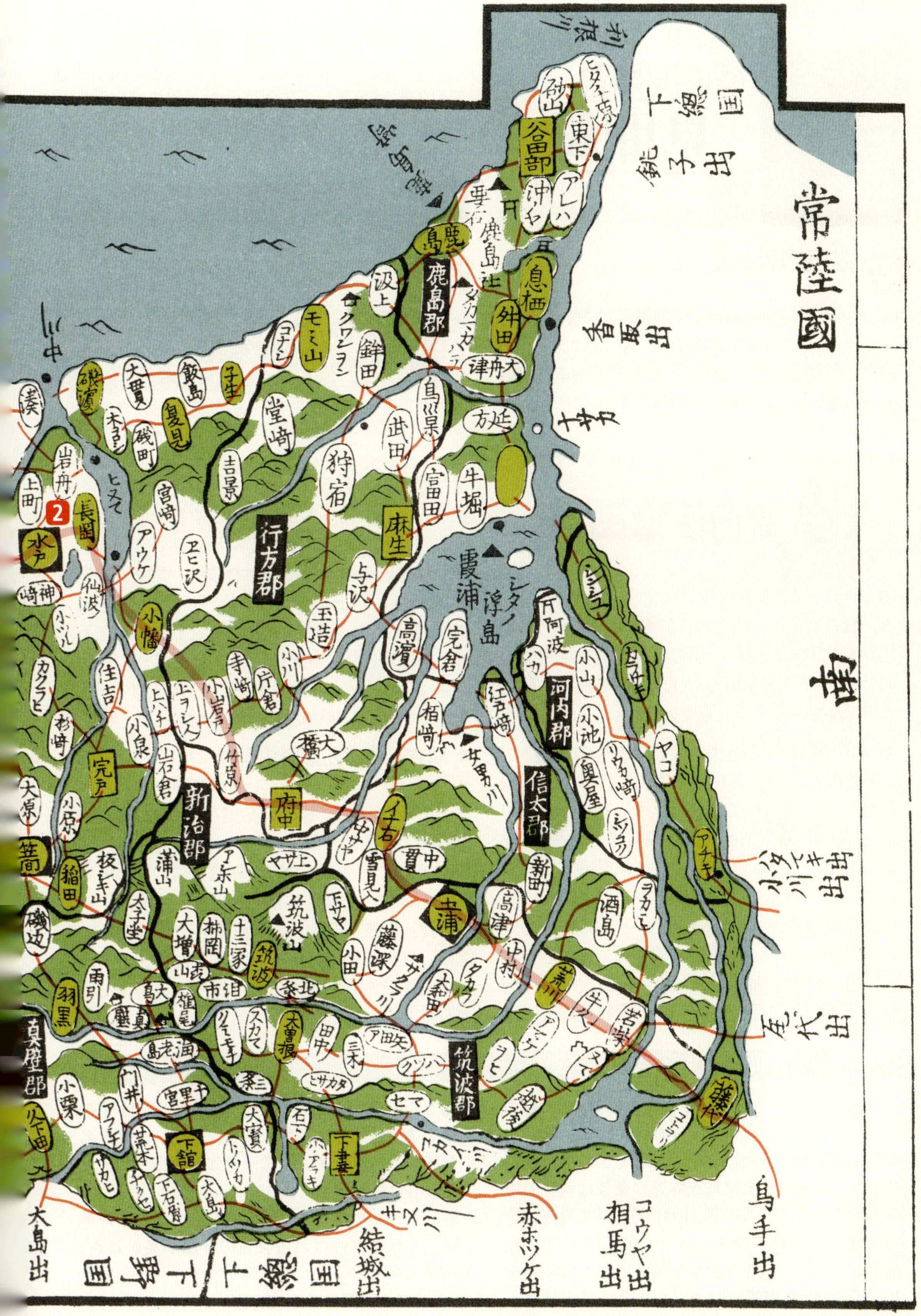
常陸國
下総国
銚子出
香取出
利根川
鹿島社
鹿島郡
行方郡
霞浦
浮島
河内郡
信太郡
新治郡
筑波郡
真壁郡
筑波山
水戸
府中
土浦
下館
下妻
相馬出
赤ホツケ出
結城出
大島出
鳥手出

常陸国

名所旧跡見聞録

安藤広重 / 六十余州名所図会
「鹿島太神宮」

歴史

桜《さくら》田《だ》門外《もんがい》の変《へん》

水戸藩 vs 井伊直弼

万延元年（1860）3月3日大雪の降る早朝、幕府の要人、大老井《い》伊《い》直弼《なおすけ》が登城途中に殺害された。「桜田門外の変」は安政の大獄による弾圧や将軍継嗣問題などに憤った水戸藩の尊攘激派浪士たちが、その矛先を井伊直弼に向けて起こしたテロである。彼らは幕府に敵対するつもりはなく、井伊直弼さえいなくなれば幕府はよき方向へ転ずると考えたのだが、彼らの思惑に反し、この大老暗殺事件は幕府の権威を著しく失墜させた。以後幕府批判の運動が活発化し、ほどなくして倒幕の勢いにのまれることになる。

△大蘇芳年 / 安政五戊午年三月三日於テ桜田御門外二水府脱士之輩会盟シテ雪中二大老彦根侯ヲ襲撃之図弐

「水戸黄門」ってどんな人？

黄《こう》門《もん》様《さま》 解《かい》体《たい》新《しん》書《しょ》

明治期に創られたフィクション『水戸黄門諸国漫遊記』が世間に広く浸透しすぎているせいか、黄門様こと徳川光圀《みつくに》は好々爺のイメージが強い。しかし実際は、烈しく豪胆な人物だったようである。光圀の一大事業『大日本史』の編纂、及びそれにまつわる人々を見ていこう。

● 水戸藩総力の結集『大日本史』の成立

黄門様こと二代水戸藩主徳川光圀は、歴史の伝えるとおり名君たる治績を残している。家中法度（法律）の制定、城下町や水道の整備、『救民妙薬集』を編纂して農民たちに医薬の知識を広めるなど、数え上げればきりがないが、若い頃は意外にも不良少年だったらしい。18歳の頃『史記』の伯夷伝を読んで感銘を受け、以後改心したという。そして30歳の光圀は『史記』と同じく紀伝体で書かれた通史『大日本史』の編纂事業にとりかかるのである。『大日本史』は史実に重きを置き、それに則った独自の歴史解釈を取り入れていることが大きな特徴である。結局、光圀の生前に完成を見ることは叶わなかったが、彼の没後15年目の正徳五年（1715）、いわゆる「正徳本」が霊前に供えられた。そしてこれにさらなる校訂が加えられ、本紀・列伝・志・表のすべてが完成するのは光圀が事業を開始してから250年後、明治三十九年（1906）のことであった。

● 助さん格さんは歴史学者

『水戸黄門諸国漫遊記』でおなじみ助さんと格さんのモデルも、もちろん実在の人物である。物語のように剣術が達者であったかどうかは不明だが、彼らは『大日本史』編纂事業のため彰考館（『大日本史』編集本部）に招き入れられた学者だった。助さんこと佐々《さっさ》宗淳《むねきよ》（介三郎）はおもに関西、九州方面への資料収集にあたり、のちには彰考館総裁をつとめている。一方、格さんこと安《あ》積《さか》澹泊《たんぱく》（覚兵衛）は水戸藩士の子に生まれ、

常陸国のあらまし

鎌倉時代、常陸国では佐竹氏をはじめ結城《ゆうき》氏、大掾《だいじょう》氏らが御家人として幕府に臣従していた。しかし南北朝から戦国時代にかけて国内は群雄割拠となり、佐竹氏と結城氏以外の豪族は戦乱の中で淘汰された。慶長五年（1600）関ヶ原の役後、徳川家康は佐竹氏を西軍についたとして秋田に転封させる一方、次子秀康を後継者とした結城氏を10万石から67万石に加増したうえで越前福井へ移封した。こうした処置の後、家康は第11子の頼房を藩祖とする水戸徳川家をはじめ、譜代大名を常陸国内に配置する。常陸を江戸防衛上の重要地と目した結果であった。

御三家であり常陸国内最大の石高を誇る水戸藩では、水戸学と呼ばれる独自の学風が築かれた。九代藩主斉昭が弘道館の創設などでさらに発展させ、幕末の水戸藩の尊王攘夷論に繋がっていった。

常陸国出身の有名人

名前	生没年	概要
徳川光圀	1628-1700	第二代水戸藩主
都々逸坊扇歌	1804-1852	音曲師
藤田東湖	1806-1855	後期水戸学の大成
芹沢鴨	1827-1863	玉造出身。新選組局長
伊東甲子太郎	1835-1867	新選組参謀となるが後に分離

この人に注目

間宮林蔵《まみやりんぞう》

安永四年(1775)~弘化元年(1844)

林蔵は伊奈村の百姓の子として生まれたが、数学の才能を認められて江戸に出たのち測量を学び、蝦夷地《えぞち》御用雇となって伊能忠敬の蝦夷図完成にも貢献した。北地探検家として活躍する一方、晩年にかけては幕府の隠密として国防に関する調査活動に従事する。シーボルト事件や竹島事件など、関わった事件は数多い。

助さん同様彰考館員として『大日本史』の編纂に関わり、やがては第六代彰考館総裁をつとめるも、現場での編纂作業に集中したいという希望から総裁の座を退き、文字どおり生涯を『大日本史』の編纂に捧げた。また格さんは、菊作りの名人としても知られている。

● 長寿の秘訣？西山荘(1)での食生活

光圀は享年73歳で、これは当時の平均寿命と対比させると随分な長寿であったことが分かる。当時明国から日本に亡命し、光圀に招かれていた儒者朱舜水《しゅしゅんすい》は、光圀が食した料理の献立名や食材、調理法などを記しているが、それによるとラーメンや餃子も食べていたらしい。光圀が西山荘にて隠居生活を送っていた頃は綱吉の代で、生類憐みの令が発令されていたが、そんなことなどおかまいなしに、高萩に牧場を構え、自家製の牛肉や豚肉、ハムやチーズの類までが食卓にのぼっていたそうだ。長寿の秘訣は食生活にあった？と言えるかもしれない。

徳川御三家の城

水戸城《みとじょう》 2

千波湖と那珂川に挟まれた丘陵を利用した城で、佐竹氏の秋田移封後、家康の十一男頼房が水戸に入った。御三家の一つであるが参勤交代はなく、江戸に常府した。大手門の枡形や空堀が残り、三の丸跡には藩校弘道館の建物(写真)がある。

茨城県水戸市三の丸
JR 常磐線水戸駅下車

常陸国の悲話

頭白上人《ずはくしょうにん》(つくば市)

応仁の乱の頃、筑波山付近の新治《にいはり》村の名主の家に、おしのという娘が婿をとって暮らしていた。婿は母親と折り合いが悪く、ある日もうすぐ子が生まれるというおしのを置いて家出してしまった。おしのは父に夫を探してもらおうとしたが母が承知しなかった。悲しんだおしのは夫を探しに出掛ける決意をした。身重の身体で必死に夫を探したが、雪が激しく降り出したうえに日が暮れてきたので荒れ寺を見つけて休んでいた。ところが寺には盗賊がおり、おしのを殺して裏の墓地に埋めてしまった。

それからまもなく小田の団子屋に、夜になると決まって団子を買いに来る若い女が現れるようになった。怪しんだ主人があとをつけると、女は荒れ寺の中に入っていった。寺の奥から赤ん坊の声が聞こえてくるので探してみると、墓穴の中に若い女の死体と生まれたばかりの赤ん坊がいた。驚いた主人は赤ん坊を連れて帰り、小田の解脱寺に預けて育ててもらうことにした。その赤ん坊はやがて出家して学問を修め高僧となった。出家前から頭髪が白かったため頭白上人と呼ばれたという。

常陸国不思議な話

八幡《はちまん》の岩屋《いわや》(真壁《まかべ》郡関城《せきじょう》町)

真壁郡の八幡神社の石段の横に穴があって、その奥に岩屋がある。昔、村で膳や椀、皿などが必要な時はこの岩屋の前で「何が何人分いるから貸してください」と言うと翌日には岩屋の前に出してあった。ところが村人が借りたものを盗むようになって以来貸してくれなくなったとか。

鐘ヶ淵《かねがふち》(霞ヶ浦 三叉沖)

昔、熊坂長範《ちょうはん》という悪党が府中国分寺の鐘を盗んでしまった。熊坂はそれを背負って、霞ヶ浦の三叉沖に投げ込んだ。それ以来、風雨の激しい日の夕方になると「府中恋しや国分寺」と悲しそうな音が聞こえるのだという。その鐘が府中を恋しがって泣いているそうだ。

下総国《しもうさのくに》

（茨城県・千葉県・埼玉県）

下総国は現在の千葉県北部と茨城県、埼玉県の一部から成り立っていた。利根川変流により水害が増したが、一方で水運による交易も盛んになった。領内は譜代大名に統治された。

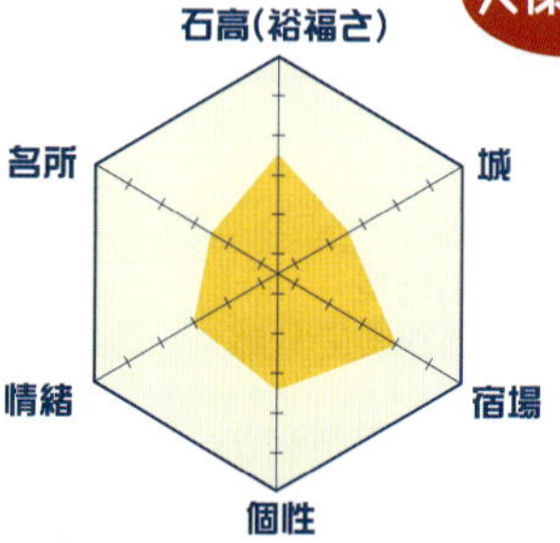

天保年間 知っとくDATA

推定人口	402,093人（1834年）
名産品	三度栗、塩、牛蒡 猿島茶、葛西海苔 結城紬、銚子縮
名物	醤油、味醂、酒
埋蔵金噂話	少　多
代表的妖怪	手長婆　砂撒き狸

下総国 御家変遷表

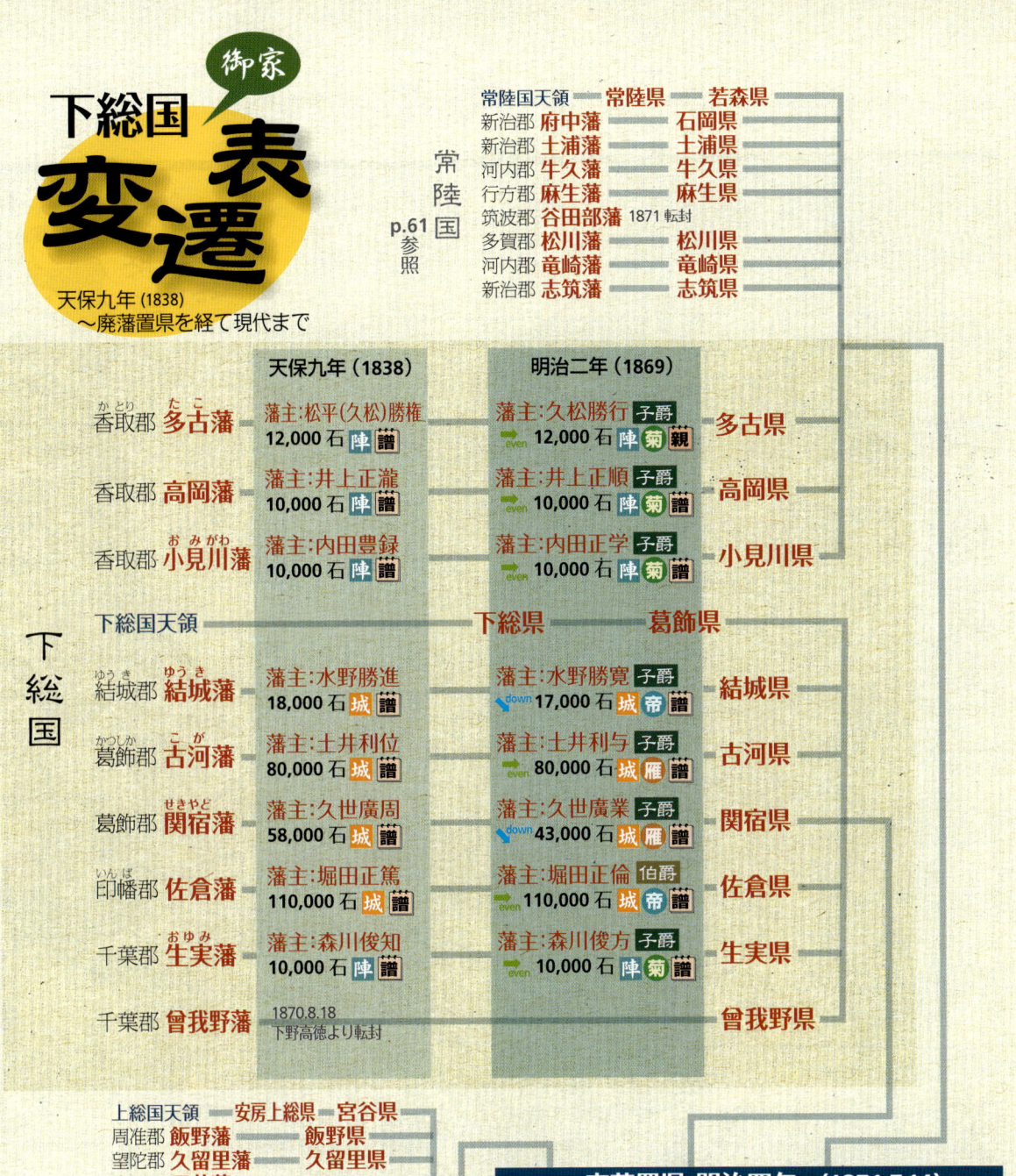

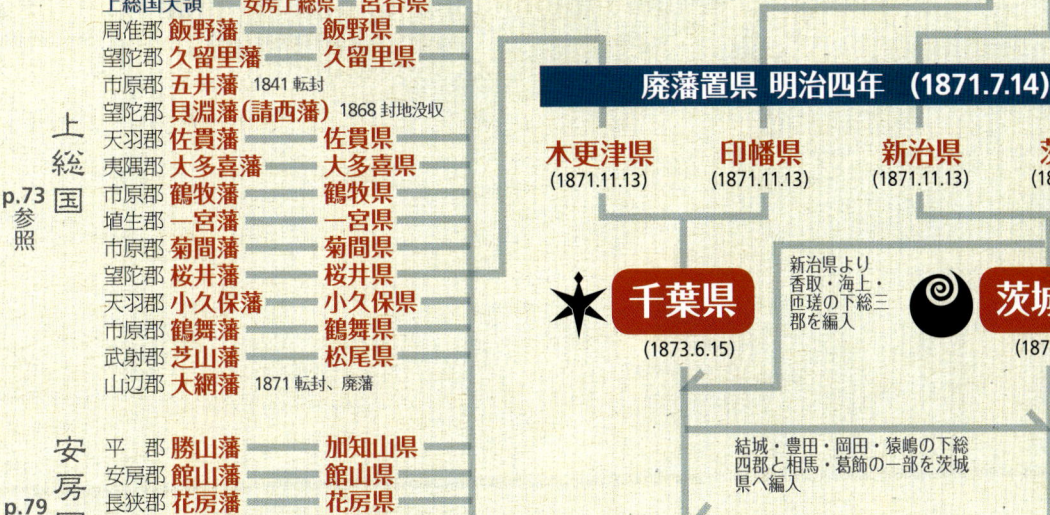

天保九年 (1838)
～廃藩置県を経て現代まで

常陸国

p.61 参照

常陸国天領	常陸県	若森県	
新治郡	府中藩		石岡県
新治郡	土浦藩		土浦県
河内郡	牛久藩		牛久県
行方郡	麻生藩		麻生県
筑波郡	谷田部藩	1871 転封	
多賀郡	松川藩		松川県
河内郡	竜崎藩		竜崎県
新治郡	志筑藩		志筑県

下総国

郡	藩	天保九年 (1838)	明治二年 (1869)	県
香取《かとり》郡	多古《たこ》藩	藩主:松平(久松)勝権 12,000 石 陣 譜	藩主:久松勝行 子爵 even 12,000 石 陣 菊 親	多古県
香取郡	高岡藩	藩主:井上正瀧 10,000 石 陣 譜	藩主:井上正順 子爵 even 10,000 石 陣 菊 譜	高岡県
香取郡	小見川《おみがわ》藩	藩主:内田豊録 10,000 石 陣 譜	藩主:内田正学 子爵 even 10,000 石 陣 菊 譜	小見川県
下総国天領			下総県	葛飾県
結城《ゆうき》郡	結城《ゆうき》藩	藩主:水野勝進 18,000 石 城 譜	藩主:水野勝寛 子爵 down 17,000 石 城 帝 譜	結城県
葛飾《かつしか》郡	古河《こが》藩	藩主:土井利位 80,000 石 城 譜	藩主:土井利与 子爵 even 80,000 石 城 雁 譜	古河県
葛飾郡	関宿《せきやど》藩	藩主:久世廣周 58,000 石 城 譜	藩主:久世廣業 子爵 down 43,000 石 城 雁 譜	関宿県
印旛《いんば》郡	佐倉藩	藩主:堀田正篤 110,000 石 城 譜	藩主:堀田正倫 伯爵 even 110,000 石 城 帝 譜	佐倉県
千葉郡	生実《おゆみ》藩	藩主:森川俊知 10,000 石 陣 譜	藩主:森川俊方 子爵 even 10,000 石 陣 菊 譜	生実県
千葉郡	曾我野藩	1870.8.18 下野高徳より転封		曾我野県

上総国

p.73 参照

上総国天領	安房上総県	宮谷県	
周准郡	飯野藩		飯野県
望陀郡	久留里藩		久留里県
市原郡	五井藩	1841 転封	
望陀郡	貝淵藩(請西藩)	1868 封地没収	
天羽郡	佐貫藩		佐貫県
夷隅郡	大多喜藩		大多喜県
市原郡	鶴牧藩		鶴牧県
埴生郡	一宮藩		一宮県
市原郡	菊間藩		菊間県
望陀郡	桜井藩		桜井県
天羽郡	小久保藩		小久保県
市原郡	鶴舞藩		鶴舞県
武射郡	芝山藩		松尾県
山辺郡	大網藩	1871 転封、廃藩	

安房国

p.79 参照

平　郡	勝山藩		加知山県
安房郡	館山藩		館山県
長狭郡	花房藩		花房県
安房郡	長尾藩		長尾県

廃藩置県 明治四年　(1871.7.14)

木更津県 (1871.11.13)
印旛県 (1871.11.13)
新治県 (1871.11.13)
茨城県 (1871.11.13)

千葉県 (1873.6.15)

新治県より香取・海上・匝瑳の下総三郡を編入

茨城県 (1875.5.7)

結城・豊田・岡田・猿嶋の下総四郡と相馬・葛飾の一部を茨城県へ編入

下總國上
十九
東
北
上總国
常陸国
海上郡
香取郡
匝瑳郡
印幡郡
銚子
飯沼
河戸
大倉
石井
椿新田
横根
池
大寺
内山
飯高
中村
原
八日市場
矢立浦
多古
栗山川
カモ
成田
大和田
神崎
滑川
佐原
津宮
香取社
香取
小見川
野尻
木原
吉美
八代
田野
文場
1

下總國
西
上總国
武蔵国
上野国
下野国
常陸国
千葉郡
葛飾郡
相馬郡
猿島郡
結城郡
豊田郡
千葉
行徳
舟橋
八幡
市川
小金
白井
佐倉
古河
結城
中山寺
弘法寺
国府臺
中川出
笠井出
関出
二合半出
栗橋出
板倉出
小山出
下舘出
下妻出
藤代出
2
3

下総国 名所旧跡 見聞録

安藤広重 / 六十余州名所図会
「銚子の浜外浦」

歴史

成田山新勝寺《なりたさんしんしょうじ》 1

名優市川団十郎の成田山信仰

△安藤広重 / 諸国名所百景 下総成田山境内

成田山参詣は江戸市民にも人気があり、江戸期には多くの講が組織され大勢の人が訪れた。この成田山人気の要因の一つには、歌舞伎俳優市川団十郎の成田山信仰があげられる。団十郎は代々成田山と縁が深く、成田不動を劇化した作品を上演することも多かった。世人が花形役者の影響を受けるのは、今も昔も変わらないようだ。

千葉県成田市成田 1
JR 線成田駅、京成線京成成田駅下車徒歩 10 分

文化

野田《のだ》 vs 銚子《ちょうし》 醤油《しょうゆ》バトル

醤油－江戸食に欠かせぬ調味料

江戸時代前半、醤油の生産地は紀州や播州、小豆《しょうど》島《しま》など、上方《かみがた》から中国地方に偏在していた。江戸で使われる醤油も、享保期（1716 ～ 1736）には 7 割以上が上方方面からの「下《くだ》り醤油」だったといわれる。しかし江戸中期以降、食文化が発達するに伴い、坂東《ばんどう》の各地でも醤油の生産が始まった。中でも野田と銚子の醤油業が名高いが、紀州より坂東の地にはじめて醤油の製法がもたらされたのは銚子だった。同業者による「醤油仲間」の結成も、野田にくらべて銚子の方が 30 年ほど先んじていたが、幕末頃の生産高を比較すると野田が銚子を上回っている。これは、どちらの町も醤油の出荷を利根川や江戸川の舟運に頼っていたが、野田の方が江戸への距離が銚子より短く、江戸市場を相手にするには有利だったからだろう。ともあれ、坂東における醤油製造の発展は徐々に上方醤油を駆逐し、文政四年（1821）に江戸で消費された醤油 125 万樽のうち、123 万樽が坂東各地で生産され、下り醤油はわずか 2 万樽にすぎなかった。

シルバーエイジの飽くなき挑戦

近代地図の先駆者 伊能《いのう》忠敬《ただたか》

上総生まれの忠敬は、宝暦十一年（1761）17 歳で下総国佐原の豪家伊能家に婿入りした。36 歳のとき佐原本宿の名主となり、浅間山の噴火や天明の大飢饉などによって被害を受けながらも貧民救済や水防工事に励むなど、名主役を全《まっと》うするが、彼の本領は晩年にこそ発揮された。忠敬は家督を息子にゆずり隠居の身となったあと、江戸の天文学者高橋至時《よしとき》に弟子入りし、若い頃から興味を持っていた天文・暦学を学び始める。この時忠敬はすでに 50 歳だった。その 6 年後、自費という条件付きながらも幕府に蝦夷地《えぞち》調査を許可される。幕府は忠敬の作った正確な蝦夷図を見て驚き、彼を天文方に属する幕吏に任命し、以後の測量は「御用」となった。こうして忠敬は 56 歳で蝦夷に向けて出立してから 74 歳で亡くなるまでを、全国測量の旅と地図作成に捧げるのである。

日本最初の実測地図として名高い「大日本沿《だいにほんえん》海輿地全図《かいよちぜんず》（伊能図）」は彼の死より 3 年後、門弟や友人の協力により完成する。この地図は正確さゆえにその後も様々な事件にまつわった。いわゆる「シーボルト事件」の原因になり、また幕末の英・米・仏・蘭の四国連合艦隊による下関攻撃の際に、伊能図が利用されたともいわれている。

下総国のあらまし

下総国では、源平の争乱の際、頼朝を助けた千葉常胤《つねたね》の子孫が千葉六党を名乗って勢力を張っていた。しかし、戦国時代までに一族の内訌で衰退し小田原の北条氏に従属するようになった。古河《こが》には足利成氏から続く古河公方《くぼう》家があったが、天文二十三年（1554）、北条氏康によって滅ぼされた。

天正十八年（1590）豊臣秀吉の小田原攻めによって北条氏が滅ぶと、坂東一円を統治下に置いた徳川家康は下総の地をその家臣に分領させた。その後、藩主の交代が相次いだが、江戸に近いことからその後も幕末まで親藩や譜代の大名が封ぜられることが多かった。中でも古河藩と佐倉藩は歴代の藩主が多く老中を務めており、家康の従弟で家康の死後幕府最大の実力者といわれた土井利勝《どいとしかつ》や将軍吉宗の懐刀・大給乗邑《おぎゅうのりさと》、日米修好通商条約の締結に関わった堀田正睦《まさよし》など、枚挙に暇がない。

下総国出身の有名人‥

名前	生没年	概要
松平忠直	1595-1650	大坂夏の陣で真田幸村を討ちとる
小笠原忠真	1596-1667	島原の乱で鎮圧に出陣
楫取魚彦	1723-1782	江戸中期の国学者
笹川繁蔵	1810-1847	香取郡出身。江戸後期の侠客
堀田正睦	1810-1864	佐倉藩主。蘭学興隆に力を注ぐ
西村茂樹	1828-1902	明六社
西村勝三	1836-1907	佐倉出身の実業家

この人に注目

佐倉惣五郎《さくらそうごろう》

生没年不詳

伝説の義民。惣五郎は印旛郡公津村の名主で、重税や凶作による農民の困窮を繰り返し藩主に訴え出たが聞き届けられず、承応二年(1653)将軍家綱に直訴した。重税撤廃の要求は通ったが、面目を失った藩主は惣五郎一家の処刑を決定し、女房から幼子にいたるまで親子6人が死罪となった。その後、惣五郎の怨霊によって藩主は改易されるに至ったという。惣五郎という名主の存在や、その時代の佐倉藩の貢租がかなり高かったことは確認されているものの、この話はどこまでが史実かはっきりしない部分が多い。

惣五郎の物語は、幕末に歌舞伎『東《ひがし》山《やま》桜《さくらの》荘《そう》子《し》』として江戸で上演されロングランとなり、様々な口承文芸によって日本中に知れわたった。現在、惣五郎をまつる神社や霊堂は、秋田県から熊本県まで、20カ所以上が確認されている。

▷大蘇芳年 新撰東錦絵 佐倉宗吾之話

河川交通で栄えた城

関宿城《せきやどじょう》 3

利根川と江戸川を結ぶ銚子からの舟運が開通し、関宿は河川交通の大中心地として繁栄した。城は微高地に築城されたため、洪水の被害に悩まされた。城主は江戸初期から六氏を数え、久世氏が宝永二年に再封し幕末まで続いた。城址公園に資料館がある。

千葉県野田市関宿町
東武野田線川間駅からバス

下総国の迷惑話

坂東太郎《ばんどうたろう》(利根川《とねがわ》)の変流工事《へんりゅうこうじ》 2

近世初期、江戸湾に流れ込む川には、渡良瀬《わたらせ》川の下流である庄内川(大日川)と利根川(荒川が合流)の二大河川があった。この二つの大河はたびたび氾濫を起こし、江戸の町に被害を与えたため、これらを東流させる長期的な土木工事が開始される。最終的に利根本流は銚子へ流れこむ川につながれ、旧庄内川の川筋には新たに江戸川がつくられた。

これにより、江戸は水害から免れることになったが、反対に新しく利根川の沿岸地域となった印旛沼《いんばぬま》、手賀沼《てがぬま》周辺では水害が多発するようになってしまった。特に天明三年(1783)の浅間山噴火以降、火山灰の降灰によって利根川の川底が上昇し、洪水が起こりやすくなったという。文政五年(1822)の利根川治水調査によると、浅間山以来の堆積土砂で香取付近から鹿島浦あたりまでは平常でも水に浸かった状態で、米の収穫量はそれまでの3分の1以下になったと伝えている。

しかし悪いことばかりではない。この新たな水路の発現によって江戸との交易が盛んになり、栄えたという面もあって、今日から見れば痛し痒しの状態だったといえよう。

下総国不思議な話

子《こ》は清水《しみず》の岩屋《いわや》(成田市)

昔、大竹村の貧乏な百姓が酒を買う金がないので岩屋に湧《わ》く清水を飲んでいるといつの間にか清水が酒になっていた。喜んで毎日一杯ずつ飲んでいたが、息子がこの清水を見つけ、樽に酒を汲んでしまった。ところが帰ってみると、ただの水になっていた。以来ここを「子は清水の岩屋」と呼ぶようになった。

雨《あめ》を降《ふ》らせた竜《りゅう》(印旛郡栄町)

昔、印旛沼の付近に住む村人たちは、長く続く日照りに困っていた。それを見かねた印旛沼の竜は、竜王の禁を破って雨を降らせてしまう。怒った竜王は印旛沼の竜を3つに裂いて殺してしまった。竜の気持ちに村人たちは感謝し、頭が落ちていた場所に竜角寺を建立して竜を祀ったという。

上総国《かずさのくに》

（千葉県）

上総国は房総半島の中央部にあった国である。九十九里浜などの景勝地を有するほか霊場笠森観音も名高い。紅花や菜種などの農産物のほか鯛や鰹、鮑などの海産物を産した。

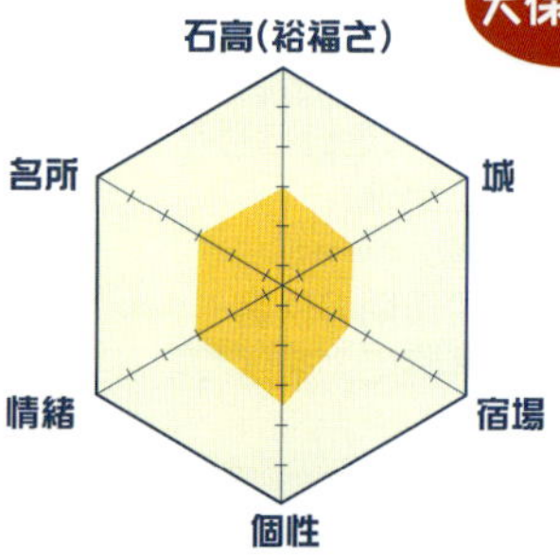

天保年間 知っとくDATA

推定人口	364,240人（1834年）
名産品	紅花、菜種、鮑蛤、上総木綿菅笠、薪
名物	干し魚
埋蔵金噂話	少 ― 多
代表的妖怪	あやかし

上総国 御家 変遷表

天保九年 (1838)
～廃藩置県を経て現代まで

下総国

p.67参照

郡	藩	明治二年(1869)	県
	下総国天領	下総県	葛飾県
結城郡	結城藩		結城県
葛飾郡	古河藩		古河県
葛飾郡	関宿藩		関宿県
印旛郡	佐倉藩		佐倉県
千葉郡	生実藩		生実県
千葉郡	曾我野藩		曾我野県

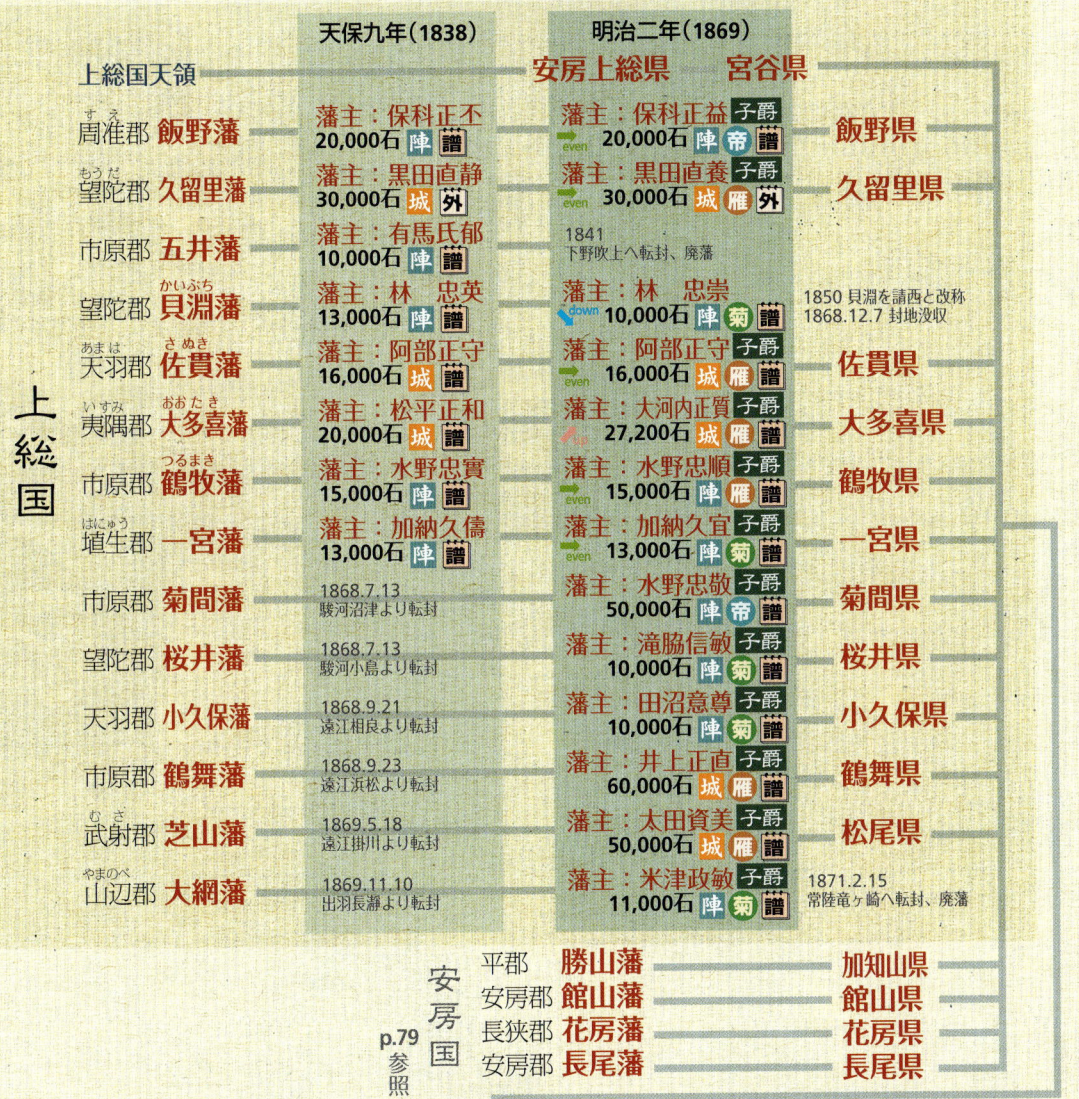

上総国

郡	藩	天保九年(1838)	明治二年(1869)	県
	上総国天領		安房上総県	宮谷県
周准《すえ》郡	飯野藩	藩主：保科正丕 20,000石 陣 譜	藩主：保科正益 子爵 even 20,000石 陣 帝 譜	飯野県
望陀《もうだ》郡	久留里藩	藩主：黒田直静 30,000石 城 外	藩主：黒田直養 子爵 even 30,000石 城 雁 外	久留里県
市原郡	五井藩	藩主：有馬氏郁 10,000石 陣 譜	1841 下野吹上へ転封、廃藩	
望陀郡	貝淵《かいぶち》藩	藩主：林　忠英 13,000石 陣 譜	藩主：林　忠崇 down 10,000石 陣 菊 譜	1850 貝淵を請西と改称 1868.12.7 封地没収
天羽《あまは》郡	佐貫《さぬき》藩	藩主：阿部正守 16,000石 城 譜	藩主：阿部正守 子爵 even 16,000石 城 雁 譜	佐貫県
夷隅《いすみ》郡	大多喜《おおたき》藩	藩主：松平正和 20,000石 城 譜	藩主：大河内正質 子爵 up 27,200石 城 雁 譜	大多喜県
市原郡	鶴牧《つるまき》藩	藩主：水野忠實 15,000石 陣 譜	藩主：水野忠順 子爵 even 15,000石 陣 雁 譜	鶴牧県
埴生《はにゅう》郡	一宮藩	藩主：加納久儔 13,000石 陣 譜	藩主：加納久宜 子爵 even 13,000石 陣 菊 譜	一宮県
市原郡	菊間藩	1868.7.13 駿河沼津より転封	藩主：水野忠敬 子爵 50,000石 陣 帝 譜	菊間県
望陀郡	桜井藩	1868.7.13 駿河小島より転封	藩主：滝脇信敏 子爵 10,000石 陣 菊 譜	桜井県
天羽郡	小久保藩	1868.9.21 遠江相良より転封	藩主：田沼意尊 子爵 10,000石 陣 菊 譜	小久保県
市原郡	鶴舞藩	1868.9.23 遠江浜松より転封	藩主：井上正直 子爵 60,000石 城 雁 譜	鶴舞県
武射《むさ》郡	芝山藩	1869.5.18 遠江掛川より転封	藩主：太田資美 子爵 50,000石 城 雁 譜	松尾県
山辺《やまのべ》郡	大網藩	1869.11.10 出羽長瀞より転封	藩主：米津政敏 子爵 11,000石 陣 菊 譜	1871.2.15 常陸竜ヶ崎へ転封、廃藩

安房国

p.79参照

郡	藩	県
平郡	勝山藩	加知山県
安房郡	館山藩	館山県
長狭郡	花房藩	花房県
安房郡	長尾藩	長尾県

廃藩置県　明治四年(1871.7.14)

木更津県 (1871.11.13)
印旛県 (1871.11.13)
新治県 (1871.11.13)
茨城県 (1871.11.13)

木更津県・印旛県 → 千葉県 (1873.6.15)

新治県・茨城県 → 茨城県 (1875.5.7)

新治県より香取、海上、匝瑳の下総三郡を編入 (1873.6.15)

結城、豊田、岡田、猿嶋の下総四郡と相馬、葛飾の一部を茨城県へ編入

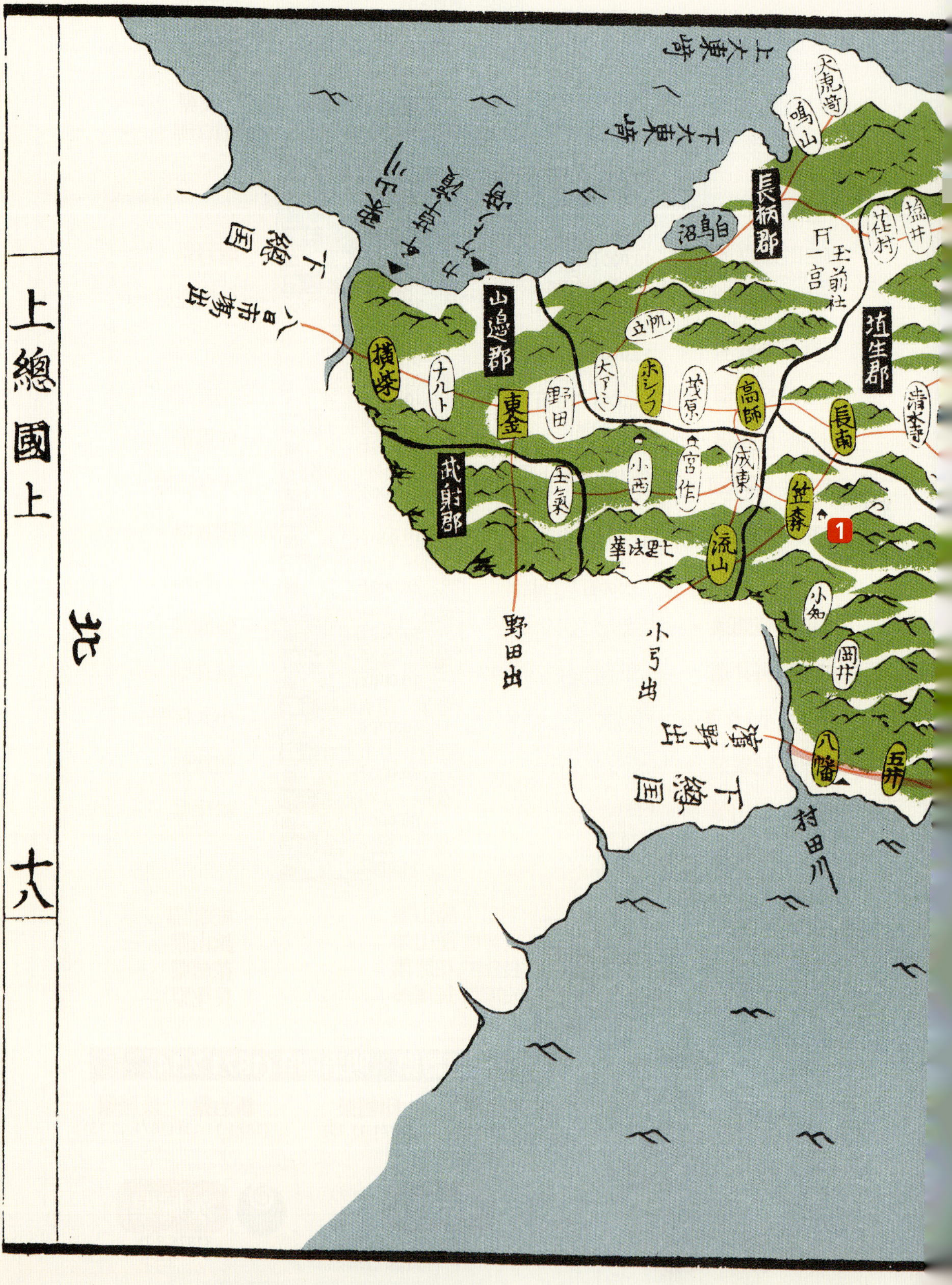
上總國上
十六
北
上大東崎
下大東崎
下總国
八日市場出
山邊郡
長柄郡
埴生郡
武射郡
白鳥沼
王前社
一宮
鳴山
塩井
清水寺
横芝
ナルト
東金
野田
大アミ
ホシノ
茂原
高師
長南
成東
宮作
小西
笠森
流山
野田出
小弓出
濱野出
下總国
村田川
八幡
五井
1

上總國
安房国
南
西
市原郡
望陀郡
周准郡
天羽郡
岩崎
温石
長瀬
山田
新田
小濱
内野
碓井
万喜
大沢
今留
松野
上野
市坂
四方木
黒玉
金谷
富津
小湊出
清澄出
誕生寺出
2

上総国 名所旧跡見聞録

安藤広重 / 六十余州名所図会
「矢さしか浦通名九十九里」

文化

小林一茶《こばやしいっさ》・上総《かずさ》への旅《たび》

一茶の道ならぬ恋？

江戸後期に活躍した俳人一茶は上総に縁が深い。一茶の生まれは信州で、のち江戸に奉公に出て苦労をするが、25 歳で俳諧を学び、30 歳の頃から各地を遊歴する。彼が上総を初めて訪れるのは享和三年（1803）で、木更津に船で入り、富津《ふっつ》、金谷に立ち寄っている。これ以後一茶はあわせて 14 度も房総を訪れるのであるが、これは一茶の日記にも度々登場する富津村の名主織本嘉右衛門の妻、女流俳人花嬌《かきょう》のせいだともいわれている。花嬌は文化七年（1810）に亡くなるが、一茶が彼女の忌日に詠んだ句からは、単なる俳友としてではない、秘めた愛情が読み取れるという意見もある。事実、一茶は花嬌の一回忌、三回忌ごとに富津を訪れ、『花嬌追善句集』まで作っているので、それもあながち絵空事ではないかもしれない。逆境の俳人として知られる一茶だが、ここでもまた道ならぬ想いに苦しんでいたのだろうか。

フィリピン総督 ドン・ロドリゴの漂着

家康が江戸に幕府を開いて間もない慶長十四年（1609）、前フィリピン総督ドン・ロドリゴを乗せた船が房総沖で嵐にあい、御宿《おんじゅく》の岩和田村に漂着した。西国地方ならともかく、当時の房総半島に住む人々にとって外国人はまさに奇異な存在だったはずだが、岩和田村の住民たちは彼らに衣服や食料を惜しみなく分け与えたという。ロドリゴは家康に庇護されていたウィリアム・アダムス（三浦按針）に案内され、江戸を経て駿府に入り、家康にも会っている。彼らは翌年、幕府の力を借り、浦賀からメキシコへ向けて出発した。このとき商人田中勝助らが同乗し、4カ月後無事カリフォルニア半島に到着している。江戸時代がはじまる以前から、ポルトガルやオランダとの交流は続いていたが、スペインとの交流は数少ない。これがその希有な例の一つと言えるだろう。

伝説

笠森寺《かさもりでら》 1

御堂の構造は「四方懸造《しほうかけづくり》」という珍しいもの

天台宗の寺。坂東 33 カ所霊場の第 31 番札所で「笠森観音」の呼び名で親しまれる。開基は古く、延暦年間（782 ～ 806）に伝教法師最澄が一堂を建てたのがはじまりという。長元年間（1028 ～ 1037）には後一条天皇の勅願により観音堂が建立された。昔、天皇に仕える娘を選ぶための田植えが行われ、折悪しく雨が降ってきたが、ある娘が田の近くの十一面観音に自分の笠を被せ、濡れながら田植えをした。娘はその優しさと観音様のご利益で見初められ、のちに女御となるが、観音堂の建立は彼女の願いともいわれている。のち芭蕉もここを訪れ、句を詠んでいる。「五月雨や　この笠森に　さしもぐさ」

▷ 安藤広重 / 諸国名所百景
上総笠盛寺岩作り観音

千葉県長生郡長南町笠森 302
JR 外房線茂原駅下車バス笠森観音前下車徒歩 5 分

上総国のあらまし

鎌倉時代には足利氏が上総の守護に任ぜられていたが、室町幕府が開かれた後は高《こう》氏、千葉氏、上杉氏と替わっていった。戦国時代になると安房里見氏が勢力を伸ばして小田原から関東に進出する北条氏と対立し、戦いを繰り返した。江戸幕府成立後、上総は幕府天領、旗本領、親藩、譜代の小大名領に細分され、土着の諸豪族は一掃された。以後上総では幕末まで小藩分立が続く。

徳川家康は豊臣秀吉の小田原征伐の際に勝浦城を攻撃したが、当時の城主は安房里見氏の武将・正木頼忠であった。頼忠の娘お万は戦乱を逃れて成長した後、家康の側室となる。紀州徳川家の祖・頼宣と、水戸徳川家の祖・頼房の生母、お万の方である。また、正徳の治で名高い新井白石《あらいはくせき》は、久留里藩土屋家の藩士である。土屋家は後に除封となるが、久留里には外様の黒田家が入封した。

上総国出身の有名人

名前	生没年	概要
伊能忠敬	1745-1818	山辺郡出身。実測地図作成

この人に注目 白井鳥酔《しらいちょうすい》

元禄十四年(1701)~明和六年(1769)

江戸中期の俳人。長柄郡地引村(長南町)出身。代官の家に生まれる。父信利の影響で、鳥酔も早くから俳諧に親しんだ。21歳のとき父の跡を継ぎ代官職に就くが、25歳の折、領主に代官職を辞めさせられている。理由ははっきりしないが、一説によると奥州に出かけて金山採掘に財を投じ、政務を怠ったためともいわれている。31歳の頃、鳥酔は江戸に出て佐久間柳居に師事した。柳居は芭蕉の系統をくむ俳人であったため、鳥酔もともに蕉風の伝統を担うことになった。その後多くの句集、紀行集を出版し、師の死後は一門を率いて活躍、のち68歳で亡くなった。最後の句は「濃きうすき　雲を待ち居て　ほととぎす」であった。

江戸時代の食文化-04 なめろう

房総半島は昔から漁業が盛んで、様々な漁師料理が受けつがれている。

recipe

1 ねぎとしょうがはみじん切り、しその葉は細く刻む。
2 あじは3枚におろして皮をむき、包丁で小骨が細かくなるまでたたく。
3 あじに刻んだ1の香味野菜、さんしょうの実、みそを加えてよく混ぜ合わせ、器に盛りつけ、完成。

材料
あじ…4尾　みそ…大さじ2
しその葉…2枚　生姜…少々
ねぎ…少々　山椒の実…適宜

編集部でやってみた！

おいしさ	★★★★
見た目	★★★
難易度	★★★★
総合	★★★★

徳川四天王の城 大多喜城《おおたきじょう》 2

夷隅山系の丘陵先端と夷隅川の断崖を利用した要害の地に、徳川四天王の一人本多忠勝が天正十八年に築城した。本多氏のあと阿部・青山・久世・稲垣と替わったが、2万石で入封した松平氏が九代続いて明治維新を迎えた。本丸跡に模擬天守の総南博物館が建つ。

千葉県夷隅郡大多喜町大多喜
いすみ鉄道大多喜駅下車

上総国の伝説

弟橘姫《おとたちばなひめ》(木更津市)

景行天皇は熊襲《くまそ》・出雲を平定し都に戻った倭《やまと》建命《たけるのみこと》に東征を命じました。命は伊勢の斎宮となっている叔母・倭比売命《やまとひめのみこと》を訪ね、草薙剣《くさなぎのつるぎ》と袋を授かります。叔母は困ったことがあったらこの袋をあけるように告げ、倭建命を送り出しました。都から遠く相模にいたったとき、国造の策略にはまり野火に囲まれた倭建命は叔母にもらった袋を開けます。中に入っていた火打石と草薙剣を使い難を逃れた倭建命は、ようようのことで三浦の走水《はしりみず》にたどり着きました。

浦賀から上総へ向かう走水は、数々の船を呑み込んできた難所でした。倭建命は意を決して船を進めます。しかし命の船は運悪く暴風雨に襲われてしまったのでした。もはや海の藻屑になるしかないと諦めかけたとき、命とともに従軍していた弟橘姫が舳先《へさき》に立ちました。姫は倭建命の東征の成功を祈ると、嵐を鎮めるため舳先から海へと飛び込んでしまいます。やがて嵐は嘘のように鎮まり、命は無事に上総へと上陸することができたのでした。倭建命は自らを犠牲にして危機を救ってくれた姫を思い、いつまでも去りがたく海を眺めていました。

上総国不思議な話

雄蛇《おんじゃ》の池《いけ》(東金市)

昔、若くて美しい嫁がいた。嫁は機《はた》を織るのがとても得意だったが、姑に憎まれ、いつも織り方のことでいじめられていた。ある日嫁はとうとういじめに耐えかね、雄蛇の池に身を投げてしまった。今でも雨が降ると、水の底からこの嫁が機を織る音が聞こえてくるのだという。

畳《たたみ》が池《いけ》(木更津市)

昔、源頼朝が畳が池の岸で弁当を食べようとした。箸がなかったので池に生えていた葭《よしず》を折ってその茎を箸にした。ところが頼朝はその箸で誤って唇を傷つけてしまった。腹を立てた頼朝は葭で作った箸を池に投げ込んだ。それ以来、畳が池には葭が一本も生えなくなったと言われている。

安房国《あわのくに》

（千葉県）

安房国は房総半島の南端にあった国である。古くから漁業が盛ん。鯛の群生地・鯛の浦や野島崎などの名所を有し、海産物のほか鋸山から石材も産した。譜代小大名に統治された。

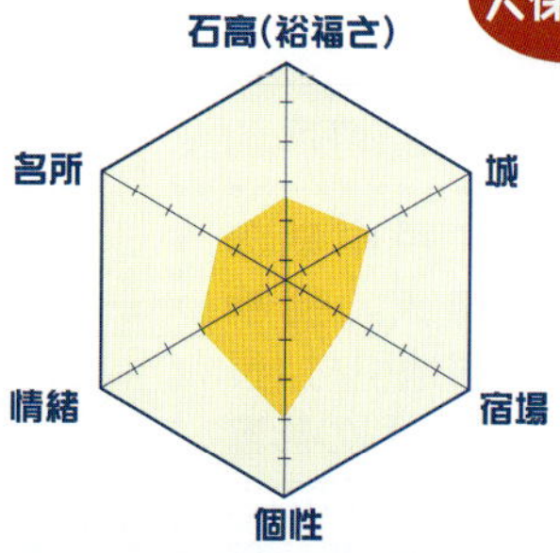

天保年間 知っとくDATA

推定人口	144,581人（1834年）
名産品	鮪、鰹、海苔 干鰯、石材 長狭米、薪
名物	房州団扇、笠
埋蔵金噂話	少 ▬▬ 多
代表的妖怪	大東の旦那

江戸時代末期と現在の比較

安房国 変遷表

御家

天保九年(1838)
～廃藩置県を経て現代まで

下総国

p.67参照

郡	藩		県
下総国天領		下総県	葛飾県
結城郡	結城藩		結城県
葛飾郡	古河藩		古河県
葛飾郡	関宿藩		関宿県
印幡郡	佐倉藩		佐倉県
千葉郡	生実藩		生実県
千葉郡	曾我野藩		曾我野県

安房国

郡	藩	天保九年(1838)	明治二年(1869)	県
平《へい》郡	勝山藩	藩主：酒井忠嗣 12,000石 陣 譜	藩主：酒井忠美 子爵 even 12,000石 陣 菊 譜	加知山県
安房郡	館山藩	藩主：稲葉正巳 10,000石 陣 譜	藩主：稲葉正善 子爵 even 10,000石 陣 菊 譜	館山県
長狭《ながさ》郡	花房藩	1868.9.21 遠江横須賀より転封	藩主：西尾忠篤 子爵 35,000石 城 帝 譜	花房県
安房郡	長尾藩	1868.7.13 駿河田中より転封	藩主：本多正訥 子爵 40,000石 城 雁 譜	長尾県

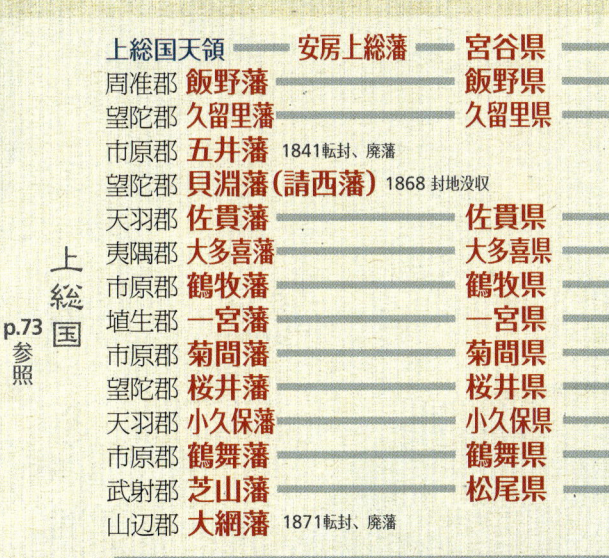

上総国

p.73参照

郡	藩		県
上総国天領		安房上総藩	宮谷県
周准郡	飯野藩		飯野県
望陀郡	久留里藩		久留里県
市原郡	五井藩	1841転封、廃藩	
望陀郡	貝淵藩(請西藩)	1868 封地没収	
天羽郡	佐貫藩		佐貫県
夷隅郡	大多喜藩		大多喜県
市原郡	鶴牧藩		鶴牧県
埴生郡	一宮藩		一宮県
市原郡	菊間藩		菊間県
望陀郡	桜井藩		桜井県
天羽郡	小久保藩		小久保県
市原郡	鶴舞藩		鶴舞県
武射郡	芝山藩		松尾県
山辺郡	大網藩	1871転封、廃藩	

廃藩置県　明治四年(1871.7.14)

木更津県 (1871.11.13)
印幡県 (1871.11.13)
新治県 (1871.11.13)
茨城県 (1871.11.13)

千葉県 (1873.6.15)

新治県より香取、海上、匝瑳の下総三郡を編入（1873.6.15）

茨城県 (1875.5.7)

結城、豊田、岡田、猿嶋の下総四郡と相馬、葛飾の一部を茨城県へ編入

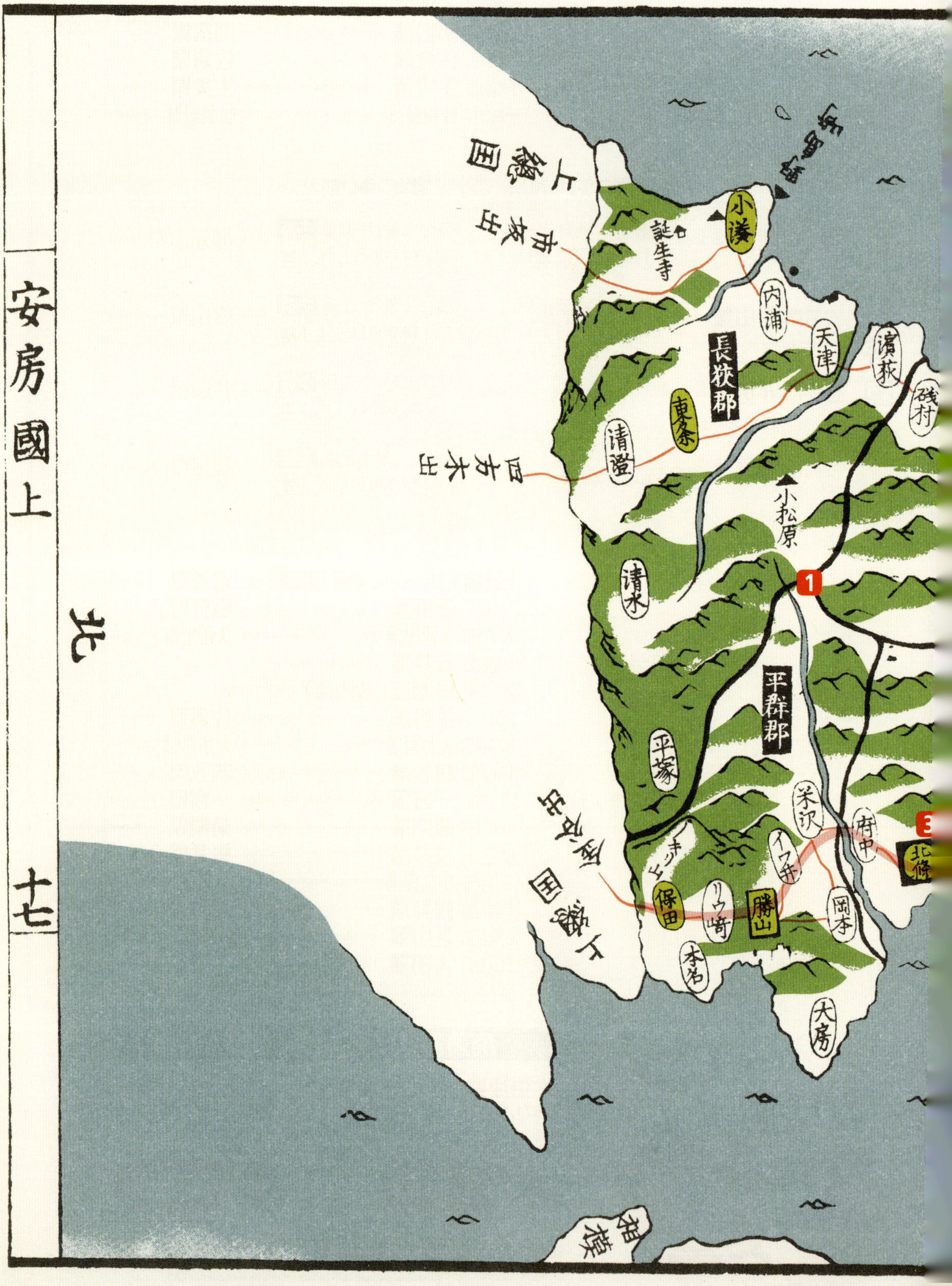
安房國上
十七
北
上総国
誕生寺
小湊
内浦
天津
長狭郡
東条
清澄
濱荻
磯村
小松原
1
清水
平群郡
米沢
府中
3
北條
保田
勝山
岡本
大房
相模

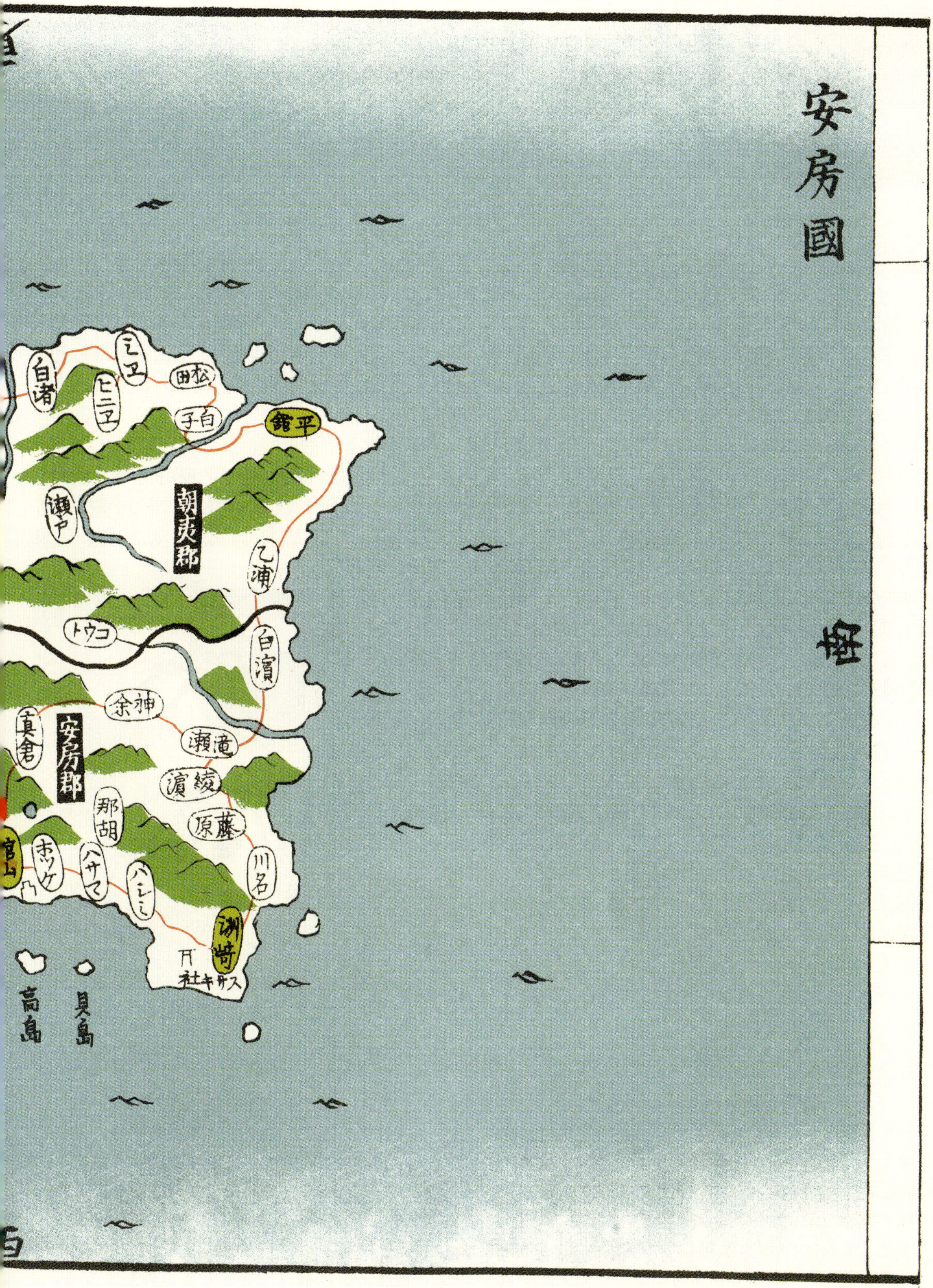
安房國
海
朝夷郡
安房郡
平館
松田
白子
白渚
瀬戸
乙浦
白濱
トウコ
神余
真倉
滝瀬
綾濱
那胡
藤原
ホツケ
川名
洲崎
スサキ社
高島

安房国

名所旧跡 見聞録

安藤広重 / 六十余州名所図会
「小湊内浦」

江戸の文学

滝沢馬琴《たきざわばきん》のライフワーク 『南総里見八犬伝《なんそうさとみはっけんでん》』

滝沢馬琴は明和四年 (1767)、江戸深川に生まれた。長じて山東京伝の門下となり、後独立して読本作者となった。安房を舞台とした長編小説『南総里見八犬伝』は文化十一年 (1814) から天保十三年 (1842) までの 28 年間を費やして書き上げられた、全 53 巻の大作である。

上杉憲実《のりざね》の軍勢によって下総国結城城が落城し、里見季基《すえもと》の嫡子・義実《よしざね》が安房へ落ち延びるところから物語は始まる。義実は山下定包《さだかね》の圧政に苦しむ安房の領民を救おうと兵を募り、滝田城を落として城主となった。この頃生まれた伏姫は 3 歳まで口がきけず、役《えん》の行者《ぎょうじゃ》の化身という老僧から「仁義礼智信忠悌孝」を表わす数珠を授けられる。それ以後姫は言葉を話しはじめ、やがて美しく成長するのだった。

ある年、里見領内が凶作に見舞われたのを好機と館山城主安西景連《かげつら》が大軍を動員し、滝田城は落城の危機に陥る。挽回の望みを失った義実は伏姫の愛犬八房に景連の首を取ったら伏姫をやろうと戯れたが、討死覚悟の出撃をしようとしたその時、景連の首をくわえた八房が戻ってきたのだった。大将を失った安西軍は総崩れとなり、義実は安房一国を手中にした。しかし義実は伏姫を八房にやろうとはせず、逆に殺してしまおうとする。伏姫は八房との約束は守らねばならぬと父を諌《いさ》め、八房の背に乗って富山の奥の洞窟に籠もって法華経の読経に明け暮れる生活をはじめた。

1 年の後、伏姫の許婚である金碗《かなまり》大輔は富山の洞窟へ赴き、姫を取り戻そうと八房を鉄砲で撃ち殺す。しかし八房を貫いた弾丸は伏姫をも傷つけてしまう。すでに八房の気を感じて懐妊していた伏姫は身の純潔の証として、最後の力で懐剣を自分の腹に突き立てる。この時、老僧から授かって以来首にかけていた姫の数珠が飛び散り、八方へ消えて行った。その後、出家して諸国を旅する金碗大輔は、八つの玉を探しまわるうちに八犬士に出会うことになる。大輔とともに義実のもとに集った八犬士は里見家の家臣となり、主家の危難を救うべく活躍するのだった。

室町時代を舞台とし、安房里見家の興亡を題材に、仁義礼智信忠悌孝の八つの玉を持つ八犬士が活躍するこの一大ロマンは、中国の小説『水滸《すいこ》伝《でん》』を翻案したといわれているが、勧善懲悪・因果応報の馬琴独自の世界が創造されている。『南総里見八犬伝』を書き上げた 6 年後の嘉永元年 (1848)、馬琴は 81 歳でこの世を去った。晩年失明しながら執筆を続けたこの作品は、まさに馬琴のライフワークだったのである。

△香蝶楼豊国 / 里見の姫君伏姫

安房国のあらまし

清和源氏新田氏の末流といわれる里見義実《よしざね》は、相州三浦氏の援助を受け安房郡白浜の野島崎に上陸し、文安二年 (1445) 諸豪族を滅ぼして安房を平定した。以後里見氏は六代義堯《よしたか》のころに上総・下総に進出、57 万石を領し隆盛を誇るも、戦国の争乱で北条氏と戦い、次第に勢力が衰えていった。

天正十八年 (1590) 豊臣秀吉によって北条氏が滅ぼされると、北条氏側の諸豪族も滅亡した。里見氏は反北条氏として長年戦ってきたにもかかわらず、九代義康が遅参の咎《とがめ》を受け領国を安房一国とされる。後、関東に入国した家康に臣従した。

慶長五年 (1600) 関ヶ原の役では、鹿島 2 万 2 千石の加封を受け、10 代忠義も幕府に重んじられたが、慶長十九年 (1614) 小田原藩主大久保忠隣《ただちか》の改易に連座し、忠義は伯耆国倉吉に転封となる。後、安房は徳川譜代の小大名の領地となった。

安房国出身の有名人..

この人に注目

菱川師宣《ひしかわもろのぶ》

生年不詳～元禄七年 (1694)

浮世とは元来「憂き世（つらい世の中）」を意味していたが、戦国の世が終わるとそれまでの無常観とは決別し、現世を楽土として見る考え方が芽生え始めた。17 世紀後半、その思想は絵画にも投影され、遊里や芝居町、つまり現実謳歌の浮世を画題とした「浮世絵」が登場する。浮世絵の祖・菱川師宣は、安房国保田村の縫箔師《ぬいはくし》の家に生まれ、若いうちは家業に従事していたが、のち江戸に出て絵の修行を行い、版元の挿絵を描き続けるなかで新様式を工夫し、その洗練された描線と彩色が世に評価され、浮世絵を確立するに至る。手掛けた絵本・挿絵本は 100 種以上、枕絵本は 50 種以上にも及び、肉筆作品も屏風や掛軸など相当数の作品が残されており、その人気が伺い知れる。傑作といわれる「見返り美人図」には「房陽菱川友竹筆」とあり、「房陽」は安房出身であることからつけられたものである。

自然

嶺岡牧《みねおかのまき》と白牛酪《はくぎゅうらく》 1

日本で最初にバターが製造された場所

江戸幕府は騎馬や駄馬を確保するため直営の牧を運営しており、それらは駿河国の愛鷹牧を除けばすべて房総半島に集中していた。中でも安房国には、戦国時代里見氏が軍馬の育成をはかったとされる嶺岡牧があり、里見氏改易後は江戸幕府領となっていたが、幕府が本格的に牧整備を重視しはじめるのは享保期（1716 ～ 1736）以降である。享保十二年（1727）には美作国から白牛 3 頭が献上され、のちには「白牛酪」もつくられた。これは牛乳と砂糖を混ぜ煮つめて固めたバターで、当時たいへんな貴重品だった。この白牛酪は寛政八年（1796）から市販され、製造は大政奉還の年まで続けられた。

南総里見八犬伝の城

館山城《たてやまじょう》 2

館山湾を見下ろす標高 73 m の丘陵に縄張りした堅固な城は、里見九代義康の時に築かれたが、その子忠義が大久保忠隣事件に連座、改易となり城は破却された。寛政三年に稲葉氏が 1 万石で入封、明治維新まで続いた。城山公園に模擬天守の資料館が建つ。

千葉県館山市館山
JR 内房線館山駅よりバス 10 分

安房国 英雄伝

農民の勝訴！万石騒動《まんごくそうどう》 3

万石騒動は正徳元年 (1711)、安房北条藩で起きた大規模な百姓一揆である。参加した村々の合計石高が 1 万石だったので、この名で呼ばれている。

事の起こりは新しく藩の重臣となった川井藤左衛門らが年貢の算出方法を大幅に変えたことにより、村々に課せられた年貢が前年にくらべ一挙に倍以上に膨れあがったことだ。驚いた村人たちは藩に嘆願するが埒《らち》があかず、ついには大勢の農民が江戸に出て門訴をしたため、江戸藩邸でも彼らに「北条へはすでに百姓の希望する年貢率にするよう連絡してある」とお墨付きを与えた。このお墨付きは農民側にとっては大事な証拠であり、村々で厳重に保管されたが、川井藤左衛門はこのお墨付きを奪い去ろうと計画し、中心的な村の名主 6 人を召し捕らえ、うち 3 人を処刑してしまった。これを受けた農民らはまたしても江戸へ赴き、老中阿部豊後守への駕籠訴《かごそ》を行うと、老中の方でもこれを重大とみなし、採決の結果川井藤左衛門は打首となり、北条藩も 1 万石と江戸屋敷を取上げられ、農民側の完全勝訴で決着を見た。

△三義民処刑場跡

一揆中に処刑された 3 人の名主は「三義民」とされ、国分寺（館山市）において供養が続けられている。

△三義民の墓

安房国 不思議な 話

草取《くさと》り仁王《におう》（安房郡丸山町）

昔、安房の石堂寺の仁王様は夜になると田んぼに出掛け、草取りをして村人たちの手助けをしていた。ある夜、仁王様がいつものように草取りをして帰ってくると、足がかゆくてしかたがない。足を見てみると沢山の蛭《ひる》が吸い付いていた。そこで仁王様は再び出掛けていき、田んぼの中にいる蛭を全て退治してしまったという。だから付近の田んぼには蛭が一匹もいないのだと伝えられている。

武蔵国《むさしのくに》

（埼玉県・東京都・神奈川県）

武蔵国は現在の埼玉県と東京都、神奈川県東部から成り立っていた。五街道の起点江戸を中心に繁栄する。佃煮や草加煎餅など名産・名物が多い。江戸は幕府が、周辺は譜代大名が統治した。

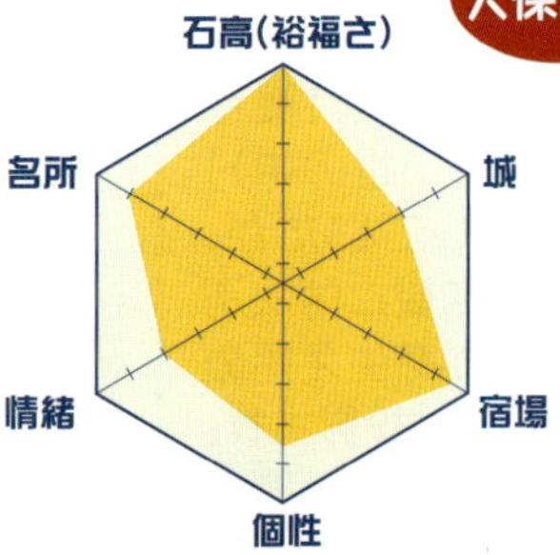

天保年間

知っとくDATA

推定人口	1,714,054人（1834年）
名産品	真桑瓜、葱、浅草海苔、今戸焼
名物	天麩羅、蕎麦切、佃煮、江戸染
埋蔵金噂話	少 多
代表的妖怪	狐の嫁入り、ろくろ首

江戸時代末期と現在の比較

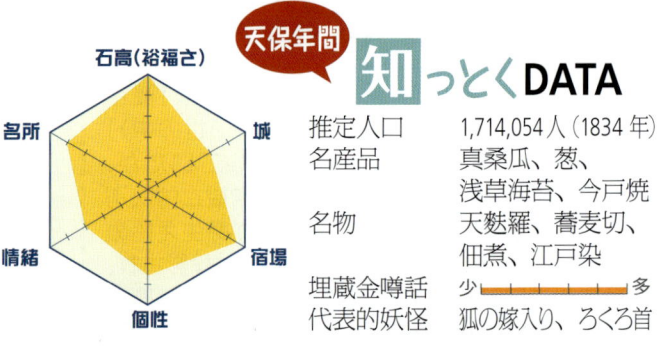

武蔵国 御家 変遷表

天保九年 (1838)
〜廃藩置県を経て現代まで

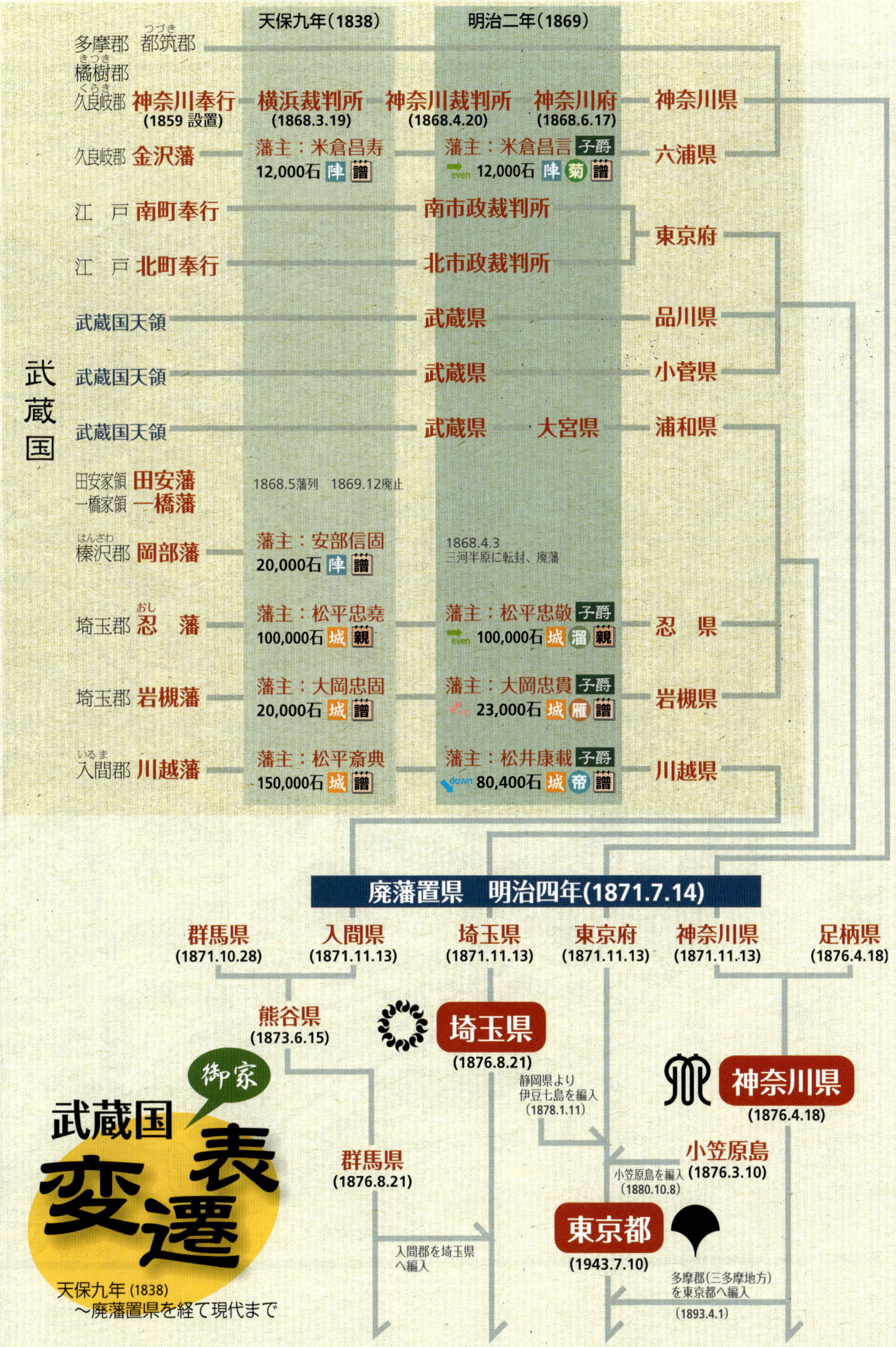
天保九年(1838)
明治二年(1869)
武蔵国
多摩郡 都筑《つづき》郡
橘樹《きつき》郡
久良岐《くらき》郡 神奈川奉行 (1859 設置)
横浜裁判所 (1868.3.19)
神奈川裁判所 (1868.4.20)
神奈川府 (1868.6.17)
神奈川県
久良岐郡 金沢藩
藩主：米倉昌寿 12,000石 陣 譜
藩主：米倉昌言 子爵 even 12,000石 陣 菊 譜
六浦県
江　戸 南町奉行
南市政裁判所
江　戸 北町奉行
北市政裁判所
東京府
武蔵国天領
武蔵県
品川県
武蔵国天領
武蔵県
小菅県
武蔵国天領
武蔵県
大宮県
浦和県
田安家領 田安藩
一橋家領 一橋藩
1868.5藩列　1869.12廃止
榛沢《はんざわ》郡 岡部藩
藩主：安部信固 20,000石 陣 譜
1868.4.3
三河半原に転封、廃藩
埼玉郡 忍《おし》　藩
藩主：松平忠堯 100,000石 城 親
藩主：松平忠敬 子爵 even 100,000石 城 溜 親
忍　県
埼玉郡 岩槻藩
藩主：大岡忠固 20,000石 城 譜
藩主：大岡忠貫 子爵 up 23,000石 城 雁 譜
岩槻県
入間《いるま》郡 川越藩
藩主：松平斉典 150,000石 城 譜
藩主：松井康載 子爵 down 80,400石 城 帝 譜
川越県
廃藩置県　明治四年(1871.7.14)
群馬県 (1871.10.28)
入間県 (1871.11.13)
埼玉県 (1871.11.13)
東京府 (1871.11.13)
神奈川県 (1871.11.13)
足柄県 (1876.4.18)
熊谷県 (1873.6.15)
埼玉県 (1876.8.21)
静岡県より
伊豆七島を編入
(1878.1.11)
神奈川県 (1876.4.18)
群馬県 (1876.8.21)
小笠原島 (1876.3.10)
小笠原島を編入
(1880.10.8)
入間郡を埼玉県
へ編入
東京都 (1943.7.10)
多摩郡(三多摩地方)
を東京都へ編入
(1893.4.1)

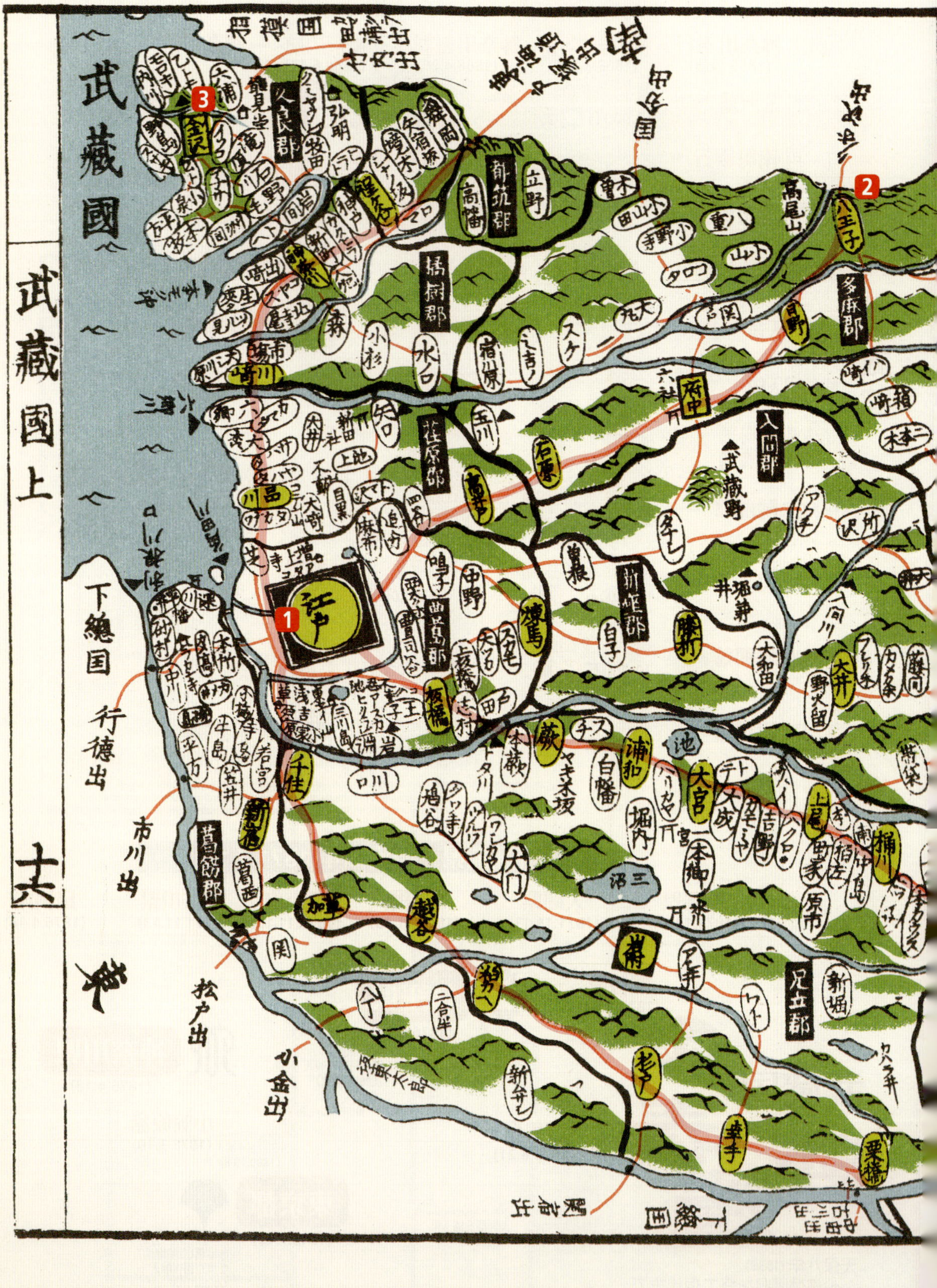
武蔵國
武蔵國上
十六
下總国
行徳出
市川出
松戸出
小金出
江戸
高尾山
八王子
多摩郡
入間郡
武蔵野
足立郡
葛飾郡
荏原郡
橘樹郡
都筑郡
府中
大宮
浦和
千住
品川
川崎
金沢
板橋
上尾
桶川
幸手
栗橋

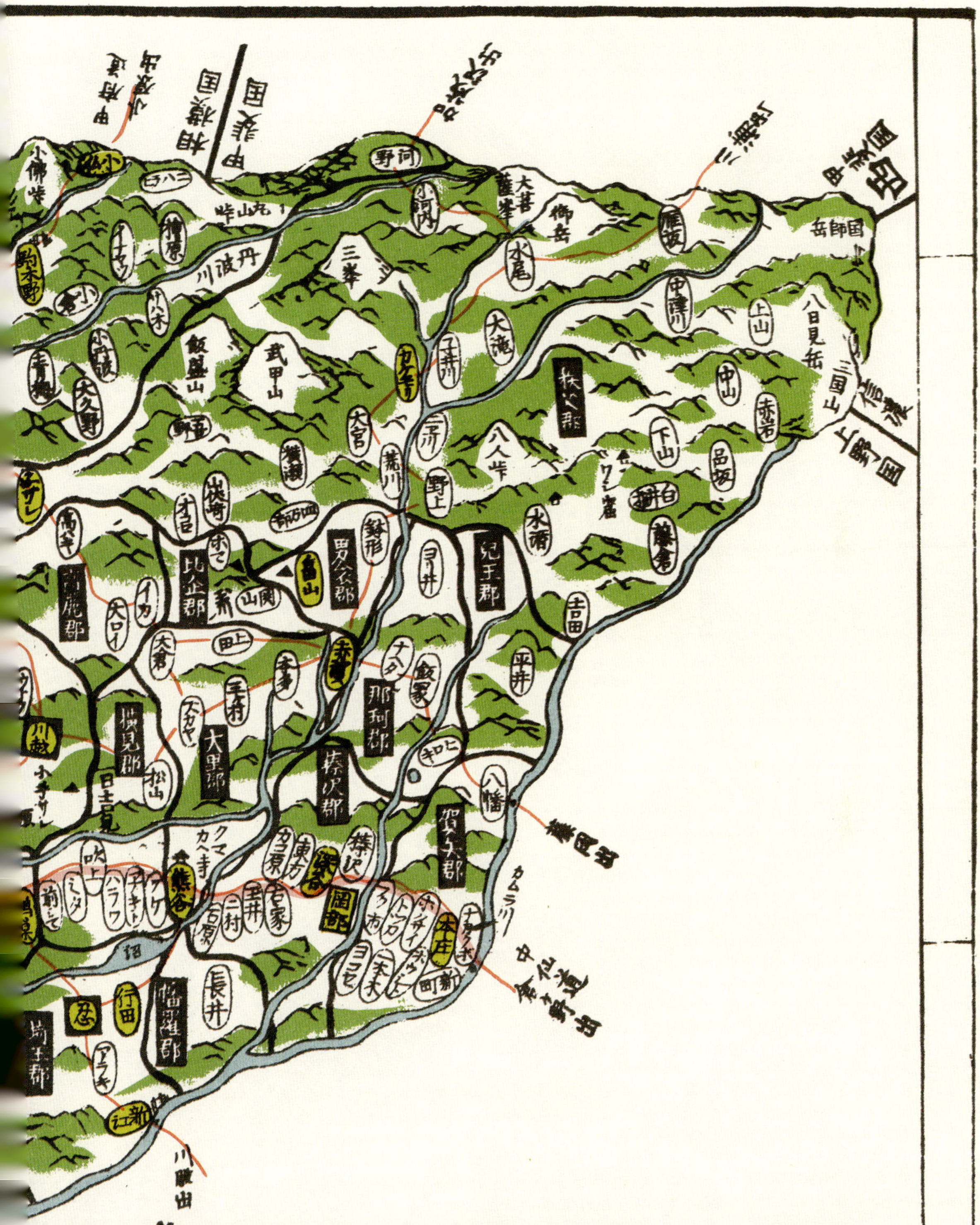
甲斐国
相模国
上野国
信濃
秩父郡
児玉郡
那珂郡
榛沢郡
男衾郡
比企郡
横見郡
大里郡
幡羅郡
埼玉郡
賀美郡
高麗郡
三峰
武甲山
飯盛山
丹波川
荒川
大宮
中津川
大滝
熊谷
本庄
深谷
八幡
松山
行田
忍
吉田
平井
長井
小川
寄居
鉢形
野上
三国山
八日見岳
小鹿野
川越
中山道

御江戸大絵図（部分）　天保十四年

武蔵国 名所旧跡 見聞録

安藤広重 / 六十余州名所図会
「隅田川雪の朝」

ごみ問題と都市膨張

都市生活とごみ問題の切っても切れない関係は、今も昔も変わらない。江戸期においてもごみ問題は早いうちから持ち上がり、ごみ投棄に関する法令が最初に出されたのは有名な明暦の大火の2年前、明暦元年(1655)のことである。それ以前、江戸に暮らす人々はごみを近所の空地や堀、川などに捨てていたが、それでは当然弊害が起こる。特に当時重要な交通網であった水路がごみで埋まり、舟運の妨げになっていたことが法令発布の近因だった。明暦の法令で幕府はごみを隅田川河口の永代島に捨てるよう命じているが、個々人がめいめいでそれを行うのは困難なため、自然、回収は町内単位で行われ、芥取《あくたとり》請負人なる職業も登場した。

さて、江戸中のごみが集められるようになると、隅田川河口にはみるみるうちに洲(陸地)が増えていった。都市において、土地は価値を生みだす基礎である。これを逃す手はないと、新田開発、つまり埋立地の造成事業が始まるのである。延宝九年(1681)になると、川の自然な土砂堆積と人為的なごみ投棄がより効率よく利用されるよう、投棄場は永代島の東方、深川の干潟に移された。

埋め立て造成事業は決して容易《たやす》いものではなかったが、元禄・享保期には空前の埋め立てブームが起こり、木場や千田など、現在の東京都江東区に相当する部分が江戸図に登場するようになった。それらの土地は「新田」と呼ばれたが、もちろん農耕が行われることはなく、主に武家屋敷や町家が建ち並び、下町文化を形成していったのである。こうして見ると、現在における一連の東京湾岸開発も、江戸期の展望がそのまま具現化しつつある姿だといえそうだ。

情報を得る手段 ー藤岡《ふじおか》屋《や》由蔵《よしぞう》

インターネットもなければ電話もなく、現在に比べ情報網が極めて未発達だった江戸時代。人々はどのようにして情報を得ていたのだろうか。馬や飛脚という手段もあったが、幕末になると瓦版《かわらばん》が出版され、情報の売買が行われるようになった。そこで珍重されたのが情報屋「日記翁」こと藤岡屋由蔵である。彼は外神田で古本屋を営む傍ら、つねに何事かを紙に書き付けていたという。それは『藤岡屋日記』として知られているが、彼の特筆すべき点は情報を集めて記録し、それを諸藩武士に売っていたことである。国元に正確な情報を伝えねばならない各藩の記録方らが得意先になっていた。彼が情報屋として活躍した時期はまさしく黒船騒ぎや幕末動乱の最中であり、寝る間もないほど商売は繁盛したそうだ。

100万人都市 江戸 1

17世紀、他国との交易が皆無に等しいアジアの島国に、江戸という100万人都市が出現する。国土のほとんどが農地や山林だったその時代、大都市江戸はどんな利点、そして問題点を抱えていたのだろう？

武蔵国のあらまし

室町時代中期の長禄元年(1457)に上杉定正の重臣・太田道灌《どうかん》が江戸城を築いたが、当時の江戸は人家もまばらな未開の地であった。戦国期の江戸城は北条氏の支城であったが、天正十八年(1590)江戸に入った徳川家康が改築に着手し、三代将軍家光の頃までに天下に号令する壮麗な江戸城が完成した。以後、幕府による低地の埋め立てや神田上水、玉川上水など大掛かりな土木工事、諸大名による参勤交代のための江戸屋敷の建設などが続き、江戸の人口は急増した。

武蔵国は川越、岩槻などの大名領を除いて全て天領や旗本知行地、郡代・代官の支配地となった。武蔵の大名領は譜代のみだが、特に川越藩は家光の側近・酒井忠勝、知恵伊豆と称された松平信綱、綱吉の側用人から老中へ登りつめた柳沢吉保など徳川幕府の中枢で活躍した人物が封ぜられた。

(中央図版)「江戸名所図会」所収 飯倉神明宮

幕末模様

幕末に強烈な印象を残した
新選組のラストステージ

甲州街道《こうしゅうかいどう》と甲陽鎮撫隊《こうようちんぶたい》 2

◁大蘇芳年
皇国一新見聞誌
甲州勝沼の戦争

池田屋事件、禁門の変など幕末の京で壮絶な闘いをくぐり抜けてきた新選組も、慶応四年(1868)正月から始まった鳥羽伏見の戦いに破れ、「賊軍」の汚名を着せられ江戸に帰ってきた。将軍慶喜《よしのぶ》はすでに大政を奉還し、上野の寛永寺で恭順を貫いている。江戸城の留守を任された勝海舟は江戸から武力を散らすことを考え、海軍の榎本武揚《たけあき》、幕内で声望のあった大鳥圭介らに軍資金と口実を与えて、日光や蝦夷《えぞ》に追いやってしまった。もちろん新選組とて例外ではない。池田屋事件で弟子の望月亀弥太を斬られ、それがために自らの神戸海軍操練所が閉鎖させられた件もあり、そもそも勝は新選組に対し快い感情を持っていなかったと思われる。そのようないきさつを背景に、近藤勇と土方歳三は大名・旗本クラスの格付けと軍資金、兵器を与えられ、同年3月1日、伏見で敗走してから2カ月も経たぬうち、甲府を目指したのである。彼らは新たに隊士を募り、新選組の名を「甲陽鎮撫隊」と改めた。このとき近藤は「甲府城を落とせば100万石が手に入る」と漏らしていたそうだが、甲州街道を西へ向かう道中、彼の心中はいかばかりであったろうか。

甲陽鎮撫隊の結成は決して順風に運んだわけではない。倒れた幕府が旗頭では集まるものも集まらず、医師松本良順《まつもとりょうじゅん》らの協力によって、やっと何とか形になった。そのうえ、長らくともに戦ってきた沖田総司が病のため戦列を離れざるを得なくなった。幕末の動乱を第一線で見てきた近藤は、幕府の残力も勝の思惑も、そして自らの命運も、おそらくは承知の上だったろう。甲陽鎮撫隊は戦闘行軍にしては随分と悠長に進んだ。近藤は大名のごとく駕籠《かご》に乗り、土方は洋装断髪にブーツを履いている。何といっても、甲州街道は彼らの故郷を通るのである。彼らは行く先々で歓待され、毎夜のように酒宴をひらき、軍資金を撒《ま》いた。結局彼らが甲州勝沼に到着したときには、すでに新政府軍の板垣退助らが甲府城を占拠しており、甲陽鎮撫隊はあえなく敗走する。あるいは近藤はこの甲州行きに対し、ある種の見切りのような思いがあったのではなかろうか。だからこそ彼らは四角四面な行軍をせず、甲州街道の村々で錦を飾り、死に土産にしたいという考えもあったかもしれない。

勝海舟が江戸城を新政府軍に明け渡すのは、甲陽鎮撫隊が勝沼で破れてから7日後のことである。近藤はその約1カ月後の4月25日、板橋の刑場で斬首となり、沖田も5月に病死する。土方が箱館(函館)で戦死するのは、それからさらに1年後のことであった。

自然

景勝地《けいしょうち》・金沢八景《かなざわはっけい》 3

「はるけしな山の名におふかね沢の」京極高門

現在横浜市南部に位置する金沢八景は、江戸期は武蔵国の所属であり、古くから六浦《むつうら》を中心とした景勝地として知られていた。名前の由来は延宝年間(1673～1681)、水戸徳川家に招かれていた明の僧心越《しんえつ》禅師が金沢に遊んだとき、能見堂から見る風景を生まれ故郷抗州西湖の光景になぞらえ『武州能見堂八景詩』を詠んだことによるといわれる。のち、安藤広重も金沢八景を描いており、まさに絵のような景観だったのだろう。ちなみに八景とは「内川《うちかわの》暮雪《ぼせつ》、小泉《こいずみの》夜雨《やう》、瀬戸《せとの》秋月《しゅうげつ》、洲崎《すさきの》青嵐《せいらん》、平潟《ひらかたの》落雁《らくがん》、野島《のじまの》夕照《せきしょう》、乙艫《おつともの》帰帆《きはん》、称名《しょうみょうの》晩鐘《ばんしょう》」を指す。

△安藤広重 / 武陽金沢八勝夜景

武蔵国出身の有名人

名前	生没年	概要
徳川家光	1604-1651	徳川幕府三代将軍
徳川綱吉	1646-1709	徳川幕府五代将軍
柳沢吉保	1658-1714	綱吉の側近。元禄期の幕政を主導
荻生徂徠	1666-1728	江戸中期の儒学者
大岡忠相	1677-1751	江戸町奉行。公事方御定書を編纂
青木昆陽	1698-1769	甘薯の栽培を積極的に進める
田沼意次	1720-1788	家治期の老中。幕政の実権を握る
杉田玄白	1733-1817	蘭学者・蘭方医。『解体新書』
徳川家治	1737-1786	徳川幕府十代将軍
林子平	1738-1793	寛政の三奇人
長谷川平蔵	1745-1795	火付盗賊改メ。鬼の平蔵
塙保己一	1746-1821	国学者。『群書類従』
司馬江漢	1747-1818	洋画家、思想家
大田南畝	1749-1823	蜀山人。戯作者
葛飾北斎	1760-1849	浮世絵師
山東京伝	1761-1816	戯作者
滝沢馬琴	1767-1848	戯作者。『南総里見八犬伝』
安藤広重	1797-1858	浮世絵師
勝海舟	1823-1899	幕末明治期の政治家。江戸城無血開城
近藤勇	1834-1868	新選組局長。調布出身
土方歳三	1835-1869	新選組副長。日野出身
山岡鉄舟	1836-1888	幕末の幕臣。剣術家
相楽総三	1839-1868	尊攘派志士。偽官軍として斬首
永倉新八	1839-1915	新選組隊士
伊庭八郎	1843-1869	遊撃隊。美男剣士
内村鑑三	1861-1930	キリスト教伝道師
夏目漱石	1867-1916	小説家。『吾輩は猫である』

この人に注目

佐藤彦五郎《さとうひこごろう》

文政十一年(1828)～明治三十五年(1902)

日野本郷寄場名主。土方歳三の義兄であり従兄弟。甲陽鎮撫隊(90頁記事参照)行軍の折、自ら「春日盛」と名乗り春日隊を率いて参加した。行軍自体は戦いに敗れ、敗走するとき近藤勇が猿橋を焼き落とそうとしたところ、農政の指導者でもあった彼は、近隣山村の民衆が難儀をするからと言って必死に止めたという。のち、初代日野市長にも就任している。

徳川将軍家十五代の城

江戸城《えどじょう》 1

全国の諸大名を動員する天下普請によって築城された江戸城は、三代将軍家光時代の寛永十三年に一応の完成をみた。天守は明暦の大火後再建されなかったが、富士見櫓・多聞櫓・伏見櫓などが現存、枡形の諸門もよく残っている。日本最大規模の天下人の居城である。

東京都千代田区千代田

JR東京駅、地下鉄大手町駅など

武蔵国の伝説

山吹《やまぶき》の里《さと》(新宿区)

江戸城の築城で名高い太田道灌《どうかん》は風雅の道にも明るい名将として知られています。ところが若い頃の道灌は武辺一辺倒で、歌を詠むことなど全くありませんでした。

ある時、狩に出掛けた道灌はにわか雨に遭い、早稲田の貧しい農家を訪れて蓑《みの》を借りようとします。応対したのは美しい娘でしたが、娘が黙って道灌に差し出したのは一枝の八重《やえ》山吹でした。盆に載せた山吹を道灌は不快に眺めます。娘がなぜ蓑でなく山吹を差し出したのかわからなかったのです。道灌は娘に腹を立てながら雨に濡れて帰りました。

城に戻ってその話をすると歌道に明るい家臣が後拾遺和歌集《ごしゅういわかしゅう》の歌を一首道灌に教えます。

「七重八重　花はさけども山吹の　みのひとつだに　なきぞ悲しき」

八重山吹に実がないように貧しい私にはお貸しする蓑もありません、と娘は告げていたのでした。農家の娘の心もわからぬ武骨な自分を恥じた道灌は、そののち歌道の素養を身につけようと精進するようになり、やがて歌集を編むまでの歌人となったのでした。娘の家があった辺りを山吹の里と呼ぶのは、この話にちなんでいるということです。

武蔵国不思議な話

相生《あいおい》の楠《くすのき》(墨田区)

向島の吾妻神社の脇に途中から二股に分かれた楠があった。これは昔、日本武尊《やまとたけるのみこと》が嵐を鎮めるために身を投げた弟橘姫《おとたちばなひめ》を祀ったとき、「天下泰平ならばこの箸二本茂り栄えよ」と祈願してお供え物についた楠の箸を土の上に立てたものが根付いて大木となったのだという。

旅《たび》の僧《そう》(川越市)

川越に旅の僧がやってきて宿を求めたが主は軒下しか貸さず食事も出さなかった。すると僧はくしゃみをして沢山の小人を出した。小人が庭に田を作り、米を刈り入れると今度は鍋が飛んできて米を炊いた。僧は数升あった飯をたいらげ、怪しんだ主たちが見守る中、煙となって消えたという。

相模国《さがみのくに》

（神奈川県）

相模国は現在の横浜市西部以西の神奈川県域とほぼ合致する。江戸期は東海道の宿場町を中心に栄え、箱根湯本や大山など、行楽地に向かう街道沿いも大いに賑わった。

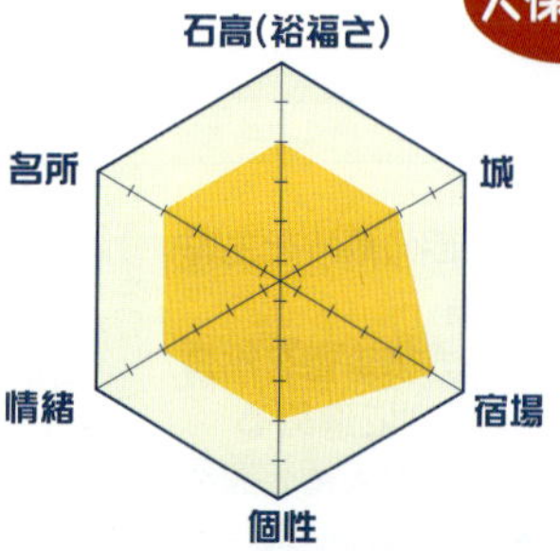

天保年間 知っとくDATA

推定人口	294,009人（1834年）
名産品	野大根、煙草 薪炭、竹 海鼠、若芽、鮎
名物	ういろう、蒲鉾
埋蔵金噂話	少 多
代表的妖怪	棚婆、土用坊主

江戸時代末期と現在の比較

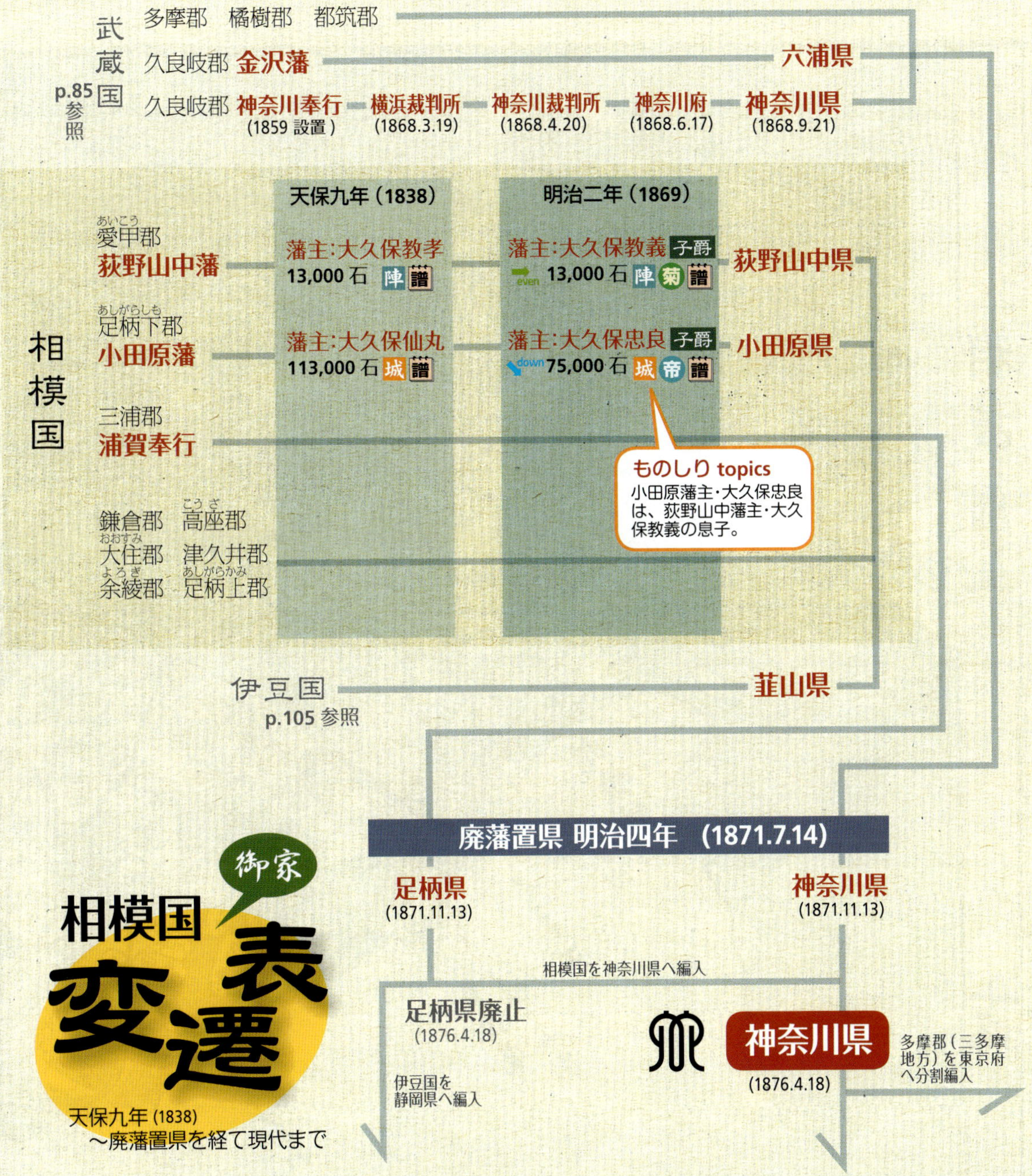

相模国のあらまし

南北朝の戦乱後、相模国を統一したのは駿河今川氏の客将《かくしょう》、伊勢《いせ》新九郎長氏《ながうじ》であった。後の北条早雲《そううん》である。北条氏は早雲《そううん》の孫・氏康の頃に関東全域をほぼ治め、五代、約100年にわたって関東を支配した。北条氏滅亡後、その旧領は徳川家康に与えられ、家康の寵臣大久保忠世の子・忠隣《ただちか》が小田原城主に封ぜられる。忠隣改易後、阿部氏、稲葉氏と領主が代わったが、貞享三年(1686)、忠隣の孫・忠朝が小田原城主となって後は大久保氏支配の下、明治を迎える。

相模は江戸に最も近い国の一つであり、箱根宿をはじめとする東海道の宿場を多く抱えて繁栄した。元和四年(1618)に設置された箱根の関の取締りは厳重で、特に「入鉄砲《いりでっぽう》と出女《でおんな》」といわれた。江戸に鉄砲などの武器が持ち込まれることと、幕府の人質である諸大名の夫人の出国を取り締まったのである。幕末には浦賀にペリーが来航し、歴史的事件の舞台となった国でもある。

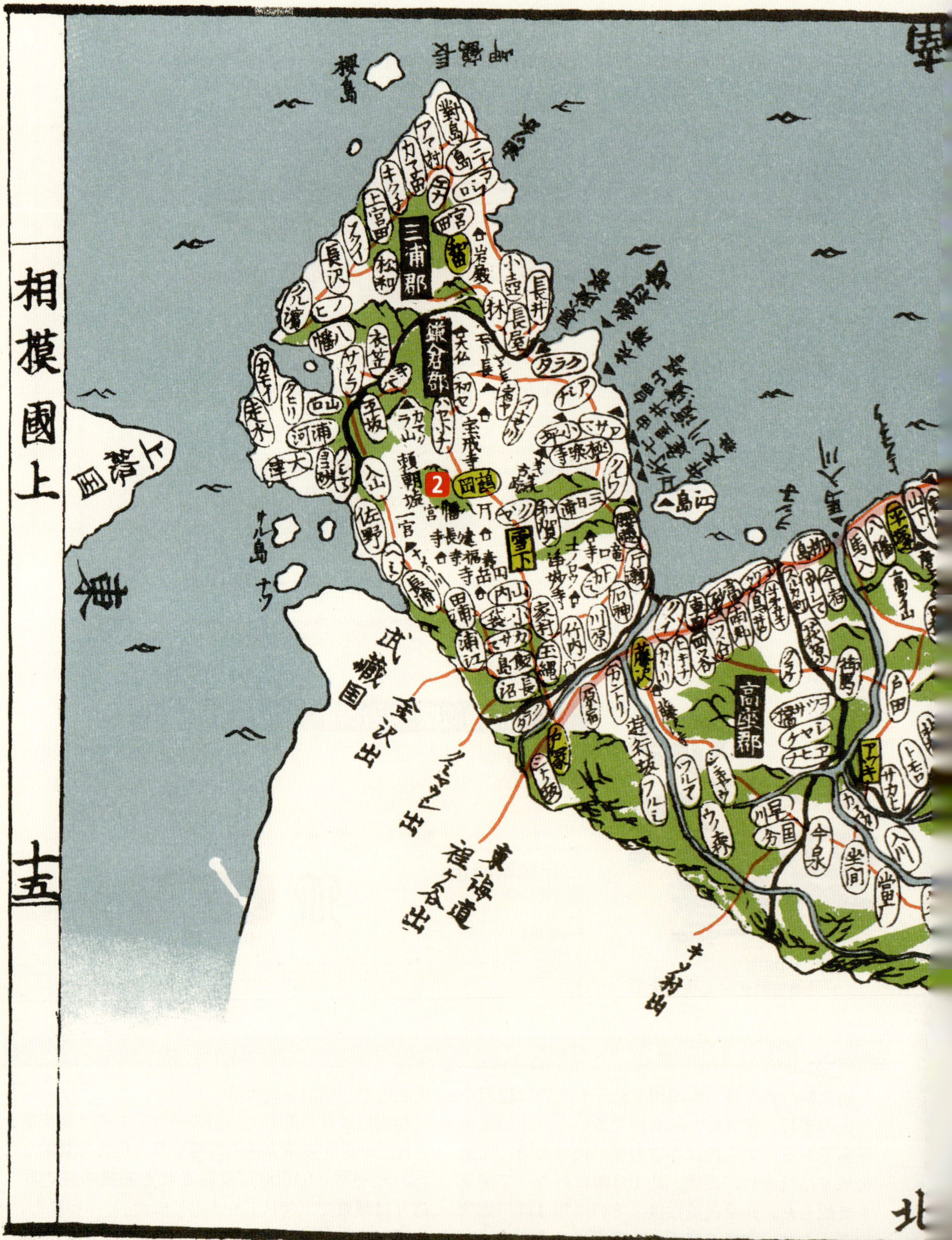
相模國上
十五
上総国
東
武蔵国
金沢出
東海道
三浦郡
鎌倉郡
高座郡
雪下
鶴岡
江島
北

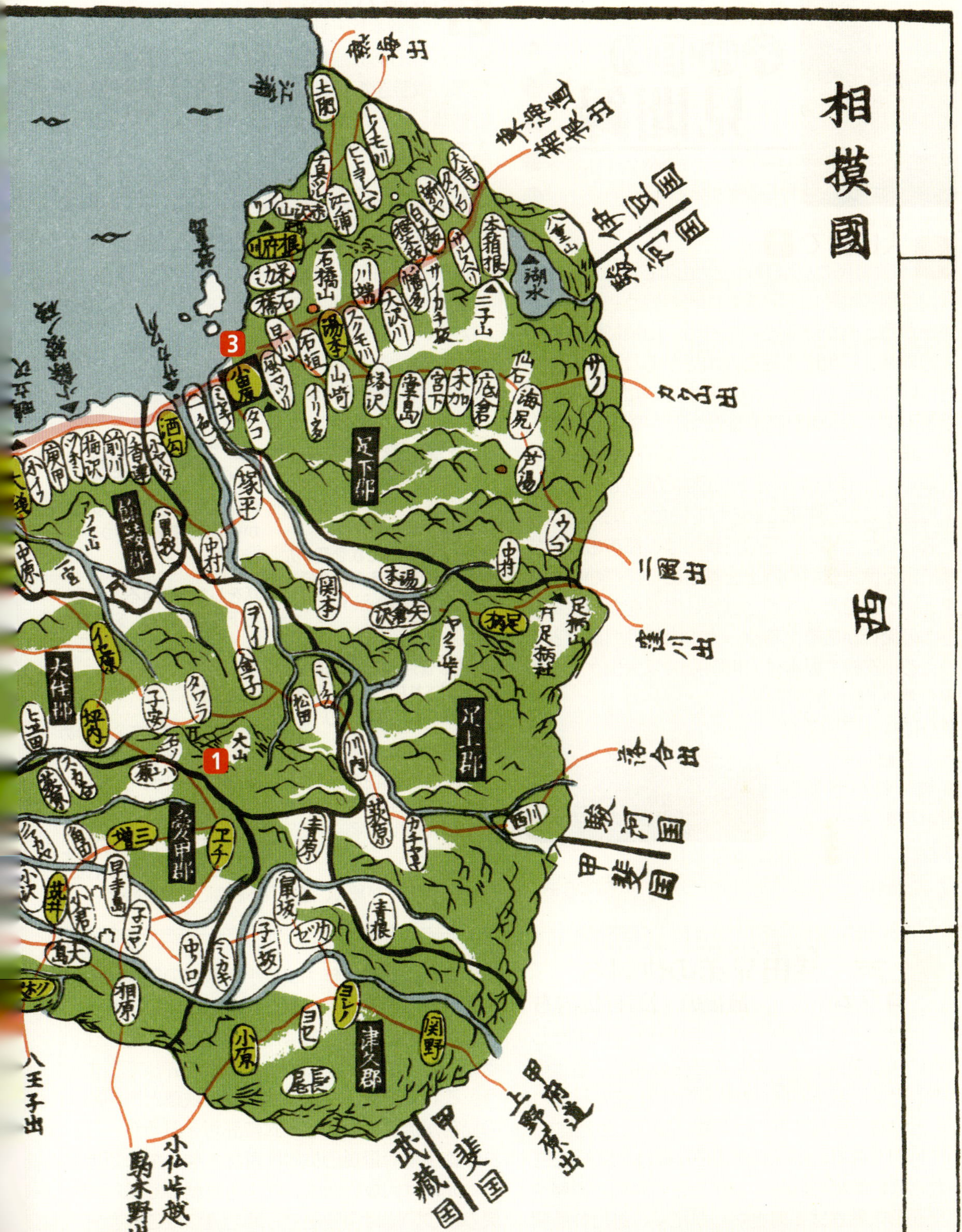
相模國
西
伊豆国
駿河国
駿河国
甲斐国
甲斐国
武蔵国
足下郡
足上郡
大住郡
愛甲郡
津久郡
湖水
大山
八王子出
小仏峠越
駒木野出
甲府道
上野原出

相模国 名所旧跡 見聞録

安藤広重 / 六十余州名所図会「江之島岩屋ノ口」

文化 大山詣《おおやまもう》で 1

江戸町民に人気のあった大山詣で

大山は別名雨降山《あふりさん》、阿夫利山《あふりさん》ともいう。山頂に雲がかかると雨が降るといわれる。山頂に阿夫利神社の本社、中腹に下社と大山寺があり、関八州の雨乞い霊場として古くから開けていた。庶民の間で大山詣での人気が高まるのは江戸のころからで、大山講が坂東各地で組織され、夏山（旧暦6月27日から7月17日までの20日間。かつて一般客の山頂登拝はこの期間に限られていた）の時期は大いに賑わったという。この背景には、都市の経済成長による庶民生活の向上を基盤に、江戸から十八里という手ごろな地理と信仰、慰安《いあん》をかねた物見《ものみ》遊山《ゆさん》の流行があるだろう。大山山麓の門前町ともいえる小安村や坂本村（伊勢原市）は大山ケーブル乗り場へ向かうバス通りになっているが、今でも通り沿いには旅館や料亭が並び、往事の繁栄をしのばせる。

△夏の大山

小田急線伊勢原駅より大山ケーブル行きバス 25 分

歴史 鶴岡八幡宮《つるがおかはちまんぐう》 2

武家政治黎明期の面影を残す宮

康平六年（1063）源頼義が奥州の安倍貞任《あべのさだとう》を平定した際、戦勝を祈願して京都の石清水《いわしみず》八幡宮を鶴岡に勧請《かんじょう》したのがはじまりといわれる。のち鎌倉に入部した源頼朝が造営を開始し、源氏の守護神となった。しかし源氏の時代も長くは続かず、建保七年（1219）、激化した政権をめぐる謀略の中、奇《く》しくも鎌倉幕府成立の年に生まれた頼朝の次男、三代将軍実朝《さねとも》がこの鶴岡八幡宮境内で暗殺されたことは有名。実朝は歌人としても知られ、万葉風の力強い歌を多く遺している。

神奈川県鎌倉市雪ノ下
JR 横須賀線鎌倉駅より徒歩 10 分

大山《おおやま》 阿夫利神社 女坂の 七不思議

1. 弘法《こうほう》の水《みず》
弘法大師が岩に杖を突いたら、その跡から清水がこんこんと湧き出たという。

2. 子育《こそだ》て地蔵《じぞう》
最初は普通のお地蔵様として安置されたが、何時の頃からか顔が童に変わっていた。

3. 爪切《つめき》り地蔵《じぞう》
弘法大師が道具を使わず、一夜のうちに手の爪で彫刻したと伝えられている。

4. 逆《さか》さ菩提樹《ぼだいじゅ》
上が太くて下が細く、逆さに生えたように見えることから逆さ菩提樹という。

5. 無明橋《むみょうばし》
話をしながら通ると、橋から下に落ちたり、忘れ物や落とし物をしたり悪いことが起きるという。

6. 潮音洞《ちょうおんどう》
ほこらに近づいて心を静め耳を澄ませると遠い潮騒が聞こえるという。

7. 眼形石《めかたいし》
人の眼の形をしたこの石に手を触れてお祈りすれば、不思議に眼の病が治る。

江戸コラム 浅田兄弟《あさだきょうだい》の仇討《あだう》ち

最後の『公許』仇討ち

仇討ちとは、戦争や両者合意の上での果たし合いなどを含まず、あくまでも私怨《しえん》で、目上の者、とくに直系尊属《そんぞく》（父母や祖父母）またはそれに近い者の殺人に対する復讐行為のことを指す。江戸期は幕府に届ければこの私闘は「公許」とされ、公に認められた。しかしこの時代、情報や交通の未熟さは如何《いかん》ともしがたく、討たれる側はもちろん、討つ側も大変な労苦を要したに違いない。首尾良く本願を成就する例など、ほんの僅かを数えるにすぎなかっただろう。さて、日本における最後の「公許仇討ち」は小田原藩で発生した。文政元年（1818）小田原藩の足軽浅田只助なる人物が同僚成滝万助と争論の末に斬られ、翌日絶命した。藩は万助を捕らえ入牢させるが、処分が決定せぬうちに出獄を許してしまう。これを受け、浅田只助の遺子鉄蔵と門四郎の兄弟が仇討願を出し正式に許可を得るが、これが徳川幕府最後の仇討許可状となったのである。兄弟は大坂、四国、九州を遍歴して江戸に戻り、ついには常陸国で万助を見つけこれを討ち果たし、世間の喝采をあびた。小田原はその昔、仇討ちの代名詞ともなっている曽我兄弟を育てた地でもあり、日本の仇討史における始終を締めているのも興味深い。

相模国出身の有名人

名前	生没年	概要
飯岡助五郎	1792-1859	三浦郡出身。江戸後期の侠客
尾崎行雄	1858-1954	政党政治家

この人に注目

二宮尊徳《にのみやそんとく》(金次郎《きんじろう》)

天明七年(1787)~安政三年(1856)

小田原藩生まれ。自作農民の子だったが、早くに両親を亡くし、兄弟散り散りに親戚の家に引き取られた。金次郎は20歳で叔父の家から独立し、その後4年で地主に戻り、35歳頃には豪農となり、さらに現金による貯蓄も350両ほどあったというから、おそるべき理財家といえよう。また金次郎は小田原藩家老服部家の財政の建て直しをも成功させ、これが藩主大久保忠真の耳に入り、大久保家の分家である下野国桜町、宇津家の再建を任されることになる。金次郎は疲弊しきったこの地を潤し、復旧どころか以前を上回る収穫を上げ、天保大飢饉に際して同じ下野国烏山藩《からすやまはん》に援助をした時など、この小さな桜町領にどれほどの貯蓄米があるのかと感嘆されたほどだった。彼は日光今市において70歳で亡くなるまで、北関東から奥州にわたる広汎な地域で活躍し、その名を後世に残すことになる。

伝説

日向薬師《ひなたやくし》(宝城坊《ほうじょうぼう》)の破《やぶ》れ太鼓《だいこ》

頼朝伝説の太鼓

日向薬師には源頼朝の奉納と伝えられる大太鼓がある。獣を追いたてるのに右に出るものはないとされ、頼朝が富士の巻き狩に赴いた際使ったという。あまりに音が大きいので、鳴らすと相模湾に魚がよりつかず、怒った漁師たちが押しかけ銛《もり》で皮を破ってしまい、以来鳴らない太鼓になったそうだ。

神奈川県伊勢原市日向1644
小田急線伊勢原駅バス日向薬師行き終点下車徒歩15分

戦国期最大の巨城

小田原城《おだわらじょう》 3

上杉謙信、武田信玄の猛攻をしのぎ撃退した北条氏の拠る城は、最盛期には総延長20kmという長大な総曲輪があり、難攻不落を誇っていた。天正十八年、秀吉の大軍に3カ月も耐えたが開城、北条五代も滅んだ。大久保氏時代の復元天守と常盤木門がある。

神奈川県小田原市城内
JR東海道線小田原駅下車

相模国の伝説

尼《あま》の泣《な》き水《みず》(海老名市)

海老名の相模川の岸に若い漁師が一人住んでいました。漁師はいつの頃からか国分尼寺の尼僧と相模川の岸で人目を忍んで逢うようになりました。ある夜、二人はいつものように川原で落ち合いましたが、その日の漁師は思い悩んだ風情を見せていました。尼僧が理由を聞くと、若者は「別の土地に移らなければならないかもしれない」と言いました。このところ不漁が続いて、生活が苦しいからだということです。尼僧が驚いて、どうして魚が獲れなくなったのかを訊ねると、国分寺の瓦に当たる陽が川に映って、魚が逃げてしまうからだということでした。

その夜国分寺から突然に出火し、壮麗な大伽《だいが》藍《らん》はことごとく焼け落ちてしまいました。放火の罪で捕まったのは、あの尼僧でした。漁師と離れたくない一心だった尼僧は、若者に二度と出逢えぬまま処刑されて裏山に埋められました。国分尼寺の裏山の、尼僧が埋められた場所からは泉が湧き出し、いつしかこれを「尼の泣き水」と呼び習わすようになったということです。

相模国不思議な話

江《え》の島淵《しまふち》(愛甲郡愛川町)

丹沢山の塩川滝の上に、江の島淵と呼ばれる深さの知れない淵がある。昔、愛川村のきこりがこの淵の畔で弁当を食べ、水を飲もうとして弁当箱を淵に沈めてしまった。後にきこりが江の島の弁財天に参詣したところ、そこの洞窟にその弁当箱があったという。それからこの淵を江の島淵と呼ぶようになった。

蓑笠大明神《みのかさだいみょうじん》(足柄上郡中井町)

昔、徳川家康が戦に敗れて逃げていたとき、追っ手に追いつかれそうになった。家康はとっさに畑を耕していた百姓から蓑笠を借り、百姓になりすまして敵をやり過ごしたので見つからずに済んだのだった。のちにその時家康に貸した蓑笠を祀って大明神と崇めたのが蓑笠大明神だという。

甲斐国《かいのくに》

（山梨県）

甲斐国は現在の山梨県とその範囲がほぼ合致する。富士山の北側に位置し、富士五湖を有する。甲府を中心に縦横に街道が発達し、葡萄や柿などの果物を名産とした。

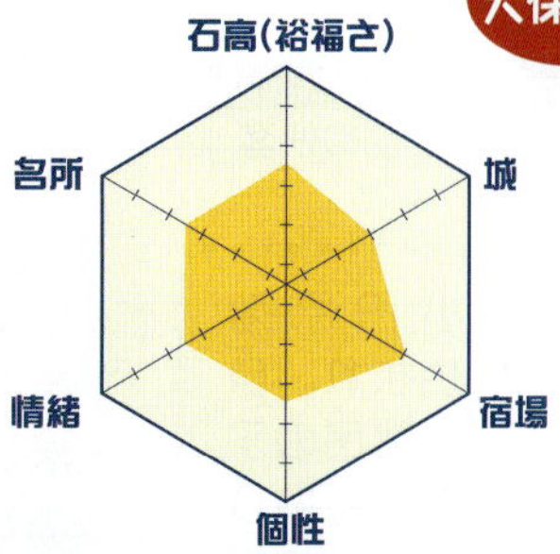

天保年間

知っとくDATA

推定人口	318,474人（1834年）
名産品	葡萄、煙草 大和柿、水晶 甲斐駒、和紙
名物	ほうとう、月の雫
埋蔵金噂話	少　多
代表的妖怪	おこじょ、頬なで

江戸時代末期と現在の比較

甲斐国 御家変遷表

天保九年 (1838)
～廃藩置県を経て現代まで

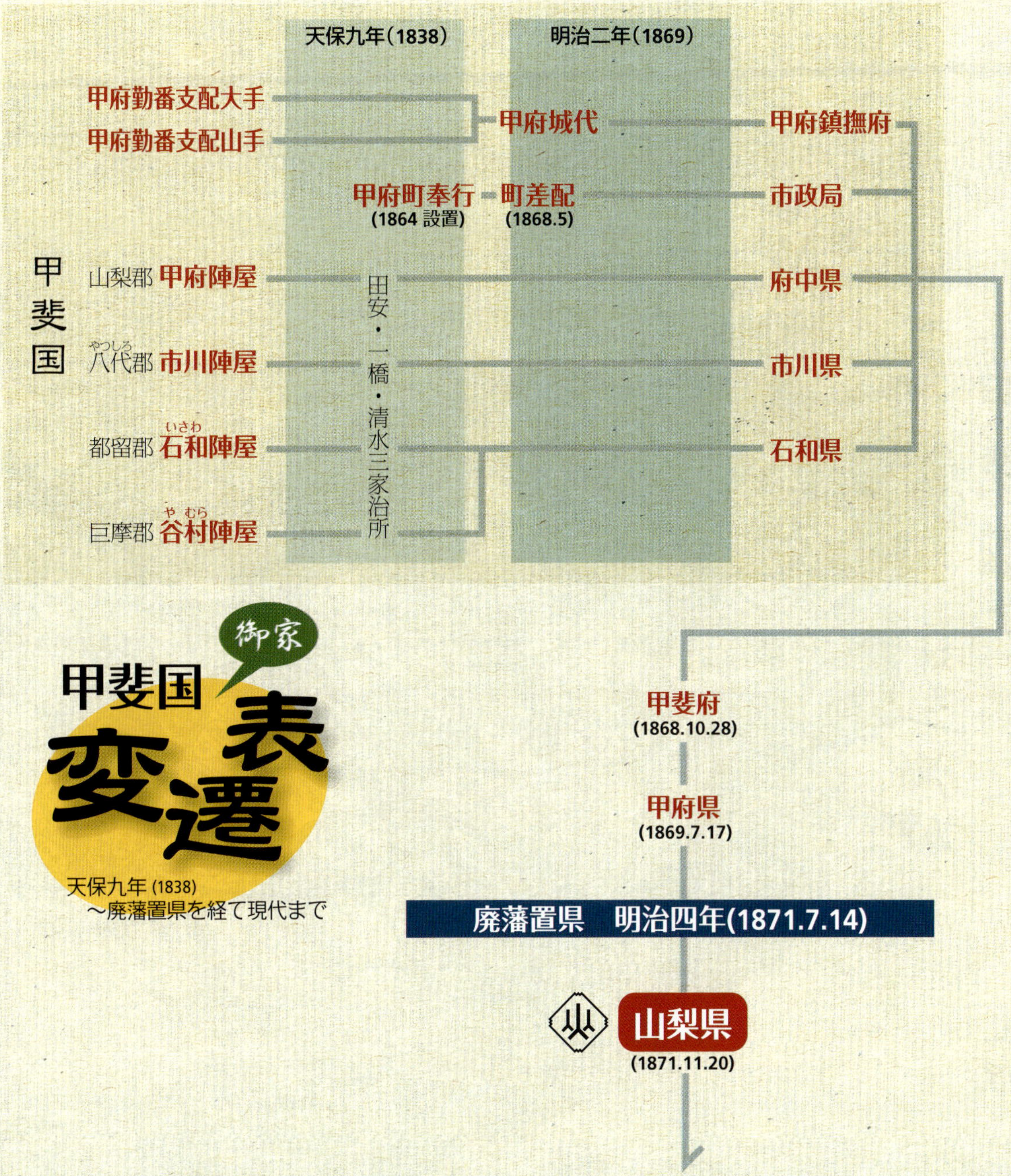

甲斐国のあらまし

甲斐の国には後三年の役に功のあった新羅三郎義光の子義清の子孫が土着した。源頼朝挙兵の際、甲斐源氏の棟梁武田信光が御家人となり、甲斐の守護となる。戦国時代、武田氏は晴信（信玄）の代にその威勢が信濃、飛驒、駿河、上野にまで広がった。信玄は天下を望んで西上したが、遠江国二俣《ふたまた》城で病を得、帰国途中の信濃国伊那で没した。信玄没後、その子勝頼が長篠《ながしの》の合戦で織田・徳川連合軍に敗北し、甲斐武田家の威光は衰えた。天正十年（1582）、甲斐に侵攻した織田・徳川連合軍によって、武田家は滅亡する。同年の本能寺の変で信長が自刃すると家康が甲斐に入って人心掌握に努めた。

家康が天下を制した後、甲斐は江戸の防衛線と目され、甲府には家門、谷村には譜代が藩主として封ぜられたが、やがて甲斐一国を天領とし甲府城に甲府勤番を置いて領内を支配した。なお、家門以外で甲府藩主となったのは柳沢吉保ただ一人である。

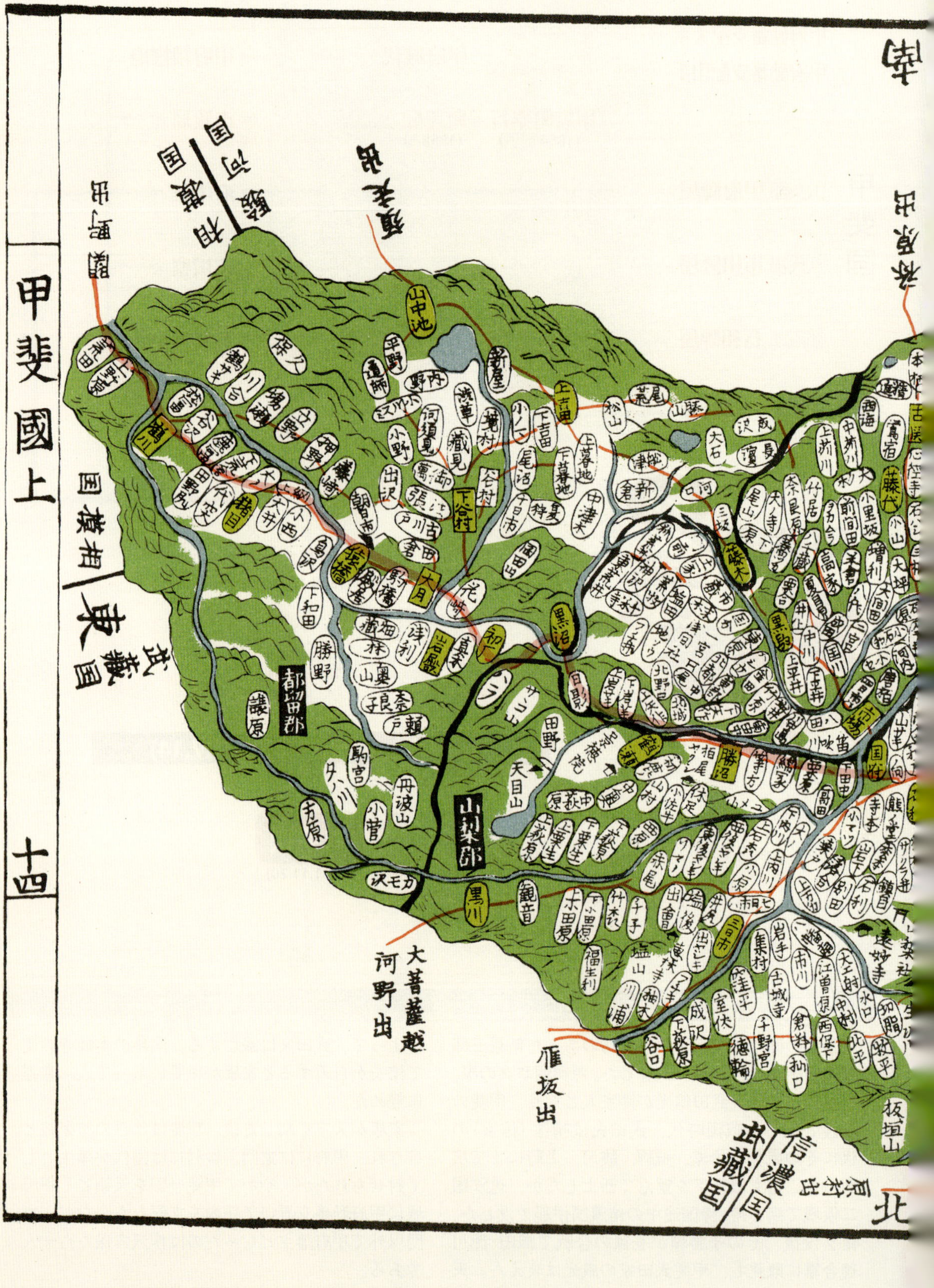
甲斐國上
十四
都留郡
山梨郡
相模国
駿河国
武蔵国
信濃国
武藏国
大菩薩越
河野出
雁坂出
原村出
山中池
大月
黒川
勝沼
国府
天目山
板垣山
北

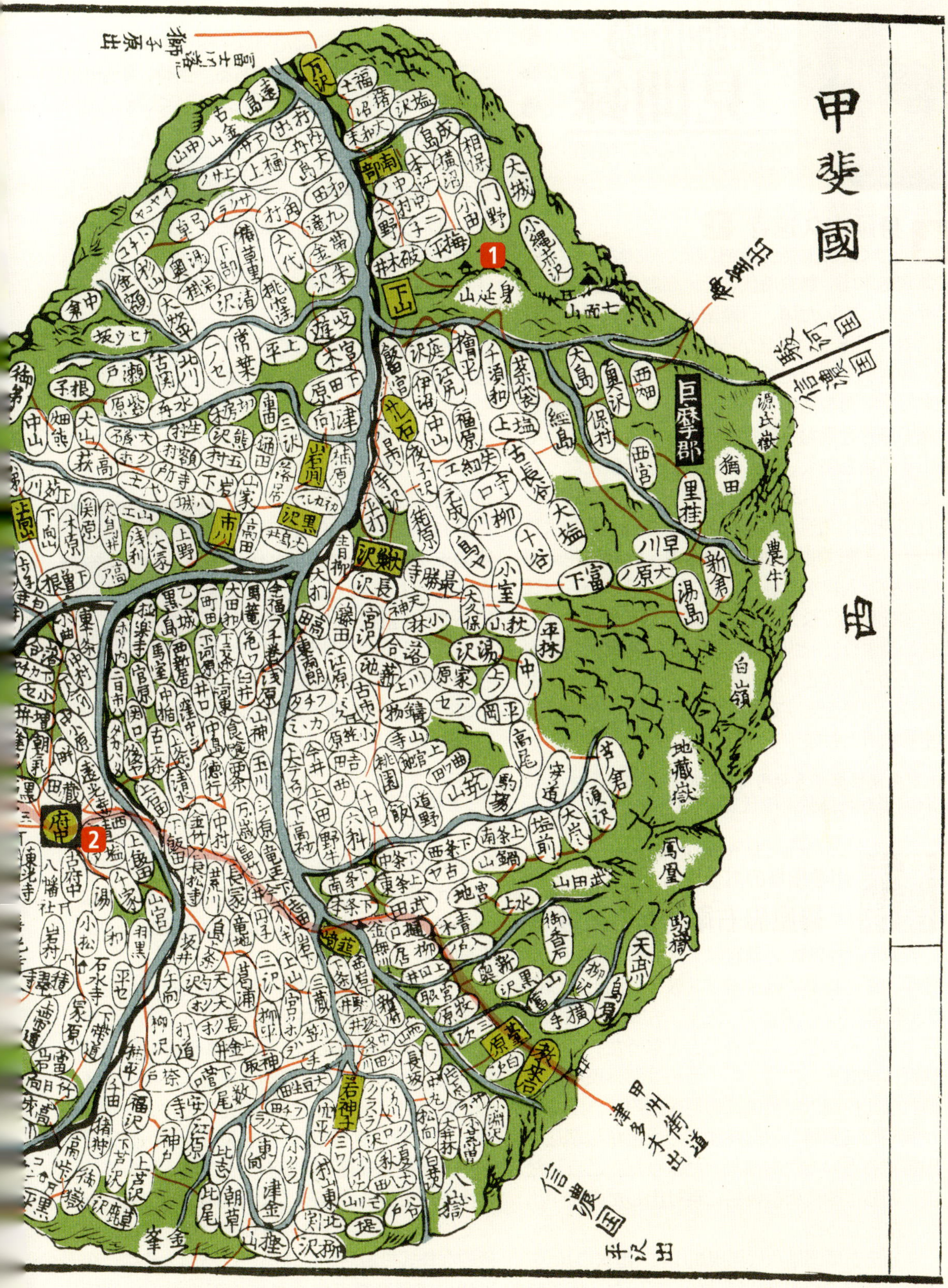
甲斐國
巨摩郡
府中
信濃国

甲斐国 名所旧跡 見聞録

安藤広重 / 六十余州名所図会
「さるはし」

歴史 身《み》延《のぶ》山《さん》久《く》遠《おん》寺《じ》 1

いずくにて死に候とも墓をば身延の沢にせさせ候べく候

日蓮宗総本山。鎌倉時代、元・高麗の連合軍が玄界灘を襲っていた頃、日蓮聖人が時の執権北条時頼に対して行った諫言から佐渡に流され、約3年後、許されて戻った折に草庵を結んだのが身延山であった。布教活動は弟子にまかせ、自身は貧しい庵で修行を重ねる毎日を送るが、日蓮を慕って来山する者も多く、はじめの庵では手狭になったので、弘安四年（1281）10間四方の堂が建立された。これが身延山久遠寺のはじまりである。それより9年後、日蓮は常陸への旅の途中、武蔵国荏原郡（大田区）で入寂《にゅうじゃく》するが、「どこで死のうとも、身延山に墓を作ってください。未来永劫、心は身延山に住めるように」という遺志に従い、遺骨は身延山におさめられたという。のちに、武田氏や徳川家の崇拝、庇護を受けて栄え、宝永三年（1706）には、皇室勅願所ともなっている。

山梨県南巨摩郡身延町身延 3567
JR 身延線身延駅よりバス 5 分身延山下車

文化 甲《か》斐《い》を訪《おとず》れた安《あん》藤《どう》広《ひろ》重《しげ》

祭りと富士が絵師を呼ぶ

化政期以降、浮世絵師たちは甲斐を頻繁に訪れている。道祖神祭りのためである。当時、甲府の道祖神祭りは相当派手に行われたらしく、町の辻々には屋台が並び、出し物が出て、見物人は往来に溢れかえったという。さらにこの祭りの期間中は各町の軒先に幅一間（1.8m）の幔幕《まんまく》が張りめぐらされ、江戸や京都の名所、忠臣蔵などを題材にした豪華な図柄が描かれた。この幕絵を描くために、江戸から一流の浮世絵師たちが招かれたのである。江戸八重洲河岸の火消し同心だった安藤広重も、この幕絵描きに参加しているが、彼の日記によれば、幔幕以外にも屏風《びょうぶ》、襖《ふすま》、幟《のぼり》など、いろいろなものに絵をつけたようである。甲府の有力町人の中には、広重ら浮世絵師と関係の深かった者が何人かおり、彼らが後援したため、この贅沢な企画が実現したといえる。

それ以外でも絵師たちは甲斐の風物をテーマにした作品を多く残しており、葛飾北斎にも傑作『富嶽三十六景』中の数点をはじめ、甲州を描いたものが多い。また錦絵では歌《うた》川国芳《がわくによし》が「甲州一蓮寺地内正木稲荷図」を残しているし、三代豊国も「甲州善光寺境内ノ図初午」を描いている。

△香蝶楼豊国 / 甲州善光寺境内之図初午

幕末模様 いちはやく横浜貿易に乗り出した 甲斐出身のお金持ち 篠《しの》原《はら》忠《ちゅう》右衛門《えもん》と若《わか》尾《お》逸平《いっぺい》

安政五年（1858）、幕府はアメリカを皮切りにオランダ、ロシア、イギリスなど各国との通商条約に調印し、200年以上も続いた鎖国政策は名実ともに終焉をむかえることとなった。しかし横浜は開港されたものの、当初は海外貿易に不慣れな江戸商人たちは二の足を踏み、外国奉行が強制的に要請し、三井などの大店がしぶしぶ出店するといった有様だったようだ。こうした中、いちはやく横浜貿易に乗り出したのが甲州商人たちである。

篠原忠右衛門は八代《やつしろ》郡東油川村（笛吹市）に生まれ、名主や郡中総代に就任していた。横浜開港のときすでに50歳を超えていたが、貿易の利益を見抜いて外国奉行に出店を願い出る。忠右衛門は「甲州屋」を開業し、甲斐絹や生糸、綿など甲州の産物を商品にした。これが我が国の生糸輸出第一号である。

一方、巨摩《こま》郡在家塚村（南アルプス市）出身の若尾逸平も、横浜貿易で富を得た人である。彼は没落した旧家の出で、葉煙草や綿の行商を細々と行っていたが、あるとき外国人相手の商売に目を付け、水晶や生糸を売り込み、巨利を博した。その後、彼は財閥を築き上げ山梨県随一の大富豪に成長し、明治二十二年（1889）には初代甲府市長に、翌年には貴族院議員にも当選している。彼の蓄財は海外貿易だけでなく、積極的な株式投資活動によるところも大きく、次世代の成長産業を鋭く見抜く天性の相場師《そうばし》であったといえよう。

甲斐国出身の有名人

名前	生没年	概要
大久保長安	1545-1613	家康の近臣。没後不正で摘発
荻原重秀	1658-1713	江戸前・中期の幕臣。財政家
杉本茂十郎	生没年不詳	十組問屋の再建に尽力
水越兵助	1797-1867	天保七年、郡内騒動の首謀者
山県大弐	1725-1767	幕府批判を行い、鈴ヵ森で処刑
長田円右衛門	1795-1856	猪狩村出身。御嶽新道の開削者
広瀬元恭	1821-1870	幕末の蘭方医
若尾逸平	1821-1913	甲州財閥総帥
黒駒勝蔵	1832-1871	博打の親分

この人に注目

山口素堂《やまぐちそどう》

寛永十九年(1642)～享保元年(1716)

初夏の句として有名な「目には青葉　山ほととぎす　はつ鰹《かつお》」を詠んだ俳人。巨摩郡教来石村(北杜市)出身で、生家は裕福な酒屋だったが家督は弟に譲り、自身は江戸や京に出て学問や文芸、茶の世界に遊んだ。江戸での住居が近所だったこともあり、2歳年下の芭蕉とも親交が深かった。「目には青葉…」の句は、70歳の時に自選した『とくとくの句合』におさめられている。

自然

珍重《ちんちょう》された甲州葡萄《こうしゅうぶどう》

荻生徂徠もワインを飲んだ？

甲斐の名産と言えばやはり果物である。気候や地形が果物の生育に適していたのだろう。葡萄、桃、林《りん》檎《ご》、梨、柿、栗、銀杏《ぎんなん》(または胡桃《くるみ》)は「甲州八珍果」と呼ばれ珍重されていたが、中でも峡東地方の甲州葡萄は商品作物として栽培を奨励され、元禄時代にはすでに全国一の生産量を誇っていた。荻生徂徠《おぎゅうそらい》もこの地を訪れた際の紀行文の中で、従者が葡萄を買う様子や葡萄酒のことについて述べている。鮮度を落とさず運搬することが困難などの理由で当初の栽培地は八代郡上岩崎村(勝沼町)など4カ村に限られていたが、時代が下るにつれ甲府の東部及び北部にまで栽培地域が広がって行った。

甲府勤番支配の城

甲府城《こうふじょう》 2

武田氏滅亡後、家康の臣平岩親吉が一条小山に築城を開始、加藤光泰から浅野長政・幸長父子の時代にほぼ完成した。関東でも珍しい総石垣造りの城で、徳川綱重、綱豊、柳沢吉保などが城主になり重視されたが、幕府直轄として甲府勤番の時代が明治まで続いた。

山梨県甲府市丸の内
JR中央本線甲府駅から徒歩5分

甲斐国 悲話

笛吹川由来《ふえふきがわゆらい》(笛吹市)

昔、上釜口の川の近くに日原権三郎という若者が母と二人で住んでいました。わずかな田畑を耕す貧しい生活でしたが、幸せに暮らしていました。権三郎はどこで覚えたのかいつの間にか笛を習い覚えて、農作業の合間によく母親に吹いて聞かせていました。

その年は夏から秋にかけて長雨が続き、川の水かさが増していました。そんなある日、台風がやってきて激しい雨とすさまじい風を運んできました。権三郎はなかなか寝付けずにいましたが、突然耳を塞がんばかりの音とともに身体が舞い上がり、次の瞬間地面に叩きつけられて気を失ってしまいました。烈風が家もろとも権三郎と母親を吹き飛ばしたのです。権三郎が目を覚ましてみると、母親の姿がありません。すぐに周囲を探しましたが、あるのは瓦礫《がれき》ばかりでした。

次の日から権三郎は笛を哀しく吹き鳴らしながら、川の上流から下流まで母の姿を探して歩くようになりました。しばらくして権三郎の亡骸が川原に打ち上げられ、哀れんだ村人は遺体を手厚く葬りました。以後その川を笛吹川と呼ぶようになったということです。

甲斐国 信玄公にまつわる話

夢見石《ゆめみいし》(甲府市)

愛宕山の頂上に大きな石がある。甲斐の名将武田信玄がよくこの石に座ってうたた寝をしたのだという。信玄の夢には美しい女が現れ、合戦の勝敗を占って一度も外れなかった。目が覚めると体中に蜘蛛の糸が巻き付いていたので、女が蜘蛛の精であったことを信玄は悟ったのだと伝えられている。

穴山梅雪《あなやまばいせつ》の埋蔵金《まいぞうきん》(富士河口湖町)

穴山梅雪は名将武田信玄の姉の子である。武田勝頼が戦に破れ武田家が滅んだ時、梅雪は再起に備えて多量の金を領内から運び出させた。ところが、金を運んでいたある部隊が河口湖まで辿り着いた時、部隊に梅雪の死が知らされた。部隊は困って河口湖の沖に金を沈めたといわれている。

伊豆国《いずのくに》

（静岡県）

伊豆国は伊豆半島をその範囲としていた。東海道や下田街道が発達し、熱海や修善寺などの名湯に多くの人が訪れた。山葵や天草、和紙などの名産・名物のほか、金や硫黄も産した。

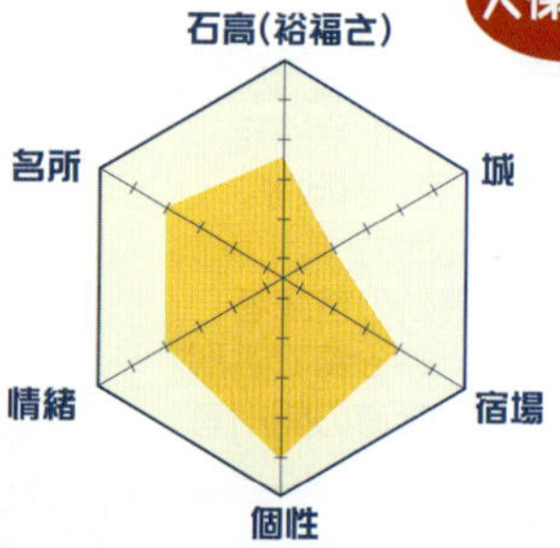

天保年間 知っとくDATA

推定人口	144,595人（1834年）
名産品	椎茸、山葵、生姜竹、修善寺紙、三島暦
名物	のしアワビ、酒
埋蔵金噂話	少 多
代表的妖怪	イナブラさん

伊豆国 御家 表変遷

天保九年 (1838)
～廃藩置県を経て現代まで

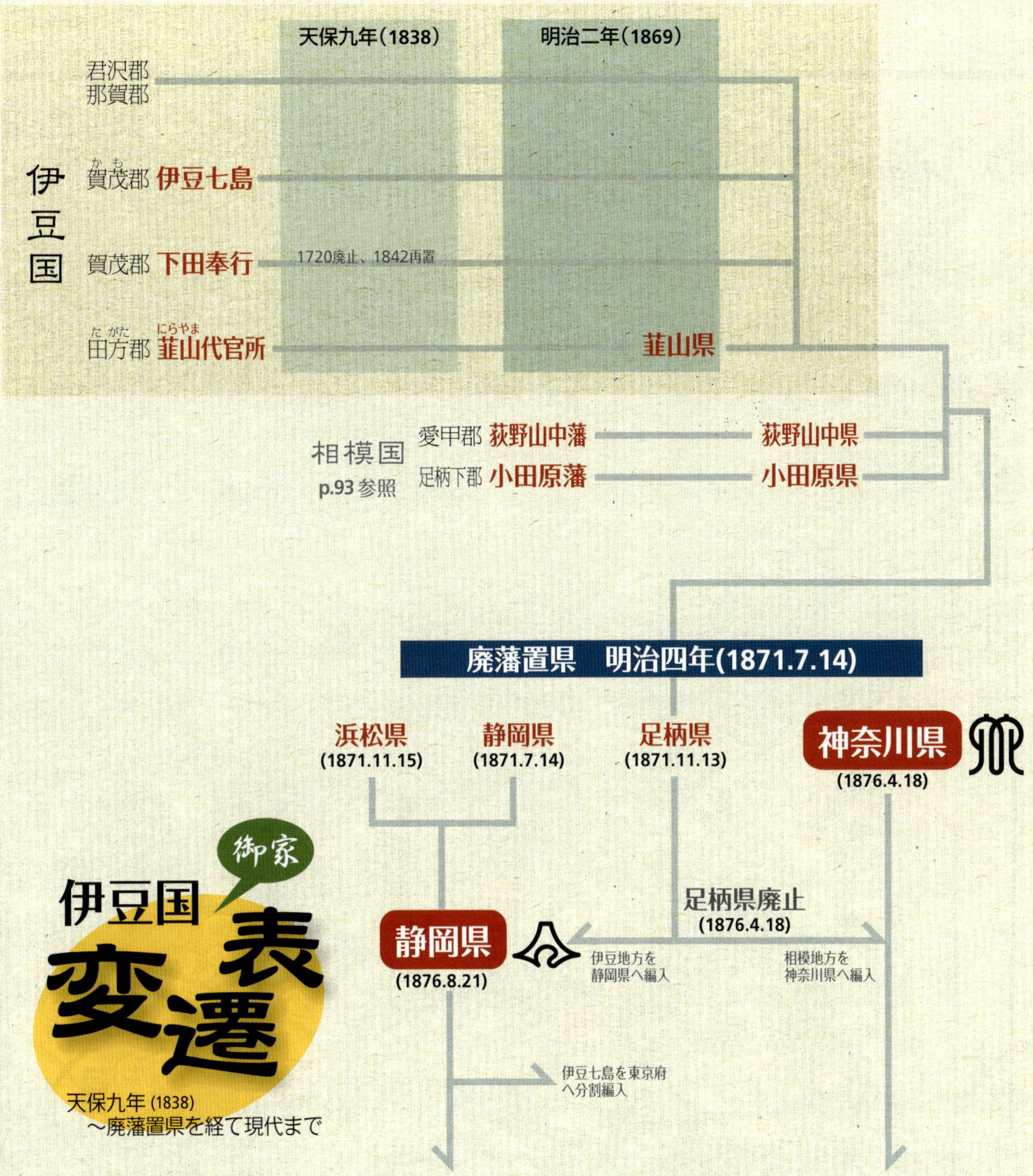

伊豆国のあらまし

伊豆は、安房・佐渡・土佐などとともに遠流の地と定められたところで、源為朝、僧文覚《もんがく》をはじめ著名な貴族・武士・僧侶がこの地に流罪に処せられた。源氏の棟梁である源義朝の子頼朝も永暦元年(1160)から治承四年(1180)まで伊豆の地で配流《はいる》の生活を送った。戦国初期には伊勢新九郎長氏(北条早雲)が韮山に築城し、北条氏関東制覇の出発点となった。北条氏が滅び、江戸幕府が開かれると、源氏の棟梁である徳川家は頼朝挙兵の地である伊豆を天領とし、下田奉行所と韮山代官所が幕末まで領内を治めた。

安政元年(1854)日米和親条約によって下田が開港され、開国をめぐる混乱の舞台となったが、4年後の横浜開港に伴い閉鎖されている。韮山では独自に反射炉を作ったことで知られる代官・江川太郎左衛門英竜(担庵)の門下から佐久間象山や桂小五郎など幕末の逸材が育っていった。

伊豆國
伊豆國上
北
東
西
相模国
駿河国
東海道
新宿出
大森出
江浦
御瀬浦
賀茂郡
田方郡
那賀郡
君沢郡
熱海
伊豆権現
網代
伊東
松原
北条
三島
三津
江梨
土肥
宇久須
天城峠
箱根

三宅島
御蔵
大島
島朝古跡
ナキレ
スマレ
伊豆七島
新島
神集島
利島
朝根
ミコモト
ヨコ子
石トリ
トケキ
モコモト
モケハナ

伊豆国 名所旧跡 見聞録

安藤広重 / 六十余州名所図会「修禅寺湯治湯」

歴史

三嶋大社《みしまたいしゃ》 1

源頼朝以来の武家崇敬社。伊豆国一宮

伊豆一宮。創建時期は不明だが、奈良朝や平安朝の書物にも記録が残る古社。源頼朝は挙兵の際、源氏再興を祈願し、鎌倉幕府を開いたのちには、社領を寄進し益々その崇敬を深めたという。江戸期の三島は箱根の嶮を東に控える東海道の宿場町として大いに賑わった。

△安藤広重 / 東海道五拾三次 三島 朝霧

静岡県三島市大宮町 2-1-5
JR 三島駅から 10 分、伊豆箱根鉄道三島田町駅から 5 分

伝説

蛭《ひる》ヶ《が》小《こ》島《じま》 2

源頼朝ゆかりの地。現在も碑が残る

平治の乱後、永暦元年（1160）源頼朝が流されたとされる地。34 歳で平家打倒の兵を挙げるまで、頼朝は約 20 年間この付近で配流の日々を送った。平家にとっての敵方嫡子ということで、監視の目は厳しかったが、それも時を経るにつれ緩み、のちにはかなりの自由が認められたようだ。伊東祐親《すけちか》の三女との恋愛や、北条政子との結婚もこの地においてのことである。現在、この地には寛永二年（1790）に建立された石碑が立っている。

静岡県田方郡韮山町四日町字蛭島 13
伊豆箱根鉄道韮山駅より徒歩 6 分

自然

天城山《あまぎさん》（天城峠《あまぎとうげ》） 3

伊豆の踊子とはかなり違う、江戸の天城越事情

伊豆国の名山。伊豆の中央に位置する火山群をいう。中でも『伊豆の踊子』の舞台となっている天城峠は有名。この小説は大正期のもので、主人公や踊子らの一行も現在の「旧天城トンネル（日本の道 100 選）」を通る。付近に暮らす人々の要望により、巨額の工事費を投じたこのトンネルの完成により、北伊豆と南伊豆の距離は一挙に縮まった。が、トンネルの開通は明治三十八年（1905）である。それ以前は文政二年（1819）に開かれた、ずっと西側の二本杉峠を通る道筋だった。江戸時代の旅人は難所の天城越えに苦労したことだろう。

静岡県田方郡天城湯が島町

幕末模様

太平の眠りを覚ます蒸気船

ペリーの下田来港と吉田松陰の密航未遂

下田は天然の良港で、江戸と上方を結ぶ航路の要地として栄え、享保年間（1716 ～ 36）までは幕府の船改所が置かれていたが、嘉永六年（1853）にペリーが浦賀沖に来航し、締結された日米和親条約で下田の開港が約束される。その後、アメリカ領事ハリスが通訳のヒュースケンとともに下田玉泉寺に駐在し、安政五年（1858）日米修好通商条約の調印によって横浜が開港するまで、下田は日本最初の開港場として、にわかに歴史の表舞台に登場することになった。

日米和親条約が締結された直後の嘉永七年（1854）3 月 27 日夜、測量のため下田に停泊中だったペリー艦隊に密航をはかろうとしたのが 24 歳の吉田松陰と門弟の金子重之助である。松陰は江戸に出た折、「黒船」の圧倒的な軍事力を目の当たりにして強い危機感を抱き、藩主毛利敬親に海防体制の樹立や西洋兵学の導入の急務を進言している。結局はペリーに拒絶され、江戸に護送されることになるのだが、この密航未遂の動機も西洋兵学を自らの目で見て学びたいという思いからだろう。

この後松陰は長州の萩に移され、やがて松下村塾において多くの維新志士を育ててゆくことになる。

五雲亭貞秀 / ▷蒸気船全図

伊豆国出身の有名人

この人に注目

江川英竜《えがわひでたつ》

享和元年(1801)～安政二年(1855)

「世直し江川大明神」とも呼ばれた幕末の名代官。韮山代官就任当時は日本各地で飢饉や一揆が頻発するなど問題が山積だったが、英竜は民衆の視点に立ち、公正な政治をしいた。特に一揆が多発していた甲斐国都留郡が韮山代官所の管轄となった折には、自ら行商人に身をやつして甲斐、武蔵、相模の視察を行い、直に庶民の声を聴き、私腹を肥やしていた有力農民や手代を処分し、一揆の原因を元から絶ったという(甲州微行)。また、彼ははやくから西洋砲術に興味を示し、海軍や砲台整備の必要性を説いた嘆願書を30通以上幕府に提出している。嘉永二年(1849)、英軍艦マリナー号が下田に入港した際には自ら応接にあたり、退帆交渉に成功した。また、彼には絵心もあったようで、自画像や上記「甲州微行」の様子など、数多くの絵を残している。

歴史

韮山《にらやま》の大反射炉《だいはんしゃろ》 4

世界で唯一、完全な形で現存する反射炉

反射炉とは銑鉄を溶かして大砲を鋳造する炉のこと。幕末の韮山代官「世直し江川大明神」こと江川英竜が国防の重要性を幕府に説き、築造を許可された。彼ははやくから海防問題に関心を示し、この他にも多くの建議書を幕府に提出している。残念なことに英竜自身は反射炉の完成を待たずに他界するが、その子英敏が遺業を継ぎ、安政四年(1857)に完成。以来元治元年(1864)まで数多くの大砲が鋳造された。

△韮山の大反射炉

静岡県田方郡韮山町中字鳴滝入 268-1
伊豆箱根鉄道伊豆長岡駅より徒歩20分

伊豆国 江戸時代の名湯

日本人の温泉好きは世界的にも有名だが、温泉の歴史は古く、その記録は平安時代以前にまで遡《さかのぼ》る。江戸時代になると、諸国に名を知られた温泉の数は紀行文などの出版によって飛躍的に増えた。その中でも特に有名だったのが相模国箱根、摂津国有馬、そして伊豆国熱海であった。

伊豆国には熱川や修善寺など数多くの温泉があるが、その中でも熱海は別格であった。熱海は早くからその存在が知られており、中世には守護大名や文人たちも訪れている。しかし熱海温泉の地位を不動のものとしたのは、慶長九年(1604)の徳川家康の訪問であった。その後、歴代将軍や諸大名が相次いで熱海を訪れ、湯治客が急増したのである。また熱海の湯は四代将軍家綱の時「献上湯」として江戸まで運ばれたことでも知られている。

熱海温泉の客層は武家・都市部の町人・農民など様々で現在と変わりはないが、その滞在日数は最短でも一週間、長いものになると一カ月にも及んだという。その間、周辺の名所へ足を運んだり、同宿の人々との会話を楽しんだり、ゆっくりとした時間の中で日頃の疲れを癒していたようである。

伊豆国 不思議な話

夜《よ》泣《な》き松《まつ》(伊豆市)

三島から修善寺へ行く途中の岩の上に松の古木が二本立っている。昔、子どもが夜泣きをする時にはこの松の葉や幹、根などを燃やしてその光を見せたのだという。すると、ぴたりと夜泣きが止まるそうである。その御礼なのか、松の根元には小さな地蔵が立てられているとか。

石廊崎《いろうざき》の権現《ごんげん》(賀茂郡南伊豆町)

昔、暴風雨にあった船頭が石廊崎の権現に、助けてくれたら帆柱を寄進しますと願った。船は助かったが船頭は帆柱を寄進しなかった。再びこの船頭が石廊崎を通った時、以前に増した暴風雨が起こり、船の帆柱は根元からもぎ取られてしまった。それが今石廊崎の土台となっている柱だという。

駿河国《するがのくに》

（静岡県）

駿河国は現在の静岡県東部から成り立っていた。古くから東海道が発達して栄えた。富士山など景勝地が多い。蜜柑や茶などの農産物、漆器や和紙などの工芸品を数多く産出した。

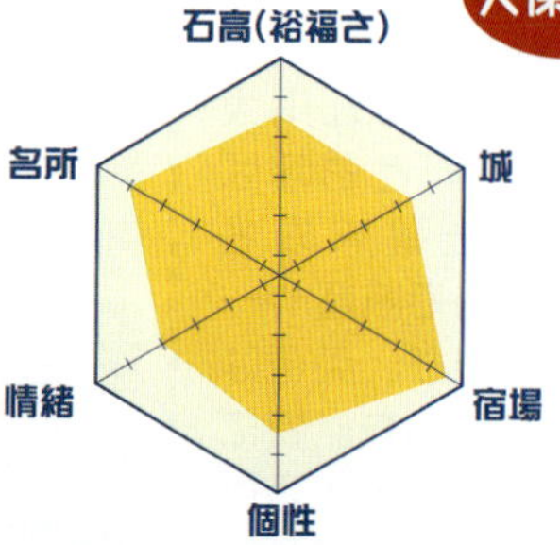

天保年間

知っとくDATA

推定人口	253,848人（1834年）
名産品	茶、鮎、真桑瓜 松茸、蜜柑 駿府漆器、籠細工
名物	安倍川餅、とろろ汁
埋蔵金噂話	少　多
代表的妖怪	封（ほう）

江戸時代末期と現在の比較

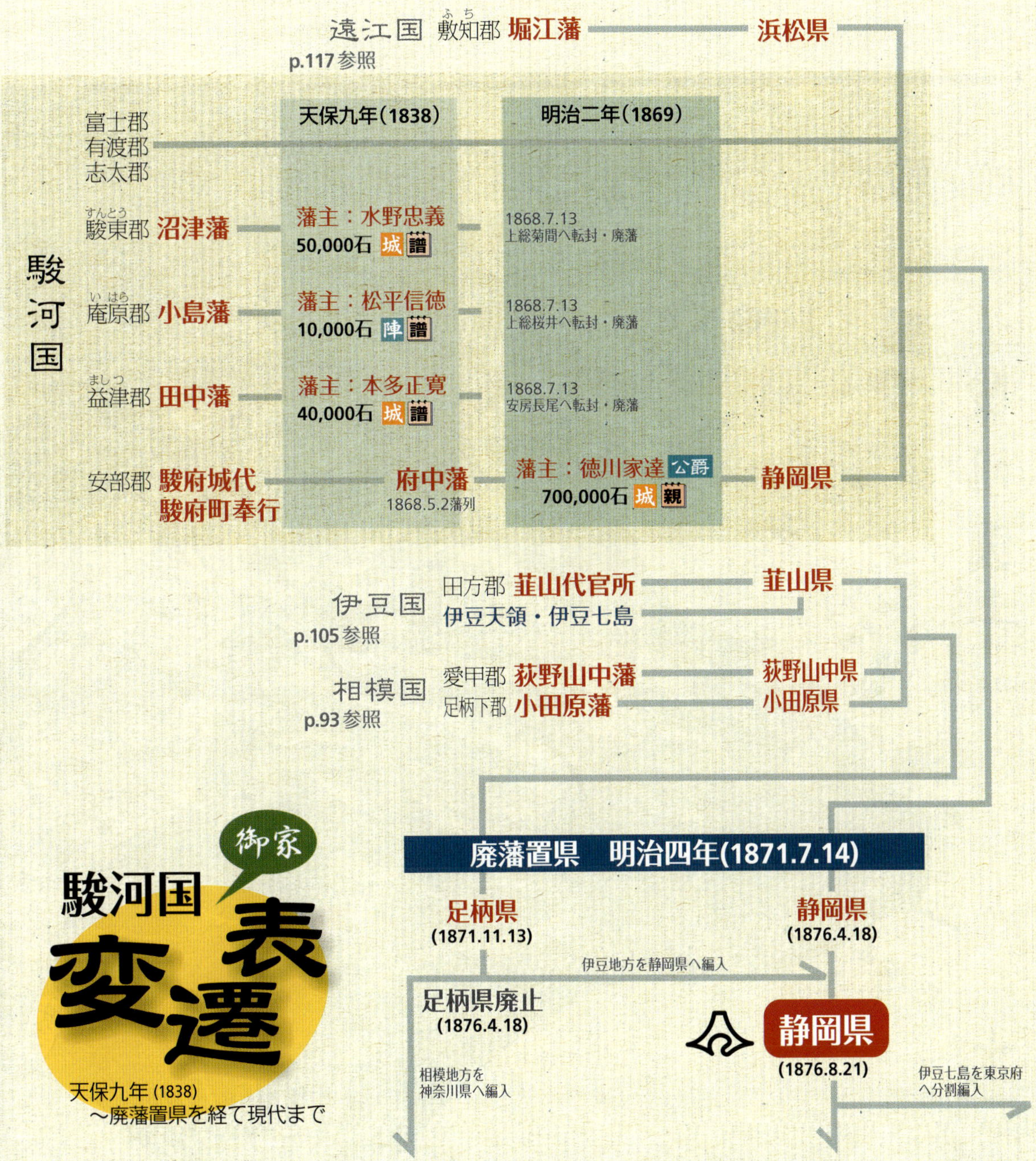

駿河国のあらまし

駿河国では室町から戦国時代にかけて足利一門の今川氏が守護職を相伝し、遠江の斯波《しば》氏と戦いを繰り返しながら勢力を広げた。

永禄三年(1560)、今川家の当主義元は天下に覇を唱えようとして西上の途についたが、尾張国の桶狭間で織田信長の奇襲を受けて敗死した。義元の死後、幼少から今川家の人質となっていた松平元康は、織田信長と結んで領地の拡大に乗り出し、天正十三年(1585)駿府城に入った。本能寺の変で信長が倒れた後、豊臣秀吉によって諸国が平定されると家康は坂東の地に移ったが、江戸幕府開府後将軍職を秀忠に譲り、慶長十三年(1608)大御所として再び駿府に入城した。8年後家康が75歳で没した後は、老中支配の駿府城代・駿府町奉行が駿府領内を治めた。維新により幕府が倒れると、徳川宗家が駿府藩として70万石でこの地に入封した。

駿河國
駿河國上
伊豆国
相模国
東
駿東郡
富士郡
沼津
原
吉原
神原
須走
足高山
浮島
原
大野
今泉
松永
長条
中山
岩波
佐野
新宿
大平
北山
大宮
大石寺
山村
原田
中島
岩淵
中ノ郷
割石
喜瀬川
本宮
一本松
竹下
三国
七尾
二岡
甲斐国
山中池出
古関出
船津出
川西出

大井川
西
遠江国
信濃国
信濃
甲斐国
西畑出
身延山道
万沢出
亀割坂
有度郡
志太郡
安倍郡
廬原郡
益頭郡
府中
傳馬
三保
駒越
清見寺
浅間社
島田
藤枝
岡部
田中
泉
御室
梅地
谷畑
小河内
獅子原
松野
沖津
江尻
井川山
落合
追分
大島
大津
横内
本宿
湯川
梅川
高松
八幡
中島
2
3

駿河国 名所旧跡見聞録

安藤広重 / 六十余州名所図会
「三保のまつ原」

自然 宝永《ほうえい》の大噴火《だいふんか》と救世主《きゅうせいしゅ》・伊奈忠順《いなただのぶ》 1

此里の民を恵みて荒砂をかき流したる君ぞかしこき

宝永四年（1707）11月23日、じつに840年ぶりに富士山が噴火した。土砂石片は江ノ島まで、降灰は房総から常陸国まで達したという。特に富士山東麓地方においては、田畑を厚い火山灰が覆い、とても作物が実る状態ではなくなってしまった。幕府もこの災害を重大と見て、被害の大きかった駿東郡北部と足柄上郡、下郡を幕府公領とし、関東郡代伊奈忠順を派遣した。忠順は被災地を巡検して将軍に惨状を訴え、幕府から救援金を出させたほか、降り積もった砂を酒匂川を通して流し出すという工事を計画し、諸藩に資金や普請の協力負担を要請している。また彼は被災した村に36年間にわたる年貢の減免も実施させた。宝永の大噴火は江戸史上でも最大級の天災だが、忠順のおかげで、被災地の住民たちは誰ひとり江戸に行って幕府に訴えることをしなかったという。

△宝永の噴火でできた宝永山

江戸の文学 十返舎一九《じっぺんしゃいっく》の『東海道中膝栗毛《とうかいどうちゅうひざくりげ》』

十返舎一九は明和二年（1765）、駿府の町同心で奉行所勘定役を務める重田與八郎の次男として生まれた。本名を重田貞一と言い、通称は市九といった。成長した市九は、駿府奉行小田切土佐守に仕え、土佐守が大坂町奉行となると同行して大坂へ出た。戯作者の道を志していた市九は『木下蔭狭間合戦』に並木川柳・若竹笛躬とともに近松余七として名を列ねたが、役人と芸道の両立は困難と考え、奉行所を辞職する。その後材木商の婿となったが離縁となり、間志野流香道の師匠として生計を立てようとしたがうまくいかず、近松東南という浄瑠璃作者を訪ねたり、浄瑠璃語りの家に居候したりと放浪の生活を送っていた。

寛政元年（1789）、大坂での生活に見切りをつけた市九は江戸へ出た。しばらくは大坂と同じような生活を続けていたが、寛政六年（1794）、新吉原の書肆《しょし》蔦屋重三郎の所へ寄宿し、本格的な戯作者生活に入る。香道の「黄熟香の十返し」に因んで十返舎と号し、一九と字を改めて黄表紙『心学時計草』を刊行した。その後も精力的に創作を続けていたが、享和二年（1802）刊行の滑稽本『浮世道中膝栗毛』が爆発的人気を博し、『東海道中膝栗毛』として文政五年（1822）まで書き続けられたのである。『膝栗毛』執筆の合間にも様々な作品を刊行しているが、寛政の改革の影響を受けて文化元年（1804）に書いた『化物太平記』で手鎖50日の刑を受けたりもした。なお一九が寄宿した蔦屋は、のちに写楽の浮世絵を刊行した版元として有名になるが、写楽の生涯が全くの謎であったため十返舎一九が写楽だったのではないかという説もある。

江戸の町人弥次郎兵衛と喜多八が東海道を上っていく珍道中を綴った『東海道中膝栗毛』は江戸庶民から支持され、『金毘羅参詣』や『宮島参詣』などの続編をも含め12編25冊が刊行された。その特徴はそれまでの作品にはなかった人物の会話を中心とした文体にある。弥次郎兵衛と喜多八の江戸っ子ぶりと滑稽な行動が、その文体によってまるで目の前で見ているかのように生き生きと描かれている。旅をする弥次郎兵衛・喜多八と旅先で出会う人々・風俗との間に起こる翳《かげ》りのない笑いが、文政五年（1822）に作品が完結するまでの20年間、読者の心をとらえて離さなかったのである。

『膝栗毛』で一躍人気作家の座に着いた一九だったが、その人柄は神経質で、扱いにくい人物だったようである。晩年は手足の自由が利かなくなり、娘の助けを得て生活していたといわれている。天保二年（1831）、「この世おば　どりゃお暇《いとま》に　線香の　煙とともに　灰左様なら」を辞世に江戸紺屋町の自宅で没した。66歳であった。

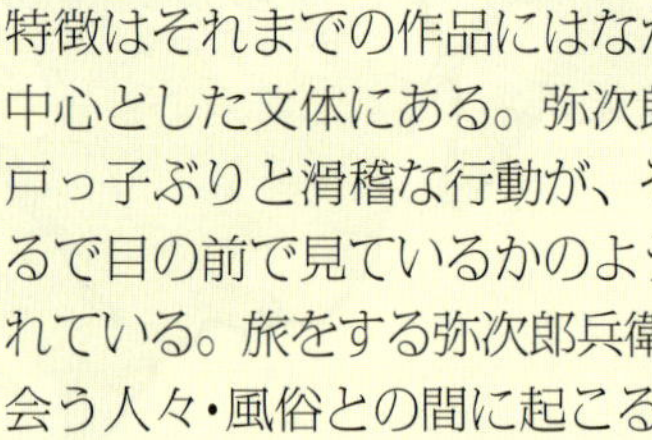

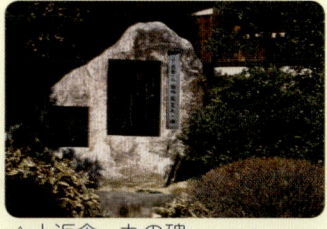

△十返舎一九の碑

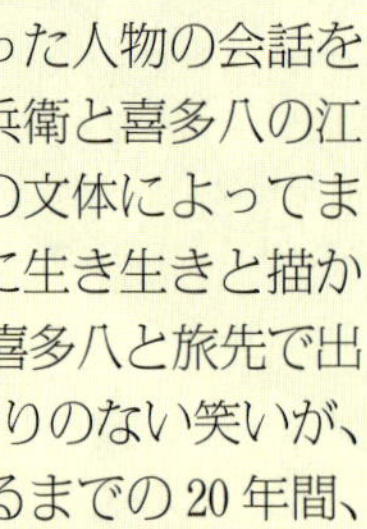

駿河国出身の有名人

名前	生没年	概要
板倉重昌	1588-1638	島原の乱制圧総攻撃にて戦死
山田長政	不詳 -1630	シャムの日本人町にて活躍
大庭源之丞	不詳 -1702	箱根用水開削の発起人
戸田茂睡	1629-1706	江戸前期の歌人。『梨本集』

この人に注目

由比正雪《ゆいしょうせつ》

慶長十年（1605）～慶安四年（1651）

幕府成立より約50年が経った頃、「慶安の変」として知られるクーデター事件が発生した。首謀者の由井正雪は駿河国出身の軍学者で江戸に私塾を開いており、そこに集った浪人たちを説き、徳川政権転覆のクーデターを計画していた。その計画とは、共謀者の丸橋忠弥が江戸市中を混乱させ、京や大坂でもこれに呼応して騒動を起こし、正雪らは久能山の金銀を奪い、駿府（静岡）において東西に号令をかけるという筋書きだった。慶安四年（1651）、正雪らはこれを実行に移すが、情報が漏れたことから忠弥ら一味は逮捕され、次いで駿府にいた正雪にも追捕の手が伸び、これを悟った正雪らは自刃した。未遂に終わったとはいえ、このクーデターが幕閣に与えた衝撃は大きく、幕府はこの後、不穏分子になりやすい浪人の発生を防ぐため、特に大名旗本の改易や減封に対する政策を緩めたという。

自然

駿河路《するがじ》の茶《ちゃ》

「駿河路や　花橘も　茶の匂ひ」　芭蕉

駿遠の名産と言えばやはり茶である。生産が始まったのは鎌倉時代と言われているが、江戸期に入ると茶は農業生産物としての地位を確立し、駿遠山間部の村々では米の代わりに茶を年貢として納めるようになった。茶を専門に扱う商人と生産者の間には訴訟などの騒動もたびたび起こったが、やがて鎖国が解かれ、茶が生糸につぐ重要輸出品になると急速な発展を遂げ、明治期の隆盛へとつながった。

大御所政治中心の城

駿府城《すんぷじょう》 3

西に大井川、南は駿河湾、三方は山に囲まれた東海道の要地にある。徳川家康が将軍職を秀忠に譲り今川氏居館跡に大改築を施して入城したのは慶長十二年で、大御所として政治に睨みをきかせていた。家康没後は城代が置かれ、維新後は家達が最後の城主であった。

静岡県静岡市駿府公園
JR東海道線静岡駅下車

駿河国と徳川家康

△久能山東照宮 2

家督を秀忠に譲りながらも「駿府政権」にて江戸幕府の実権を握り続けていた家康は、元和元年（1615）の大坂城落城後、ようやく肩の荷を下ろしたかのように、名実ともに隠居生活に入った。その翌年、家康が鷹狩りに出かけた際、上方の商人から「近頃上方では鯛の天ぷらが流行っている」と教えられ、早速これを食すも気に入ってつい食べ過ぎ、腹痛を起こして倒れたというエピソードは有名である。結局家康はこの3ヶ月後、駿府城にて75歳の生涯を閉じるが、自らの死期が近づいていることを悟った彼は、最後まで西国に転封させた豊臣系大名（外様大名）の動向を気にするように「我が像を西向きに立てよ」と遺言を残している。その250年後、まさに家康の懸念が適中するかのように西の諸国が倒幕に立ち上がったことは、数奇なめぐりあわせといえよう。

△家康の墓

駿河国 不思議な話

備前道丁《びぜんどうちょう》（富士市）

昔富士川の堤防が決壊しそうになった時、領主が人柱を立てることに決めた。くじ引きで選ばれたのは領主の信頼する家老であった。家老は潔く人柱になろうと堤防へ向かったが、一人の僧が身代わりとなり土の中に埋められた。その僧の生国が備前だったので、この堤防を備前道丁と呼んでいる。

姥《うば》が池《いけ》（静岡市）

昔ある家の乳母が、主人の子どもが咳をして苦しがるので、池の水を汲んで飲ませようとしたところ子どもが池に落ちて死んでしまった。申し訳なく思った乳母も続いて身を投げた。以来、この池の岸で「姥（乳母）甲斐ない」と叫ぶと池の水が湧き上がるようになったという。

遠江国《とおとうみのくに》

（静岡県）

遠江国は現在の静岡県西部から成り立っていた。古くから東海道の宿場を中心に栄える。浜名湖や御前崎などの景勝地を有し、数多くの名産・名品を産した。譜代各藩が領内を統治した。

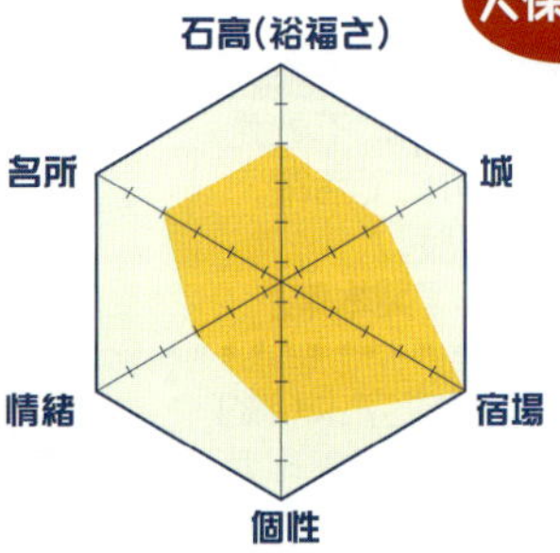

天保年間

知っとくDATA

推定人口	360,818人（1834年）
名産品	鰻、蜜柑、茶 筍、茜、万年青 畳表、花ござ
名物	蒲焼、菜飯田楽
埋蔵金噂話	少　多
代表的妖怪	天狗

江戸時代末期と現在の比較

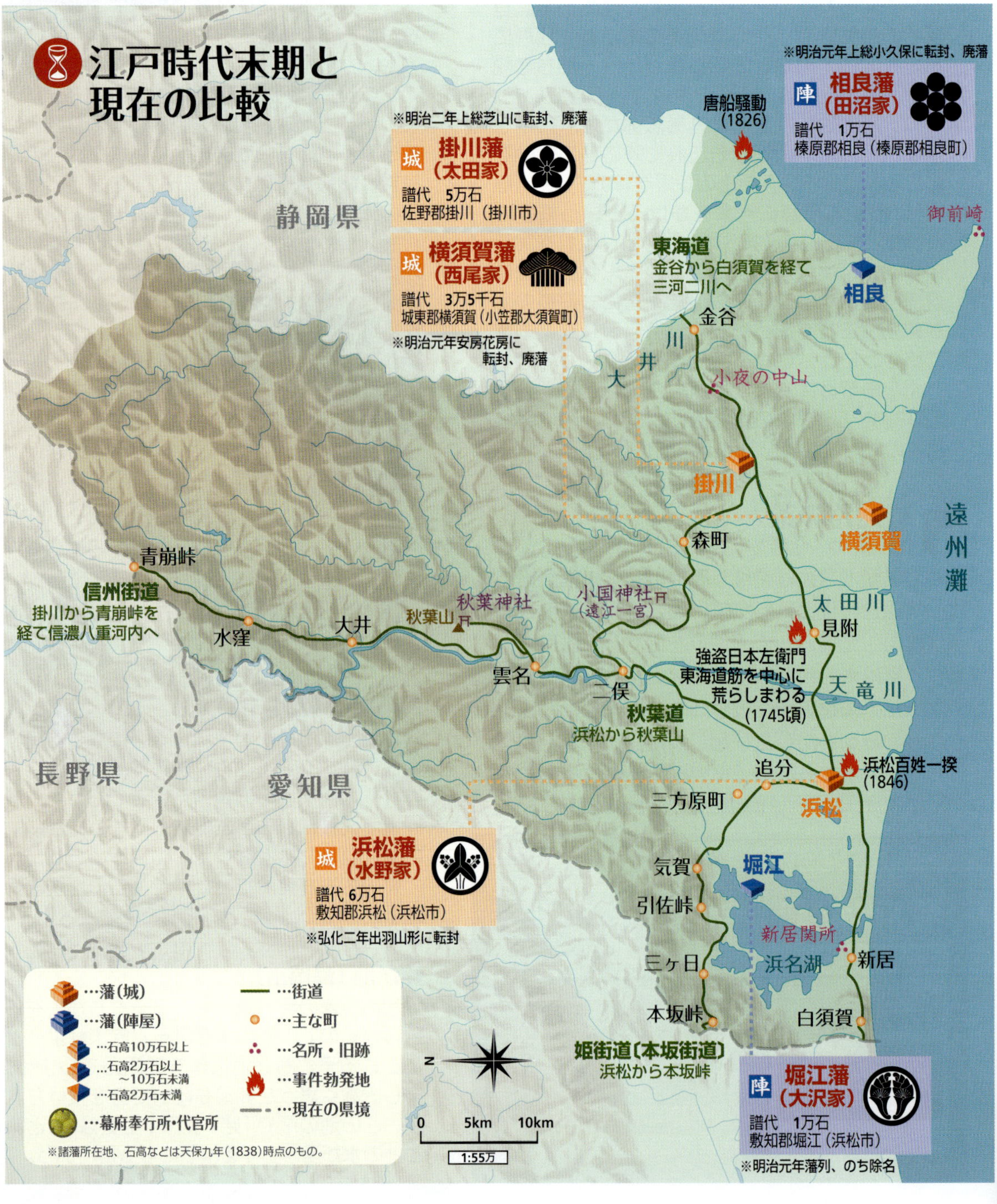

遠江国 変遷表

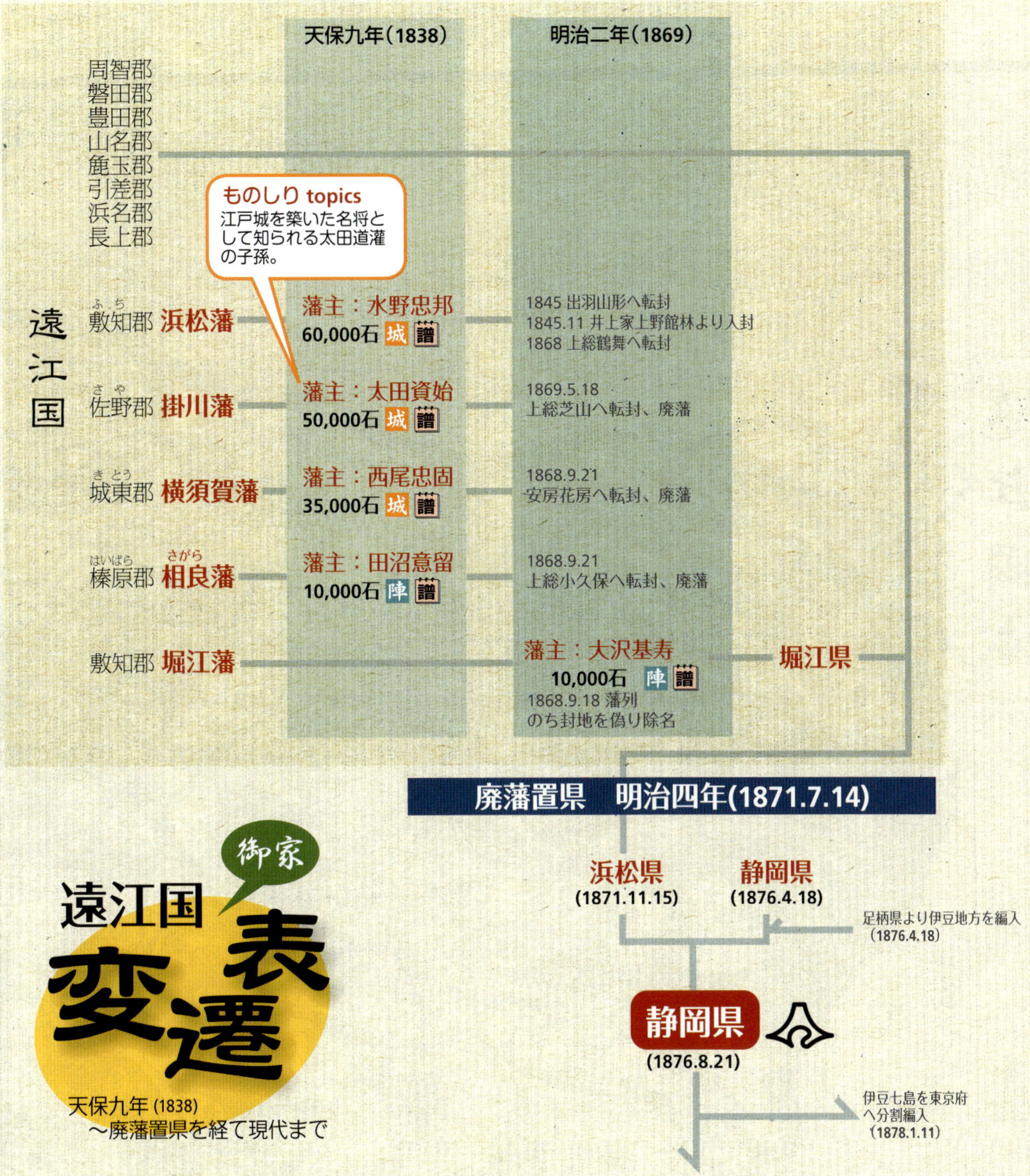

遠江国のあらまし

遠江の名は琵琶湖を「近淡海《ちかつあわうみ》」と呼んだのに対し、浜名湖を「遠淡海《とおつあわうみ》」と呼んだことに由来する。室町時代には駿河で強勢を誇った今川氏の支配下にあったが、永禄三年(1560)桶狭間《おけはざま》で織田信長の奇襲によって今川義元が倒れると、三河の松平元康が甲斐の武田氏との抗争の末、遠江を支配下に収めた。豊臣秀吉の天下統一により徳川家は坂東の地に移るが、江戸幕府が開かれるとかつて家康の本拠であった遠江国各藩には譜代大名が封ぜられる。浜松には桜井松平家、掛川には久松松平家、横須賀には大須賀松平家が入部した。のちに榛原郡に相良藩が置かれたが、各藩とも藩主の在封期間が短く、頻繁に領主の交代が行われた。

浜松藩には一時期水野家が入封していたが、これは当時の当主忠邦が幕政に参与したい一心で無理に願い出て肥前唐津藩から移ったものである。

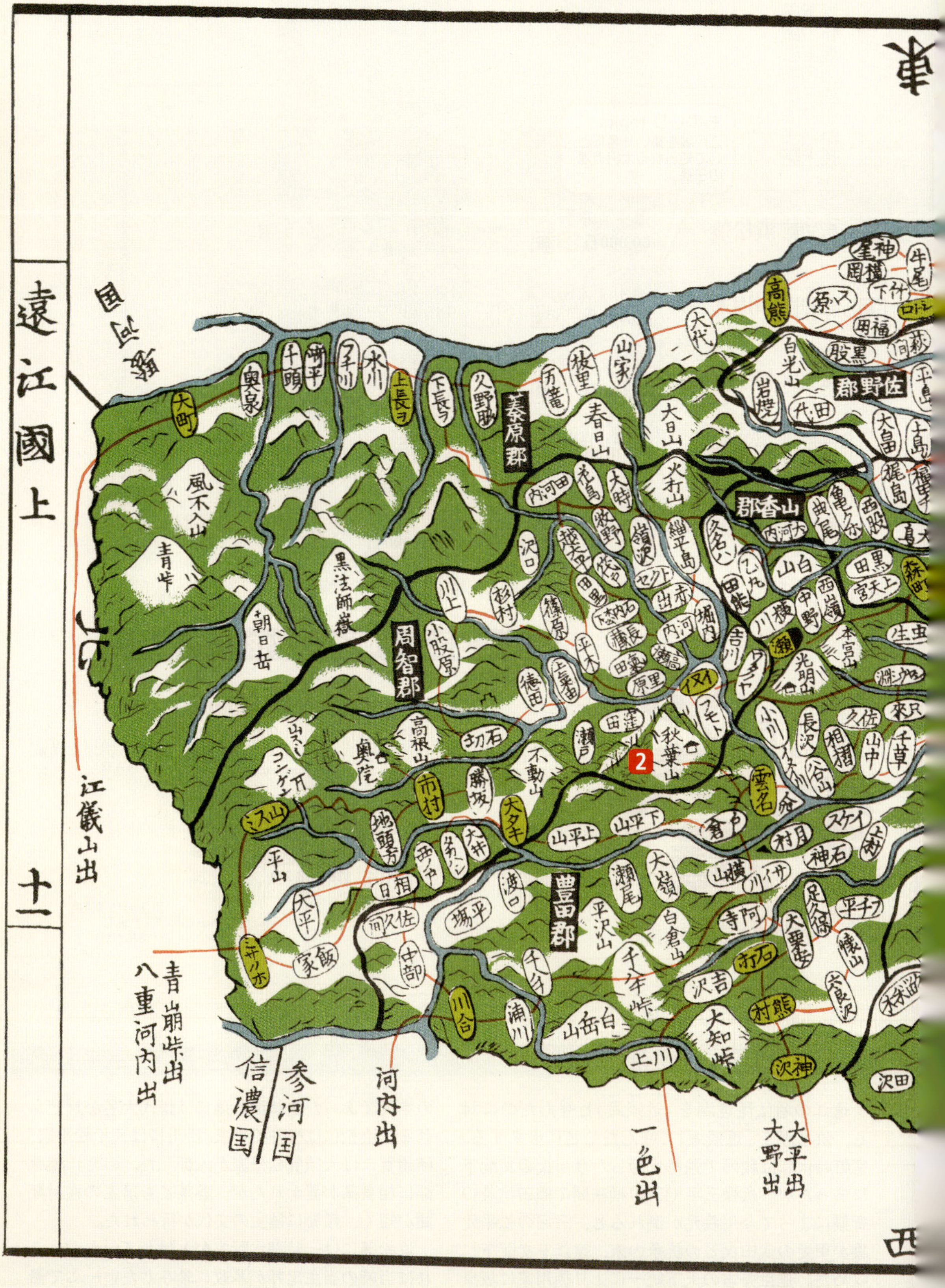
遠江國上
十一
東
西
駿河国
信濃国
参河国
周智郡
豊田郡
山香郡
佐野郡
風不入山
朝日岳
黒法師嶽
高根山
秋葉山
春日山
大日山
白倉山
大知峠
2
江儀山出
青崩峠出
八重河内出
河内出
一色出
大平出
大野出

遠江國
遠江灘
城飼郡
山名郡
長下郡
長上郡
磐田郡
敷知郡
麁玉郡
引佐郡
濱名郡
荒井湊
見付
掛川
1
2
3
4
5

遠江国 名所旧跡見聞録

安藤広重 / 六十余州名所図会
「浜名之湖堀江館山寺引佐之細江」

歴史
堀江藩《ほりえはん》 1
新政府をダマして大名に

明治元年（1868）中央には新政府が発足した。現在の静岡県の範囲にも、駿河国と遠江国の地には府中（静岡）藩が、大部分が天領だった伊豆国には韮《にら》山《やま》県が成立した。ここでひときわ目を引くのが、浜名湖畔にわずかな面積を領した堀江藩の存在である。旧幕時代から堀江に陣屋を構えていた旗本大沢基寿《もととし》は、維新の混乱に乗じて自らの領地を不正に多く申請し、まんまと堀江藩主におさまったわけである。その後も書類に虚飾を加えたり、藩庁の書類を持ち逃げしたりと様々な工作を繰り返すが、明治四年（1871）の廃藩置県ののち、ついに新政府の知るところとなり、華族に列していた基寿は士族に格下げされたうえ、1年の禁固刑に処せられた。

歴史
秋葉神社《あきばじんじゃ》（秋葉大権現《あきばだいごんげん》） 2
火防の神さま

△秋葉神社鳥居

和銅二年（709）創建の古社。全国に多くの分社があり、江戸期には各地で秋葉代参講が組織され、多くの参詣者が訪れた。秋葉山全体が御神体とされ、山は老杉がうっそうと生い茂る深山である。幕末の一時期、東海や近畿地方を中心に起こった「ええじゃないか」と呼ばれる民衆運動は、諸社のお札が降ったことを契機にはじまり、東海道の宿伝いに各地に広まった。降ったお札の内容は様々だったようだが、東海地方では秋葉大権現のものが多かった。遠州を中心に秋葉信仰が東海地方に広がっていた証だろう。

静岡県周智郡春野町領家 841
東名高速道路浜松 IC、袋井 IC から車で約 60 分

東海道よもやまばなし
「越すに越されぬ大井川《おおいがわ》3」と金谷宿の繁盛

◁安藤広重 東海道五拾三次 金谷・大井川遠岸

大井川の上流地方は年間降水量が 3000 ミリを超す多雨地帯である。このため江戸時代には頻繁に洪水が起こっていた。大井川は古代には渡し船もおこなわれていたそうだが、中世以降から江戸期にかけては、軍事的な意味合いもあって渡し船や架橋が禁じられ、徒渉制《としょうせい》がとられていた。

元禄年間（1688 ～ 1704）には渡渉に関する秩序と組織が確立される。川越の際、旅人は川会所《かわかいしょ》で川札を買い、川越人足がこれを受け取り、肩車や蓮台越《れんだいごえ》など旅人の注文に応じた方法で川を渡す。川の状況によってももちろん値段は変化し、川庄屋が毎朝水深を測って決定していた。梅雨時などに増水し、四尺五寸（135cm）以上の水深になると「川留め」となり、旅人を困らせたのである。一方、宿の旅籠にとっては、「川留め」は商売繁盛をもたらすものだった。大井川両岸の島田宿（駿河国）と金谷宿（遠江国）はこれによって繁栄し、「島田まげ」や「帯祭り」などは島田宿繁栄の所産である。また、川越業務もこの両宿で担当しており、金谷宿では男子の 1/4 が川越人足だった。まさにこの両宿の生活は大井川に支えられていたといえよう。

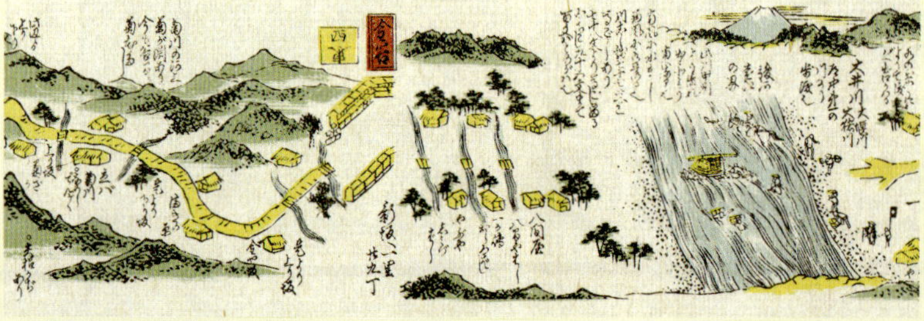
△諸國道中細見絵図 大井川と金谷宿部分

遠江国出身の有名人

名前	生没年	概要
徳川秀忠	1579-1632	浜松出身。江戸幕府第二代将軍
西島八兵衛	1596-1680	土木治水家
戸塚静海	1799-1876	蘭方医。シーボルトの門弟
清水次郎長	1820-1893	海道一の侠客
大関増裕	1837-1867	下野国黒羽藩主。幕府の兵制改革に尽力
金井延	1865-1933	経済学者、社会政策学者

この人に注目

賀茂真淵《かものまぶち》

元禄十年(1697)~明和六年(1769)

浜松生まれの国学者。和歌研究者。賀茂神社の神職の家に生まれる。婿養子に出た先で妻と死別するが、また別の家に養子に行き、神社を継ぐことはしなかった。漢学や国典を学んで詠歌に励み、俗務をきらって仕官せず、40歳の頃には江戸にて単身処士生活を始める。歌学者として徐々に名を馳せ、出資者も増え、50歳のとき正式に和学御用として召し抱えられた。宝暦十三年(1763)伊勢松坂で本居宣長の訪問を受け、『古事記』研究を託した話は有名である。

江戸時代の食文化 -05

菜飯田楽《なめしでんがく》

金谷宿と日坂宿の間、菊川で流行った旅人のための軽食。

recipe

1. 小松菜を湯通しし、塩味をつけて煎る。
2. 豆腐はかるく絞って水気を切る。
3. 豆腐を串に刺し、味噌と砂糖を混ぜ合わせたものをつけて火で炙る。
4. 小松菜を炊きあがりのご飯に混ぜて出来上がり。

材料(2人分)
木綿豆腐…1丁
みそ…大さじ3
砂糖…小さじ1
小松菜…1束
ごはん…2合
塩…少々

編集部でやってみた!

おいしさ	★★★
見た目	★★★★
難易度	★★
総合	★★★

幕閣出世コースの城

浜松城《はままつじょう》 4

武田信玄が三方ヶ原(5)で徳川軍を撃破し、家康は命からがらこの城に逃げ帰り生涯最大の危機を脱した。東海道の要衝として譜代大名が封じられ、浜松城主たることは幕閣の登竜門とされた。代表格に老中の水野忠邦がいる。三層四階の復興天守が建ち、石垣、堀が残る。

静岡県浜松市元城町
JR東海道本線浜松駅下車

遠江国の盗人話

日本左衛門《にほんざえもん》

△香蝶楼豊国 / 豊国漫画図絵 日本左衛門

『白浪五人男』のモデルとなった大泥棒日本左衛門は本名を浜島庄兵衛といい、尾張藩の飛脚の家に生まれた。若くして盗賊団に仲間入りし、やがてその頭目として遠江を中心に強盗をはたらくようになった。日本左衛門には500人の配下がおり、その活動範囲は東は隣国駿河から伊豆、西は三河・尾張・近江にまで達したという。

時は八代将軍吉宗の時代であった。質素倹約を課せられた農民や町人たちは、豪農や富商から金を奪い貧しいものに施すという噂の日本左衛門一味に喝采を送った。その名は諸国に知れ渡り、各藩ではその捕縛に藩の威信をかけていた。しかし日本左衛門は警備の薄い天領を中心に強盗・逃亡を繰り返し、そう簡単には捕まらない。当時の掛川藩主小笠原長恭《ながゆき》などは日本左衛門を逃した罪で陸奥棚倉へ左遷される始末であった。

遠江の豪農三右衛門は娘夫婦が襲われた時、藩ではなく幕府に直接訴え出た。幕府は直ちに火付盗賊改を派遣し、一時は日本左衛門を捕縛寸前にまで追い詰める。からくも囲みを脱した日本左衛門は各地を逃亡するが、資金もなくなり逃亡生活にも倦《う》んだのか延享四年(1747)、京都東町奉行所に自首した。江戸期の大泥棒・日本左衛門最期の地は遠江とも江戸ともいわれている。

遠江国不思議な話

厳水寺の子安尊(浜松市)

昔、坂上田村麻呂が蝦夷討伐に向かう途中、天竜川辺りで美しい女性に出逢った。討伐を終えた帰途、再び女性が現れ田村麻呂の子を身ごもったという。田村麻呂は出産のための家を建ててやった。女は子を産むとき家の中を覗くなと言ったが、ふとした拍子に中が見えてしまい、女が天竜川の大蛇であることがわかった。女は姿を見られたため二つの宝玉を残し天竜川に帰って行ったという。厳水寺の子安尊はこの大蛇の霊を祀ったものだといわれている。

三河国《みかわのくに》
（愛知県）

三河国は現在の愛知県東部から成り立っていた。古くから東海道が発達し岡崎や吉田が栄えた。良質の木綿織物や花火などで知られる。徳川家発祥の地として譜代各藩が領内を統治した。

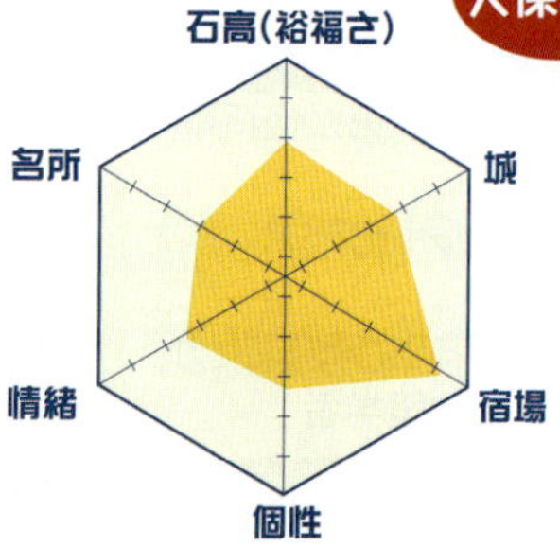

天保年間 知っとくDATA

推定人口	440,264人（1834年）
名産品	椎茸、菱の実、漆 蛤、海鼠、鮑 白魚、青海苔
名物	八丁味噌、豊橋うどん
埋蔵金噂話	少　多
代表的妖怪	火を貸せ、しゅごじんさま

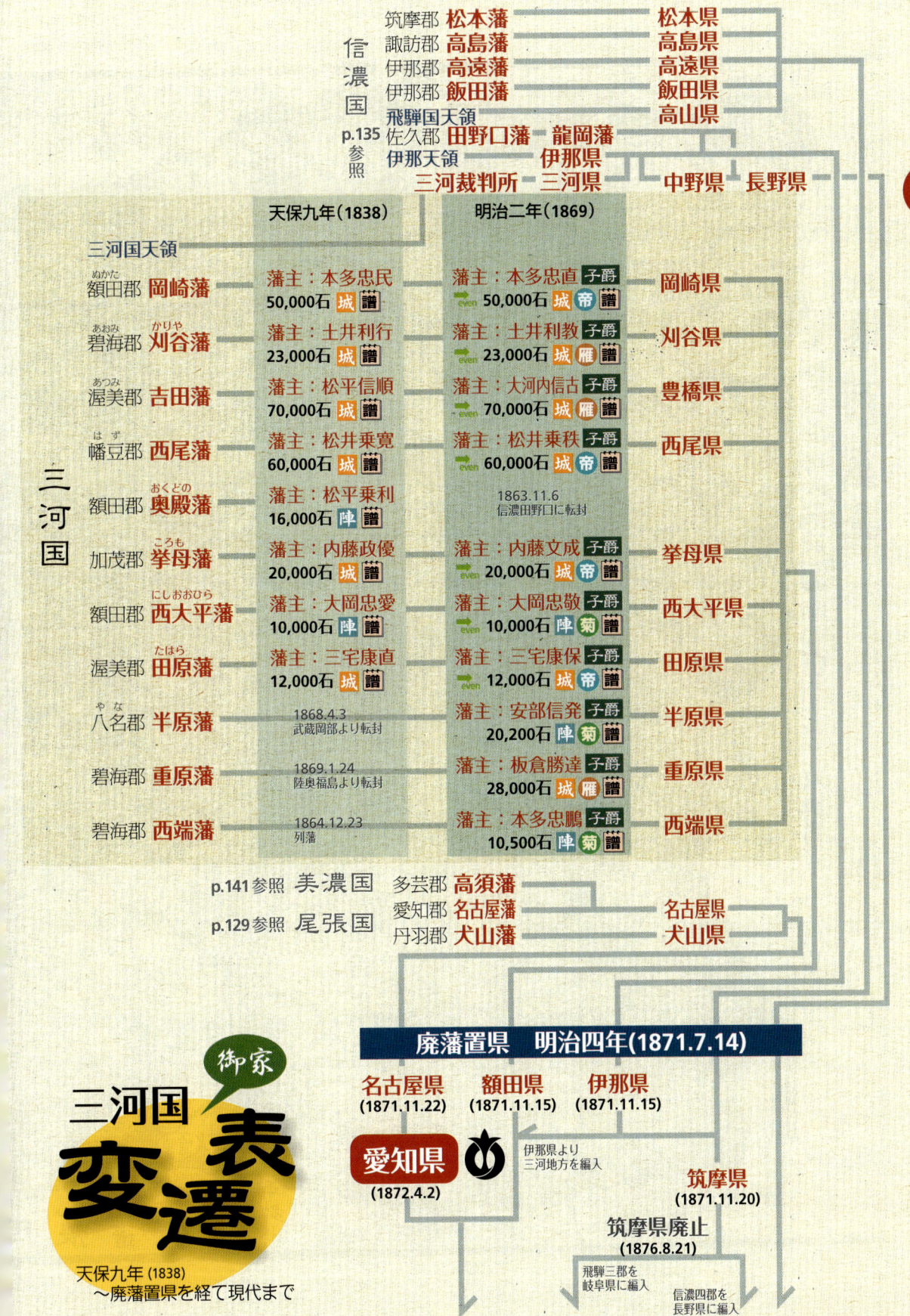

三河国 御家 変遷表

天保九年 (1838)
～廃藩置県を経て現代まで

信濃国

筑摩郡 松本藩 — 松本県
諏訪郡 高島藩 — 高島県
伊那郡 高遠藩 — 高遠県
伊那郡 飯田藩 — 飯田県
飛騨国天領 — 高山県
p.135参照 佐久郡 田野口藩 — 龍岡藩
伊那天領 — 伊那県
三河裁判所 — 三河県
中野県 — 長野県

三河国

		天保九年(1838)	明治二年(1869)	
三河国天領				
額田《ぬかた》郡	岡崎藩	藩主：本多忠民 50,000石 城 譜	藩主：本多忠直 子爵 even 50,000石 城 帝 譜	岡崎県
碧海《あおみ》郡	刈谷《かりや》藩	藩主：土井利行 23,000石 城 譜	藩主：土井利教 子爵 even 23,000石 城 雁 譜	刈谷県
渥美《あつみ》郡	吉田藩	藩主：松平信順 70,000石 城 譜	藩主：大河内信古 子爵 even 70,000石 城 雁 譜	豊橋県
幡豆《はず》郡	西尾藩	藩主：松井乗寛 60,000石 城 譜	藩主：松井乗秩 子爵 even 60,000石 城 帝 譜	西尾県
額田郡	奥殿《おくどの》藩	藩主：松平乗利 16,000石 陣 譜	1863.11.6 信濃田野口に転封	
加茂郡	挙母《ころも》藩	藩主：内藤政優 20,000石 城 譜	藩主：内藤文成 子爵 even 20,000石 城 帝 譜	挙母県
額田郡	西大平《にしおおひら》藩	藩主：大岡忠愛 10,000石 陣 譜	藩主：大岡忠敬 子爵 even 10,000石 陣 菊 譜	西大平県
渥美郡	田原《たはら》藩	藩主：三宅康直 12,000石 城 譜	藩主：三宅康保 子爵 even 12,000石 城 帝 譜	田原県
八名《やな》郡	半原藩	1868.4.3 武蔵岡部より転封	藩主：安部信発 子爵 20,200石 陣 菊 譜	半原県
碧海郡	重原藩	1869.1.24 陸奥福島より転封	藩主：板倉勝達 子爵 28,000石 城 雁 譜	重原県
碧海郡	西端藩	1864.12.23 列藩	藩主：本多忠鵬 子爵 10,500石 陣 菊 譜	西端県

p.141参照 美濃国 多芸郡 高須藩
愛知郡 名古屋藩 — 名古屋県
p.129参照 尾張国 丹羽郡 犬山藩 — 犬山県

廃藩置県 明治四年(1871.7.14)

名古屋県 (1871.11.22)
額田県 (1871.11.15)
伊那県 (1871.11.15)

愛知県 (1872.4.2)

伊那県より
三河地方を編入

筑摩県 (1871.11.20)

筑摩県廃止 (1876.8.21)

飛騨三郡を
岐阜県に編入

信濃四郡を
長野県に編入

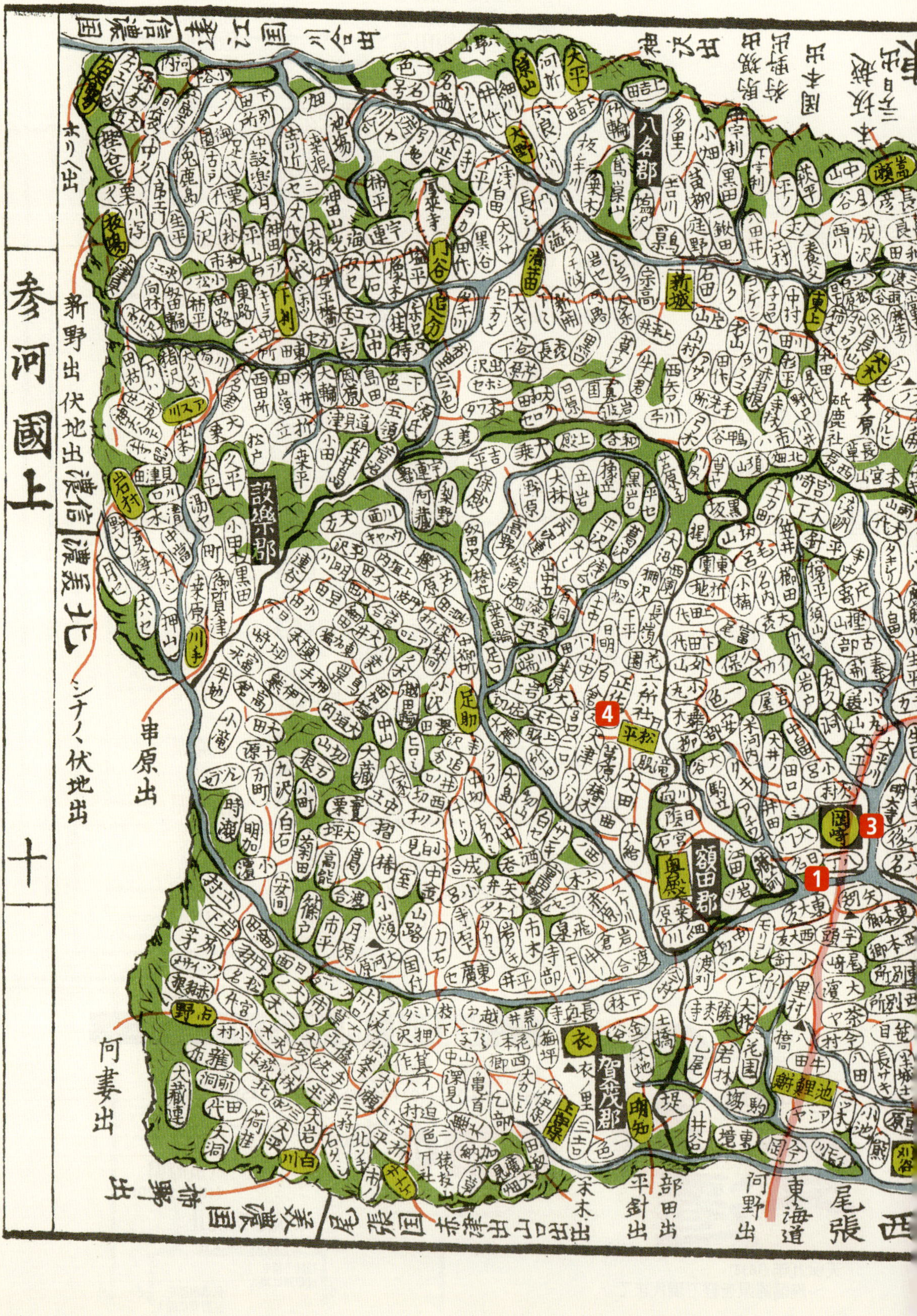
参河國上
十
新野出 伏地出 信濃 遠江 北
シナノ伏地出
串原出
河妻出
設樂郡
八名郡
額田郡
賀茂郡
新城
岡崎
平松
池鯉鮒
東海道
尾張
西

参河國
寳飯郡
渥美郡
幡豆郡

三河国

名所旧跡見聞録

安藤広重 / 六十余州名所図会
「鳳来寺山厳」

歴史

ええじゃないか

世の中好転の願いが騒動の引き金

慶応三年（1867）7月から翌四年末にかけて、三河・尾張一帯から各地に広がった騒動。伊勢神宮や遠州秋葉山など各種神仏の札や像が唐突に天から家々に降ってくる「お札降り」を契機とし、その家が札や像を祀り、集まった民衆に酒食をふるまい、老若男女が「ええじゃないか」と唱えながら連日踊りに興じるものであった。この騒動には諸説あり、前年までの凶作から一転して豊作が確実となったことによる生活の安定や世直りへの期待感と、下層民が土地の有力者や裕福な商人に酒会を強要するものであったともいわれている。日常の規範から開放された人々は、我を忘れて正月遊びにふけったのだ。しかし狂喜乱舞の大騒動ばかりでなく、名古屋周辺の村々などでは祭りの後に1隊の馬の塔を出し、整然と熱田社に参詣した地域もある。行列で鉄砲を撃ち、鼓を鳴らしたりして農民の武力を見せつけていた。「お札降り」と「ええじゃないか」は東海道・中山道に沿って東西に広がり、東は江戸、西は広島や海を渡って土佐、また、但馬《たじま》や丹後の日本海側にまでおよんだ。

自然

矢矧橋《やはぎばし》 1

東海道最長の橋と八丁味噌

東海道岡崎宿の西側に架かる矢矧橋は東海道随一の長さをほこり、長さは208間（約374メートル）もあった。広重の東海道五拾三次「岡崎」にもこの矢矧橋が描かれており、三河の名所のひとつとしてよく知られていた。またこの橋は、幼少時代の秀吉（日吉丸）が、土豪の蜂須賀小六と出会ったところといわれている。この橋の東詰にある村は岡崎城から八丁の距離にあることから八町村といい、ここで作られる味噌は八丁味噌と呼ばれ全国に知られている。

△安藤広重 /
東海道五拾三次之内　岡崎 矢矧之橋

自然

吉良荘《きらのしょう》の黄金堤《こがねづつみ》 2

領民に慕われた吉良義央

江戸城内松の廊下で浅野長矩《ながのり》に切られ『忠臣蔵』の悪役として有名な吉良義央《よしなか》は、所領地である吉良荘では名君として名高い。吉良荘は義央の祖である足利義氏《よしうじ》が承久の乱（1221）で活躍した際、その武功により代々支配するようになった土地で、義央は寛文八年（1668）に家督を相続した。義央は領内を赤馬にまたがって巡回し、親しく領民と接することで人々から慕われていたという。領内に大雨が降るたび雨水が流れ込む土地があった。それを知った義央は堤防を築くことを決意、領内の老若男女と力をあわせ、たった一晩で長さ180メートル、高さ4メートルの強固な堤防を築いたという。その後、この地は水害からまぬがれるよう

三河国のあらまし

三河国賀茂郡松平郷（4）は松平氏発祥の地である。応永年間（1394～1428）松平氏に逗留した遊行僧徳阿弥が還俗して松平太郎左衛門親氏《ちかうじ》と名乗り、徳川家の始祖となった。松平氏は二代泰親《やすちか》のとき岩津城を攻略、三代信光は碧海郡尾崎の安《あん》祥《じょう》を奪取し、七代清康のとき岡崎城に拠って三河の大半を支配下に収めた。九代にあたる元康（のち家康）は天文十一年（1542）に岡崎城に生まれ5歳で尾張織田家の人質となったが父広忠が今川家に付いたため今度は駿府城で人質となり、永禄三年（1560）19歳で岡崎に帰るまで長い辛酸の歳月を送った。しかし同年の桶狭間の戦いで今川家から独立し、祖父が領有していた岡崎城を回復した。

江戸幕府開府後は、徳川家発祥の地・三河は特別な直轄領として扱われ、江戸期を通じて譜代大名領や天領、旗本領で占められた。その後も領地替えや廃絶が度々行われ、幕末までに50余家の大名が入封した。

三河国出身の有名人‥

名前	生没年	概要
本多正信	1538-1616	家康の側近。大名
徳川家康	1542-1616	江戸幕府初代将軍
大久保忠隣	1553-1628	江戸幕府重臣
本多正純	1565-1637	大名。徳川家康の側近として信任
石川丈山	1583-1672	漢詩人
菅江真澄	1754-1829	国学者・紀行家。『真澄遊覧記』
松平信明	1760-1817	松平定信失脚後の老中首座
下河内村辰蔵	1796-1838	1836 年加茂一揆の頭領
古橋暉兒	1813-1892	三河の豪農。地域の殖産興業と自力更生運動に尽力
永井尚志	1816-1891	幕府若年寄・箱館奉行

この人に注目

大久保忠教《おおくぼただたか》

永禄三年（1560）〜寛永十六年（1639）

三河国上和田村に大久保忠員《ただかず》の八男として生まれる。旗本で別名・彦左衛門。16 歳の時に徳川家康に仕え、生涯を徳川家の下ではたらくことになる。天正四年（1576）初陣の遠江乾城の戦いを皮切りに、遠江高天神城の戦いなどで功績を上げ、天正十八年（1590）には武蔵国で 2000 石を拝領。慶長十九年（1614）兄・忠隣《ただちか》は改易されるが、忠教は家康の配慮で三河に移り 1000 石を拝領、大坂冬の陣では槍奉行を務める。のちに旗奉行になり、2000 石を拝領。身分の上の者にも臆することなく意見する様は、講談などで後世に伝えられている。

になり、毎年黄金の稲穂が実るようになったことから、この堤を「黄金堤」と呼ぶようになった。『忠臣蔵』によって悪者のイメージが強くなってしまった吉良義央であるが、真の姿は領民思いの殿様だったのである。

愛知県幡豆郡吉良町岡山
名鉄西尾線上横須賀駅下車徒歩 40 分

家康誕生の城

岡崎城《おかざきじょう》 3

徳川家康は天文十一年、この城内で生まれた。母はお大の方で父は広忠。父が家臣によって刺殺されると、織田氏・今川氏の人質となり、桶狭間合戦後にやっとこの城に戻り独立した。東海道の要地にあたるため譜代大名が封じられた。復興天守と堀、石垣が残る。

愛知県岡崎市康生町
名鉄名古屋本線東岡崎下車

三河国の悲話

鸚鵡《おうむ》岩（渥美郡渥美町）

渥美の豪族、渥美太夫国重にはふとしたことで出会った八重寿という美しい妻がいました。二人の間には玉枝という姫がおり、主馬之助という若者を婿に迎えることになっていました。ところがある時、八重寿は自分が大蛇の化身であることを国重に告白し、玉枝に唐竹の横笛を形見として与えて姿を消してしまいます。やがて、玉枝は大蛇の娘であるという噂が立ち、許婚の主馬之助は全く姿を見せなくなりました。悩み悲しんだ玉枝は病を得て床に伏せてしまいます。

そんな玉枝のもとにある日、主馬之助が山田の観音に参詣するという知らせが届きます。許婚に会いたい一心の玉枝は急いで観音堂へと向かいました。しかしたどり着いてみると主馬之助の姿はどこにもありません。母を失い、また許婚を失った運命に打ちひしがれ、玉枝は岩の上に身を横たえて嘆きます。鸚鵡岩と呼ばれる人の声や音をこだまする大岩です。やがて玉枝は母から貰った形見の横笛を取り出すと、喉に突き立てて自害してしまいました。それ以来、鸚鵡岩は横笛の音だけはこだましなくなったといわれています。

三河国不思議な話

犬頭《けんとう》神社（岡崎市）

ある日上和田城主宇都宮泰藤は早くから鷹狩に出掛けたが、疲れて古糟目神社の境内で眠り込んでしまう。すると愛犬の赤が泰藤の狩衣に噛み付いた。赤は大蛇が来たのを知らせようとしたのだが、驚いた泰藤は思わず斬ってしまう。後悔した泰藤は古糟目神社に赤を合祀し、犬頭神社と名付けたという。

おとら狐《きつね》（南設楽郡鳳来町）

織田・徳川連合軍と武田軍が長篠《ながしの》で戦った時、おとら狐は戦いの凄まじさに夢中になって見物していた。ところがあまりに熱心に見ていたので流れ弾に当たって左目を失った。そののち諸国を放浪したがある時猟師に撃たれ、片足も失ってしまったという。長篠にはおとら狐を祀った祠《ほこら》が今も残っている。

尾張国《おわりのくに》

（愛知県）

尾張国は現在の愛知県西部から成り立っていた。土地の肥沃さと東海道の発達により栄えた。米をはじめとする農産物や瀬戸焼などの工芸品を多く産する。御三家尾張藩が領内を統治した。

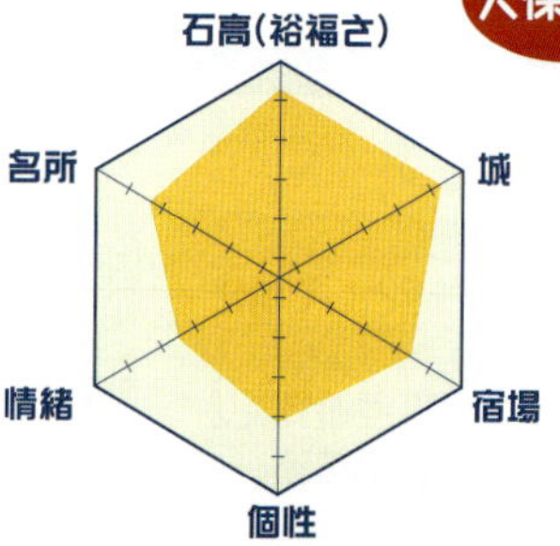

天保年間 知っとくDATA

推定人口	643,977人（1834年）
名産品	宮重大根、西瓜 檜、椹、蜂蜜 陶土、床石、珪石
名物	外郎餅、守口漬
埋蔵金噂話	少 ━ 多
代表的妖怪	狐の怪、猫の怪

江戸時代末期と現在の比較

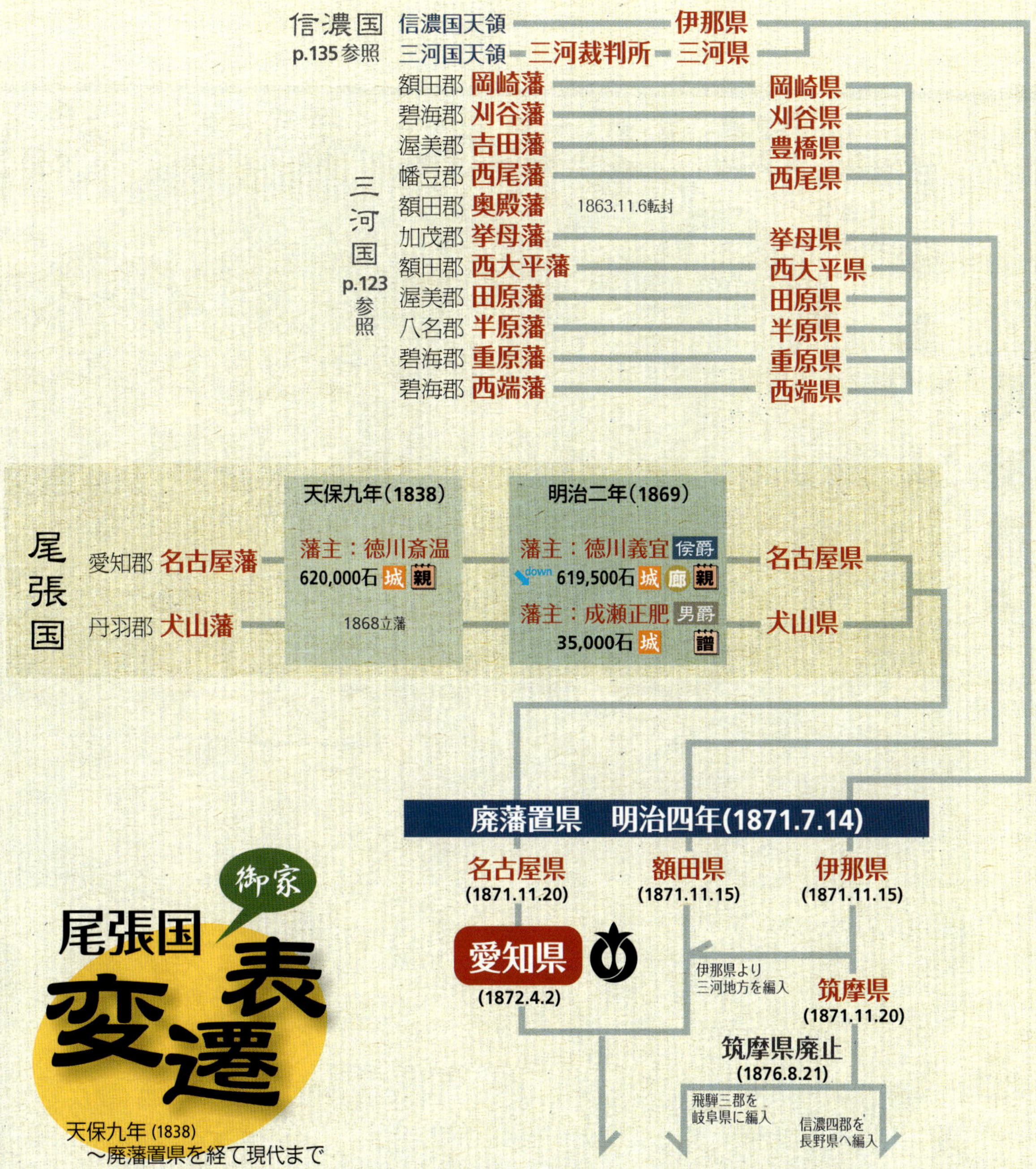

御家

尾張国 変遷表

天保九年(1838)
～廃藩置県を経て現代まで

尾張国のあらまし

古くから肥沃な土地であった尾張には、寺社や貴族・皇室などの荘園が広く散在していた。室町時代に越前の斯波《しば》氏が守護職となったが、やがて守護代の織田氏が実権を握り、信秀の代に尾張一円に進出した。尾張は信秀の子信長の時に織田氏によって統一される。

天下を目指した信長は本能寺の変に倒れ、秀吉の統一ののち徳川政権が発足すると、尾張は家康の第4子松平忠吉に与えられた。忠吉の死後、家康の第9子義直が入封し、藩政の地を清洲《きよす》から名古屋に定める。義直は御三家筆頭の尾張徳川家62万石の祖である。名古屋城とその城下は加藤清正・福島正則・浅野幸長ら旧豊臣系の武将らによって築かれ、七代藩主宗春の時世には江戸、大坂、京都に次ぐ繁栄を見せた。幕末の十四代藩主慶勝《よしかつ》は第一次長州征伐の総督や将軍補佐などを務め、弟の会津藩主松平容保《かたもり》らとともに動乱の時代に重要な役割を果たした。

尾張國上
九
尾張國
丹羽郡
中島郡
海東郡
海西郡
木曽川
名古屋
宮
清洲
伊勢
美濃
1
2
3
4

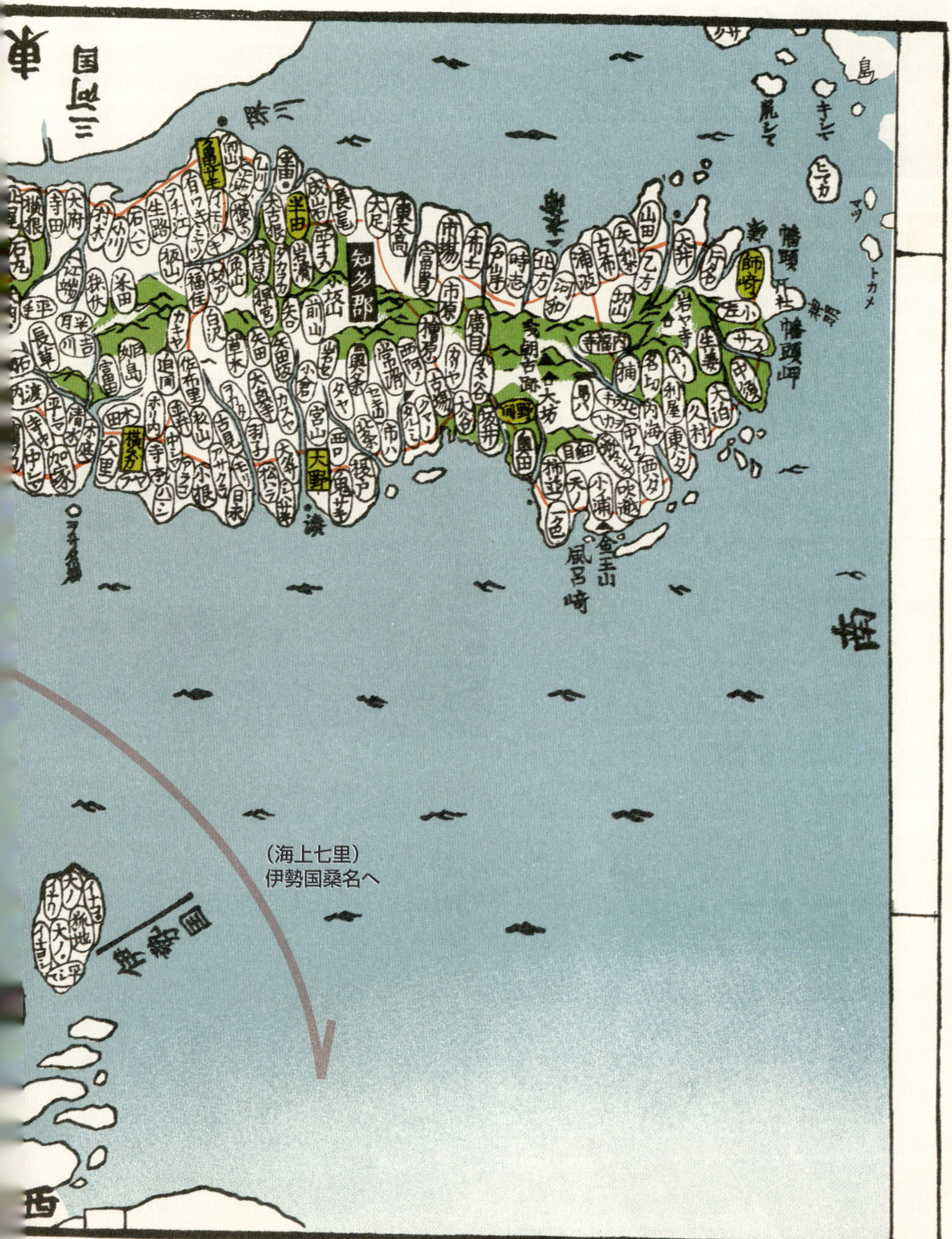
知多郡
（海上七里）
伊勢国桑名へ

尾張国 名所旧跡 見聞録

安藤広重 / 六十余州名所図会
「津島天王祭り」

自然

御《お》囲堤《かこいづつみ》 1

美濃に洪水をもたらす大堤防

慶長十二年（1607）徳川家康の九男義直《よしなお》が清洲《きよす》城に入城すると、その2年後に名古屋城の築城がはじめられた。それと並行するように治水対策も行われ、慶長十三年（1608）家康は伊奈備前守忠次《いなびぜんのかみただつぐ》に命じ、わずか2年あまりで犬山から弥富にかけて木曽川に大堤防を築かせた。長さ約50キロメートル、高さ9～15メートルもあるこの大堤防は名古屋の城下町を取り囲むように造られ、「御囲堤」とか計画にあたった守忠の名をとって「備前堤」と呼ばれた。御囲堤は洪水から尾張城下町を守るとともに、堤に兵を配置すれば、西国からの攻撃に対して強固な防衛線となるようになっていた。これにより尾張側は洪水の被害を受けることがなくなった。しかし、美濃側は尾張側の堤防より3尺低くすることが定められ、また尾張より地盤が低いこともあり、洪水の際には必ず美濃側が氾濫した。美濃国は後に宝暦治水（1754）が行われるまで、たびたび洪水にみまわれることになった。

歴史

宮宿《みやしゅく》 2

東海道一の宿場町

熱田神宮の門前町から発展した宮宿は、日本橋から数えて東海道の41番宿である。佐屋路など街道の分岐点であり、尾張と全国を結ぶ経済の中継地でもあったため、江戸時代には東海道一の賑わいをみせていた。東海道を旅する人々は、ここから七里の渡しを使い4時間ほどで伊勢の桑名宿まで渡った。この渡し船は夜間の航行が禁じられており、悪天候の場合も足止めされたため、さらに泊まり客を増やし宿場を栄えさせていた。また、熱田奉行、船番所などの役所を設置し、出入りの船を調べ不審な人物や荷物の監視を行っていた。18世紀の初め頃には名古屋城下周辺村落の市街地化が行われ、名古屋とこの周辺は町続きとなり、遊廓なども置かれることで、名古屋城下の人々の遊興の地としても賑わっていた。

△熱田神宮

愛知県名古屋市熱田区神宮
名鉄名古屋本線神宮前駅下車徒歩5分

外様大名の財力を封じるために利用された築城

名古屋城築城 3

徳川家康は慶長十四年（1609）に清洲から名古屋へ遷府を決定、名古屋城は慶長十七年（1612）、現在の愛知県名古屋市に築城された。この際、主に西国の雄藩諸侯などの大名が名古屋に入り、それぞれの持ち場の工事を手伝う普請《ふしん》が行われる。この築城は親藩一国の政治のほか、大軍を動かすのに適した名古屋の土地に城を建てることを目的としていたが、これは表向きの理由であった。当時、家康のライバルである豊臣秀頼《ひでより》が大坂城に拠り、依然として莫大な富を保持していた。またその背後には加藤清正、黒田長政、福島正則などの大名が控えており、戦《いくさ》が起った場合には連合軍となって江戸に攻めてくる可能性が高かった。日を追うごとに秀頼と徳川幕府の関係が険しくなってきたため、豊臣側に加担すると考えられる西国大名の財力を消耗させる手段として、名古屋城築城の「普請手伝い」は利用されたのである。この時、福島・浅野氏らは、慶長十一年（1606）に江戸城、同十四年には丹波篠山城の手伝いを終えたばかりで、連年にわたる重荷にかなりの困難を強いられていたといわれている。

「清洲越し」と呼ばれる清洲からの遷府は、慶長十八年（1613）から行われ、武士をはじめとして町ごとの移転となった。ほとんどの寺社も名

尾張国出身の有名人

名前	生没年	概要
山内一豊	1545/6-1605	高知藩初代藩主
福島正則	1561-1624	賤ヶ岳七本槍。安芸広島城主
加藤清正	1562-1611	安土桃山・江戸前期の武将
横井也有	1702-1783	俳人。『鶉衣』
日本左衛門	1719-1747	盗賊。東海道筋を荒し回る
大原幽学	1797-1858	江戸後期の農民指導者

この人に注目

斎藤《さいとう》きち

天保十二年(1841)~明治二十三年(1890)

尾張国の船大工の子に生まれ、その後下田に移る。安政四年(1857)、アメリカ駐日総領事ハリスの看護婦という名目で侍妾となるが、3日で暇を出された。その後、きちは「唐人お吉」と蔑称され、職や住まいを転々とする。明治二十三年(1890)に稲生沢川に入水し、自ら命を絶つ。きちが眠る下田・宝福寺には「唐人お吉記念館」があり、毎年3月27日の命日には身を投げたお吉ケ淵で、きちの冥福を祈る「お吉祭り」が開催される。

日本最古で国宝の天守

犬山城《いぬやまじょう》 4

日本ラインと呼ばれる木曽川を背にして頂上に天守閣が建つ。荻生徂徠が杜甫の詩から白帝城と名づけたという。天守は大入母屋二層の上に望楼をのせ、南北正面に唐破風があり、日本最古のもの。城主の成瀬氏は尾張徳川家の付家老であったため、立藩したのは慶応四年だった。

愛知県犬山市犬山
名鉄犬山線犬山遊園駅下車

古屋に移り、各宗派ごとに配置された。また多くの商工業者が城下に移住し、後々まで名古屋商人の中核を担ったとされる。家康の理想とした完成度の高い城下町が築かれたのである。

▷歌川国貞 / 東海道名所風景 東海道名所之内 名古屋

愛知県名古屋市中区本丸
地下鉄名城線市役所駅下車徒歩5分

尾張国の剣豪 と呼ばれた男 ～柳生兵庫助利厳《やぎゅうひょうごのすけとしよし》 編

尾張柳生家の祖、柳生兵庫助利厳は天正七年(1579)に生まれ、柳生の庄の祖父石舟斎《せきしゅうさい》の元で育てられた。石舟斎は「この子われに似たり」と言って早くからその剣の才能を見抜き、自らの持てる技をあますところなくこの孫に注いでいった。慶長十一年(1606)、死期を悟った石舟斎は28歳になった兵庫助に新陰流の印可を授けた。徳川将軍家剣術指南役の叔父・宗矩《むねのり》をさしおいての流儀の伝授であった。

やがて兵庫助は肥後の加藤清正に仕えるが、物静かな兵庫助の態度に反感を持つ同僚に斬りかかられてしまう。やむなく抜き合わせ一刀のもとに斬り伏せた兵庫助は、咎めがなかったにもかかわらず加藤家を去る。福島正則をはじめとする諸藩からの誘いを断り、兵庫助は廻国修行の旅に出た。小笠原流軍法、穴沢流棒術、新当流槍術などを会得した兵庫助は元和元年(1615)、犬山城主成瀬隼人正の推薦で尾張徳川義直に仕えることとなった。武芸を好んだ義直は兵庫助を師と仰ぎ、君臣は深い交わりを結ぶこととなる。やがて義直は新陰流の印可を受けた。以後柳生新陰流は「御流儀」と呼ばれ、代々柳生家と尾張徳川家が入れ替わって道統を伝えていくことになる。こうして尾張柳生が誕生したのであった。

石舟斎の子、宗矩を祖とする江戸柳生家という大名家は、徳川幕府の滅亡とともにその名を歴史に埋没させてしまった。しかし、兵庫助利厳を祖とする尾張柳生新陰流は現在に至るまで脈々とその技を伝え続けている。

尾張国 不思議な話

毛替地蔵(名古屋市)

昔、天白あたりに熊坂長範《ちょうはん》という大泥棒がいた。長範は祈れば馬の毛色を変えてくれる辻地蔵の話を聞き、金持ちの馬主の家から馬を盗んで連れてきた。一心に祈るとたちまち馬の毛色が変わり、誰にも気付かれずに売ることができた。以来長範は馬を盗んでは売り、貧しい人たちに施しをしたという。

信濃国《しなののくに》

（長野県）

信濃国は現在の長野県とその範囲がほぼ合致する。中山道や甲州街道が発達して栄えた。木曽檜は良質の木材として知られる。川中島や善光寺、槍ヶ岳や諏訪湖など名所・景勝地が数多い。

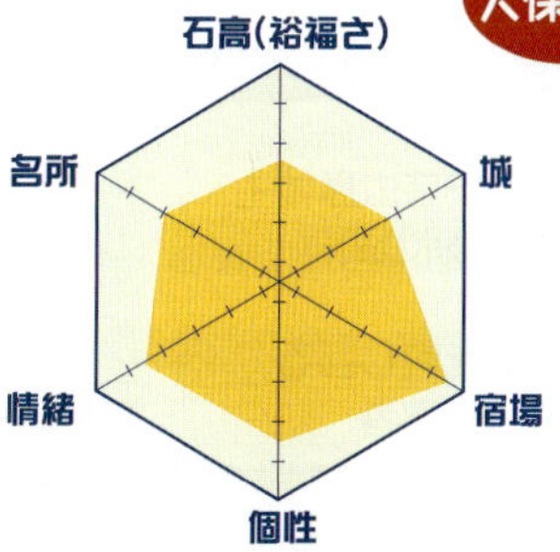

天保年間

知っとくDATA

推定人口　808,073人（1834年）
名産品　蕎麦、野沢菜、栗、寒心太、木曽檜、八目鰻、牛、熊
名物　信州蕎麦、鯉料理
埋蔵金噂話　少　多
代表的妖怪　小豆とぎ、しっけんけん

江戸時代末期と現在の比較

信濃国 変遷表

御家

天保九年 (1838)
～廃藩置県を経て現代まで

信濃国

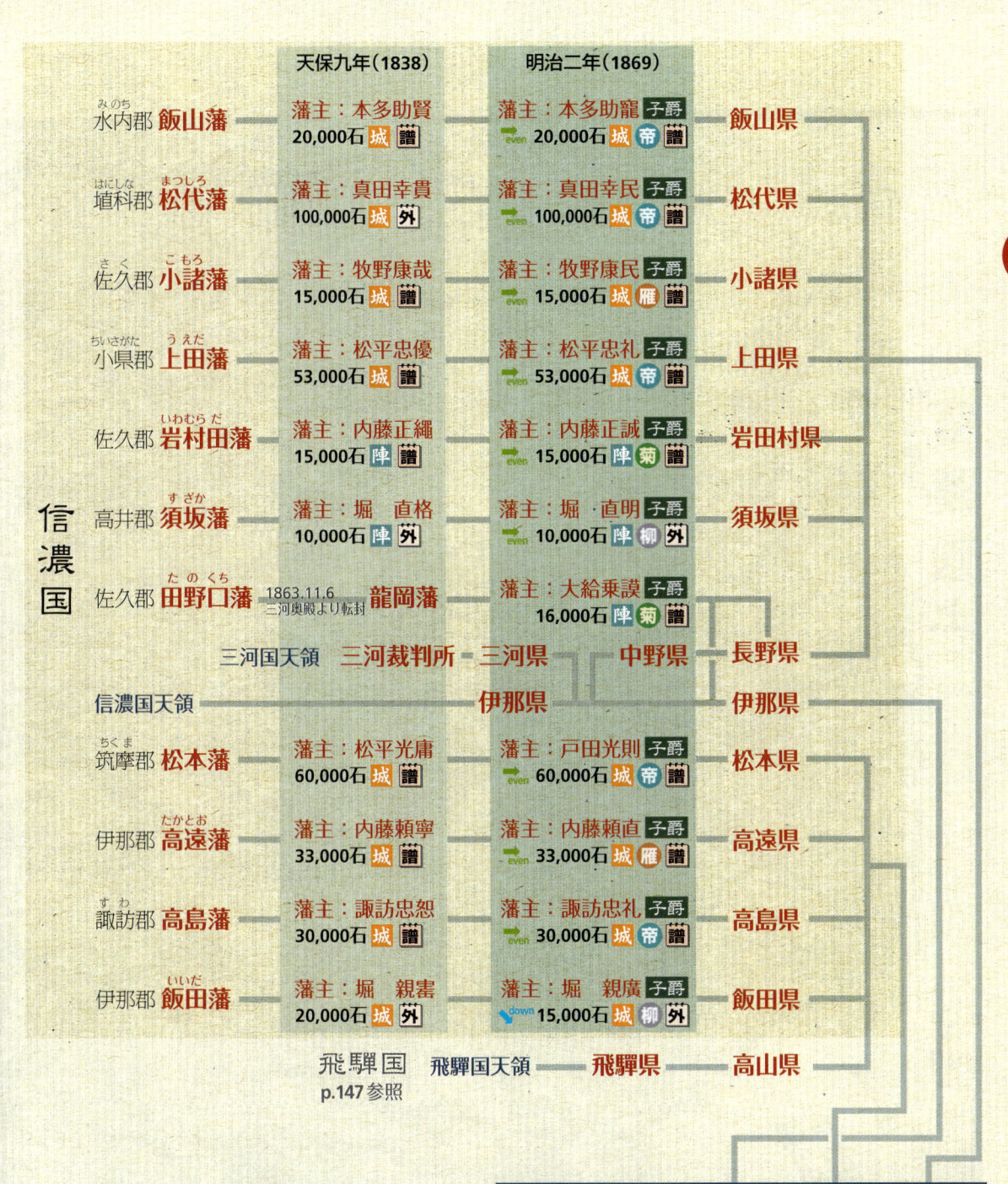

郡	藩	天保九年(1838)		明治二年(1869)			県
水内郡《みのち》	飯山藩	藩主：本多助賢	20,000石 城 譜	藩主：本多助寵 子爵	even	20,000石 城 帝 譜	飯山県
埴科郡《はにしな》	松代藩《まつしろ》	藩主：真田幸貫	100,000石 城 外	藩主：真田幸民 子爵	even	100,000石 城 帝 譜	松代県
佐久郡《さく》	小諸藩《こもろ》	藩主：牧野康哉	15,000石 城 譜	藩主：牧野康民 子爵	even	15,000石 城 雁 譜	小諸県
小県郡《ちいさがた》	上田藩《うえだ》	藩主：松平忠優	53,000石 城 譜	藩主：松平忠礼 子爵	even	53,000石 城 帝 譜	上田県
佐久郡	岩村田藩《いわむらだ》	藩主：内藤正縄	15,000石 陣 譜	藩主：内藤正誠 子爵	even	15,000石 陣 菊 譜	岩田村県
高井郡	須坂藩《すざか》	藩主：堀　直格	10,000石 陣 外	藩主：堀　直明 子爵	even	10,000石 陣 柳 外	須坂県
佐久郡	田野口藩《たのくち》	1863.11.6 三河奥殿より転封	龍岡藩	藩主：大給乗謨 子爵		16,000石 陣 菊 譜	
三河国天領		三河裁判所		三河県		中野県	長野県
信濃国天領				伊那県			伊那県
筑摩郡《ちくま》	松本藩	藩主：松平光庸	60,000石 城 譜	藩主：戸田光則 子爵	even	60,000石 城 帝 譜	松本県
伊那郡	高遠藩《たかとお》	藩主：内藤頼寧	33,000石 城 譜	藩主：内藤頼直 子爵	even	33,000石 城 雁 譜	高遠県
諏訪郡《すわ》	高島藩	藩主：諏訪忠恕	30,000石 城 譜	藩主：諏訪忠礼 子爵	even	30,000石 城 帝 譜	高島県
伊那郡	飯田藩《いいだ》	藩主：堀　親害	20,000石 城 外	藩主：堀　親廣 子爵	down	15,000石 城 柳 外	飯田県

飛騨国
p.147 参照

飛騨国天領 ― 飛騨県 ― 高山県

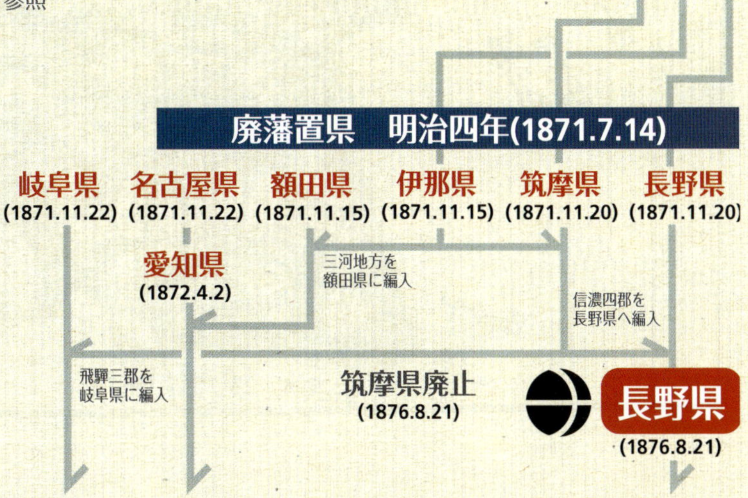

信濃國
信濃國上
佐久郡
高井郡
埴科郡
小縣郡
水内郡
更級郡
安曇郡
松代
上田
小諸
飯山
松本
上野
越後
越中
飛彈
1
2
3
4
5

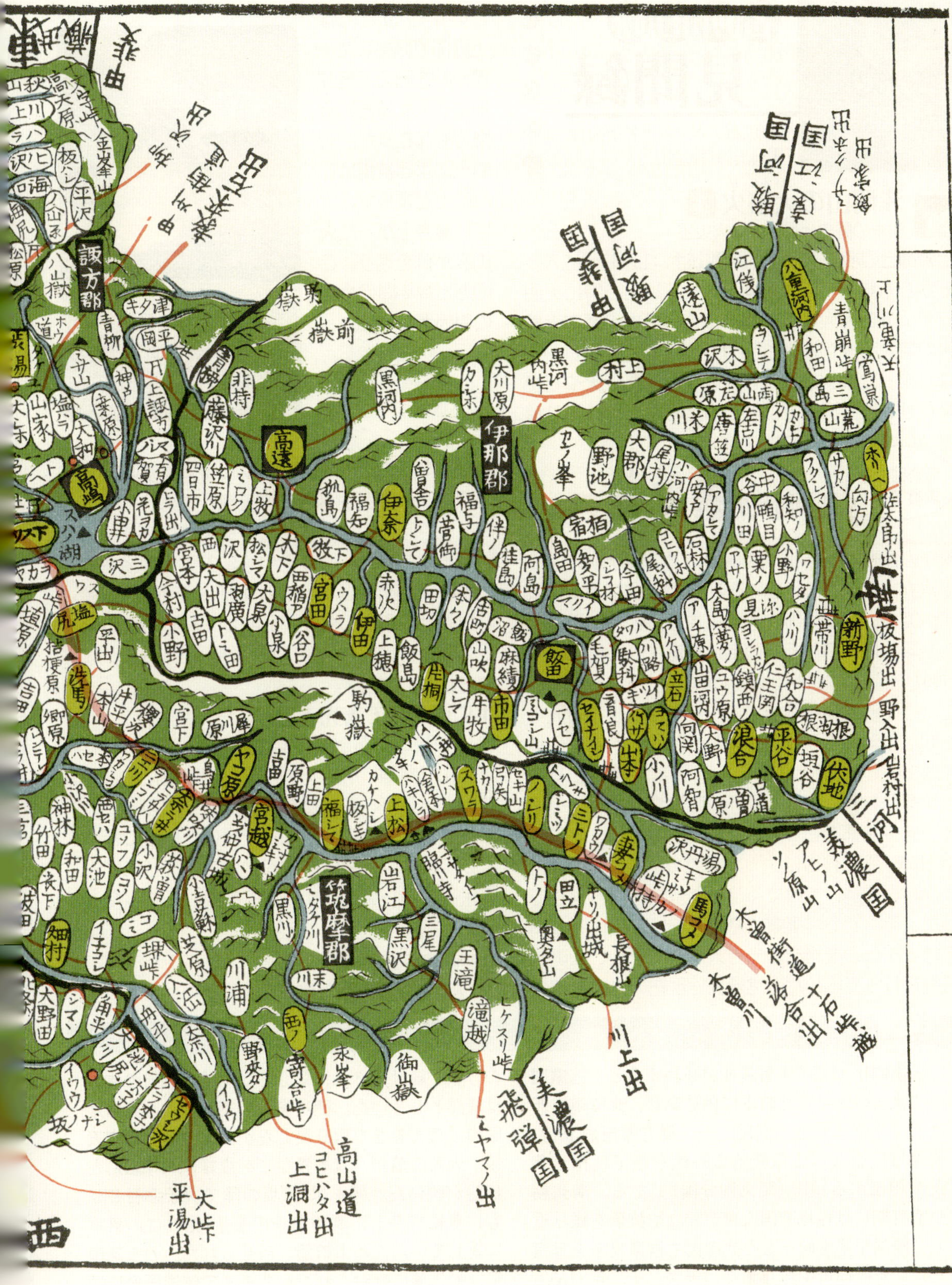
甲斐国
駿河国
遠江国
三河
美濃国
飛騨国
美濃国
諏方郡
伊那郡
筑摩郡
高遠
飯田
高嶋
スハノ湖
駒獄
前獄
御山獄
大平峠
平湯出
高山道
コヒハタ出
上洞出
ミヤマノ出
川上出
木曽川
妻籠
馬コメ
大津街道
落合出
十石峠
板場出
野入出
西
東

信濃国

名所旧跡見聞録

安藤広重 / 六十余州名所図会
「更科田毎月鏡台山」

自然

浅間山《あさまやま》の大噴火《だいふんか》 1

日本の歴史上最大の噴火災害

上野国との境にそびえる浅間山は、江戸時代に入ってからも頻繁に噴火を繰り返していた。特に天明三年（1783）の大噴火は凄まじく、日本の歴史上最大の噴火災害であったといわれている。5月9日からはじまった噴火は、激しい爆発とともに灰や石を降らせ、軽井沢宿では焼石のため家が焼け降り積もった灰で家がつぶれるなどの被害がでた。前年からの凶作に加えこの大噴火で作物は高値となり、この年の10月には上野国で発生した一揆が峠を越えて軽井沢に乱入するという騒ぎも起こった。大噴火による被害はこれにとどまらず、上空に噴き上がった火山灰が日を遮り、このあと数年間の冷害の原因となった。

▷安藤広重 / 諸国名所百景 信州浅間山真景

極楽往生を求めて

江戸時代の善光寺《ぜんこうじ》 2

現在の長野市にあり、飛鳥時代に本田善光坊によって建立されたと伝えられる寺。宗派にこだわらず、すべての人に極楽浄土を約束する寺として現在でも全国的に知られる。国宝に指定される宝永四年（1707）完成の本堂や3畳分の大額がかかる山門など、歴史的建物も数多い。平安中期以後、善光寺信仰は全国に広がったが、戦国時代末期にこの地で武田・上杉の合戦が勃発。その際、仏像・仏具などを奪われ善光寺とその門前町は衰微する。その後甲府や京都を転々とした善光寺本尊は、慶長三年（1598）豊臣秀吉によって京都から送還された。しかし、本堂は復興するごとに焼失を繰り返していた。そこで造営事業に懸念を抱いた五代将軍綱吉は、江戸の慶運を善光寺大勧進に任命、回国出開帳を行って集めた造営資金で現在の本堂を建立した。出開帳は通算7回行われ、これを契機に善光寺信仰は庶民レベルにまで深く浸透していった。江戸時代には参詣すれば極楽往生できるという考えのもと、女性を中心に参詣者が激増したという。境内には天台宗大勧進・浄土宗大本願の両寺と、それに付属する46カ寺の院坊があり、それぞれの参拝者の宿坊として利用された。

善光寺に関する説話

牛に引かれて善光寺参り

昔、布引山の麓に偏屈な老婆がいた。近所の者が善光寺参詣に誘っても一度も出掛けたことがない。ある時、老婆が布を乾かしているとどこからか牛が現れて、角に布を掛けて駆けて行ってしまった。老婆は牛を追いかけるうちに善光寺まで来てしまい、仕方なく参詣して帰ったという。

長野県長野市元善町
JR信越本線長野駅下車バス10分

信濃国のあらまし

治承四年（1180）木曽義仲が挙兵すると、信濃国内の武士の大半がその軍に馳せ参じ、北陸道を西進して平家軍駆逐に活躍した。鎌倉幕府成立後、信濃は比企《ひき》氏による統治の時代を経て執権北条氏が相伝する領国（関東御分国）となる。南北朝や室町期には在地の国人《こくじん》衆が分立や抗争を繰り返し、隣国甲斐を統一した武田氏も信濃攻略を目指した。更級郡川中島（5）では天文二十二年（1553）から永禄七年（1564）にかけて武田信玄と上杉謙信の合戦が繰り返され、総じて江戸時代以前の信濃は騒然としていた。徳川家が天下を制すると信濃国内は落ち着きを取り戻したが、その後も幕府天領、大名の藩領、旗本領などが複雑に入り組んだ状態が続いた。関ヶ原・大坂の陣で次子幸村とともに豊臣に与した真田昌幸の長子・信之は、東軍に属していたため上田藩に封ぜられた。のち真田家は松代藩に転封されたが幕末まで信濃国内に領地を持つ大名であり続けた。

信濃国出身の有名人

名前	生没年	概要
河合曾良	1649-1710	松尾芭蕉に入門。奥の細道の同行者
太宰春台	1680-1747	古文辞学派の儒者。『経済禄』
小林一茶	1763-1827	江戸後期の俳人
雷電為右衛門	1767-1825	相撲力士。大関を 16 年間つとめた
佐久間象山	1811-1864	思想家・兵学者
臥雲辰致	1842-1900	臥雲紡績機の発明者

この人に注目

高井《たかい》鴻山《こうざん》

文化二年 (1806)~明治十六年 (1883)

信濃国上高井郡小布施村の豪農商・市村家に生まれた文人・画家。15 歳から 16 年間遊学。京都や江戸で漢詩・陽明学・蘭学などを学び、佐久間象山・大塩平八郎などと親交を深めた。幕末には攘夷論を唱える一方、地元では飢饉の際農民を救い、多くの文画人を小布施に招いた。最も有名なのは葛飾北斎で、屋台天井絵「濤図《なみず》」や岩松院天井に「鳳凰図」などを残した。明治になると鴻山は私塾・高矣《たかい》義塾を開き、地元の教育の発展にも大いに貢献した。

自然

播隆上人《ばんりゅうしょうにん》の槍ヶ岳開山《やりがたけかいざん》 3

江戸時代に初登頂

信濃国の名山槍ヶ岳は、文政十一年 (1828) 播隆上人によって開山された。越中一向宗徒の家に生まれた播隆は文政九年 (1826) に信濃を訪れ、二度目の登山で登頂に成功。頂上に阿弥陀仏など 3 体を安置した。天保四年 (1833) と五年にも登頂し、山頂を広げたり参拝者のために命綱をとりつけている。天保十一年 (1840) 信者らの手により念願の鉄の鎖がかけられると、それを見届けるようにその年の 10 月に往生を遂げた。

△槍ヶ岳

松本平に聳《そび》える天守

松本城《まつもとじょう》 4

北アルプス連山を背景に五層六階の大天守と左右に小天守、辰巳の櫓がある松本城は、石川数正の子康長が慶長二年に完成させた。小笠原氏・戸田氏・水野氏などの譜代大名が続き、戸田氏で明治を迎えた。月見櫓と共に国宝に指定され、本丸黒門、石垣、水堀が残る。

長野県松本市丸の内

JR 篠ノ井線松本駅下車

信濃国の伝説

八面大王（南安曇郡）

昔、有明村に慈悲深い老夫婦が住んでいました。ある日老人が米を買いに町へ行こうとすると、山鳥が猟師に捕まって、殺されそうになっていました。老人は不憫に思い米の代金で山鳥を買って逃がしました。翌日、見知らぬ娘が自分を貰ってくれと訪ねてきました。老夫婦が貧乏だからと断ると、自分が働くから心配要らないと聞きません。娘は懸命に働いて老夫婦を助けました。

その頃、有明山に八面大王という鬼が住んで、人々を苦しめていました。帝は坂上《さかのうえの》田村《たむら》麻呂《まろ》に討伐を命じますがうまくいきません。そこで水沢の清水観音に祈願すると観音菩薩が現れ、山鳥の尾の十三節あるもので矢を射れば鬼は滅ぶとお告げがありました。田村将軍は村々にお触れを出しました。すると老夫婦の家の娘がどこからか十三節ある山鳥の尾を持ってきてこう言います。「わたしはあの時助けていただいた山鳥です。これで恩返しが出来ました。これを田村将軍に差し上げてください。」老人に山鳥の尾を渡した娘はどこかへ立ち去っていきました。

田村将軍は見事八面大王を退治し、老夫婦は恩賞で安楽に暮らしたということです。

信濃国不思議な話

てんぼ隠しの雪（南安曇郡）

昔信心深くて貧乏な老婆がお大師様に何かお供えしたいという一心で芋や大根を盗んでしまった。老婆は足の指がない「でんぼ」だったので足跡でわかってしまう。不憫に思った大師が足跡を隠すために降らせたのがでんぼ隠しの雪で、陰暦 11 月 23 日には必ず降ると言われている。

機織《はたおり》石（上水内郡鬼無里村）

戸隠山の麓の裾花川の岸に大きな岩があった。この岩は雨が降る前に必ず「からから」という音がして、この音が聞こえるとどんな晴れた日も曇り、2、3 日の内に雨が降るという。この音は神様が機を織る時の音だと言われ、いつからか機織石と呼ばれるようになった。

美濃国《みののくに》

（岐阜県）

美濃国は現在の岐阜県南部から成り立っていた。美濃路の大垣や中山道の加納などが栄えた。養老の滝や関ヶ原、不破関など名所旧跡が多い。譜代各藩によって領内が統治された。

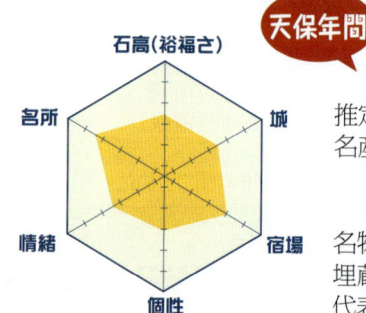

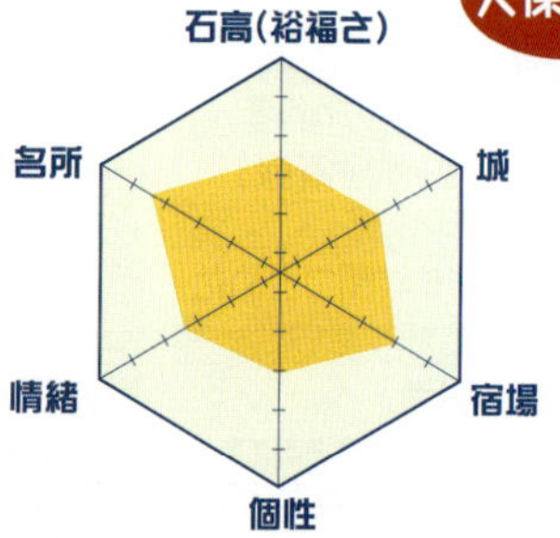

天保年間 知っとくDATA

推定人口	607,269人（1834年）
名産品	真桑瓜、蜂屋柿、根深、献上鮎、鵜刃土、石灰、水晶
名物	美濃紙、美濃焼
埋蔵金噂話	少　多
代表的妖怪	天狗倒し

美濃国 御家 変遷表

天保九年 (1838)
～廃藩置県を経て現代まで

美濃国

郡	藩	天保九年(1838)	明治二年(1869)	県
美濃国天領			笠松裁判所	笠松県
多芸《たき》郡	高須《たかす》藩	藩主：松平義建 30,000石 城 親	藩主：松平義勇 子爵 even 30,000石 城 大 親	名古屋藩に合併 (1870.12.23)
安八《あんぱち》郡	大垣藩	藩主：戸田氏庸 100,000石 城 譜	藩主：戸田氏共 伯爵 even 100,000石 城 帝 譜	大垣県
大野郡	大垣新田藩	藩主：戸田氏綏 10,000石 陣 譜	藩主：戸田氏良 子爵 even 10,000石 陣 菊 譜	野村県
山県《やまがた》郡	高富《たかとみ》藩	藩主：本庄道貫 10,000石 陣 譜	藩主：本庄道美 子爵 even 10,000石 陣 菊 譜	高富県
恵奈《えな》郡	岩村藩	藩主：松平乗美 30,000石 城 譜	藩主：大給乗命 子爵 even 30,000石 城 雁 譜	岩村県
郡上《ぐじょう》郡	八幡《はちまん》藩	藩主：青山幸礼 48,000石 城 譜	藩主：青山幸宜 子爵 even 48,000石 城 雁 譜	郡上県
厚見郡	加納《かのう》藩	藩主：永井尚佐 32,000石 城 譜	藩主：永井尚服 子爵 even 32,000石 城 雁 譜	加納県
恵奈郡	苗木《なえぎ》藩	藩主：遠山友寿 10,000石 城 外	藩主：遠山友禄 子爵 even 10,000石 城 柳 外	苗木県
安八郡	今尾《いまお》藩	1868.1.24 藩列	藩主：竹腰正旧 男爵 30,000石 城 譜	今尾県

飛驒国
p.147参照

飛驒国天領 — 飛驒県 — 高山県

廃藩置県　明治四年(1871.7.14)

筑摩県 (1871.11.22)

岐阜県 (1871.11.22)

飛驒国を岐阜県に編入

美濃国のあらまし

室町時代、美濃国は守護大名土岐《とき》氏の勢力下にあったが、次第に守護代の斎藤氏に実権が移った。戦国時代になると、土岐氏三奉行の一人長井規秀が守護代斎藤家の家名を奪い、土岐氏を美濃から駆逐した。規秀は斎藤秀竜と名乗り、後出家して道三と号する。道三は稲葉山城に拠り尾張の織田信秀と結んで美濃国内を支配したが、嫡子義竜《よしたつ》と対立して敗死した。道三死後は義竜が信長に破れ、美濃は織田家の勢力下に入る。

関ヶ原の役の後、美濃は幕府の天領、旗本領、大名領に細分され、52万石が84氏に分与された。特に大名領は美濃が東西の接点に当たる要衝であったため小藩が複雑に配置された。また、美濃国内を治める大垣藩、郡上藩など8藩のほか、国外の尾張、磐城平、備中岡田などの各藩が藩領を有していた。

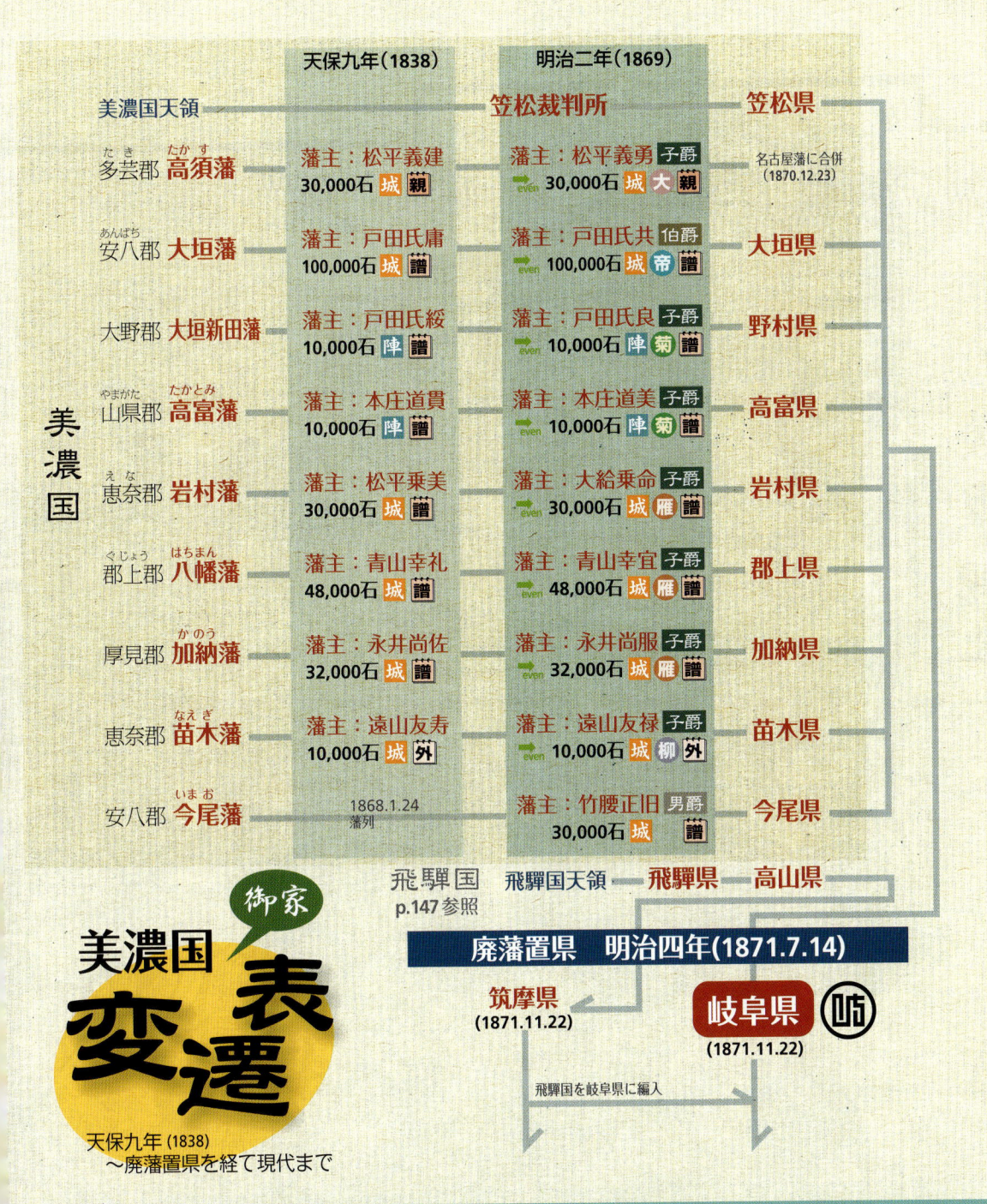

美濃國上
二十一
土岐郡
可児郡
各務郡
恵奈郡
加茂郡
方縣郡
山縣郡
武藝郡
郡上郡
飛弾国
三河国
信濃国
八幡
金山
関
下原出
下呂道
西村出
河戸出
追原出
野々股出
田立出
越前
飛弾

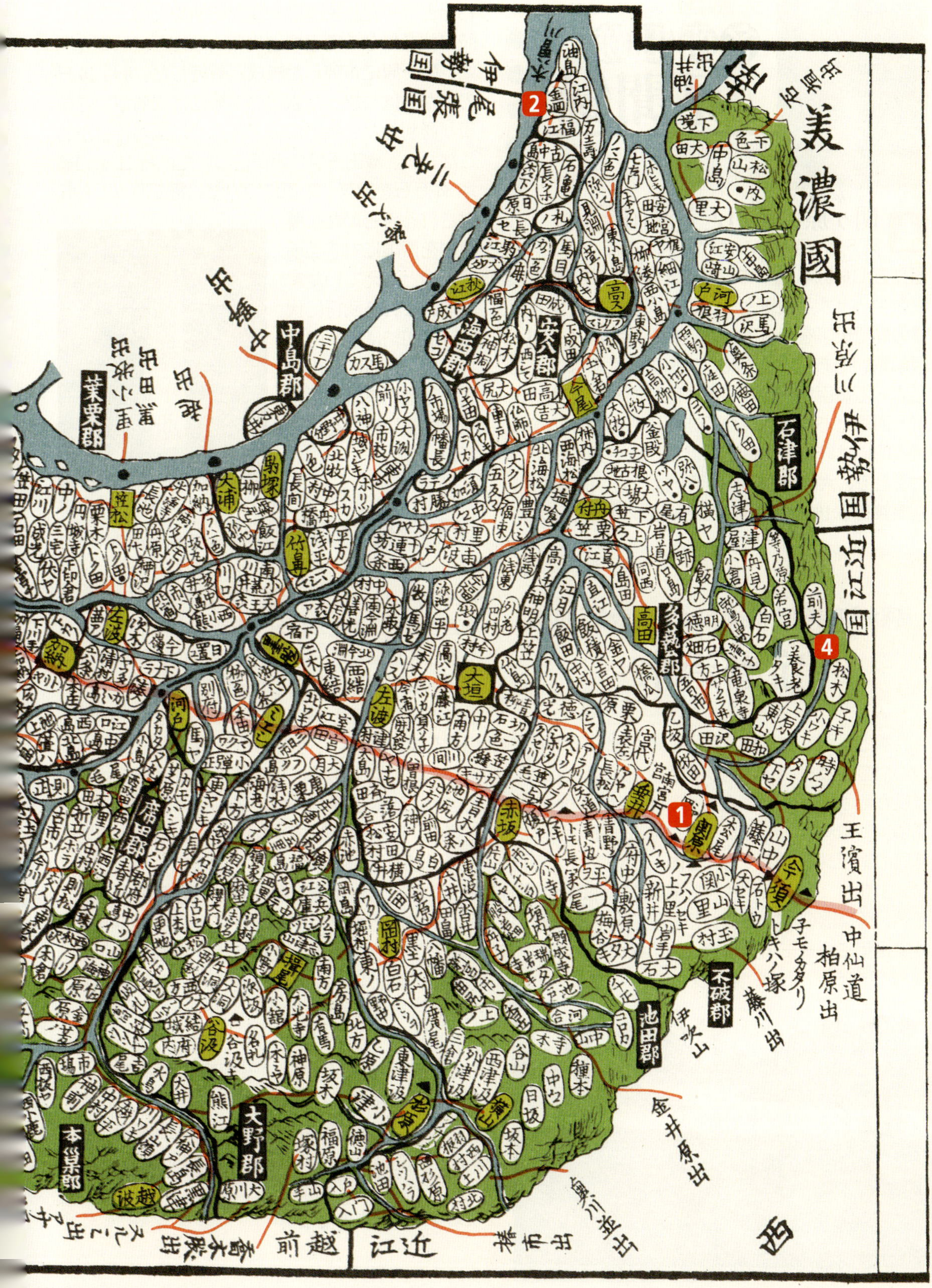
美濃國
伊勢国
尾張国
近江国
越前
石津郡
多藝郡
不破郡
池田郡
大野郡
本巣郡
安八郡
海西郡
中島郡
大垣
今須
垂井
赤坂
中仙道
柏原出
王濱出
藤川出
伊吹山
金井原出
西
1
2
4

美濃国 名所旧跡見聞録

安藤広重 / 六十余州名所図会「養老ノ滝」

歴史

関《せき》ヶ《が》原《はら》の戦《たたか》いと美濃国《みののくに》 1

天下分け目の戦いに翻弄された美濃

慶長五（1600）年9月15日、関ヶ原において徳川家康を中心とする東軍と、石田三成を中心とする西軍の間で天下を分ける一大決戦が行われた。関ヶ原の戦いである。この時、美濃国の武将はほとんどすべて豊臣秀吉ゆかりの家臣であったため、東軍と西軍どちらにつくかで非常にもめた。しかし最終的には岐阜城主織田秀信《ひでのぶ》が三成の誘いに乗ったことで、大垣城主伊藤盛正《もりまさ》をはじめ、田丸具忠《ともただ》、丸《まる》毛《も》兼利《かねとし》ら16人が西軍につき、松ノ木城主徳永寿《ひさ》昌《まさ》ら5人と飛騨高山城主金森長近らが東軍につくこととなった。家康は三成が防衛線と考えていた岐阜城を難なく落とすと佐和山城方面に進軍を開始、関ヶ原に布陣した三成と対峙した。9月15日の朝からはじまった戦いは午後には決着がつき東軍が勝利した。戦いの終了後すぐに論功行賞《ろんこうこうしょう》がおこなわれ、織田秀信ら西軍についた武将11家の領地33万石を没収、東軍についた武将であっても転封される者もいた。美濃国を西国に対する前線基地と考えていた家康は、これら武将に代わって加納に娘婿の奥平信昌、大垣に石川康通など徳川家譜代の家臣を配置し守りを固めていった。

△関ヶ原古戦場

岐阜県不破郡関ケ原町松尾

諸藩からの見学者が後を絶たなかった薩摩義士の功績

宝《ほう》暦《れき》治《ち》水《すい》 2

美濃と尾張にまたがる濃尾《のうび》平野を流れる木曾三川（木曽《きそ》川・長良《ながら》川・揖斐《いび》川）下流では洪水が絶えず、幾度か治水工事が行われたが改善されなかった。軍事上の意味合いも強かったため、一帯の治水は幕府の重要課題であった。宝暦三年（1753）大規模な洪水をきっかけに、九代将軍家重は西国大名の筆頭、薩摩藩の勢力を弱める目的も合わせ、藩主島津重年に木曾三川下流治水工事を命じる。堤防の長さ約112キロメートルにもおよぶ大工事は、水害の復旧工事と三川分流を造る大榑《おおぐれ》川の洗堰《あらいぜき》工事と油島締切《あぶらじましめきり》を行うものであった。薩摩藩は平田靫負《ゆきえ》を総奉行とし、家老以下947名、土地の人夫などを加え2000人にも及び、約40万両の巨費を投じた。しかもそのうち22万両は大坂商人からの借財であり、薩摩藩の財政は破綻寸前となる。困難をきわめた工事も宝暦五年（1755）に完成。幕府も「日本の内は申すに及ばず、唐にも是ほどのことは有るまじく」と賞賛したほどであったが、幕府と薩摩藩の対立、地元役人と農民の対立などもあり、工事完了後に多数の自刃者をだすことになる。総奉行の平田靫負は、53人の自刃者と33人の病死者を出し、多額の借金を残した責任を一身に負い「住みなれし里も今更　名残にて　立ちぞわずろう　美濃の大牧」の辞世の歌を残し自刃した。平田靫負と薩摩義士84名を祀る治水神社が昭和十三年（1938）に建立され、治水史上最大の難工事といわれた工事を「宝暦治水」と呼び、その精神と偉業を尊び称えている。

岐阜県海津郡海津町油島

◁宝暦治水が行われた千本松原

美濃国出身の有名人

名前	生没年	概要
春日局	1579-1643	将軍家光の乳母
円空	1632-1695	僧侶・仏師
佐藤一斎	1772-1859	陽明学の儒学者
梁川星巌	1789-1858	漢詩人。安政の大獄で拘束直前に病死
宇田川榕庵	1798-1846	江戸後期の蘭学者
坪内逍遥	1859-1935	小説家『小説神髄』

この人に注目

古田織部《ふるたおりべ》

天文十三年(1544)~元和元年(1615)

美濃国本巣山口城主の甥として生まれた武将・茶人。織田信長・豊臣秀吉に仕え、天正十三年(1585)山城国西岡城主となる。織部の父が茶人だった影響もあり、千利休に師事。利休の高弟・七哲のひとりといわれる。茶碗は歪んだものもあり、形式にとらわれない自由な茶風で、利休が極めた茶の侘びの世界に豪胆さと華麗さを加えた。利休の死後、秀吉に茶頭に任命され、名実ともに茶界の第一人者と認められるが、豊臣家の滅亡により徳川家康の命で切腹させられた。

文化

美濃焼《みのやき》

磁器生産のはじまり

安土桃山時代の美濃では「志野《しの》」や「黄瀬戸《きせと》」、茶人古田織部《おりべ》の「織部」といった茶器の名品が作られていた。これらを生産していた土岐川北部の窯は、江戸時代に入ると衰退し、代わって多治見や下石、市之倉といった土岐川南部の窯で日用雑器が焼かれるようになる。しかし18世紀になると、九州の肥前磁器の台頭によりその販路を奪われていった。享和元年(1801)尾張国瀬戸村の加藤吉左衛門らは、新たな市場の開拓を目指して「新製焼」と呼ばれる磁器を開発、またたくまに評判となった。これにより美濃でも磁器が焼かれるようになり窯数も増大していった。

人柱伝説と郡上踊り

郡上八幡城《ぐじょうはちまんじょう》 3

吉田川と上保川が合流する北側の八幡山に、遠藤盛数が永禄二年に築いた山城で飛騨高山、越前大野に通じる交通の要衝にある。盛数の子慶隆は石垣の崩落を阻止せんと若い女性を人柱にしたという伝説が残る。五層五階の模擬天守があり、盆踊りの郡上踊りは有名。

岐阜県郡上市八幡町
長良川鉄道郡上八幡駅下車

美濃国の伝説

大仙寺《だいせんじ》と宮本武蔵《みやもとむさし》(加茂郡八百津町)

美濃国八百津の大仙寺とその付近にある五宝の滝には、剣豪・宮本武蔵に関する伝説が残されている。

あまたの決闘を行い剣の腕を磨く合間、武蔵は沢庵《たくあん》和尚に禅の教えを乞うていた。武蔵は禅の道と剣の道に相通ずるものを感じていた。しかし沢庵は「禅の道は愚堂《ぐどう》に学べ」と言って武蔵を美濃の八百津へ送り出した。八百津大仙寺には禅問答で自分を打ち負かすほどの高僧愚堂禅師がいたからである。武蔵は大仙寺の門をくぐり、八世住職愚堂のもとで禅修行を始める。境内にある大石で座禅を組み、付近にある滝に打たれて修行に打ち込んだ。その合間には山林に入り、剣の修練も怠らなかったという。武蔵がその上で座禅を組んだと言われる石が今も境内に残っており、修行で打たれた滝は「円明の滝」「二天の滝」と名付けられている。

武蔵の美濃での修行は伝説であるというのが定説になっているが、武蔵が愚堂禅師に教えを乞うていたことは確かなようである。京都妙心寺の退蔵院には武蔵がその前で自問自答したという「瓢鮎図」が残されている。考案は「瓢箪で鯰(鮎)を捕まえるにはどうすれば良いか」というものだったという。

美濃国不思議な話

養老《ようろう》の滝《たき》(養老郡養老町) 4

元正天皇の御世、美濃の山里に若者と老父が住んでいた。老父は足腰が立たず、酒だけを楽しみに生きていた。若者はなんとか飲ませてやりたいと懸命に働いた。ある日山奥に迷い酒の匂いがする川を見つける。上流に登ると滝から今まで飲んだことのない上質の酒が流れ出ていた。元正天皇が行幸《ぎょうこう》した時この水を飲んで感動し「養老の滝」と名付けたといわれる。

名無木《ななしぎ》(関市)

日照りが続き米ができず年貢が納められなかった年があった。しかし非情な代官は容赦なく厳しい取り立てを行った。見かねた庄屋の金右衛門は代官を殺してしまうが、自分も捕まり磔《はりつけ》の刑となった。やがて金右衛門の墓から見たことのない木が生え、人々は「名無木」と名づけたという。

飛騨国《ひだのくに》

（岐阜県）

飛騨国は現在の岐阜県北部から成り立っていた。多くの街道が交わる高山を中心に繁栄する。古くから良質の木材と木工技術者で知られていた。下呂温泉や奥飛騨温泉などの名湯も多い。

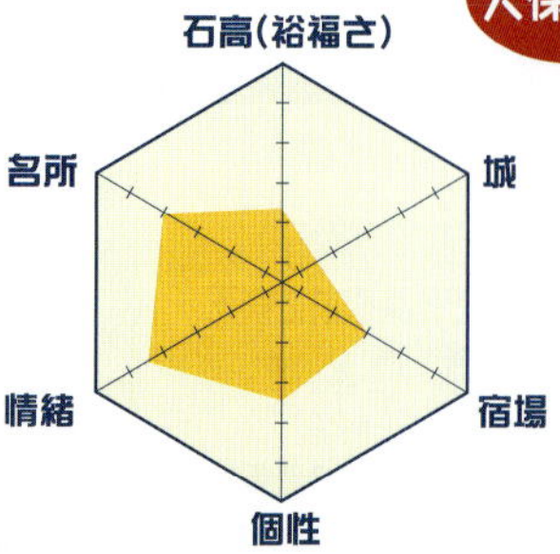

天保年間

知っとくDATA

推定人口	93,765人（1834年）
名産品	綿、鮎、鱒、勝栗 楊枝木、銀、銅 熊
名物	赤かぶ漬け
埋蔵金噂話	少　多
代表的妖怪	むねんこ

江戸時代末期と現在の比較

飛騨国 御家 変遷表

天保九年(1838)
～廃藩置県を経て現代まで

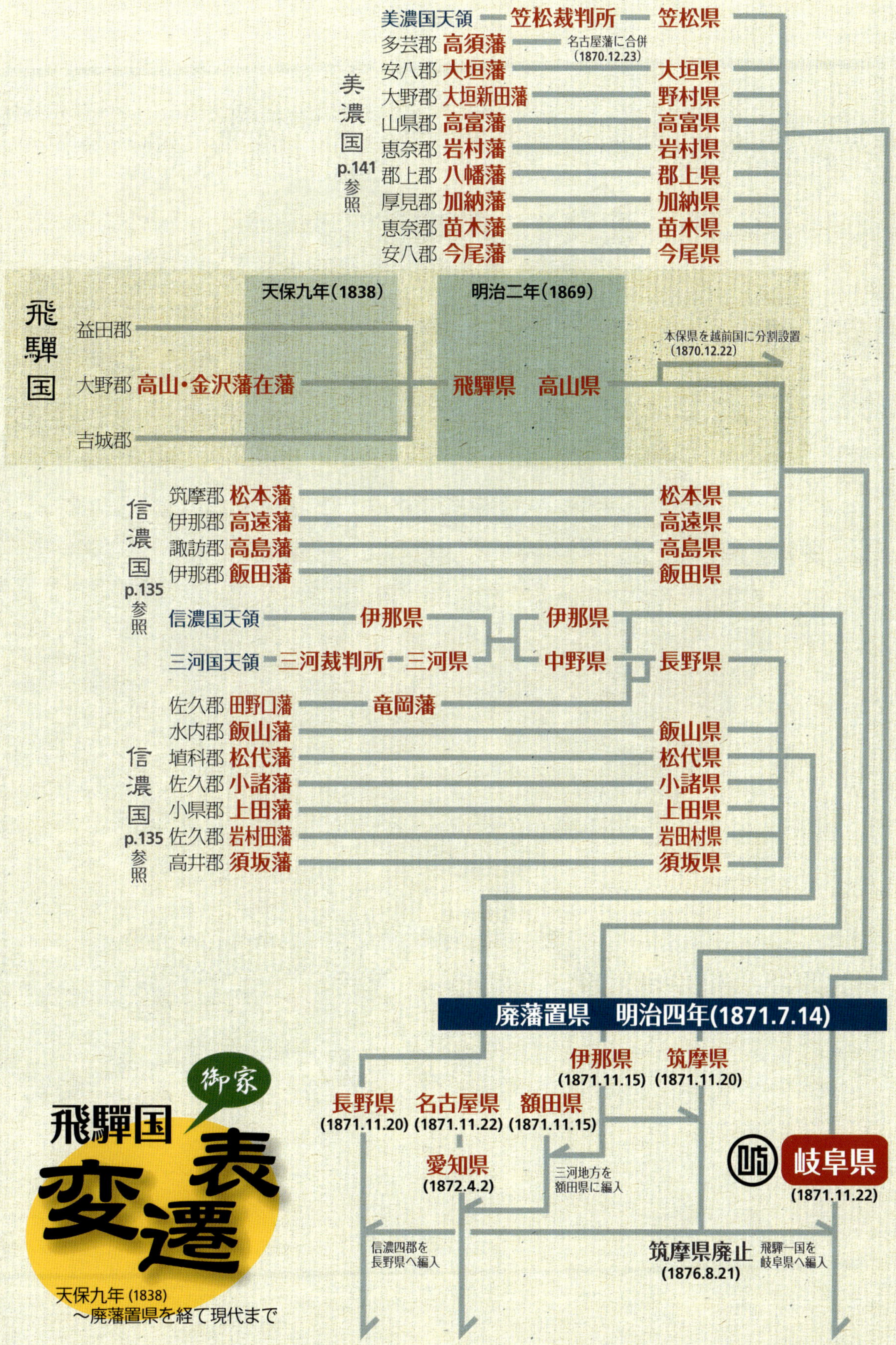
美濃国 p.141参照
美濃国天領
笠松裁判所
笠松県
多芸郡 高須藩
名古屋藩に合併 (1870.12.23)
安八郡 大垣藩
大垣県
大野郡 大垣新田藩
野村県
山県郡 高富藩
高富県
恵奈郡 岩村藩
岩村県
郡上郡 八幡藩
郡上県
厚見郡 加納藩
加納県
恵奈郡 苗木藩
苗木県
安八郡 今尾藩
今尾県
天保九年(1838)
明治二年(1869)
飛騨国
益田郡
大野郡 高山・金沢藩在藩
吉城郡
飛騨県
高山県
本保県を越前国に分割設置 (1870.12.22)
信濃国 p.135参照
筑摩郡 松本藩
松本県
伊那郡 高遠藩
高遠県
諏訪郡 高島藩
高島県
伊那郡 飯田藩
飯田県
信濃国天領
伊那県
三河国天領
三河裁判所
三河県
伊那県
中野県
長野県
信濃国 p.135参照
佐久郡 田野口藩
竜岡藩
水内郡 飯山藩
飯山県
埴科郡 松代藩
松代県
佐久郡 小諸藩
小諸県
小県郡 上田藩
上田県
佐久郡 岩村田藩
岩田村県
高井郡 須坂藩
須坂県
廃藩置県 明治四年(1871.7.14)
伊那県 (1871.11.15)
筑摩県 (1871.11.20)
長野県 (1871.11.20)
名古屋県 (1871.11.22)
額田県 (1871.11.15)
愛知県 (1872.4.2)
三河地方を額田県に編入
岐阜県 (1871.11.22)
信濃四郡を長野県へ編入
筑摩県廃止 (1876.8.21)
飛騨一国を岐阜県へ編入

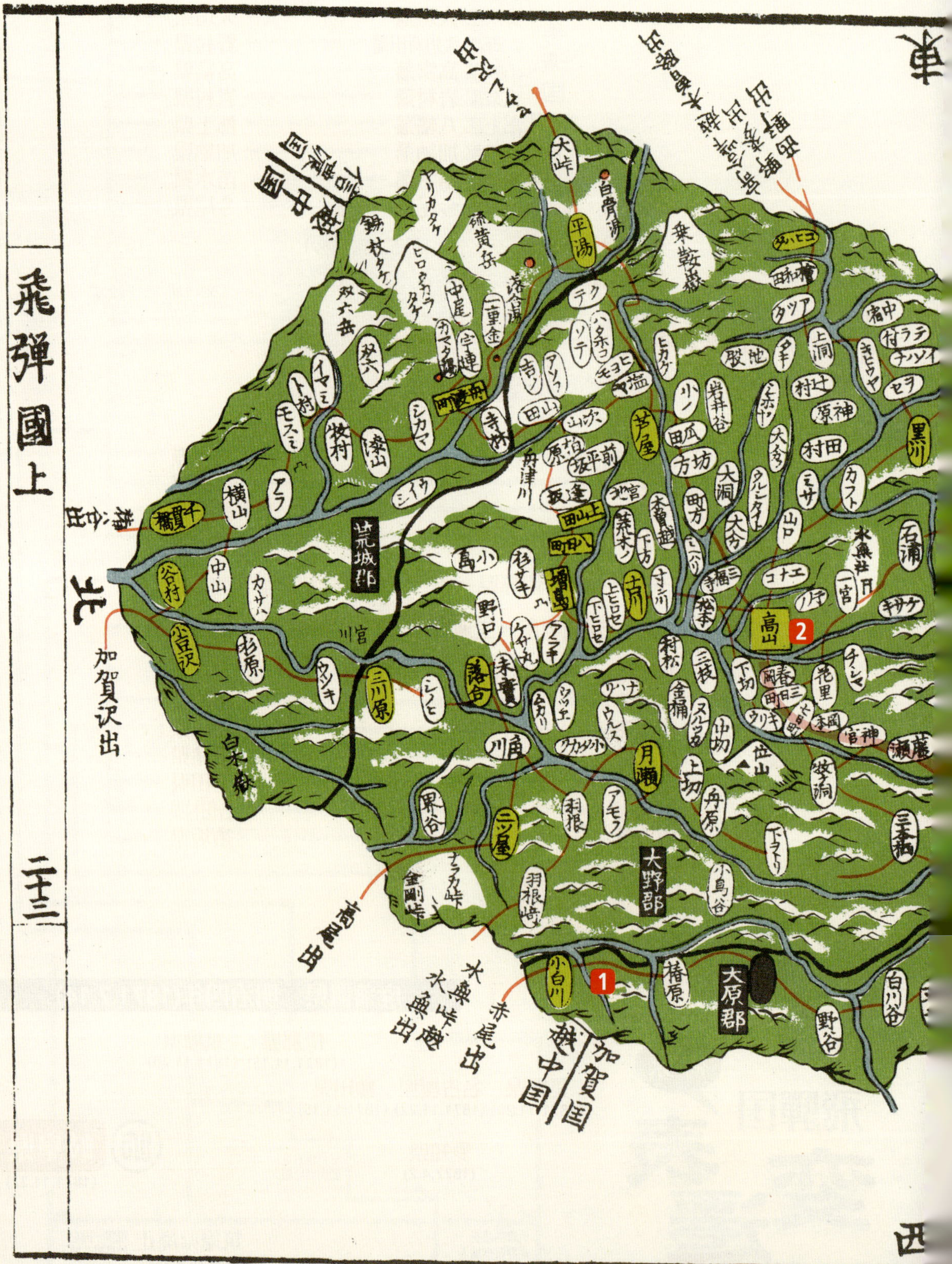
飛彈國上
二十三
東
西
北
信濃国
越中国
加賀国
荒城郡
大野郡
大原郡
高山
2
1
乗鞍嶽
位山
白木峰
加賀沢出
高尾出
赤尾出
平湯
大峠
硫黄岳
舟津川
落合
三川原
月瀬
小白川
椿原
野谷
白川谷
黒川
石浦
一宮
古川
増島
杉原
横山
中山
谷村
小豆沢
果谷
三ツ屋
羽根峠
金剛峠

飛彈國
東
益田郡
下呂
温泉
萩原
宮田
中呂
小坂町
小坂谷
諸村
大島
立石
下切
竹原
竹原峠
馬瀬
中野
三谷
福寄
下本
坂
アツソ峠
有巣
二股
泊原
追原峠
中津原
三淵
中切
下原町
大舟
下山
黒谷
三田川
中畑
荒淵
福島
町屋
三尾川
河戸
中野
越前国
加賀国
美濃国

安藤広重 / 六十余州名所図会「籠わたし」

飛騨国 名所旧跡見聞録

伝説

円空仏《えんくうぶつ》

一生に 12 万体造像の願い

円空は寛永九年（1632）美濃国に生まれたとされている。早くに出家し、富士山や白山で修行をつんだ後、東北、関東、中部など諸国をめぐり歩き、各地で仏像を彫っている。円空仏は木片に鉈《なた》で彫り刻んだ素朴なもので、もっとも初期のものは寛文三年（1663）に彫られた郡上市の神明神社の神像である。一生に 12 万体の造像を念じていたといわれる円空の仏像は、遍歴した各地に残されており、飛騨、美濃で 1000 体以上、北海道、青森、福島、埼玉、東京、神奈川、長野、富山、愛知、滋賀など全国各地で 5000 体近く発見されている。一生に 12 万体造像という願を立てた理由ははっきりしないが、一説には長良《ながら》川の洪水で亡くした母への思いがあったためともいわれている。元禄二年（1689）池尻の弥勒《みろく》寺を再興。元禄八年（1695）この寺で往生をとげた。

円空仏△

歴史

大原騒動《おおはらそうどう》

代官の名前が騒動名となった暴動

18 世紀後半田沼意次《おきつぐ》政権下、幕府の天領地飛騨で暴動が起きた。老中田沼の財政を立て直す積極的な重商政策を反映させ、飛騨代官大原彦四郎が米価の決定法を変え、御用木の元伐を停止させ、商人には 3000 両の御用金借上の支払いを、町方村方には新役十ヶ条を命じた。その一方、有力名主や町年寄りには特権を与え優遇した。明和八年（1771）12 月これに憤りを感じた農民らが高山国分寺で集会をもち代官所に陳情したが、受け入れられず高山の有力商人屋敷の打ち壊しが行われた。これが「明和騒動」である。翌々年安永二年（1773）幕府の赤字財政を補填すべき新しい検地命令が出され、これに反発した農民が越訴《おっそ》・駕籠訴《かごそ》・箱訴《はこそ》を決行。失敗に終わるが、さらに高山町の経済封鎖を行う。これには代官が近隣諸藩に出兵を要請、制圧する。これが「安永騒動」である。彦四郎の子亀五郎に代官が代わるが、天明八年（1788）、3 度目「天明騒動」が起こる。老中松平定信の時代となり軍配が農民側にあがる。一連の騒動を代官の名前をとって「大原騒動」と称される。

飛騨国の
黄金伝説

幻の帰雲城《かえりくもじょう》

飛騨白川に帰雲城という城があった。ある日、典医卦庵《けいあん》が登城すると、城中のもの全員に死相が現れていた。何かとてつもないことが城に起こると卦庵は人々に言ったが誰も相手にしてくれない。仕方なく卦庵だけが城を下がると、大地震とともに山津波が起こり帰雲城は地下に埋もれてしまった。帰雲城には金山経営で得た黄金が蓄えられていたといわれ、今もその黄金は埋もれたままだという言い伝えが残る。

飛騨国のあらまし

室町時代には姉小路氏、京極氏、高原郷の地頭江馬氏が飛騨を三分していたが、のち京極氏の家臣である三木氏が勢いを得て飛騨一円を統一する。応仁の乱以後は在地の武家が台頭して飛騨は戦乱の地となるが、天正十三年（1585）豊臣秀吉の命を受けた金森長近が越前大野から飛騨高山に入り、飛騨を支配下に収めた。天正十九年（1591）天下を統一した豊臣秀吉によって飛騨国内でも太閤検地が行われ、旧来の荘園が一掃されて新しい村落の秩序が形作られた。

徳川家康が天下を制すると、飛騨は東軍に味方した金森氏の一国支配となる。その後、金森氏は六代 107 年にわたって飛騨を治めた。元禄五年（1692）金森氏が出羽上ノ山に転封となると、幕府は飛騨を天領とし、高山に代官所を設けて領内を治めた。

飛驒国出身の有名人‥

名前	生没年	概要
飛驒屋久兵衛	1766-1827	蝦夷地の場所請負商人

この人に注目

金森宗和《かなもりそうわ》

天正十二年(1584)~明暦二年(1656)

飛驒国高山城主金森可重《よししげ》の長男に生まれる。祖父・長近は千利休に師事し、父・可重も徳川秀忠の師範を務めるなど、茶道を嗜む家系であり、宗和も大きな影響を受けた。理由は諸説あるが、慶長十九年(1614)宗和は父に勘当される。母とともに京都に移った宗和は、剃髪し武士を辞めて茶道に専念する。優雅で品格のある茶風は「姫宗和」と呼ばれ、公家たちも大きな影響を受けた。また、宗和は御室焼で知られる野々村仁清《にんせい》の陶芸作品の普及にも貢献した。

文化

合掌造《がっしょうづく》り集落《しゅうらく》 1

この地の生活から生まれた建築様式

白川郷は世界遺産にも指定された合掌造り集落で有名であるが、その発生は江戸中期頃だといわれている。この独特の造りが生まれた理由は、耕作が難しいこの地で分家して土地を分けられず、ひとつの家に一族が同居するようになったこと、養蚕のために広いスペースが必要だったことなどがある。大家族制には独特のものがあり、直系の家族は結婚をしたが、傍系の家族は結婚せず他家の女子と内縁関係となった。

白川郷合掌造り集落▷

岐阜県大野郡白川村
東海北陸自動車道荘川ICから車で40分ほか

飛驒の小京都と高山祭

高山城《たかやまじょう》 2

飛驒を平定した金森長近が天神山に天正十四年に築城、小京都と呼ばれた城下町を整えた。金森氏が出羽上ノ山に移封後は幕府直轄領となり、向屋敷跡に高山陣屋が置かれ遺構がよく残る。城山公園には天守閣跡、石垣がある。からくり屋台を曳き回す高山祭は有名。

岐阜県高山市
JR高山本線高山駅下車

飛驒国の祭

高山祭《たかやままつり》の山車《だし》(高山市)

高山祭最大の見物である豪華絢爛たる山車《だし》は日本全国に知れ渡っているが、初めて山車が作られたのは元禄の頃だと伝えられている。その最初の山車は、飛驒高山二之新町に住む風井屋《かざいや》長左衛門《ちょうざえもん》が八幡神社に寄進したもので、四つ車に二階建ての屋台を乗せ、風井屋の紋を染め抜いた幕を張り、太鼓を備えた単純なものであったという。その後、各町内で費用を出し合い競うようにして山車が奉納されるようになった。

昔から「飛驒匠《ひだのたくみ》」たちを送り出してきた飛驒高山では、もともと木工技術が発達していたため、山車の造りや装飾は次第に複雑になっていった。享保の頃になると山車にはからくり人形が備え付けられるようになり、様々な趣向が凝らされるようになった。その精緻な作りと巧妙な動きは現在も我々の眼を楽しませている。文化・文政期には寄進者が金に糸目をつけずに山車の出来具合を争うようになり、工匠たちもそれに応えるように持てる技術を山車造りに注ぎ込んだのである。こうして現在見られるような豪華な山車が誕生した。

奈良・平安の昔から培われてきた「飛驒匠」の技術がこの高山の屋台に凝縮しているといえるだろう。

飛驒国不思議な話

左甚五郎《ひだりじんごろう》と飛驒匠《ひだのたくみ》

伝説の名工・左甚五郎は近世初期に各地の建築・彫刻に腕を振るったと言われている。甚五郎作と伝えられる建築は枚挙に暇がなく、その年代も様々である。これは奈良・平安時代から各地で建築に携わった「飛驒匠」たちに関連があり、「左甚五郎」は「飛驒の甚五郎」ではないかと言われている。

孝行水(下呂市)

昔飛驒の中原というところに親孝行な若者がいた。父親が病気になって琵琶湖の水が飲みたいと言った。息子は昼夜休まず琵琶湖へ行き水を持って帰ったが、父はすでに死んでいたので、失望して水をこぼしてしまった。そこが池になって、いまだに琵琶湖の水の干満と調子を合わせているという。

越後国《えちごのくに》

（新潟県）

越後国は現在の新潟県とその範囲がほぼ合致する。北陸道の高田や三国街道の長岡、湊町新潟などが栄えた。鯛などの海産物や、紬や縮などの工芸品が知られる。譜代各藩が領内を統治した。

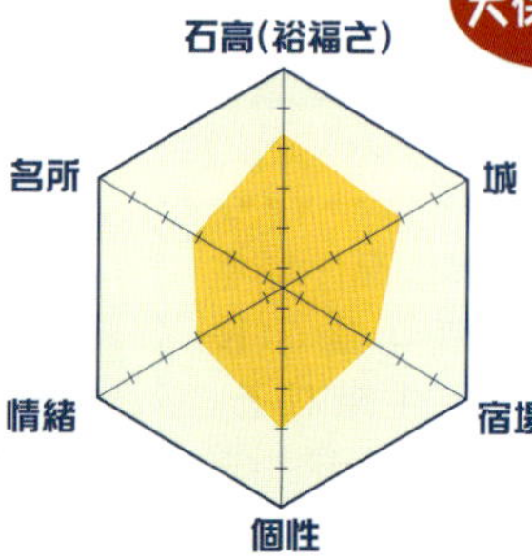

天保年間 知っとくDATA

推定人口	1,224,947人（1834年）
名産品	鮭、漆、蝋、鉛 奉書紬、三条金物 村上堆朱、木牛
名物	笹飴、弁慶力餅
埋蔵金噂話	少〜多
代表的妖怪	ばりよん、ふすま

越後国 変遷表

御家

天保九年 (1838)
～廃藩置県を経て現代まで

p.161参照 佐渡国

雑太郡 佐渡奉行 ― 佐渡裁判所 ― 佐渡県 ― 佐渡県

越後国

郡	藩・支配	天保九年(1838)	明治二年(1869)	県
			越後府 (1869.2.8) ― 越後県 (7.17) ― 水原県 (7.27)	新潟県
蒲原郡《かんばら》	新潟奉行 (1843天領)	新潟裁判所 (1868.4.19)	越後府 (5.21) ― 新潟府 (9.21) ― 新潟県 (1869.2.22)	
刈羽郡《かりは》	柏崎			
蒲原郡	村松藩	藩主：堀　直央 30,000石 陣 外	藩主：堀　直弘 子爵 even 30,000石 陣 柳 外	村松県
蒲原郡	黒川藩	藩主：柳沢光昭 10,000石 陣 譜	藩主：柳沢光邦 子爵 even 10,000石 陣 帝 譜	黒川県
蒲原郡	三日市藩	藩主：柳沢里顕 10,000石 陣 譜	藩主：柳沢徳忠 子爵 even 10,000石 陣 帝 譜	三日市県
岩船郡《いわふね》	村上藩	藩主：内藤信親 50,000石 城 譜	藩主：内藤信美 子爵 even 50,000石 城 帝 譜	村上県
蒲原郡	三根山藩	1863.2.28立藩	藩主：牧野忠泰 子爵 10,000石 陣 菊 譜	峰岡県
蒲原郡	新発田藩	藩主：溝口直諒 50,000石 城 外	藩主：溝口直正 伯爵 up 100,000石 城 大 外	新発田県
			柏崎県	
古志郡《こし》	長岡藩	藩主：牧野忠雅 74,000石 城 譜	藩主：牧野忠毅 子爵 down 24,000石 城 帝 譜	
頸城郡《くびき》	高田藩	藩主：榊原政養 150,000石 城 譜	藩主：榊原政敬 子爵 even 150,000石 城 帝 譜	高田県
刈羽郡	椎谷藩	藩主：堀　之敏 10,000石 陣 譜	藩主：堀　之美 子爵 even 10,000石 陣 菊 外	椎谷県
頸城郡	糸魚川藩	藩主：松平直春 10,000石 陣 親	藩主：松平直静 子爵 even 10,000石 陣 帝 譜	清崎県
三島郡《さんとう》	与板藩	藩主：井伊直經 20,000石 陣 譜	藩主：井伊直安 子爵 even 20,000石 陣 帝 譜	与板県
魚沼郡				

廃藩置県　明治四年(1871.7.14)

柏崎県 (1871.11.20)

相川県 (1871.11.20)

新潟県 (1871.11.20)

柏崎県と合併 (1876.4.18)

相川県と合併 (1876.4.18)

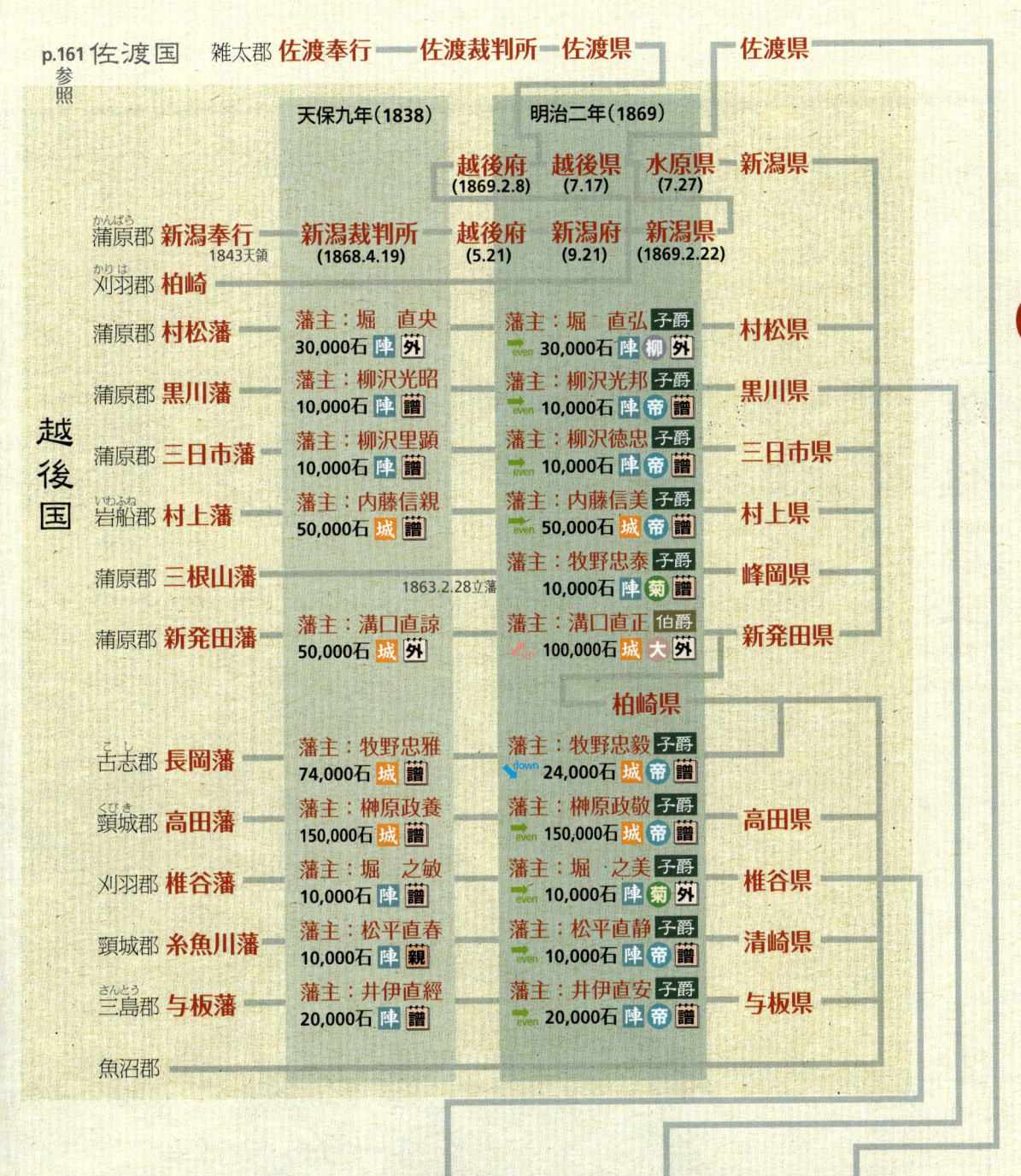

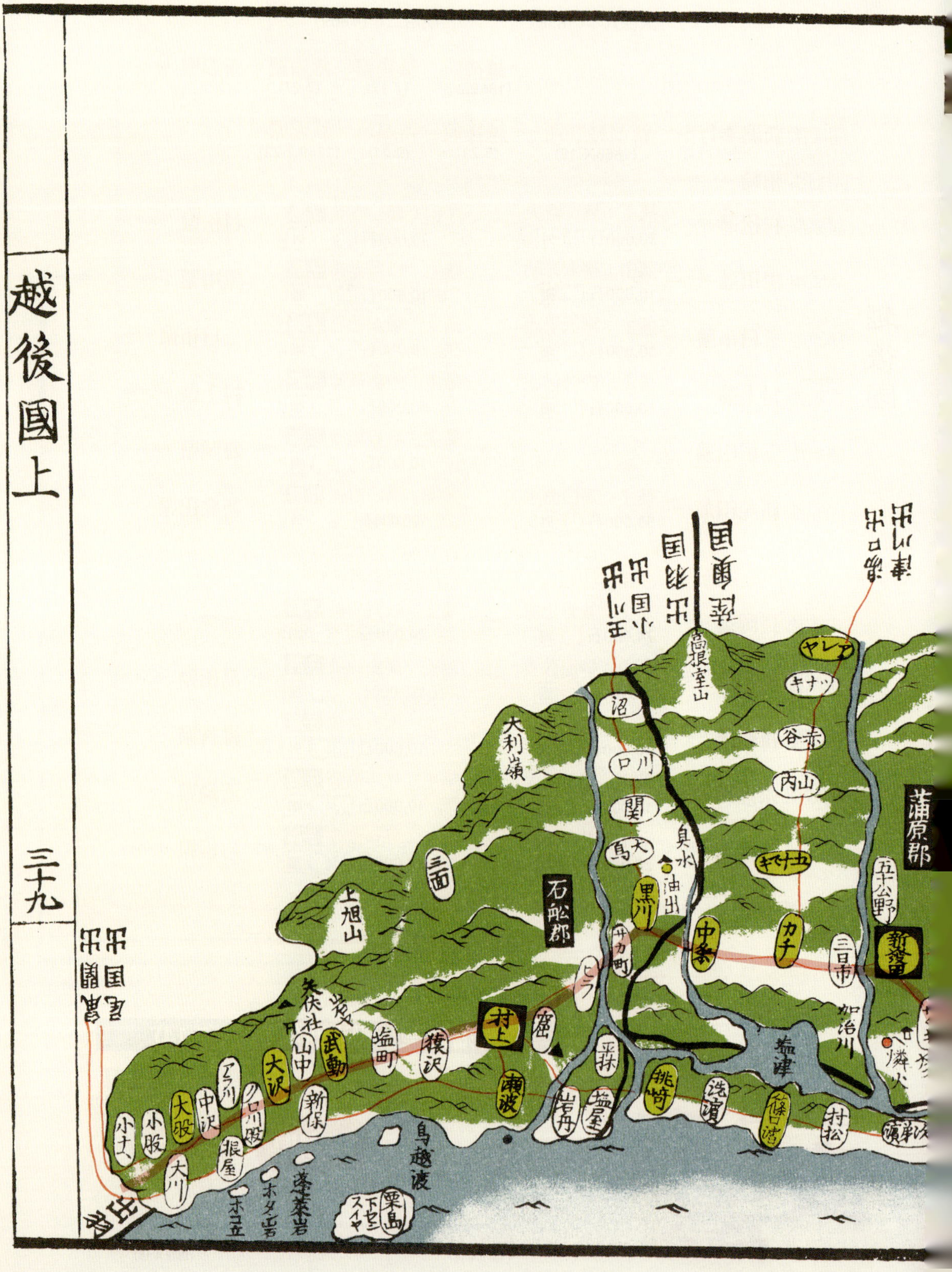
越後國上
三十九
陸奥国
出羽国
高根室山
大利山嶺
三面
上旭山
石船郡
蒲原郡
沼
川口
関
大鳥
臭水
油出
黒川
サカ町
ヒラ
中条
カチ
三日市
五十公野
新発田
加治川
塩津
ヤレア
キナツ
赤谷
山内
五十キヤ
村上
瀬波
岩船
塩屋
桃崎
洗濱
平林
猿沢
塩町
武動
新保
山中
大沢
矢伏社
アラ川
クロ川股
中沢
大股
小股
根屋
大川
小ナヽ
鳥越渡
粟島
下セミ
スイヤ
村松

東
北
大白川
一見
吉須
大竹
長岡
見付
駒込
坪川
長沢
吉平
萩
黒水
高松
村松
福岡
芝田
下条
新津
五泉
小坂
湯川
田上
加茂
如法寺
三条
古志郡
寺坂
三島郡
地蔵堂
燕
塩井
鎌倉潟
福島潟
沼垂郡
鳥屋野
弥彦山
弥彦社
寺泊
野積
山田
出雲崎
弥彦
赤塚
塩屋
新潟
湊
沼垂
荒屋
小島
分田
太子
火井

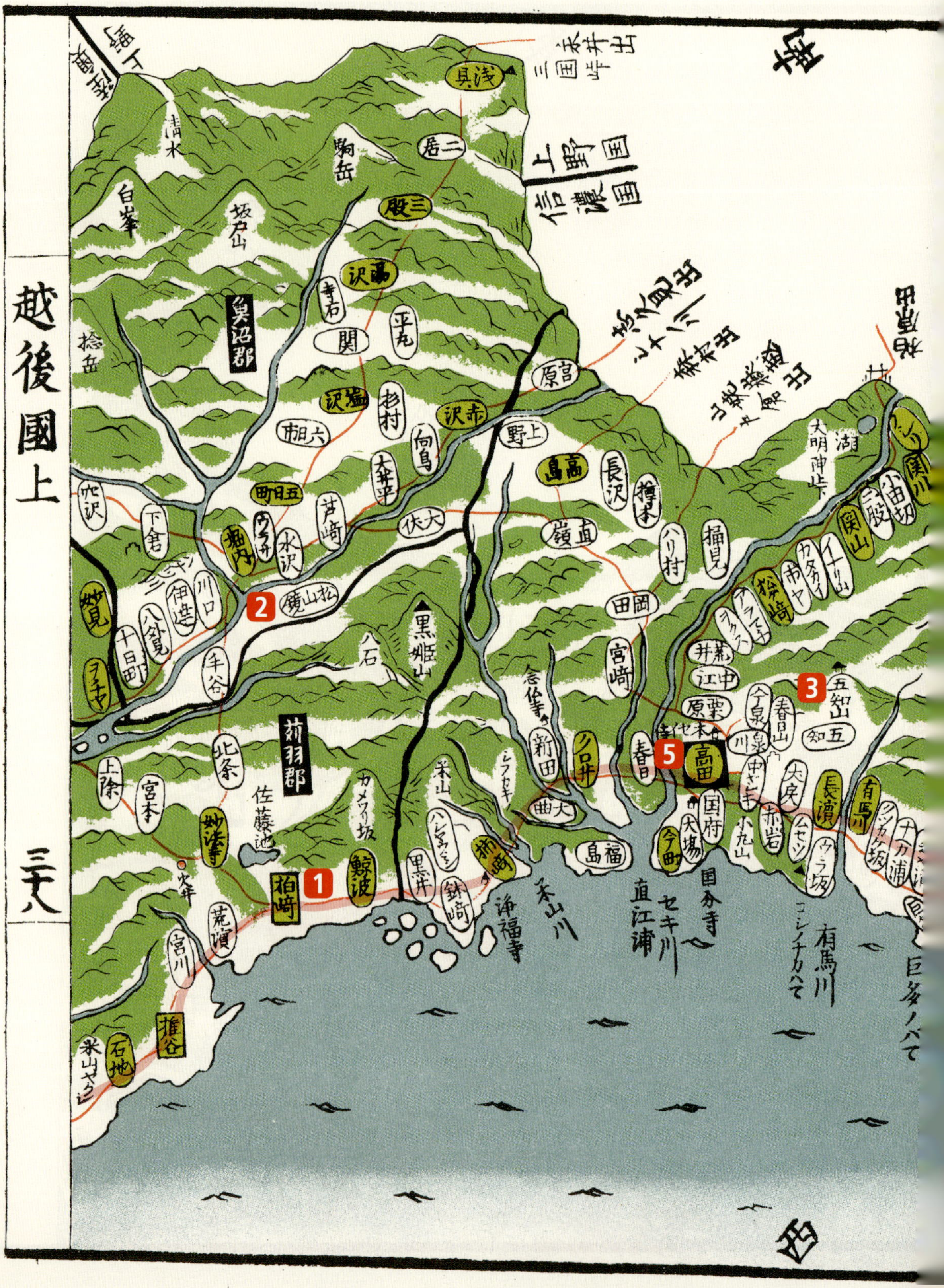
越後國上
三十八
上野国
信濃国
魚沼郡
駒岳
白峯
清水
関
黒姫山
高田
国府
国分寺
直江浦
セキ川
有馬川
五智山
長濱
赤岩
今町
大場
鯨波
柏崎
妙法寺
荒濱
宮川
椎谷
石地
西
1
2
3
5

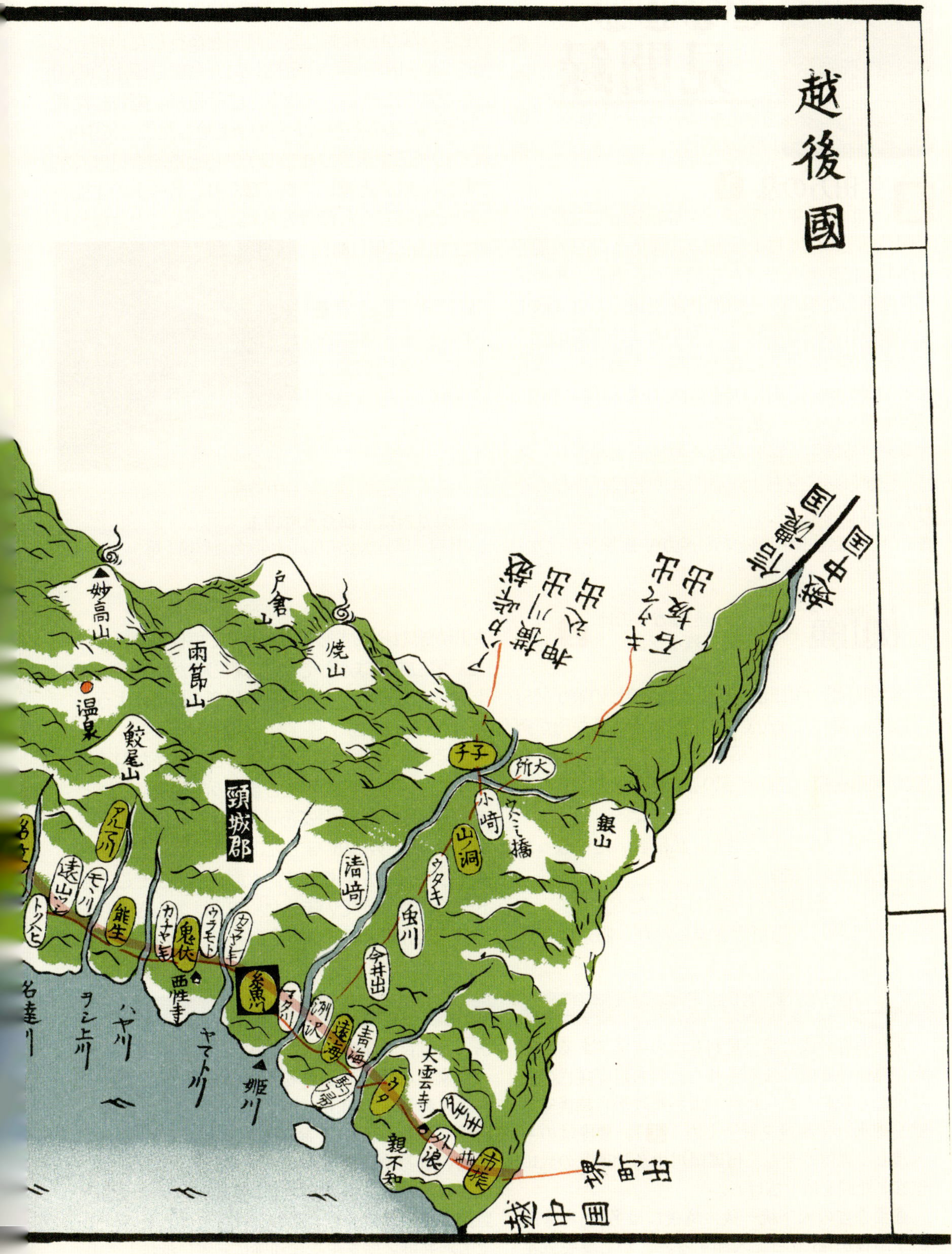
越後國
妙高山
戸倉山
焼山
雨飾山
温泉
鮫尾山
頸城郡
大所
小崎
山ノ洞
ウタキ
虫川
今井出
能生
鬼伏
西性寺
姫川
名立川
ヨシ上川
ハヤ川
青海
大雲寺
親不知
市振
信濃国
越中国

越後国

名所旧跡見聞録

安藤広重 / 六十余州名所図会「親しらず」

歴史 生田万《いくたよろず》の乱《らん》 1

大坂「大塩平八郎の乱」の精神が越後に波及

天保八年(1837)6月1日未明、同年2月の大塩平八郎の乱に影響を受けた生田万が、同志と柏崎陣屋を襲撃した事件。上州館林藩出身の万は文政七年(1824)24歳で江戸に出て国学者平田篤胤《あつたね》の門下となる。藩政を批判し藩士の身分を奪われ、天保七年(1836)同門の樋口英哲に招かれ柏崎に移住、桜園塾《おうえんじゅく》を開いた。大飢饉を目の当たりにし、飢饉対策を怠る領主と巨利を貪る悪徳商人を批判し決起。しかし共に立ち上がる門人や農民が少なく早朝の一時で終わった。万は自害したが、翌日米は値下がり、封建領主層をおびやかす衝撃を与えた。

歴史 国上寺《こくじょうじ》と良寛《りょうかん》

越後に戻った良寛が清貧生活を送った寺

宝暦八年(1758)出雲崎の名主橘屋山本家の長男に生まれながら禅僧として諸国を修行した良寛。文化二年(1805)頃から定住した五合庵は国上山《くがみやま》の国上寺境内にある。五合庵とはその昔、庵住した僧万元《まんげん》のため寺が毎日5合の米を給したことに由来。「この里に手まりつきつつ子供らと遊ぶ春日はくれずともよし」と歌い子供に慕われ、詩や書の才能もあった良寛だが、浮世の名利に近づくことはなかった。天保二年(1831)三島郡島崎村木村家で没する。清廉な人生を生きたが晩年、末期を看取った貞心尼《ていしんに》と情愛あふれる日々を過ごしたという。

△五合庵

新潟県西蒲原郡分水町国上
JR越後線分水駅よりバス40分渡部橋下車

松山鏡《まつやまかがみ》

能「松山鏡」ゆかりの地
鏡ヶ池に残る伝説 2

松之山という山里にお京という美しい娘が父母とともに幸せに住んでいました。ところが母が病の床につき、日に日に弱っていきました。ある日、父が薬草を探しに行っている時に母はお京を枕元に呼び一枚の鏡を出して言いました。

「母はもう助かりません。私に会いたくなったらこの鏡を見なさい」

そうして母は息を引き取りました。

やがて新しい母ができましたが、お京は死んだ母が忘れられず悲しみに暮れて毎夜鏡を見ました。鏡の中には悲しそうな母親の姿が映っていました。そんなお京に継母《ままはは》は毎日辛くあたるようになったのでした。

ある夜、お京は悲しみと苦しさに耐えかね、鏡を抱いてふらふらと野をさまよっていました。ときどき鏡の中に母の姿を見ます。すると母の声が聞こえたように思いました。目を上げると大きな鏡のような池があります。水面を見るとそこには母の姿が浮かんでいました。お京は恋しさのあまり母の姿が映る池の中へと身を投げたのでした。

越後国のあらまし

足利幕府の成立後、足利尊氏《たかうじ》の実家である上杉氏が越後の守護に任ぜられた。のちに守護代の長尾氏から景虎《かげとら》があらわれ、上杉憲政から越後守護職を継承して越後を統一した(3)。景虎はのち入道して謙信と号し、信濃国川中島で甲斐の武田信玄と死闘を繰り広げた。

豊臣秀吉の天下統一後、越後には名将・堀秀政の子忠俊が45万石で入部する。しかし慶長五年(1600)関ヶ原の役後、徳川幕府は豊臣恩顧の臣であった堀氏を除封し、加賀の前田家を牽制するために家康の六男である松平忠輝《ただてる》を75万石で封じた。元和元年(1615)、不行跡を咎《とが》められた忠輝が蟄居《ちっきょ》を命じられると、越後国内は小藩分立となり、諸藩の改易や国替えが幕末まで頻繁に行われた。戊辰戦争の際、越後国内では各藩が奥羽越列藩同盟側と官軍側に分かれ激戦が繰り広げられた。中でも河井継之助を中心に頑強に官軍に抵抗した長岡藩の戦いはよく知られている。

越後国出身の有名人

名前	生没年	概要
堀部安兵衛	1670-1703	赤穂浪士。高田馬場の仇討ち
竹内式部	1712-1767	神道家。明和事件に連座して八丈島に流罪の途中病没
本多利明	1743-1820	経世思想家。『経世秘策』
良寛	1758-1831	漢詩人、歌人
松田伝十郎	1769- 不詳	北方探検家。『北夷談』
鈴木牧之	1770-1842	俳人・著作家。『北越雪譜』
榊原政令	1776-1861	高田藩主。殖産興業に取り組む
小林虎三郎	1827-1877	長岡藩士。米百俵の逸話で有名
前島密	1835-1919	政治家。郵便事業の確立に尽力
常磐津文字兵衛	1839-1905	常磐津節三味線方
白峰駿馬	1847-1909	海援隊参加

この人に注目

河井継之助《かわいつぐのすけ》

文政十年(1827)~明治元年(1868)

長岡藩士の子として生まれる(4)。嘉永五年(1852)江戸へ出て佐久間象山に学び、その後諸国を遊学する。松山藩で藩政を学んだのち長岡へ戻り、郡奉行、町奉行、年寄役に任ぜられ藩政改革に奔走した。継之助には藩を「武装中立国」とする理想があり、慶応四年(1868)1月3日鳥羽伏見の戦いで始まった戊辰戦争では、非戦思想を訴え5月新政府軍との小千谷会談に臨むが交渉は決裂。5月10日「奥羽越列藩同盟」の先陣を切って新政府軍と戦った。ミニエー銃やガトリング砲といった武器で激しく抵抗するも戦いのさなかに負傷。友軍会津藩を目指す途中8月16日只見町にて没した。この北越戊辰戦争で薩長の軍事力を脅かした長岡藩の戦いぶりは後世まで語り継がれている。

△河井継之助邸跡

官軍越後の拠点

高田城《たかだじょう》 5

高田城は、慶長十九年、徳川家康の六男松平忠輝が城下町・高田を開いた時に新城として築城された。大坂の冬の陣を控えていたため、四ヵ月という短期間で、城と城郭を完成させた。石垣と天守閣を持たない特徴的な城だったが、現在は三重櫓のみ復元されている。

新潟県上越市本城町
JR 信越本線高田駅下車

越後七不思議

念仏布教を咎められ、越後国頸城郡国府近くの配所で一時期を過ごしたという親鸞が越後に残した七不思議。

1. 山田《やまだ》の焼鮒《やきふな》(新潟市 田代家)

赦免され越後を出る親鸞との別れの宴《うたげ》で、村人が焼いた鮒を出した。親鸞が山王神社の池に放すと不思議にも鮒は生き返って泳ぎだした。

2. 田上《たがみ》のつなぎ榧《がや》(田上町 了玄寺)

親鸞が城中で法話をといた後、茶請けに榧が出された。榧には穴が開いていたが、親鸞が一粒地面に埋めるとやがて芽を出し、実を結んだという。

3. 鳥屋野《とやの》の逆《さか》さ竹《だけ》(新潟市 西方寺)

鳥屋野で布教に努めていた親鸞が愛用の竹の杖を地面に刺すと、やがてその杖が根付いた。しかし杖を逆さまに刺したため竹の葉は普通とは逆に生えた。

4. 小島《こじま》の八房《やつふさ》の梅《うめ》(阿賀野市 梅護寺) 6

蒲原に滞在していた親鸞が梅干の種を庭に埋めて念仏を説くと、八つの実を結ぶ八重咲きの梅が生えたという。梅護寺にある梅がその梅である。

5. 小島《こじま》の数珠《じゅず》かけ桜《ざくら》(阿賀野市 梅護寺)

親鸞が小島から都へ旅立つとき、愛用の数珠をそばの桜の小枝にかけて仏縁を説いた。翌年から桜の花が数珠の房のように長く垂れて咲くようになった。

△数珠かけ桜

6. 保田《やすだ》の三度栗《さんどぐり》(阿賀野市 孝順寺)

布教の途中貧しい家の女にもらった焼き栗に、仏法が栄えるならば三度実をつけよ、と願をかけて蒔《ま》くとその通りに三度実をつける若木が育ったという。

7. 片葉《かたは》の葦《あし》(阿賀野市 五智国分寺)

苦難にめげず念仏三昧の日々を送っていた親鸞が居多神社に詣でて「わが念願を守りて、その奇端をあらわしたまえ」と祈願すると、国分寺の鏡が池、別院の常願寺池などの葦が一夜にして片葉になったという。

佐渡国《さどのくに》

（新潟県佐渡市）

佐渡国は現在の佐渡島とその範囲が一致する。古くから金の産出地として知られていた。ほかにも銀や銅、瑪瑙などの鉱物や海産物を産出する。幕府直轄地として佐渡奉行が領内を統治した。

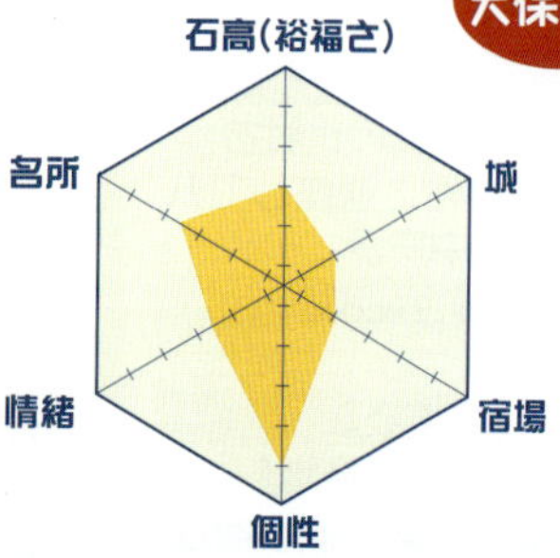

天保年間 知っとくDATA

推定人口	103,132人（1834年）
名産品	金、銀、銅、瑪瑙、佐渡赤玉石、海草、無名異焼、のろま人形
埋蔵金噂話	少 ─ 多
代表的妖怪	舟板さがし

江戸時代末期と現在の比較

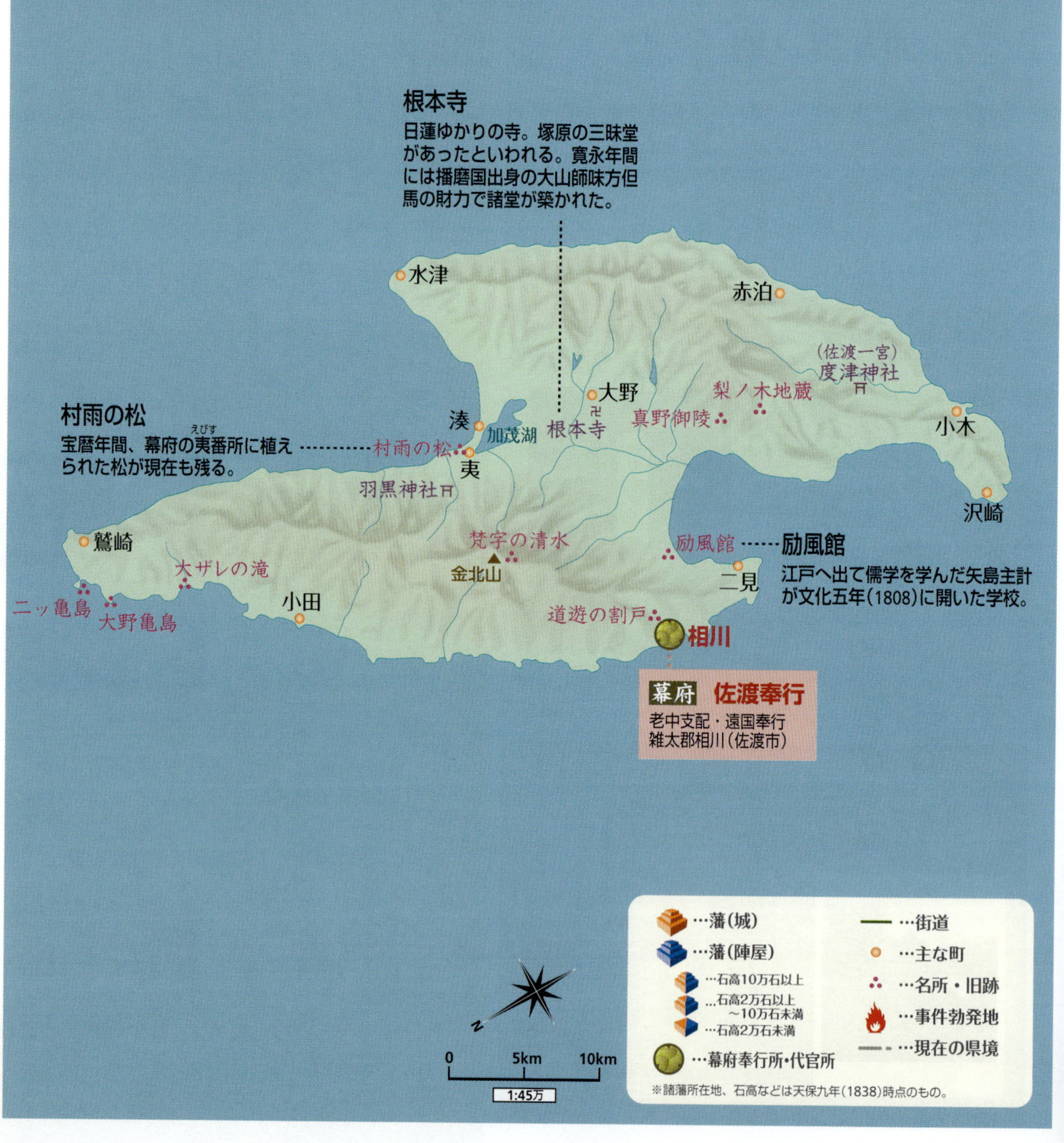

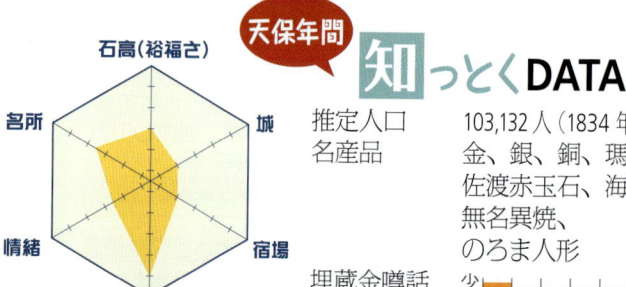

佐渡国 変遷表

御家

天保九年(1838)
〜廃藩置県を経て現代まで

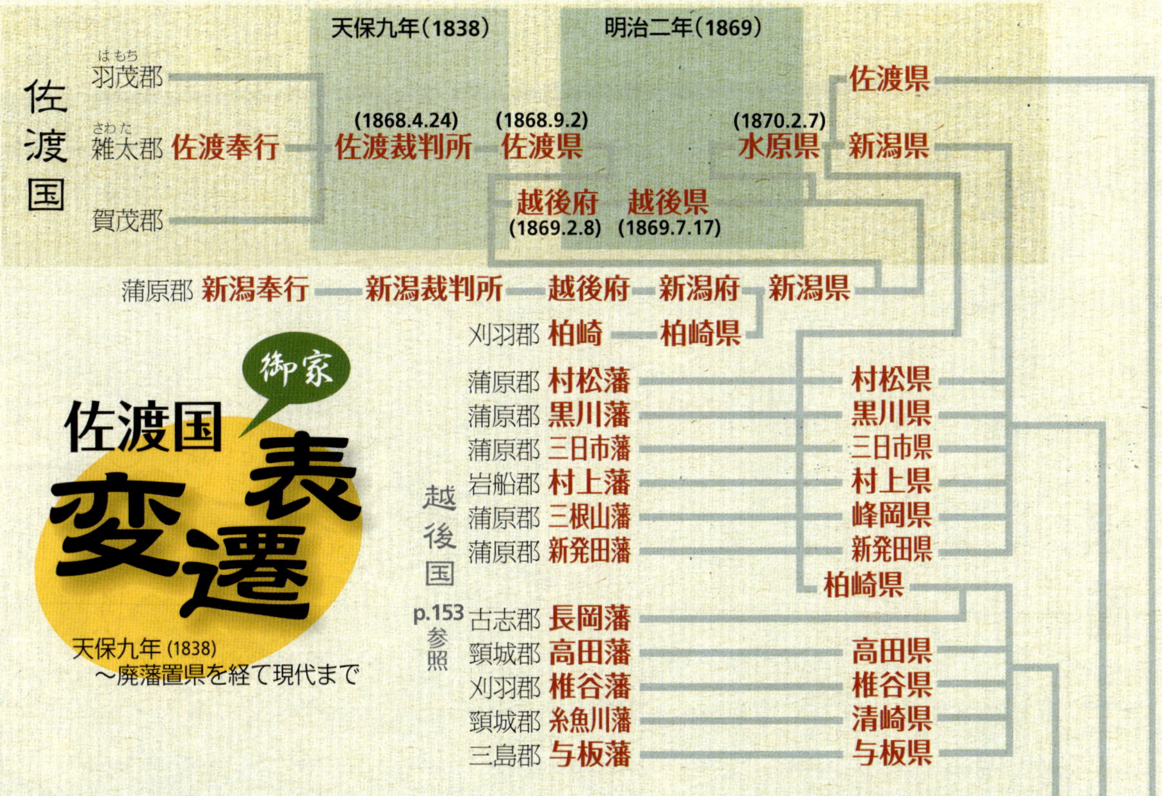

佐渡国のあらまし

佐渡は天平勝宝四年(752)に越後から独立して一国となったが、昔から皇族や貴族の配流の地であった。佐渡の金山が本格的に発掘されるようになるのは、戦国時代の上杉謙信の頃からであるが、徳川家が天下を制すると幕府は佐渡に老中支配の佐渡奉行を置き、直轄地とした。

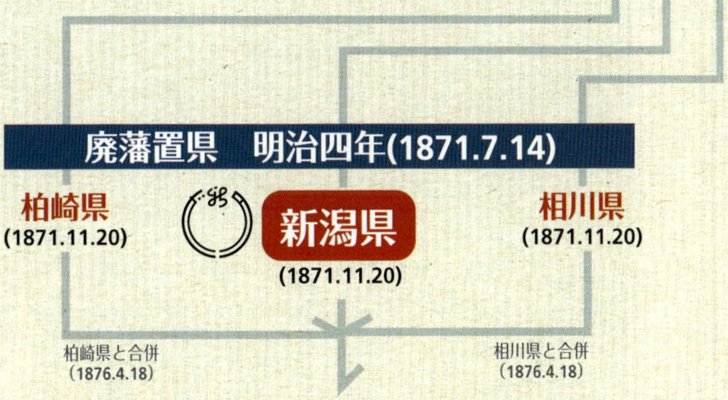

安藤広重 / 六十余州名所図会「金やま」

佐渡国 名所旧跡見聞録

歴史

佐渡《さど》相川《あいかわ》金山《きんざん》

ゴールドラッシュの光と影

相川には鉱山にちなんだ様々な史跡が残る。鉱脈を縦に掘ったため山が真っ二つに割れた形をしている道遊ノ割戸は、慶長六年(1601)山師渡辺儀兵衛によって発見された鉱脈の跡である。この鉱脈の発見を契機に相川は一気に開発が進んだ。幕府は石見国で銀山経営に成功した大久保長安を奉行にし、佐渡を直轄地にした。長安は水銀アマルガム製法を取り入れ、金を増産して幕府の財源を大いに潤した。しかし寛永年間(1624〜1644)以降、乱掘による産出量の減少と銀や金の相場が世界的に下落した影響で経営が苦しくなる。そこで宝暦年間(1751〜1764)に佐渡奉行となった石谷清昌は、無宿人や貧しい出稼人の服務による出費を抑えた経営を採用し、金山はなんとか再興した。だが金山で水替人足《みずがえにんそく》として働いた無宿人たちは、次々とヨロケ(肺病)にかかり数年で命を落とすものが少なくなかった。相川には嘉永六年(1853)の火災で煙死した水替人足を弔った水替無宿の墓が残っている。

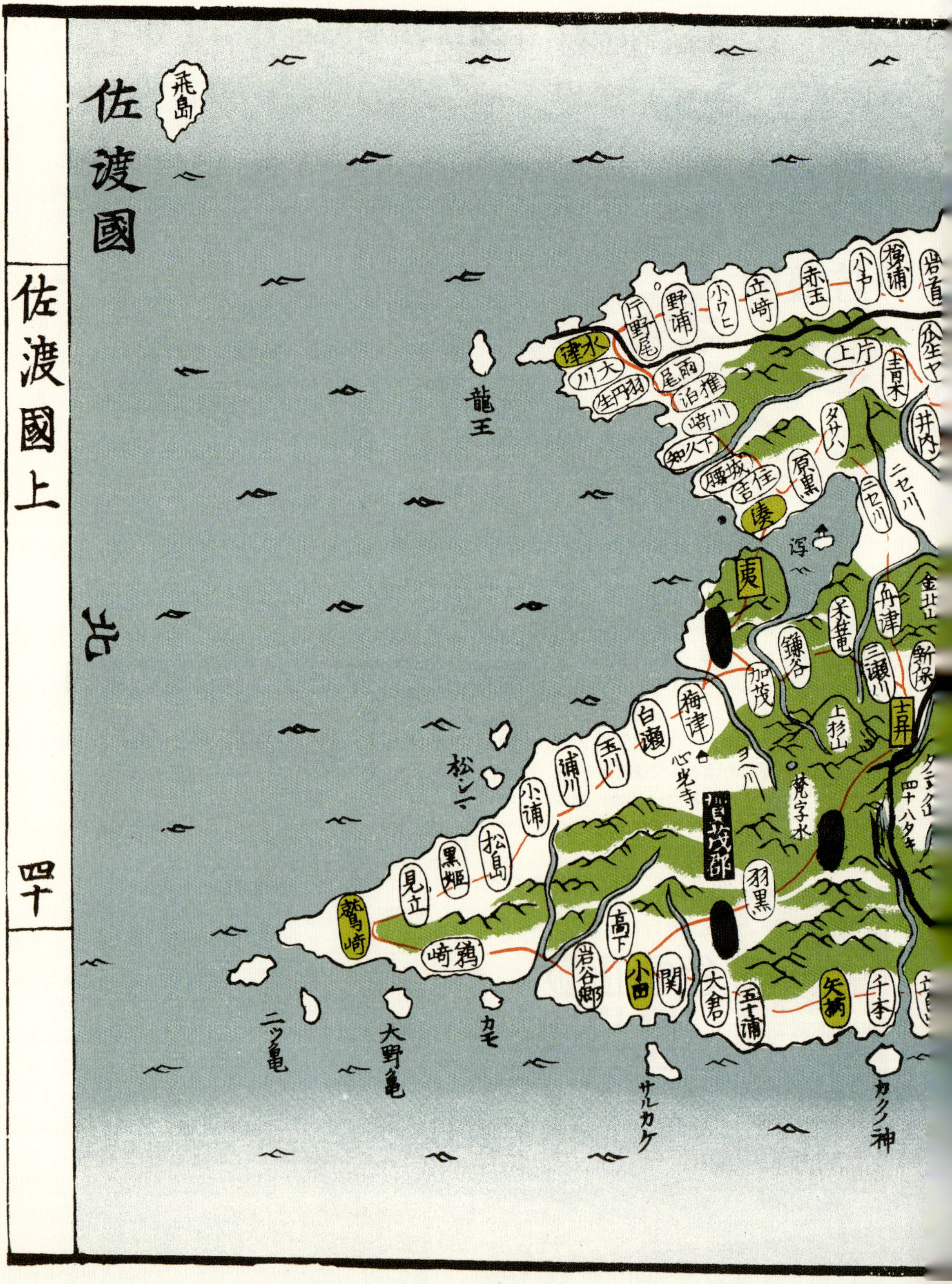
佐渡國
飛島
佐渡國上
北
四十
龍王
大川
野浦
立崎
赤玉
小戸
原黒
二セ川
井内
夷
加茂
鎌谷
三瀬川
舟津
新保
吉井
梅津
白瀬
玉川
浦川
小浦
松島
黒姫
見立
鷲崎
賀茂郡
羽黒
梵字水
高下
小田
関
大倉
五十浦
矢柄
千本
二ツ亀
大野亀
カモ
サルカケ
カクノ神

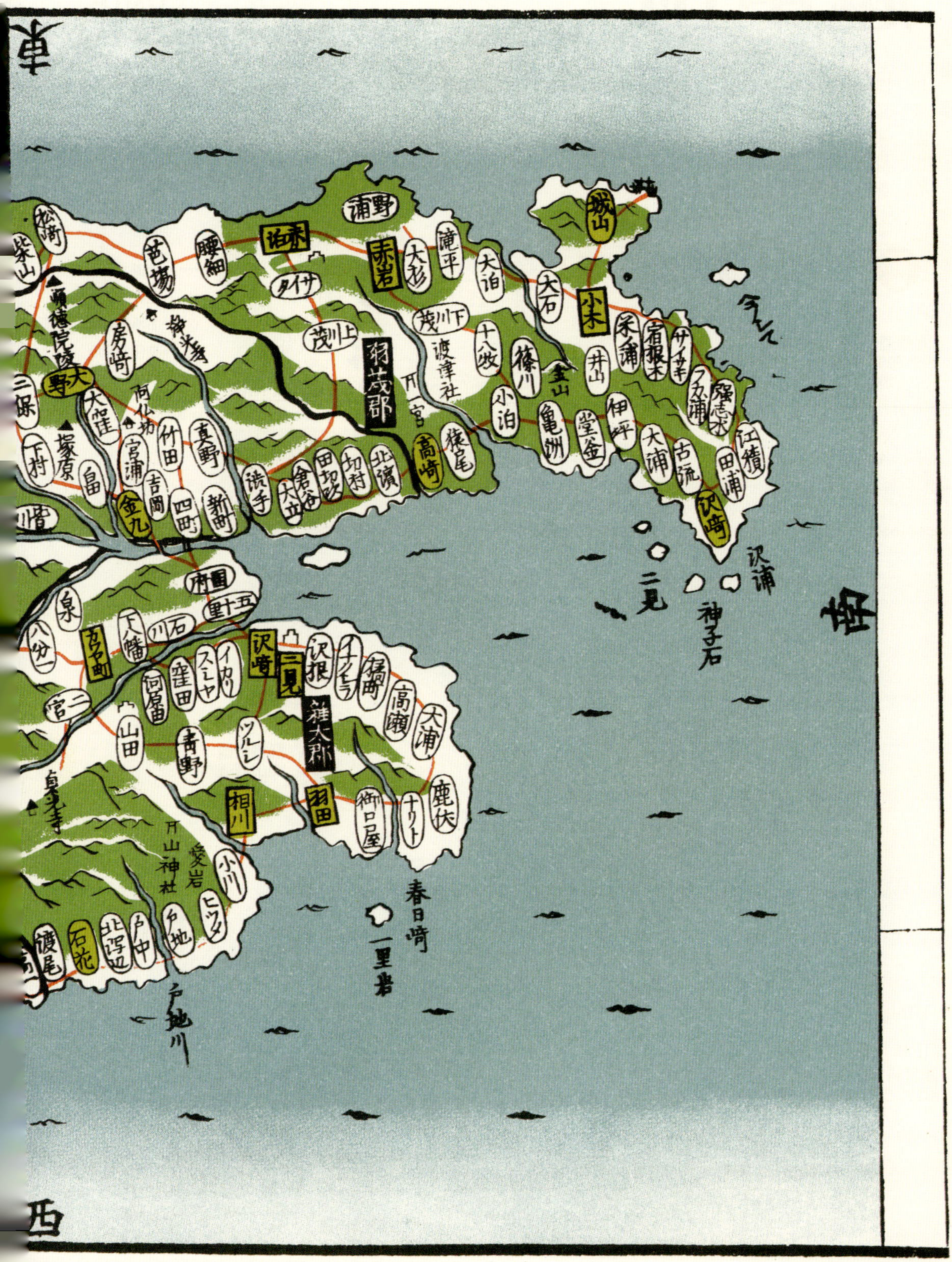
東
西
城山
小木
大石
浦野
赤泊
赤岩
大杉
滝平
大泊
羽茂郡
十八枚
宿根木
亀脇
小泊
堂釜
大浦
田浦
江積
沢崎
沢浦
二見
神子石
房崎
大野
下村
塚原
宮浦
吉岡
竹田
真野
新町
金丸
泉
二宮
石川
河原田
窪田
沢根
雑太郡
高瀬
鹿伏
羽田
相川
山田
青野
小川
戸中
戸地
石花
春日崎
一里岩
戸地川
高崎
倉谷
大立

越中国《えっちゅうのくに》
（富山県）

越中国は現在の富山県とその範囲がほぼ合致する。北陸道の富山を中心に発展し栄えた。剱岳や立山など名山を有し、反魂丹など薬の産地として知られる。加賀前田領として繁栄した。

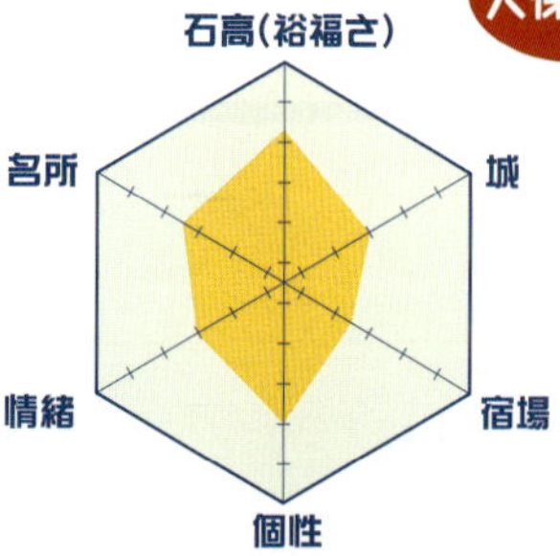

天保年間

知っとくDATA

推定人口	402,411人（1834年）
名産品	氷見表、鰤、蛸鱒、熊
工芸品	新川木綿
名物	反魂丹、熊の胆
埋蔵金噂話	少　多
代表的妖怪	子投げ婆

越中国 御家 変遷表

天保九年 (1838)
～廃藩置県を経て現代まで

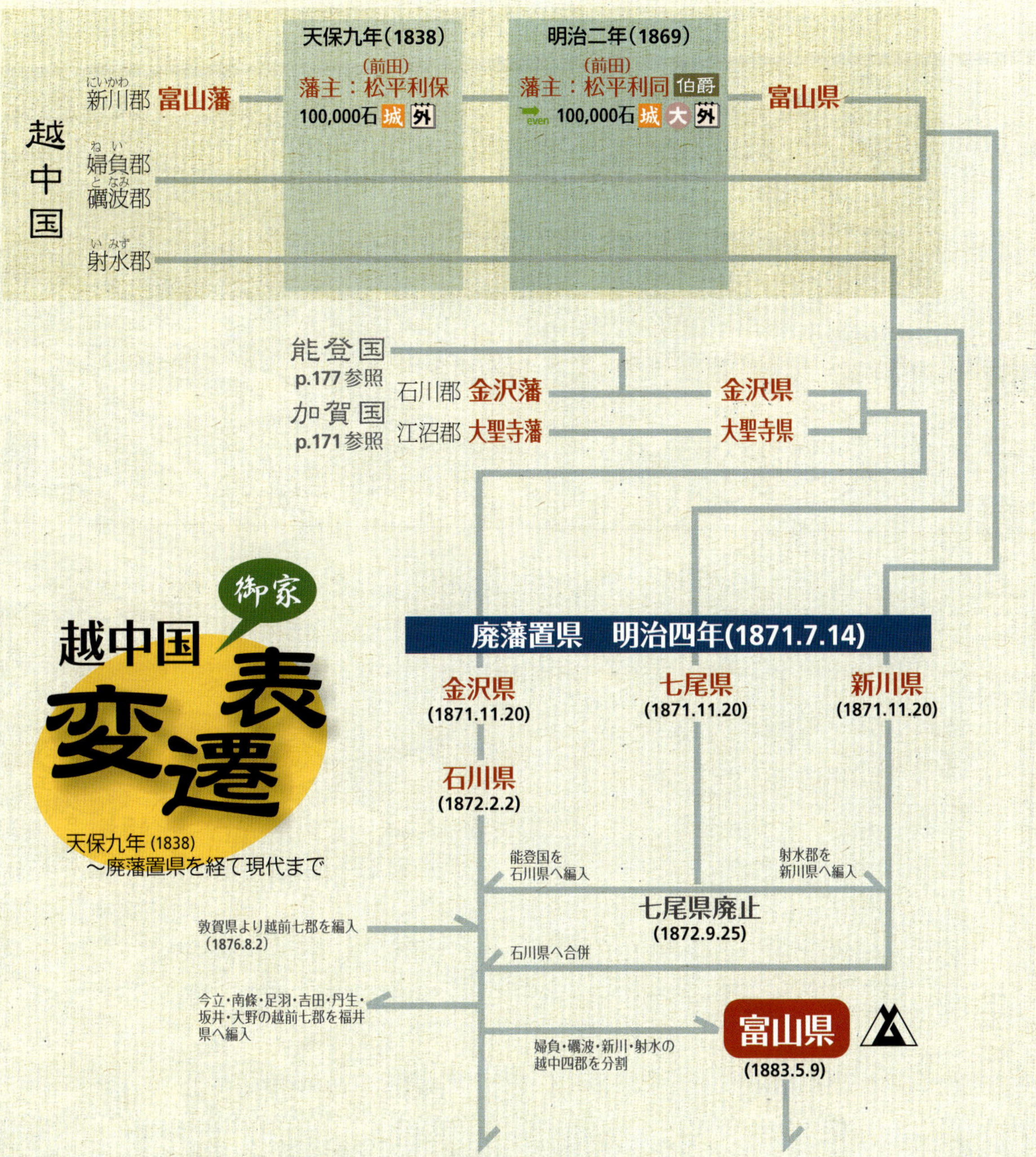

越中国のあらまし

南北朝が合一された頃、越中では一向宗の教団勢力が次第に大きくなり、守護代の神保・椎名の両氏は宗門勢力と結ぶことによってようやく命脈を保つ状態にあった。

戦国時代には越後の上杉謙信と尾張の織田信長が越中を巡って抗争を繰り広げた。天正六年(1578)謙信が病没すると、信長は一向一揆の討伐に大功のあった猛将・佐々《さっさ》成政《なりまさ》を入国させる。成政は越中諸豪族を屈服させ富山城の防備を固めるとともに上杉勢を駆逐し、越中領内を掌握した。しかし、本能寺の変のあと織田家中が後継問題で対立すると信長の次子信雄側に付いた成政は、羽柴秀吉・前田利家の大軍に屈してしまう。

秀吉が天下を制すると越中全土は加賀、能登とともに利家に与えられる。徳川政権下でも前田家は所領を安堵された。寛永十六年(1639)、三代利常の次子利次が10万石で富山に分封され、金沢藩の支藩として富山藩が幕末まで越中を治めた。

越中國上
三十七
北
能登国
仏岳
朝日山
松倉山
天神山
新川郡
射水郡
泊
舟見
浦山
三日市
魚津
滑川
富山
高岡
氷見
小杉
布施川
布施海
黒部川
イロハ川
早月川
上市川
石動山
三国山
倶利伽羅嶽
不動明王
八幡社
柳浦出
新山越
高畑出
深谷越
能登
加賀

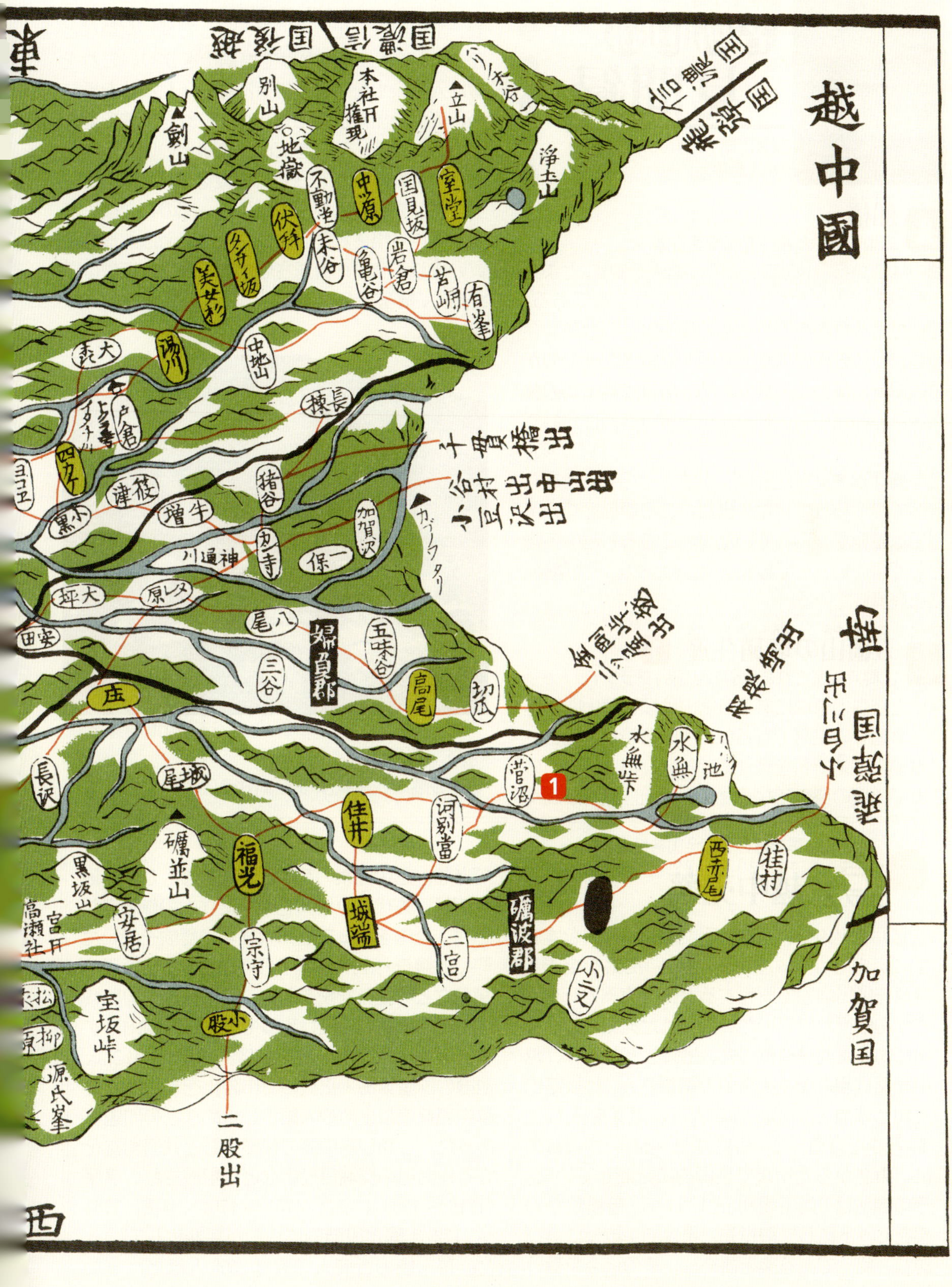
越中國
東
西
劔山
別山
地獄
本社権現
立山
浄土山
不動堂
中原
国見坂
室堂
伏拝
美女杉
末谷
岩倉
亀谷
芦峅
有峯
湯川
中地山
戸倉
猪谷
加賀沢
八尾
婦負郡
三谷
高尾
庄
長沢
福光
礪並山
黒坂山
安居
一宮
高瀬社
城端
二宮
宗守
礪波郡
宝坂峠
源氏峯
二股出
水無
池
菅沼
桂村
加賀国
1

安藤広重 / 六十余州名所図会
「富山船橋」

越中国 名所旧跡 見聞録

歴史

船橋《ふなばし》

広重も描いた越中を代表する橋

越中は昔から「川を制する者は越中を制す」とまでいわれるほど、たくさんの川が流れる国である。そのためそれらを渡るための橋や渡しも数多く存在した。この橋のなかで全国的に有名だったのが富山城下に架かる船橋である。船橋は富山城の脇を流れる神通川に七軒町から船頭町へ架けられており、富山城下改修の際にできたといわれている。この橋は 64 艘の舟を鎖でつなぎ、その上に板をならべてつくられていた。また、この船橋近くの茶屋では鮎鮨《あゆずし》が売られていたが、こちらも越中名物としてよく知られており、十返舎一九《じっぺんしゃいっく》の『金草鞋《かねのわらじ》』にも登場している。

文化

五箇山《ごかやま》の塩硝生産《えんしょうせいさん》 1

山間で生産された塩硝の全国的ブランド

富山と岐阜の県境にある五箇山は鄙《ひな》びた山間の里で合掌造りの集落で有名な場所であるが、近世には塩硝の産地で名を馳せていた。塩硝とは硝石のことで火薬の原料になった。五箇山は標高が高く稲作ができないため、養蚕・製紙とともに生活を支える糧となっていた。塩硝は床下に穴を掘り、稗殻、水気のない土、蚕の糞、干して蒸した草などを合わせ、4 〜 5 年かけて塩硝土を作り、これを樽に入れ、水をかけて樽下にたまった液体を煮詰め、灰汁を加えさらに煮詰め、これを木綿で濾すとできあがる。これを灰汁煮塩硝といい、多くの農民が携わったが、さらに純度を高めた中塩硝・上塩硝は設備の必要性があり、一部の有力農民によって作り出された。製造された塩硝は加賀藩が買い取り、全国へ流通させた。五箇山の塩煙は質が高く、量産できたので、全国的なブランドになっていった。

五箇山相倉集落 △

富山県南砺市
JR 城端線城端駅より五箇山行バス

江戸コラム

薬を背負って全国各地を行商

越中売薬《えっちゅうばいやく》

江戸時代中期の越中では、富山城下を本拠地に、あらかじめ製造しておいた薬を全国の得意先に出向いて販売するという売薬の行商がさかんに行われていた。扱われた売薬には、腹痛に効く反魂丹《はんごんたん》や奇応丸《きおうがん》、生薬などがあり、越中売薬は現在でも「富山の薬屋さん」として広く親しまれている。行商人は、売薬を入れた柳行李《やなぎごうり》を背負って「毎度はや」をあいさつ言葉に、東北から九州まで全国的に行商していた。その商法は「先用後利」といわれ、幾種類かの薬をセットにして得意先に預けて 1 年後に再び訪ね、使ってある薬を補充し、その代金を受け取っていた。これは現在でも馴染みのある方法である。越中売薬の起源は諸説ある。しかし最近では、古代より信仰を集めた立山の修験者たちが、全国を廻って立山大権現の霊験を説いた際に、護符・扇子・経帷子のほか立山産の熊胆《くまのい》や黄蓮《おうれん》などの生薬を配布して、この代金を初穂料として 1 年遅れで受け取っていたことに由来すると考えられている。越中売薬の発展の裏には、他国の国産奨励・正貨の流出防止を理由とした越中売買差し止めや入国差し止めなどの問題もあった。しかし富山藩の保護のもと共同利益を守る仲間組や反魂丹役所などが組織され、享保（1716 〜 1736）、宝暦（1751 〜 1764）、明和（1764 〜 1772）年間と段階的に活動が活発化していった。幕末頃の行商人の数は 3500 人ほどだったという。

越中国出身の有名人…

名前	生没年	概要
前田利次	1617-1674	越中富山藩初代藩主
藤井右門	1720-1767	勤王家。明和事件で斬首
斎藤弥九郎	1798-1871	剣客。江戸飯田町に練兵館を構える
二代目清水喜助	1815-1881	明治初期の棟梁・建築家
浅野総一郎	1848-1930	浅野財閥を築いた実業家

この人に注目

安田善次郎《やすだぜんじろう》

天保九年(1838)~大正十年(1921)

越中国富山に生まれる。安田財閥の祖として知られる実業家。20歳の頃、江戸に出て両替商に奉公し、元治元年(1864)に独立し、日本橋に両替店「安田屋」を開店。太政官札や公債などの取引を積極的に行い、次第に規模を大きくしていった。明治十三年(1880)には安田銀行(のち富士銀行、現在のみずほ銀行)を設立し、善次郎は日本銀行の理事も務めた。のちに火災保険や生命保険の会社も設立し、常に近代日本の金融業界をリードした。

歴史

倶利伽羅峠《くりからとうげ》 2

芭蕉も訪れた源平合戦の古戦場

越中国と加賀国の国境にあたる砺波山の倶利伽羅峠は、寿永二年(1183)の源平合戦の舞台として名高い。『源平盛衰記』によると、源義仲は数百頭の牛の角に松明をつけ平家陣地へ追いやる「田単火牛《でんたんかぎゅう》」の策により、多くの平氏の軍勢を谷底に突き落としたといわれている。そのため雨の日には死んだ平氏のすすり泣く声が聞こえてくるという。また、ここを訪れた松尾芭蕉は「義仲の　寝覚の山か　月かなし」と詠み往時をしのんでいる。

円武者鑑　一名人相合　南伝二▷
木曽義仲

越中薬売り発祥の地

富山城《とやまじょう》 3

戦国期に神保氏が築城、信長の家臣佐々成政が修築し居城としたが肥後に移された。加賀前田家三代利次が10万石で入り、五層の天守閣を建て偉容を整えた。二代正甫は反魂丹という名薬を特産品として販売し、越中売薬が広まった。三層の模擬天守がある。

富山県富山市本丸

JR北陸本線富山駅下車

越中国の伝説

佐々成政《さっさなりまさ》と黒百合《くろゆり》(富山市本丸)

織田軍団の猛将佐々成政は数々の武功をあげ、越中54万石に封ぜられました。領主となった成政は呉羽山麓の五福村の早百合という美しい娘を側室に迎えます。成政の正室は早百合への成政の寵愛が深まるにしたがって激しく妬むようになってきました。正室はなんとか早百合を陥れようとします。正室は腹心たちと図って美男の小姓岡島金一郎という若者との不義の噂を仕立てました。

折悪しく家康との同盟に失敗した成政はその噂を聞いて激怒して、金一郎を抜き打ちに殺してしまいます。早百合は必死に無実を訴えますが、成政は耳を貸さず磔《はりつけ》にしてしまいました。早百合は「沙羅峠に黒百合の花を咲かせ、佐々家を滅亡させる」と言い残して死んでしまいます。その後、早百合の遺言通り沙羅峠に黒百合の花が咲き乱れると、佐々家は前田利家に攻められて豊臣秀吉に降伏してしまいました。秀吉の情けで命だけは助けられた成政は肥後に領地替えになります。しかし豪族の一揆に悩まされ、ついには切腹を命じられてしまいました。その度に成政は早百合の亡霊に悩まされていたのだ、と伝えられています。

越中国不思議な話

黄金の鶏(東礪波郡福野町)

昔、苗島というところに働き者の夫婦がいた。夫婦は信心深く、いつも農作業の前に金塚宮というお宮にお参りしていた。ある夜、夫の夢枕に老人が現れ、日頃の信心に応えて黄金を授けようという。ただし一人で掘り出さないといけない、誰かに見られたら黄金は消えてしまうと注意する。目覚めた夫は妻を起こさないようにそっと床を抜け出し、老人に言われたところを掘り返すと黄金がぎっしり詰まった瓶が出てきた。ところが夫がそれを持ち上げようとすると、瓶は突然金の鶏に変わり、どこかへ飛んでいってしまった。振り返ると妻が様子をうかがっていたのであった。

加賀国《かがのくに》

（石川県）

加賀国は現在の石川県南部から成り立っていた。北陸道の金沢を中心として発展し繁栄した。加賀友禅や九谷焼など名産が多い。加賀富士と呼ばれる白山のほか多数の名湯を有している。

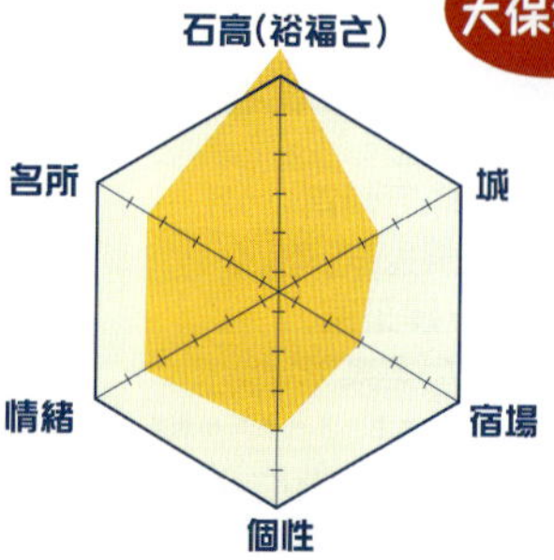

天保年間 知っとくDATA

推定人口	230,461人（1834年）
名産品	金沢蓮根、菅笠 ゴリ、金、硫黄 煙硝、磨き砂
名物	熊胆、菊酒
埋蔵金噂話	少　多
代表的妖怪	生首茸

加賀国 変遷表

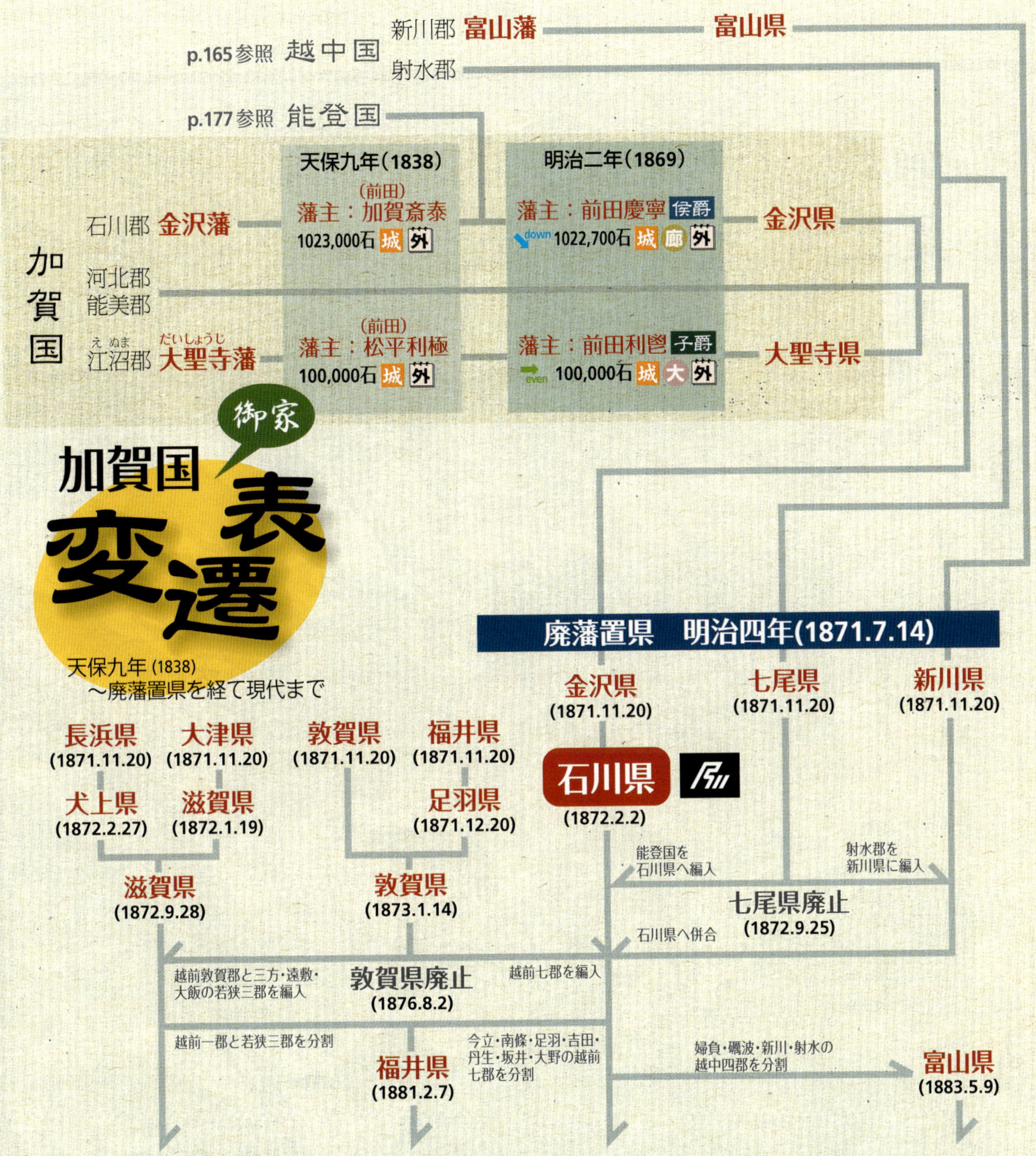

加賀国のあらまし

南北朝時代、加賀国の守護には地元の有力豪族である富樫《とがし》氏が任ぜられたが、その後の応仁の乱や富樫家の内紛、領内に広がった一向一揆によって長享二年(1488)、加賀国から守護大名が消滅した。以後100年間、加賀国は諸国に例を見ない一向宗の支配国となる。

天正八年(1580)、織田家の重臣柴田勝家が武将佐久間信盛に命じて一向宗の本拠地である尾山御坊(金沢)を攻め落とした。信長の死後豊臣秀吉が天下を統一すると、加賀国は柴田勝家を攻めて功があった前田利家に与えられる。関ヶ原の役の前年に利家は没するが、徳川政権下でも前田家の所領は安堵され、利家の長子利長を初代藩主として金沢藩が成立、安定した藩政の下、九谷焼、加賀友禅、蒔絵《まきえ》、加賀宝生《ほうしょう》流(能)など独自の文化が花開き、約300年にわたり加賀を治めた。その石高は外様ながら102万5000石と全国一であり、江戸城内での扱いは御三家と同格だった。

東
西
加賀國
加賀國上
越中国
能登国
北
能登国
三十五
石川郡
加賀郡
能美郡
金沢
泉
剣
松任
小松
湊
大野
宮越
高濱
黒津
森下
森
竹股
荒山
二股
三宮
白山
廣瀬
江海
尾坂
上吹
折下
池山
倉谷
横谷
吉野
吉岡
江津
福岡
別宮
三田山
寺井
島田
安宅
粟生
水島
柏野
本吉
藤塚
才川
寺中
野々市
四十万
百坂
八田
内高松浮
手取川
安宅川
津川出
河尻出

飛騨国
越中国
白山
一宮
白山社
剣岳
妙法山
地獄
飛騨国
越前国
牛首
風嵐
湯
中宮
新谷
瀬戸
内山
一ノ瀬
熊谷
八幡
塩原
林生
粟津
浅井
江沼郡
山代
山中
大内
大聖寺
菅生
黒瀬
土谷
敷地
竹浦
篠原
塩屋
蓮池
菅生川
牛首越
石徹白出
大日越
白山湯出
南
山中越
竹田出
金屋出
吉崎出
越前国

安藤広重 / 六十余州名所図会
「金沢八勝之内蓮湖之漁火」

加賀国 名所旧跡見聞録

自然

白山支配《はくさんしはい》の行方《ゆくえ》 1

白山の支配権をめぐる三国の争い

白山は富士山、立山とともに日本三名山に数えられる山で、養老元年(717)に僧泰澄《たいちょう》が開山したと伝えられている。信仰の山としての歴史は古く、加賀、越前、美濃のそれぞれに馬場(登山口)が設けられ、参拝者はここから禅定道(登山道)を登って山頂を目指した。馬場には加賀馬場に白山比咩《しらやまひめ》神社、越前馬場に平泉寺白山神社、美濃馬場に長滝白山神社がおかれそれぞれ白山を祀っていたが、江戸時代この3カ所の馬場にそれぞれの在地勢力が加わり白山の支配権をめぐる争いが頻発した。明暦元年(1655)には、社殿を再建しようとした加賀の尾《お》添《ぞえ》村と、越前の牛首《うしくび》村、風嵐《かざらし》村とが争い、加賀側から登ってくる登山者を牛首村の加藤藤兵衛が鉄砲で追い払うなどしている。こうしたことがたびたび繰り返されたため、幕府は加賀の尾添、荒谷と越前の牛首、風嵐ほか白山麓18カ村を天領とし、白山一帯を平泉寺のものとした。この裁定により平泉寺の白山に対する優位性は、明治に白山山頂と白山麓18カ村が石川県の所属となるまで続いた。

△白山遠景

石川県石川郡白峰村

歴史

兼六園《けんろくえん》と辰巳用水《たつみようすい》 2

兼六園の美しさは藩の危機管理から生まれた

兼六園は日本三名園のひとつに数えられる回遊林泉式庭園で、松平定信が中国の『洛陽名園記』の一節から命名した。園内の美しさを作りだしている水はすべて10キロ先の犀川《さいかわ》上流から辰巳用水によって取水《しゅすい》されている。辰巳用水は寛永九年(1632)に三代藩主利常の命により、小松町人板屋《いたや》兵四郎《ひょうしろう》がわずか1年あまりで完成させたもので、水はトンネルと開水路を通り兼六園を流れ金沢城に至る。用水開削の名目は大火に備えた防火用水の確保となっているが、この前年に藩は二代将軍秀忠から謀反の疑いをかけられるという危機に

皆が泣いた前代未聞の一揆

安政《あんせい》の泣《な》き一揆《いっき》

「ひだるい(ひもじい)」「食われん」。卯辰山《うたつやま》から金沢城に向かって叫ばれる老若男女2000人の声は、時の藩主前田斉泰の元にも届いた。卯辰山は金沢城から2キロほど離れた郊外丘陵。城を見下ろせる位置にあるため、立ち入りが厳しく禁止

△卯辰山から見た金沢市内

されていた場所でもある。幕末の安政五年(1858)は全国的に天災が続き、加賀藩でも地震のため領内の被害家屋は3000軒、液状化現象で地盤沈下も起こり被災が深刻であったのに加え、長雨による凶作が見込まれたため、米の買い占めや売り惜しみで米価が高騰した。一昨年前、家中救済のため銀札を増発し、インフレを起こし物価が値上がりしていた矢先の出来事だった。さらに財政難の加賀藩は大坂市場で年貢米によるお金の工面をしていた。商人米もそれに倣《なら》って大坂に出回り、領内の米不足が深刻になった。7月初旬浅野川向かいの女房達が十人組頭へ救済を願い出ていたが、進展しない事態に7月11日泣き一揆騒動が起こる。翌日藩は堂形の御蔵米500俵と町人から借りた1万俵を放出し、町奉行を罷免した。7月26日、騒動の首謀者として7人が捕縛され、5人が打ち首、2人が獄死した。後年7人の供養のため町の人々によって卯辰山入口には稲穂を抱いた地蔵が立てられている。

加賀国出身の有名人

名前	生没年	概要
前田利常	1593-1658	前田利家の四男。加賀藩三代藩主
前田綱紀	1643-1724	加賀藩五代藩主
大槻伝蔵	1703-1748	加賀藩家臣。加賀騒動
加賀千代	1703-1775	女流俳人。『松の声』『千代尼句集』
前田治脩	1745-1810	金沢藩主。藩校明倫堂、経武館を開設
銭屋五兵衛	1773-1852	江戸後期の海運業者
三宅雪嶺	1860-1945	言論人　『日本人』創刊
戸水寛人	1861-1935	法学者
土屋又三郎	不詳-1719	『耕稼春秋』　江戸前期の勧農家

この人に注目

島田一良《しまだいちろう》

嘉永元年（1848）〜明治十一年（1878）

加賀国金沢藩出身。藩校・壮猶館《そうゆうかん》で兵法や砲術を学び、戊辰戦争に出征。その後少尉になるが、廃藩置県により失職。上京して西郷隆盛に傾倒するが、西郷は西南戦争で自害してしまう。新政府の薩長藩閥政治に対し不満を抱いていた一良は長連豪《ちょうつらひで》ら５名の士族とともに、明治十一年（1878）５月14日、麴町・紀尾井坂において登庁途中の内務卿・大久保利通を襲撃し暗殺。すぐに６名は自首し、斬罪に処された。一良ら６名は金沢市野田山墓地に眠る。

陥っており、こうした危機に対する備えとして、城内での飲用水の確保と金沢城の空堀に水を満たすことが目的であったともいわれている。

兼六園ことじ灯篭△

石川県金沢市兼六町
JR北陸本線金沢駅下車バス10分

高山右近の縄張の城

金沢城《かなざわじょう》 3

一向一揆の拠点であった金沢御坊跡に築城されたのが加賀百万石、前田家の金沢城である。藩祖利家はキリシタン大名だった高山右近に城の大改修を依頼、北陸道の要として堅固な城郭を築く。その後も拡張工事を続け元和六年に完成した。石川門、三十間長屋、石垣が残る。

石川県金沢市丸の内
JR北陸本線金沢駅下車バス10分

加賀国の御家騒動

加賀《かが》騒動《そうどう》の真相《しんそう》（金沢市）

歌舞伎や芝居の題材としても取り上げられ、伊達騒動・黒田騒動と並ぶ御家騒動の一つ、加賀騒動が起きたのは延享から宝暦にかけてのことである。

加賀前田家六代藩主吉徳《よしのり》は股肱《ここう》の臣・大槻《おおつき》伝蔵（朝元《ともとも》）を登用して藩政の大改革を行った。伝蔵は持ち前の才気と並々ならぬ権勢欲で着々と出世し、自派を形成して藩政を壟断していく。さらに伝蔵は藩主に真如院《しんにょいん》という側室をすすめて男子をもうけさせた。我が子を次の藩主に望む真如院と、さらなる権力を望む伝蔵は密通を重ねながら前田家の乗っ取りを企てる。伝蔵と真如院は藩主吉徳が病死し世子宗辰《むねとき》が家督を継ぐと奥女中を抱きこんで宗辰を毒殺する。しかし伝蔵の行動を怪しんだ家老・前田土佐守直躬《なおみ》が伝蔵の悪事を暴いて閉門に追い込み、さらに宗辰の生母浄珠院が毒殺を見抜いて事が露見した。伝蔵は流刑先で自害し、前田家の危機は去る。

歌舞伎をはじめ大方の芝居の筋立てはこうなっている。しかし史実の研究が進んで次第に真相が明らかになると、善と悪との立場が逆転することとなったのである。

藩主吉徳の寵臣・大槻伝蔵は異例の出世を遂げたが、それは伝蔵の藩政改革の着想と吉徳の意向とが合致した結果であった。しかし家老直躬らは軽輩の伝蔵が重用されるのを快く思わない。延享二年（1745）吉徳が死去すると、後ろ盾を失った伝蔵に対し直躬は巻き返しに出る。伝蔵と真如院が密通し、さらに真如院の子を嗣子として主家を乗っ取ろうと企てたと幕府に訴えたのである。その結果、伝蔵は流刑先で自殺し、真如院は謀殺され、伝蔵の関係者はすべて断罪された。

実力のある改革派の伝蔵が保守派の家老直躬の策略によって失脚した、現在ではこれが加賀騒動の定説となっている。

加賀国不思議な話

池《いけ》の中《なか》の鞍《くら》（石川郡）

昔、倉嶽村の山にある富樫《とがし》政親の城を一向宗の僧兵が攻めた。政親は一向宗の大将水巻忠家と馬上で組み合って、馬とともに池に落ちて沈み、富樫氏は滅んでしまった。それ以来倉嶽の池の底には鞍が見えるという。また、政親が死んだ６月８日にはその鞍が水の上に浮かんでくると伝えられている。

能登国《のとのくに》

（石川県）

能登国は能登半島をその範囲とし、湊町七尾や福浦を中心に発展し栄えた。豊富に産出する漆を用いた輪島塗は諸国に知られる。七尾湾などの景勝地も多い。加賀前田領として繁栄した。

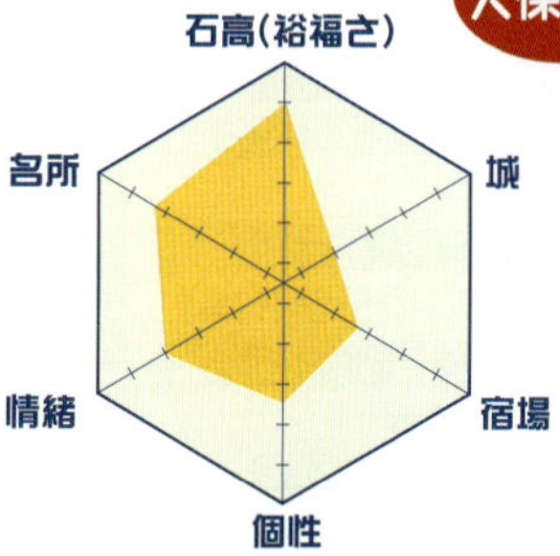

天保年間 知っとくDATA

推定人口	197,704人（1834年）
名産品	鯖、海鼠腸、漆 輪島塗
名物	素麺 烏賊の黒作り
埋蔵金噂話	少 ― 多
代表的妖怪	海鳴り小坊主

江戸時代末期と現在の比較

能登国 御家 表変遷

天保九年（1838）～廃藩置県を経て現代まで

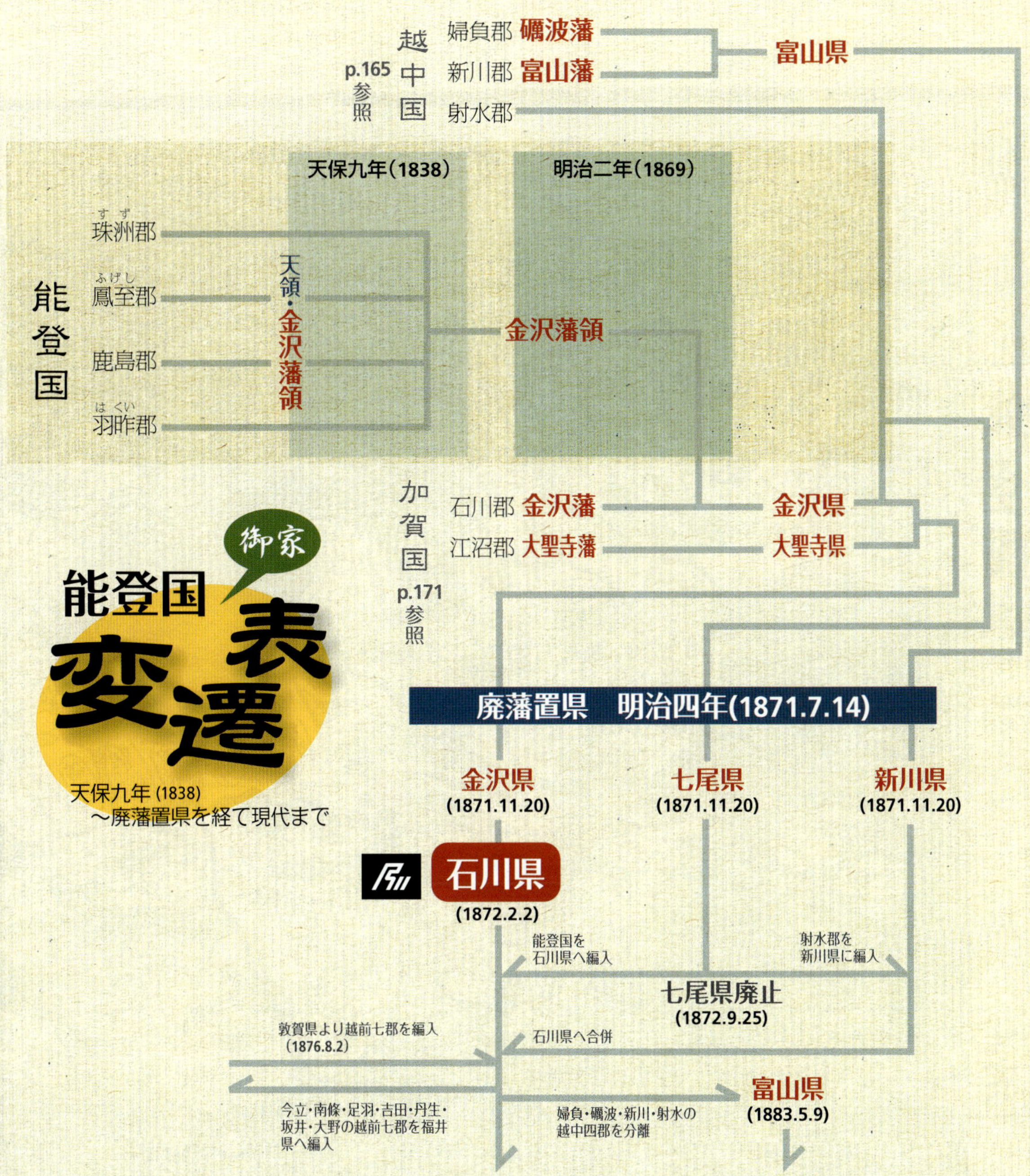

能登国のあらまし

南北朝時代に吉見氏が能登の守護に任ぜられたが、応永七年（1400）頃には足利幕府の管領家である畠山氏にとってかわられた。以後畠山氏が七尾城を本拠に九代170年にわたって能登を統治する。特に三代義統《よしむね》の終わりから四代義元、五代義《よし》総《ふさ》に続く70年間には、応仁の乱で荒廃した都から逃れてくる貴族や文化人が多く、城主自ら学問や風雅の道を愛好したこともあって独特の文化が花開いた。しかし畠山氏は天正五年（1577）、上洛の機会を狙う越後の上杉謙信によって滅ぼされる。

天正九年（1581）、織田信長の命によって前田利家が七尾に封ぜられた。信長の死後、柴田勝家を攻めて豊臣秀吉の天下統一に貢献した利家は加賀・能登・越中の３国を領する。以後、徳川政権下でも金沢藩前田家が能登を支配し、幕末に至った。

能登國上
三十六
珠洲郡
鳳至郡
七島
ノトノ島山
ノトノ海
袖浦
總持寺
大福寺
寺町
黒島
高屋
宇出津
飯田町
正院町
蛸島
寺家
小田屋
輪島
1
2

能登國
東
西
南
鹿島郡
羽咋郡
七尾
百海
虫島
黒崎
花藏
遠濱
柳浦
古城山
二宮
新山
見砂
味守
宝來山
津川
牛首
高松
河尻
大海
小竹
後山
金丸
柳田
一宮
今濱
大津
徳田
多士谷
竜島
近濱
八雲
大島
柴垣
滝口
越中国
加賀国

能登国

名所旧跡見聞録

安藤広重 / 六十余州名所図会「滝之浦」

歴史

総持寺祖院《そうじじそいん》 1

永平寺と並ぶ曹洞宗の古刹

総持寺は曹洞宗の古刹で、元亨元年（1321）に後醍醐天皇から「総持寺」の勅額を賜った。元和元年（1615）徳川家康が越前永平寺と総持寺をともに曹洞宗の二大本山とする旨を定め、幕府の祈願所となりますます隆盛した。

△総持寺祖院

石川県鳳至郡門前町門前
能登有料道路此木 IC から車で 20 分

自然

能登島《のとじま》 2

加賀藩の流刑地

七尾湾に横たわる能登島は、その昔アイヌ人が住んでいたとも、仁賢《にんけん》天皇の御代に大和国郡山から8人の役人が来て住みついたともいわれる島で、蝦夷《えぞ》島、八太郎島という別称がある。江戸時代には加賀藩政下の流刑地でもあった。

△能登島と能登島大橋

石川県七尾市

文化

輪島塗《わじまぬり》

輪島塗の変遷

北前船の湊として繁栄した輪島は、古くから輪島塗の産地として知られている。輪島塗の起源については諸説あるが、室町時代に輪島の重蓮寺に紀州根来《ねごろ》寺の僧が来て椀などを作ったのが始まりであるとか、福蔵という人が根来に行って技術を習得して帰ってきたのが始まりであるともいわれている。江戸時代になると、寛文年間（1661 ～ 73）に「輪島地の粉」と呼ばれる土が発見され、これを下地に使うことで堅牢ではげにくい漆器が作られるようになった。享保年間（1716 ～ 36）には、大工五郎兵衛が考案したという沈金による加飾法が確立、今に見られるような独特の輪島塗が完成した。江戸時代後期になると「椀講」と呼ばれる販売が開始され、輪島塗は全国的に知られるようになった。

江戸コラム

江戸時代の物流を代表する大航路

銭屋五兵衛《ぜにやごへえ》と北前船団《きたまえせんだん》

銭屋五兵衛は安永二年（1773）加賀国宮腰（現在の金沢市）に生まれた。六代前の吉右衛門から両替商を営み、祖父から五兵衛を名乗る。父弥吉郎（六代五兵衛）は金融業、醤油醸造業の傍ら一時海運業も営む。17 歳で家督を継いだ五兵衛は新たに呉服、古着、木材、海産物も商うが、北前船《きたまえぶね》で海運業に就くのは 50 歳代後半からで、約 20 年間に渡り大海運業者となる。加賀藩では銀仲棟取問屋職、諸算用聞上役に従事し、御用金の調達も行った。晩年は河北潟干拓事業に着手するが、死魚中毒事故による反対派の中傷で無実の罪を受け全財産没収となり、嘉永五年（1852）獄中で 80 歳の生涯を終える。その後、五兵衛の夢は、昭和三十八年から 20 余年の歳月と 283 億円余の巨費をかけた国営干拓事業によって実現した。

北前船とは関西、瀬戸内海と蝦夷《えぞ》（北海道）を往来した北陸地方の貿易廻船の呼称であり、江戸時代から明治初めにかけて日本海で活躍した。北前とは日本海を意味する。航海は西廻り航路が主で、大坂を基地に蝦夷へ向け 1 年に一航海を行う。2 月頃、北国より 6 日程で大坂に着き 4 月初めに出帆、瀬戸内海、日本海の寄港地で商いをしつつ蝦夷地に到着。買付けを終え 8 月頃出帆、大坂へは冬の初めに戻る。蝦夷に行く下りは米、酒、塩、紙、木綿を積み、大坂への上りは海産物に変わる。利益は「千石船一航海の利益は千両」といわれるほど莫大であった。

能登国出身の有名人

名前	生没年	概要
阿武松緑之助	1791-1851	第六代目横綱
宮崎寒雉	不詳 -1712	江戸前期の釜師

この人に注目

長《は》谷《せ》川《がわ》等《とう》伯《はく》

天文八年 (1539)~慶長十五年 (1610)

能登国七尾藩の家臣奥村家に生まれるが、染物屋・長谷川宗清の養子になったといわれる。桃山時代の画家で、長谷川派の祖として有名。若い頃は七尾で過ごし、『涅《ね》槃《はん》図《ず》』や『日蓮聖人像』など日蓮宗に関する絵を描く。30 歳を過ぎてから京に上り才能が開花し、狩野派に匹敵するほどその技術が認められる。晩年、徳川家康に招かれて江戸へ赴くが、病死してしまう。水墨画『松《しょう》林《りん》図《ず》屏《びょう》風《ぶ》』、金《こん》碧《ぺき》障壁画『智《ち》積《しゃく》院《いん》襖《ふすま》絵《え》』などが代表作。

江戸時代の食文化 -06

えびす(べろべろ)

石川や富山のお正月には欠かせない料理。えびす、べろべろの名前は鼈甲《べっこう》に由来する。

recipe

1 水でもどした寒天を、ちぎりながら鍋に入れ、水を加えて火にかける。寒天が溶けたらしょうゆ、砂糖、塩、うま味調味料を加え、再び煮立ったら火をとめる。
2 すぐによく溶いた卵を穴杓子に通して流し入れ、おろしたショウガのしぼり汁を入れる。
3 四角い容器に流し､冷やし固め､適当な大きさに切れば完成。

材料 (4 人分)
棒寒天…1 本　卵…1 個
ショウガ…少々　水…2 カップ
しょうゆ…大さじ 1
砂糖…70 g
塩…小さじ 2/3
うま味調味料…少々

編集部でやってみた！

おいしさ	★★
見た目	★★★
難易度	★
総合	★★

謙信がてこずった堅城

七《なな》尾《お》城《じょう》 3

守護大名畠山氏が室町時代に松尾館の詰の城として築城、以後九代にわたって修築し、標高 300 メートルの山頂の本丸を中心に重臣たちの館が配置された。戦国期には上杉・織田の争奪戦の的となり、謙信勢の猛攻で落城。前田利家入城後廃城となり、石垣が残るのみである。

石川県七尾市古城町
JR 七尾線七尾駅下車バス

能登国の伝説

恋《こい》路《じ》海岸《かいがん》由《ゆ》来《らい》（珠玉郡内浦町恋路）

昔、多田に鍋乃という美しい娘がいました。娘には助三郎という恋人がいて、毎夜海岸で逢瀬を重ねていました。月のない夜は鍋乃がかがり火を焚き、助三郎はそれを頼りに磯の浅瀬をつたって鍋乃のもとへ向かっていました。

ところが鍋乃に横恋慕する源次という男がこのことを知り、何とか二人の仲を裂こうと考えます。ある月のない夜、源次は岩陰から鍋乃がかがり火を焚くのをじっと見つめていました。鍋乃は火を焚くと、美しい横顔を見せながら助三郎が来るのを待っています。嫉妬に駆られた源次は岩陰から飛び出し鍋乃を縄で縛ると、かがり火を奪って女岩と呼ばれる岩の上へと移してしまいました。そこまで行くには、険しい崖を通らなければなりません。闇の中に光るかがり火を目指して助三郎は歩いて行きましたが、ついに足を滑らせ海に落ちて溺れてしまったのでした。助三郎さえいなくなれば鍋乃は自分のものだと考えた源次は、鍋乃に迫ります。助三郎の死を知った鍋乃は嘆き悲しみ、自らも海に身を投げて命を絶ちました。それから人々はこの浜辺を「恋路海岸」と呼ぶようになったということです。

◁恋路海岸

能登国不思議な話

弘法大《こうぼうだい》師《し》の泉《いずみ》（鹿島郡）

昔、能登の村に弘法大師がやってきて、村人に水を求めた。村には良い水がなかったので、村人は遠くから水を汲んできて大師に飲ませた。すると大師は杖を刺して、遠くから汲んでくるのでは大変だろうからここを掘るといい、と言ってと立ち去った。村人が大師が示した所を掘ると清水が湧いて、以来村では水に困らなくなった。隣の村でも大師は水を求めたが、ある老婆が股引を洗っていた水を掛けて大師を追い払ってしまった。大師は黙って立ち去ったが、それ以来村ではどこを掘っても金気のある水しか出なくなった。大師が水をしまい込んでしまったのだという。

越前国《えちぜんのくに》

（福井県）

越前国は敦賀以東の福井県とその範囲がほぼ合致する。北陸道の福井や鯖江を中心に栄えた。東尋坊などの景勝地や永平寺などの古寺を有する。松平越前家を中心に領内が統治された。

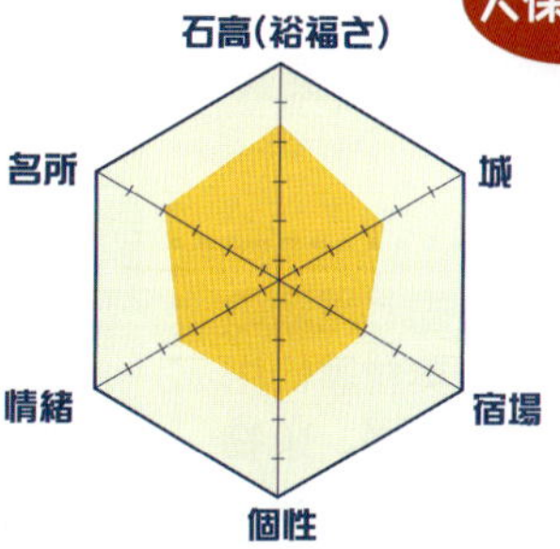

天保年間 知っとくDATA

推定人口	397,823人（1834年）
名産品	鰈、鱒、蟹、昆布 越前雲丹、切石 常慶寺砥石
名物	酒、素麺、黄連
埋蔵金噂話	少　多
代表的妖怪	びしゃがつく

越前国 御家 変遷表

天保九年(1838)
～廃藩置県を経て現代まで

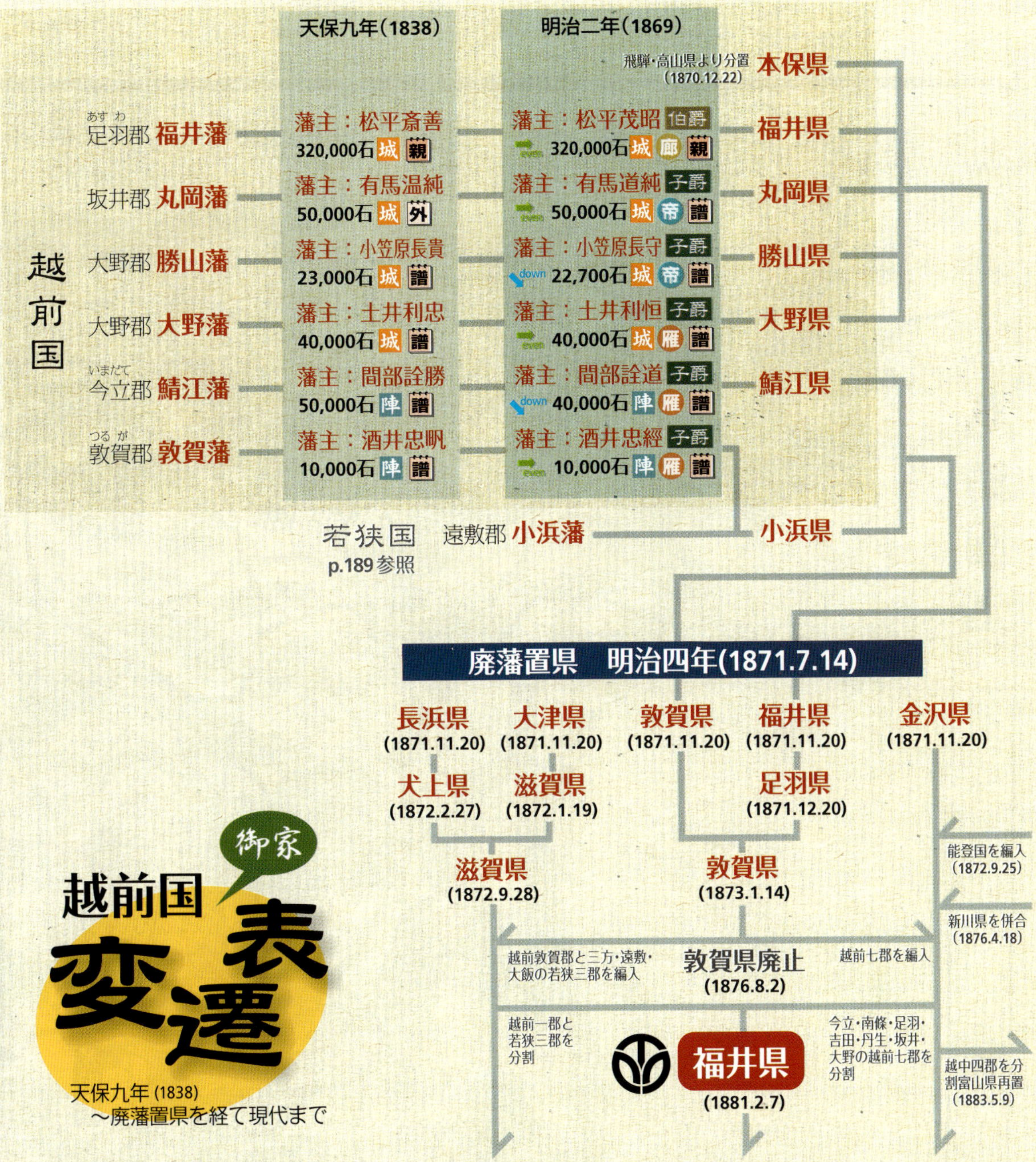

越前国のあらまし

鎌倉幕府の滅亡後、越前では新田義貞《にったよしさだ》と斯波《しば》高経が戦いを繰り返していたが、暦応元年(1338)、足羽《あすわ》郡福井郊外の灯明寺畷《なわて》で義貞が戦死すると、斯波氏が越前の守護となった。その後、斯波氏と守護代の甲斐氏の勢力争いに乗じて台頭した朝倉孝景が他氏を圧倒して越前守護職に任ぜられた。朝倉氏は一向宗との勢力争いを繰り返しながら越前を領していたが、義景の代に姉川の合戦で織田・徳川連合軍に破れ滅亡する。越前北の庄には信長の部将・柴田勝家が入るが、信長の死後豊臣秀吉との戦いで敗死した。慶長八年(1603)、江戸幕府を開いた徳川家康は加賀前田氏に対する抑えとして次子結城秀康を69万石で越前に封じた。秀康を継いだ長子忠直《ただなお》の不行跡により次子忠昌が藩主となると石高は減らされ越前国内には福井藩の他にも小藩が分立するようになった。しかし松平越前家は徳川政権下で常に重きを成し、幕末には松平慶永(春嶽)という名藩主を輩出している。

越前國上
三十四
加賀
別山
石徹白
前坂
野原
坂谷
油坂
仏原
市原
阿久
谷口
アサフ
下江
大野郡
平泉寺
白山社
木本
大野
今北郡
穴馬
野尻
今村
勝山
丸山
吉田郡
燈明寺
古市
永平寺
竹田
豊原
松岡
黒丸
北庄
東御
府中
丹生郡
坂北郡
丸岡
舟橋
浅水
長崎
金津
五本
上野
細呂木
吉崎
三国
足羽郡
坂井郡
石橋
新保浦
荒目
大味
唐人坊岩
小島
北
川口

越前國
近江
若狭
国
敦賀郡
今立郡
南條郡
敦賀
湊
金崎
水島
立石
白鬼
常宮浦
勝軍
西福寺
關村
疋田
駄口
追分
道口
山中
湯川
二屋
板鳥
今庄
湯尾
鯖波
河野
新保
宿浦
三崎
五目庄
安養寺
左右浦
高佐
八幡
廣瀬
今泉
比田浦
五幡坂
湯尾峠
手筒
横山
田倉
西

越前国

名所旧跡見聞録

安藤広重 / 六十余州名所図会
「敦賀気比ノ松原」

日本初の藩札発行《はんさつはっこう》

江戸時代に流通した通貨は金貨・銀貨・銭貨の3種だが、これに藩札が加わる。藩札は藩内でのみ通用する地域通貨である。日本で初めて藩札を発行したのは福井藩四代藩主松平光通《みつみち》で、藩財政難を打開すべき政策の一つとして幕府の許可を得、寛文元年(1661)8月に実施した。藩札発行にあたり、有力商人の荒木七郎右衛門・駒屋善右衛門の私邸に札所を設け、元締めとして発行を請け負わせた。他に補助として8名を両替業にあたらせ、郊外4カ所に分所を設営した。さらに藩内に札所目付を新設し業務を監督させた。藩札は十匁《もんめ》札・五匁札・四匁札・三匁札・二匁札・一匁札・五分《ぶ》札の7種を発行し、十匁銀札では長さが14センチ幅4センチと縦長で越前特産の「鳥の子紙」を使用している。藩札は福井藩の発行をきっかけに、全国的に発行されるようになる。

歴史

新田義貞戦没の地《にったよしさだせんぼつのち》 1

江戸時代に発見された義貞の冑

福井市新田塚は新田義貞の戦没地といわれている。南北朝の戦乱期、足利尊氏《たかうじ》と対立していた新田義貞は、建武三年(1336)尊氏との戦いに敗れ、恒良《つねなが》親王を奉じて北陸に下向した。越前に入った義貞は、金ヶ崎城で足利勢を迎え撃つも、斯波《しば》高経《たかつね》に攻められ落城。恒良親王は捕らえられてしまう。その後、杣山《そまやま》城で一度は勢力をもりかえしたが、藤島城を攻める途中、灯明寺畷《なわて》付近で矢傷を負い自害した。明暦二年(1656)百姓嘉兵衛が水田から古びた冑《かぶと》を発見。福井藩軍学者井原番右衛門が戦死した義貞のものであると鑑定し、この場所を義貞戦死の地とした。万治三年(1660)には四代藩主松平光通が「暦応元年閏七月二日新田義貞戦死此所」と刻んだ石碑を建立している。以来この付近を新田塚と呼ぶようになった。

燈明寺畷新田義貞戦没伝説地△

福井県福井市新田塚町
JR 北陸本線福井駅下車バス

人材登用に見る、先見の明

江戸コラム 松平春嶽《まつだいらしゅんがく》(慶永《よしなが》)の改革

文政十一年(1828)、徳川御三卿である田安家に生まれる。幼名は錦之丞、名は慶永、春嶽は号である。福井藩主松平斉善《なりさわ》の没後養子となり、天保九年(1838)、福井藩十六代藩主の座に就くと、藩の財政復興を中心とする藩政改革に着手し、本多修理、中根雪江《せっこう》、鈴木主税《ちから》、橋本左内《さない》といったすぐれた藩士の登用により、倹約の奨励、財政整理など藩政を推進した。さらに熊本から横井小楠《しょうなん》を招き建策を取り入れ、改革の実効をあげた。また、若い藩士には洋学教育を奨励し、藩校明道館や洋書習学所の創設など、教育の刷新も図る。医療や福祉の面でも手腕を発揮し、医師笠原白翁《はくおう》の意見を聴き入れて、当時領内に大流行していた天然痘対策として種痘所を設け士民に施した。黒船来航以降は、幕政改革の必要性を主張し、対米条約や将軍の継嗣問題では、一橋(徳川)慶喜《よしのぶ》を推す一橋派の中核として、紀伊の徳川慶福《よしとみ》を推す井伊直弼《なおすけ》ら紀伊派と激しく対立した。安政五年(1858)、大老井伊直弼は尊王攘夷《そんのうじょうい》派に対して厳しい弾圧を行い(安政の大獄)、春嶽は隠居・謹慎を命じられる。文久二年(1862)、政界復帰し政事総裁職に就任。将軍後継職の一橋慶喜とともに中根雪江、横井小楠らを用いて幕政改革に着手し、参勤交代の緩和を断行、公武合体を主張したが挫折する。維新後は、議定、内国事務総督、民部卿、大蔵卿を歴任し、明治三年(1870)、公職を退き著述に専念する。『逸事史輔』など多くの著作がある。

越前国出身の有名人

名前	生没年	概要
松平光長	1615-1707	越後国高田藩藩主
近松門左衛門	1653-1724	人形浄瑠璃、歌舞伎の作者
鶴賀若狭掾	1717-1786	新内節の祖
間部詮勝	1804-1884	鯖江藩主
橘曙覧	1812-1868	歌人。『志濃夫廼舎歌集』
由利公正	1829-1909	幕末から維新期の政治家。五箇条の御誓文の原案を起草
橋本左内	1834-1859	越前藩士。安政の大獄で死罪
松旭斎天一	1853-1912	明治期の奇術師。父は福井藩士
佐々木小次郎	生没年不詳	武芸者・剣術家

この人に注目

住友政友《すみともまさとも》

天正十三年(1585)~承応元年(1652)

越前国丸岡の武家出身で、後の住友財閥の祖として有名。12歳で京に上り、空源を開祖とする仏教の新宗派・涅槃宗《ねはんしゅう》に入信し、空禅という僧侶になった。幕政により涅槃宗は迫害され、寛永の頃に空禅は還俗する。政友は京都の仏光寺通りで「富士屋」という薬店を始め、薬以外にも本を扱い、仏教書『往生要集』、馬術を記した『驊騮《かりゅう》全集』、鎌倉幕府の法典『御成敗式目』などを出版。義兄・蘇我理右衛門《そがりえもん》の銅吹きの技術とともに住友財閥の基礎を築いた。

伝説

東尋坊《とうじんぼう》 2

破戒僧東尋坊を突き落とした断崖絶壁

荒波によって岸壁が侵食され巨大な角柱を林立させる東尋坊は、越前随一の景勝地である。東尋坊の由来は、九頭竜川《くずりゅうがわ》上流にある平泉寺に東尋坊という破戒僧がおり、その行動に困った寺の者たちが、この絶壁から突き落として殺してしまった。以後この場所を東尋坊の名で呼ぶようになったのだという。

福井県坂井郡三国町
北陸自動車道金津 IC から車で 25 分

現存する最古の天守

丸岡城《まるおかじょう》 3

一向一揆の勢いが強かった越前国に信長は柴田勝家を置き、甥の勝豊が丸岡に城を築いた。初層の大入母屋の上に望楼をのせただけの外観で天正四年の建築とされ、初期の望楼天守の遺構をよく残している。城主は頻繁に変わり元禄期に有馬氏が入部、明治に至った。

福井県坂井郡丸岡町
北陸自動車道丸岡ＩＣから車で5分

越前国の伝説

照日《てるひ》の前《まえ》と継体天皇《けいたいてんのう》（福井市）

昔、男大迹皇子《おおどのおうじ》という応神天皇の子孫が味間野に住んでいました。男大迹皇子には寵愛している照日の前という女性がいました。照日の前がたまたま実家に帰っているとき、武烈《ぶれつ》天皇が崩御したため男大迹皇子が天皇として迎えられることに決まり、男大迹皇子はあわただしく都へ上って行かれました。照日の前には使者が差し向けられ、形見の花籠といずれ宮中へ呼び寄せるという文が届けられます。照日の前は突然の別れを悲しみましたが、男大迹皇子の言葉を信じ迎えを待つことにしました。

男大迹皇子は即位して継体天皇となりましたが、いくら待っても照日の前のもとへ使者はやってきません。君への思いに身を焦がした照日の前は、はるか都を目指して旅立ちました。長旅の間に狂女と見間違えるような姿になった照日の前は、紅葉見物をする継体天皇の一行に出会います。狂女と思われお供に追い払われそうになった照日の前は、形見の花籠を差し出します。ようやくその女が照日の前だと気付かれた天皇は迎えを差し向けなかったことを詫び、照日の前を女御として迎えたのでした。

足羽山頂上の継体天皇像△

越前国不思議な話

淵《ふち》の主《ぬし》（福井市）

昔、越前の殿様が足羽川の上流の獺が淵で漁をしようとした。するとたちまち大鯰《なまず》が現れて殿様に襲い掛かった。一目散に逃げ出し近くの本向寺に逃げ込もうとした殿様に、住職が法衣を掛けると大鯰はたちまち消え失せたという。その時の法衣が宝物として寺に残っているそうだ。

若狭国《わかさのくに》
（福井県）

若狭国は立石岬以西の福井県とその範囲がほぼ合致する。丹後街道や若狭路などが交わる小浜を中心に栄えた。若狭浦や丹生浦、三方湖など景勝地が多い。海産物を豊富に産出した。

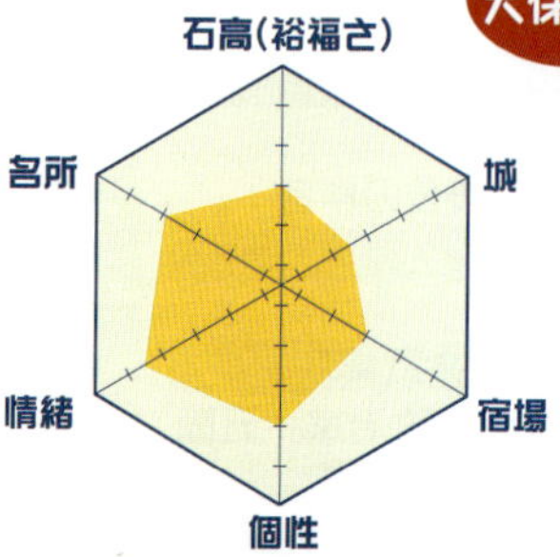

天保年間 知っとくDATA

推定人口	84,366人（1834年）
名産品	若狭小鯛、若布 若狭鰈、硯石 黒碁石、鮒、公魚
名物	蒸し鰈、酒
埋蔵金噂話	少 ～ 多
代表的妖怪	河童

江戸時代末期と現在の比較

若狭国 御家表変遷

天保九年(1838)
～廃藩置県を経て現代まで

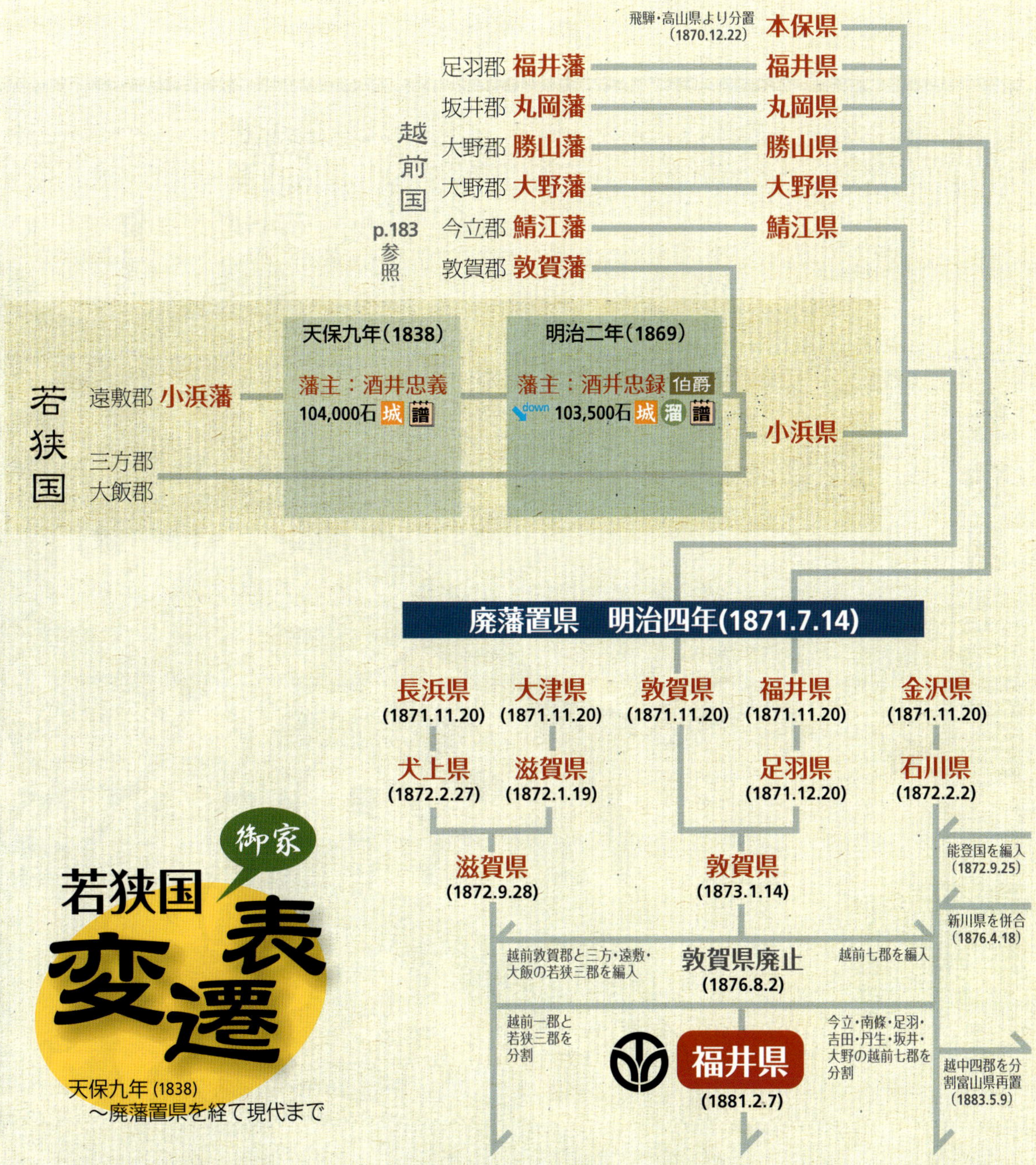

若狭国のあらまし

若狭は鎌倉時代は比企氏、津々見《つつみ》氏などが守護職となり、南北朝から室町時代には斯波《しば》氏や近江源氏の佐々木導誉《どうよ》が守護職を務めた。国内は直接戦火にさらされることはなく、戦乱の京からの避災地となった。その後、甲斐武田氏の分流である武田氏が守護となって世襲し、永禄十年(1567)義統が没するまで武田氏が支配する。

織田信長全盛時には織田家の重臣・丹羽長秀が若狭に封ぜられ、豊臣秀吉の時代には五奉行首座・浅野長政が領主となる。慶長八年(1603)、徳川家康が征夷大将軍となり江戸幕府が開かれると、若狭小浜藩には外様の京極高次《たかつぐ》が封ぜられた。小浜城は高次によって築かれたが、京極家は二代忠高の時に出雲に転封となる。のち寛永十一年(1634)に武蔵国川越から家光の時に大老になった酒井忠勝が入部し、越前敦賀と合わせて11万石を領した。以後若狭国は幕末まで一貫して酒井家が統治した。

若狹國上
東
三十三
丹波国
近江国
近江国
越前国
遠敷郡
三方郡
国分寺
国分
北川
上瀬社
一宮
遠敷社
海光寺
小濱
井ノ川
若狭浦
三方湖
ワケ社
常神社
常神
御神山
小川
海山
阿野
三方
倉見
松田
佐垣
新庄
里市
山上
佐田
北田
金山
竹波
丹生
丹生浦
ヒツ川
日笠
熊川
神谷
葛村
遠島
多田岳
東市場
丸山
唐船

若狭國
西
北
大飯郡
中村
上川
笠原
高濱
青戸
和田
本郷
青島
大島
板本
堂本
牧谷
井上
深谷
ヒサ坂
伊賀谷
北畑
三松
上鎌倉
青葉山
上瀬
園辺
タナノ岸
イタタノ
青井山
三子島

若狭国

名所旧跡見聞録

安藤広重 / 六十余州名所図会
「漁船鰈網」

歴史

小浜《おばま》騒動《そうどう》

米価高騰に対する農民の怒り

天保四年（1833）若狭を襲った凶作は、この地方の米価を著しく高騰させた。そうした中、小浜鵜羽《うわ》小路《こうじ》の木綿屋伝助という米商人が名田《なた》庄《しょう》谷《だに》三重の米を買い占め、村では売らずに東丹波で売って儲けているとの話が百姓たちの耳に入った。以前から米商人たちに苦しめられていた名田庄の百姓たちは、大挙して伝助の屋敷に押し掛けると家の中を打ちこわした。暴徒と化した百姓たちの怒りはとどまらず、日頃から暴利をむさぼっている米屋や酒屋十数軒を襲い店を破壊した。暴徒の数はしだいにふくれあがり最終的には数千人にもなったといわれている。小浜藩は、暴れまわる百姓たちをなかなか押さえることができず、最後には鉄砲を使ってなんとか鎮圧することができた。2日で鎮圧されたこの打ちこわしで100人ほどの百姓が捕らえられ牢に入れられたという。

歴史

神宮寺《じんぐうじ》のお水送《みずおく》り

毎年催される幻想的な「お水送り」の神事

若狭一宮若狭彦神社の南東にある神宮寺は、和銅七年（714）滑元《かつげん》和尚が創建といわれ、「お水送り」の寺で知られている。奈良東大寺二月堂では、二月堂の石段の下にある閼伽井屋《あかいや》で香水を汲み、それを本堂の仏前に供える「お水取り」の儀式が行われる。その閼伽井屋の香水は若狭国遠敷《おにゅう》川上流の鵜ノ瀬から送られてくる水だといわれており、毎年3月には神宮寺内で汲み上げた香水を鵜ノ瀬に流し込むお水送りの神事が行われている。そのため神宮寺は別名「お水送り堂」と呼ばれ、鵜ノ瀬から糠を流すと閼伽井屋に浮かび上がってくるともいわれている。

強固な岩盤に阻まれた運河工事

浦見川開削《うらみがわかいさく》 1

久々子《くぐし》湖、日向《ひるが》湖、水月《すいげつ》湖、菅《すが》湖、三方《みかた》湖の5つの湖からなる三方五湖は、現在は水路で結ばれており、久々子湖と日向湖は、日本海にも通じている。三方郡郡《こおり》奉行の行方久兵衛《なめかたきゅうべえ》は、この三方五湖のうち、当時の技術では不可能といわれた、水月湖と久々子湖の間の小山を人工的に切り開く難工事を敢行し、浦見川を完成させている。その昔、三方湖と水月湖の水は、玉尾山の東を回って久々子湖に流れ込んでいたが、寛文二年（1662）に起きた大地震で、この地は大きな地殻変動と想像を絶する災害に見舞われ、川と湖は氾濫して村々を覆い隠し、田畑は水底に消えた。そこで藩主は、行方久兵衛を奉行として新田の開発を命じ、水月湖と久々子湖を結ぶ運河、浦見川の大工事が始まる。しかし、この工事は、幾多の難工にぶつかるものであった。苦しい立場に立たされた久兵衛は、宇波西《うわせ》神社に毎夜参拝し、祈願を続けたという。普請中止の評議が出るなかで、ある日、神前でまどろむ久兵衛に神の声が聞こえた。その仰せのとおり工事を再開すると、不思議なことに岩盤を切り開くことができ、工事はどんどん進展した。そして大地震以来氾濫していた濁水は一気に久々子湖へ流れ出し、新田が誕生したのである。その岩肌を見れば工事がいかに困難を極めたかがわかる。「掘りかけて通らぬ水のうらみこそ　底なめかたのしわざなりけり」当時、久兵衛が詠んだ歌である。

福井県三方郡三方町

◁三方五湖

若狭国出身の有名人

名前	生没年	概要
中川淳庵	1739-1786	江戸時代の蘭方医
梅田雲浜	1815-1859	尊攘派志士
幾松	1843-1886	木戸孝允の妻

この人に注目

伴信友《ばんのぶとも》

安永二年(1773)~弘化三年(1846)

若狭国小浜藩士・山岸家に生まれたが、のちに伴信當《のぶまさ》の養子となる。信友は若年より国学に興味を持ち、本居宣長の『古事記伝』などを読み、さらに関心を深めた。享和元年(1801)、宣長に弟子入りを志願するも、宣長の死により願いはかなわなかった。しかし、宣長の養子・本居大平などの計らいにより、宣長没後の門人と認められる。実証主義による国学の研究に力を注ぎ、『鈴屋翁略年譜』『日本書紀考』『比古婆衣《ひこばえ》』などを著した。

歴史

鯖街道《さばかいどう》と熊川宿《くまかわしゅく》 2

京と日本海を結ぶ物流の道

若狭・小浜で陸揚げされた鯖などの海産物や物資は、主に水坂《みさか》峠を越える若狭街道を経て京都に送られた。そのため、このルートは鯖街道と呼ばれた。鯖街道の途中、遠敷郡上中町《おにゅうぐんかみなかちょう》の国道303号線沿いに熊川宿がある。天正十七年(1589)藩主・浅野長政の命により作られた宿場町で、約1キロの区間に屋敷や土蔵などの昔ながらの町並みが残る。歴史街道や国の重要伝統的建造物郡保存地区に指定。町中を用水路・前川《まえがわ》が流れるので、水の郷100選にも選ばれた。

熊川宿▷

貿易で繁栄した港町

小浜城《おばまじょう》 3

関ヶ原役後、若狭に入部した京極高次は、若狭湾青戸の海に臨む岬に築城を開始したが、途中で松江に転封、川越から酒井忠勝が入封して三層の天守を造営した。以来明治に至るまで酒井氏の城下町で日本海と京、大坂を結ぶ港町として発展した。天守台の石垣が残る。

福井県小浜市城内

JR小浜線小浜駅下車バス

若狭国 幕末伝

梅田雲浜《うめだうんぴん》

梅田雲浜は文化十二年(1815)、若狭小浜藩士矢部岩十郎の子として小浜町に生まれ、祖父の生家梅田家の養子となる。藩校順造館で学び、天保元年(1830)16歳の時江戸へ出て山崎闇斎派の藩の儒官山口菅山に学んだ。さらに近江に赴き上原立斎の門下に入る。立斎の娘を妻とし湖南塾を開いた。天保十四年(1843)京都に移ったが、藩主酒井忠義に藩政や海防策などでたびたび建言したため藩籍を削られてしまう。

嘉永六年(1853)、ペリーの来航により雲浜の尊攘派志士としての活躍が始まった。頼三樹三郎や吉田松陰、水戸浪士らと攘夷のために奔走し、ロシア艦来航の折には襲撃を計画する。安政五年(1858)、条約勅許問題が起きると積極的に宮家に接近して攘夷を果たそうと計画を練った。さらに将軍後継問題では一橋慶喜を推し、大老井伊直弼の排除を企てる。これが幕府の知るところとなり、吉田松陰・橋本左内らとともに捕縛された。安政の大獄である。雲浜が一人目の逮捕者であったといわれている。

江戸に護送された雲浜は小倉藩邸に幽閉されたが全身衰弱により死亡した。45歳であった。近江で得た妻との間には子も生まれたが妻子ともに先立たれ、貧しさの中で志を貫いた雲浜の一生はまさしく志士の名にふさわしいものだった。

若狭国 不思議な話

天狗《てんぐ》の爪《つめ》あと(小浜市)

昔、羽賀寺の住職が天狗と碁の勝負をすることになった。負けたら碁盤の上でしっぺをすることになっていたが、勝負は住職が負けてしまった。潔く手を出した住職だったが、天狗の爪を見て怪我をすると思い手を引いてしまった。爪あとのついた碁盤と折れた爪が寺に残っている。

加茂神社《かもじんじゃ》の子安観音《こやすかんのん》(小浜市)

昔、矢代の浜に中国の船が打ち上げられた。不思議なことに女性ばかりで高い身分の者たちに見えた。村人たちは略奪を行い全員を殺してしまう。それから不幸なことが起きたので村人は悔い改め、奪った宝の中にあった観音を祀ったという。今は加茂神社に子安観音として安置されている。

伊勢国《いせのくに》

（三重県）

伊勢国は志摩半島の先端、布引山地以西及び南部を除く三重県とその範囲がほぼ一致する。東海道の桑名や伊勢街道の津が繁栄した。伊勢神宮を有し、二見浦や不動の滝など景勝地も数多い。

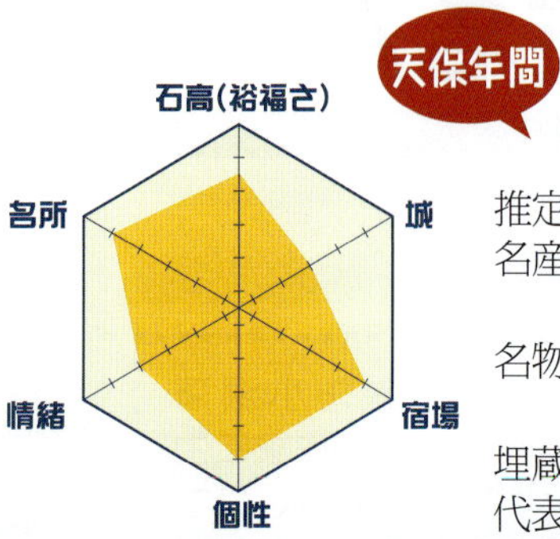

知っとくDATA

推定人口	499,958人（1834年）
名産品	伊勢海老、串柿、水銀、真珠、蛤、鮑
名物	熨斗鮑、伊勢沢庵、関の戸、赤福
埋蔵金噂話	少　多
代表的妖怪	一本だたら

江戸時代末期と現在の比較

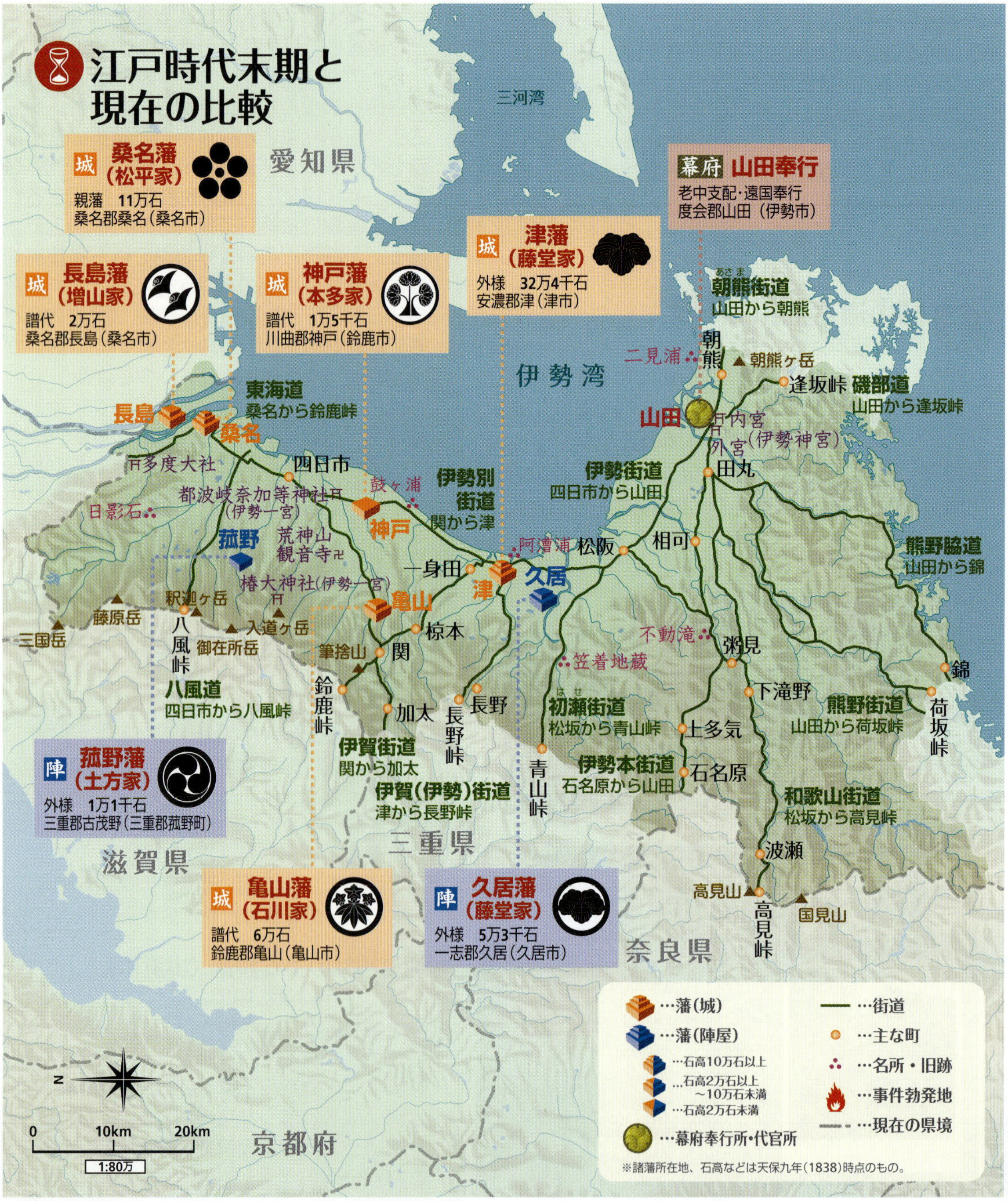

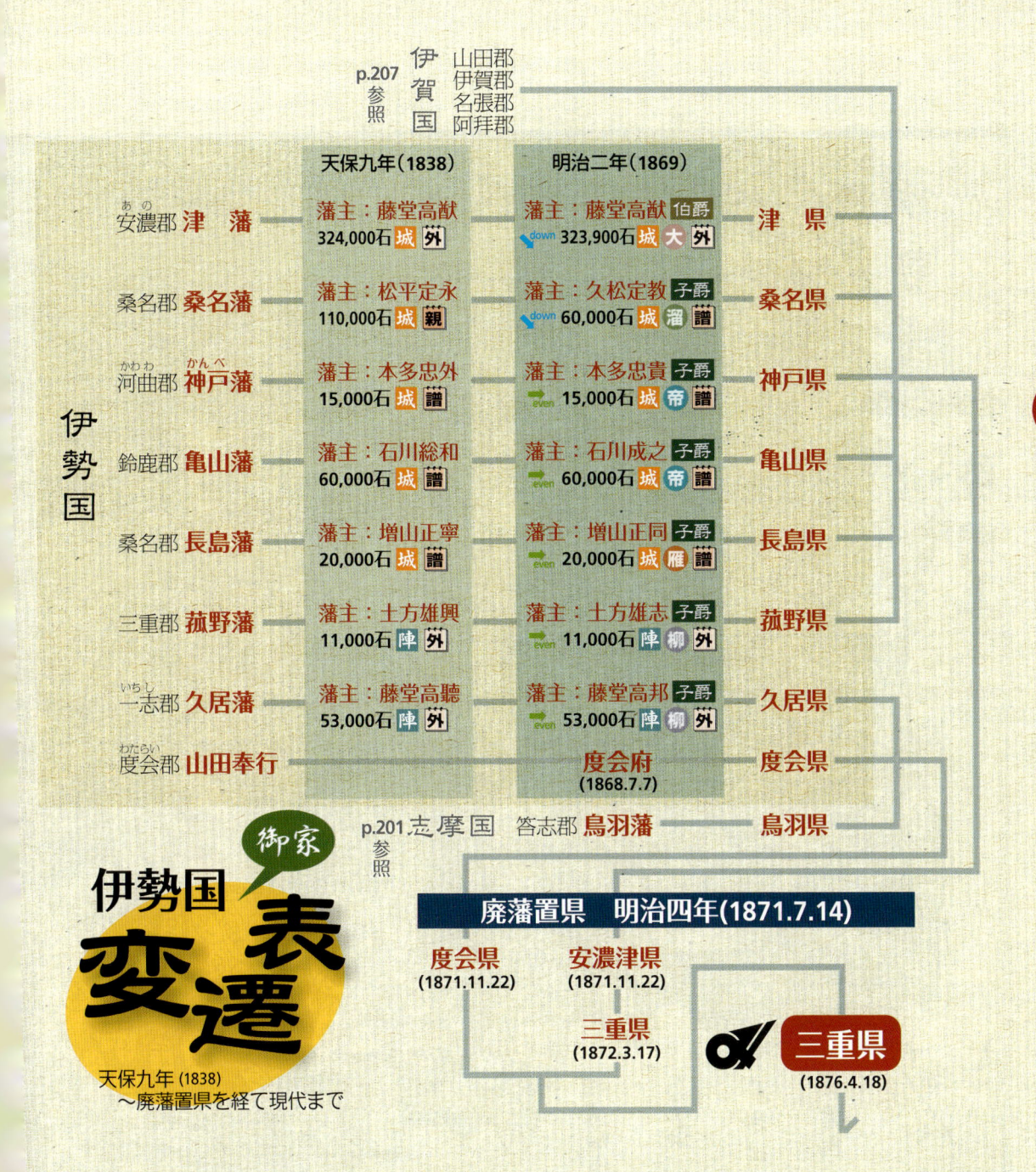

伊勢国 変遷表

御家

天保九年 (1838)
〜廃藩置県を経て現代まで

p.207参照 伊賀国 山田郡 伊賀郡 名張郡 阿拝郡

国	郡	藩	天保九年(1838)	明治二年(1869)	県
伊勢国	安濃《あの》郡	津　藩	藩主：藤堂高猷 324,000石 城 外	藩主：藤堂高猷 伯爵 down 323,900石 城 大 外	津　県
	桑名郡	桑名藩	藩主：松平定永 110,000石 城 親	藩主：久松定教 子爵 down 60,000石 城 溜 譜	桑名県
	河曲《かわわ》郡	神戸《かんべ》藩	藩主：本多忠升 15,000石 城 譜	藩主：本多忠貴 子爵 even 15,000石 城 帝 譜	神戸県
	鈴鹿郡	亀山藩	藩主：石川総和 60,000石 城 譜	藩主：石川成之 子爵 even 60,000石 城 帝 譜	亀山県
	桑名郡	長島藩	藩主：増山正寧 20,000石 城 譜	藩主：増山正同 子爵 even 20,000石 城 雁 譜	長島県
	三重郡	菰野藩	藩主：土方雄興 11,000石 陣 外	藩主：土方雄志 子爵 even 11,000石 陣 柳 外	菰野県
	一志《いちし》郡	久居藩	藩主：藤堂高聴 53,000石 陣 外	藩主：藤堂高邦 子爵 even 53,000石 陣 柳 外	久居県
	度会《わたらい》郡	山田奉行		度会府 (1868.7.7)	度会県
志摩国 (p.201参照)	答志郡	鳥羽藩			鳥羽県

廃藩置県　明治四年(1871.7.14)

度会県
(1871.11.22)

安濃津県
(1871.11.22)

三重県
(1872.3.17)

三重県
(1876.4.18)

伊勢国のあらまし

伊勢は古代から伊勢神宮の神領が多く宗教上の要地であり、畿内とは政治・文化の両面で深いつながりを持っていた。また平家台頭の本拠であり、鎌倉時代後も豪族・小領主などが常に対立していた。南北朝合一の頃、名門・北畠氏が伊勢の守護となったが、永禄十二年 (1569)、天下を望む織田信長によって滅ぼされる。慶長五年 (1600) 関ヶ原の役後は徳川四天王の一人である本多忠勝が桑名に、家康の信頼厚い伊予の藤堂高虎が津に入部して領国の復興に努めた。江戸期に入り政情が安定すると、商都の松坂、湊町の桑名・津・大湊 (伊勢市)、門前町の宇治山田などが繁栄した。民衆の間では伊勢参りが大流行し、全国各地から多数の参拝者が伊勢に押し寄せた。藤堂家は幕末まで津藩を治めたが、桑名藩は本多家が播磨姫路へ転封となり家門の松平久松家が入封する。幕末の桑名藩主定《さだ》敬《あき》は京都所司代を務め、兄の尾張慶勝・松平容保《かたもり》らとともに動乱の時代に重要な役割を果たした。

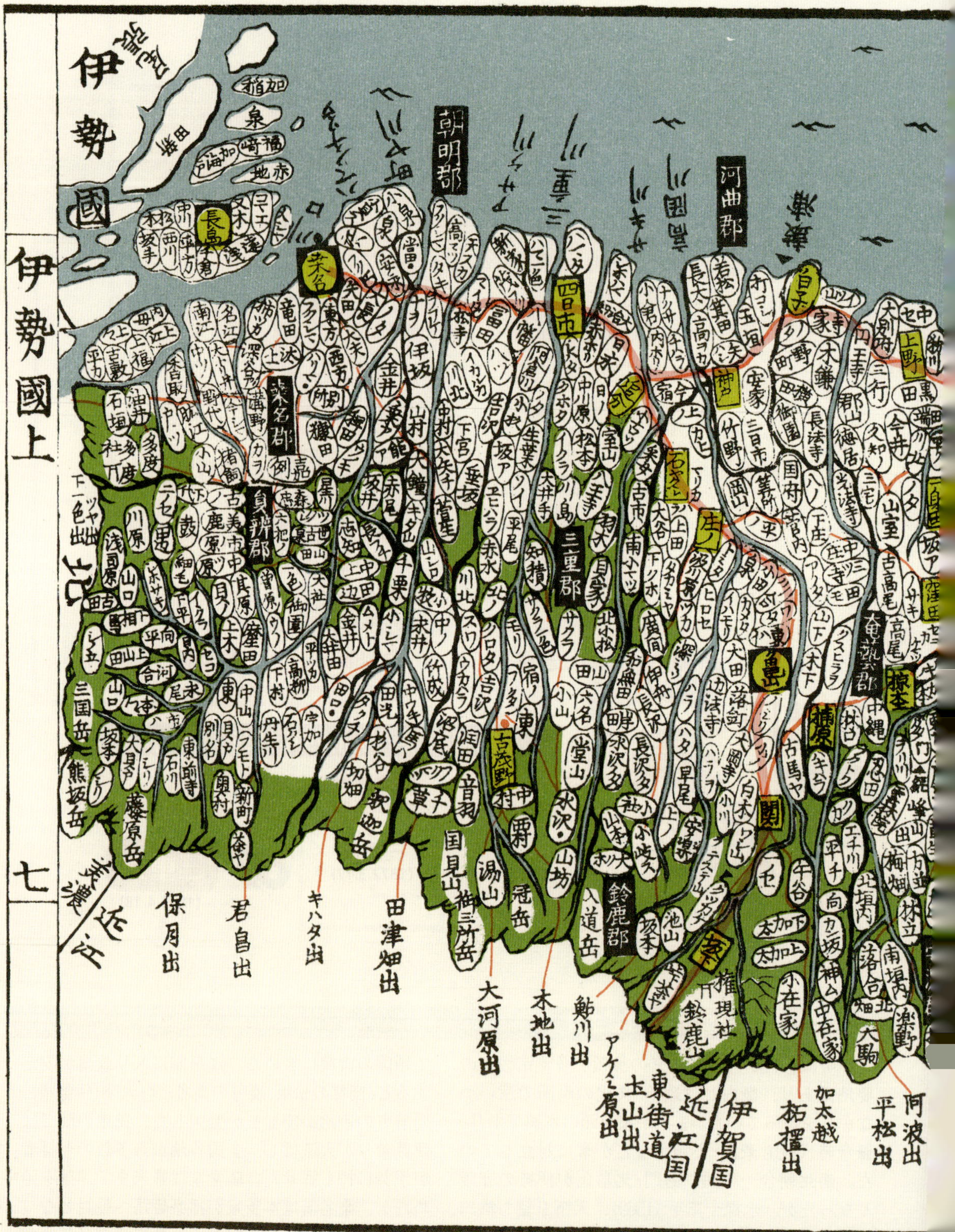
伊勢國上
七
伊勢國
尾張
朝明郡
河曲郡
桑名郡
員辨郡
三重郡
奄藝郡
鈴鹿郡
長島
桑名
四日市
白子
神戸
庄野
亀山
関
坂下
鈴鹿山
権現社
藤原岳
熊坂岳
三国岳
国見山
湯山
入道岳
美濃
近江
保月出
キハタ出
田津畑出
大河原出
土山出
東街道
近江国
伊賀国
加太越
柘植出
平松出
阿波出

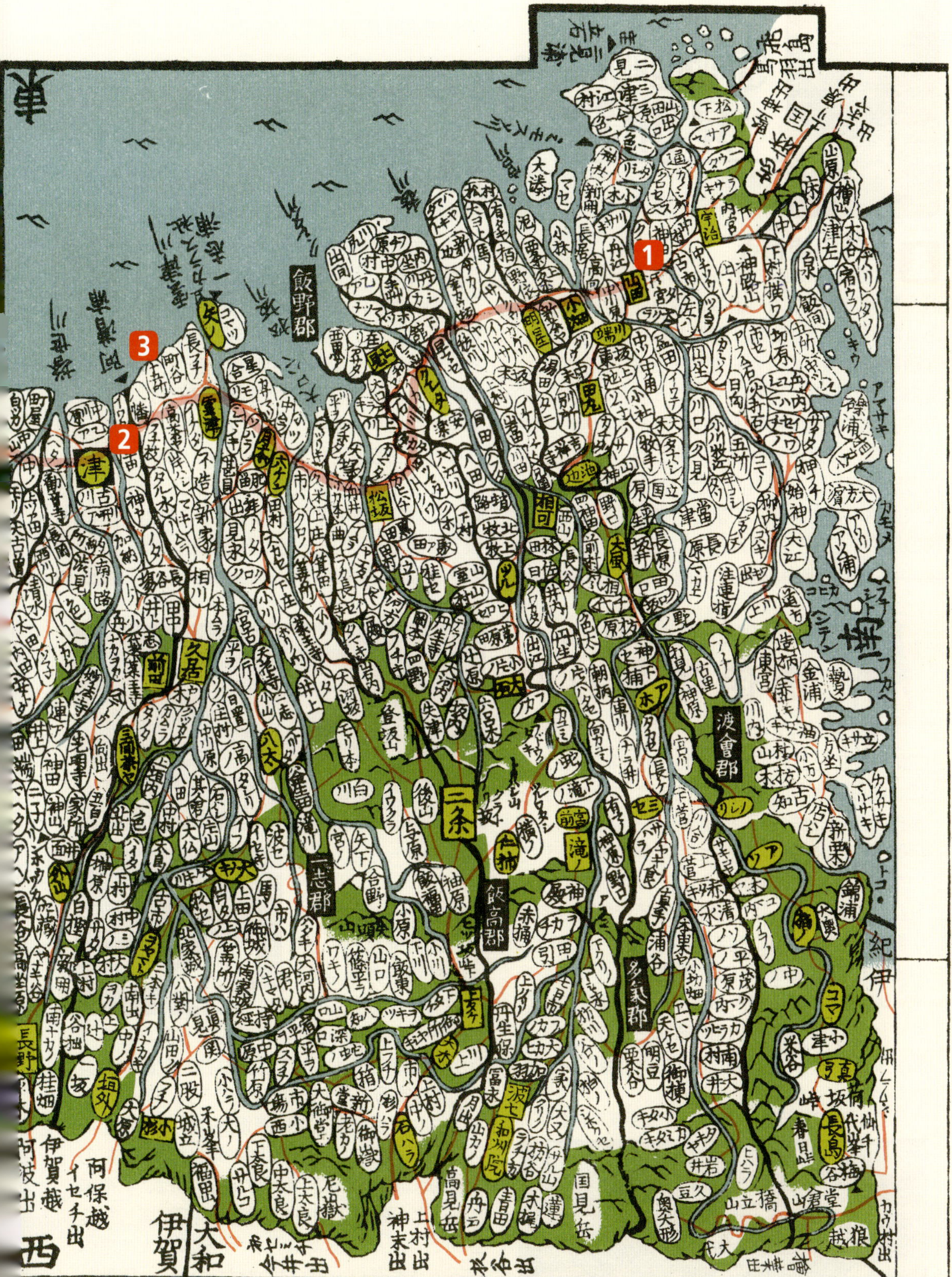
東
西
南
飯野郡
一志郡
飯高郡
多氣郡
渡會郡
伊賀
大和
紀伊
津
松坂
1
2
3

伊勢国 名所旧跡見聞録

安藤広重 / 六十余州名所図会「朝熊山峠の茶屋」

歴史

荒神山観音寺《こうじんやまかんのんじ》

「荒神山の喧嘩」の舞台となった山上の寺

藩や幕府の領地が入り組み、取り締まりの死角にあった荒神山観音寺は、縁日ともなると大掛かりな賭場《とば》が立ち、方々から渡世人が寄り集まった。慶応二年（1866）、縄張りをめぐって起きた神戸の長吉と桑名の穴太徳の争いは、清水次郎長一家が味方についた長吉側の勝利に終わる。しかし、長吉の兄弟分として駆け付けた吉良仁吉《きらのにきち》は、新妻だった穴太徳の妹と離縁してまで喧嘩に臨んだが、戦闘の最中鉄砲で打たれ死んでしまう。この喧嘩は後に『血煙荒神山《ちけむりこうじんやま》』として浪曲や講談でお馴染みとなり、観音寺境内には鉄砲玉の跡が残る鐘と「吉良仁吉之碑」が残っている。

三重県鈴鹿市高塚町
近鉄鈴鹿線平田町駅からバス

歴史

山田羽書《やまだはがき》

日本最古の紙幣は、相互連帯意識のたまもの

日本の紙幣の元祖といわれる信用証券。慶長・元和（1569 ～ 1624）ごろに、伊勢神宮外町である山田の自治をあずかる山田三方の支配下に、仲間と称する組が作られ発行された。伊勢商人たちが信用にもとづく商業手形や貨幣の預かり証として使用した。「羽書」の語源は端数の書付け、あるいは羽が飛ぶように早く流通したからなど諸説あり定かではない。山田羽書が大きく発展した背景には、山田という町の盛大な商業活動はもちろん、自治組織で運営される町という、独特の歴史的風土が大きく影響していると思われる。

非日常へ胸を膨らませる庶民の夢

お伊勢参り 1

「伊勢に行きたい　伊勢路がみたい　せめて一生に一度でも」と、「伊勢音頭」の歌詞にあるように、江戸時代の庶民は一生に一度は伊勢神宮を参拝したいと願っていた。江戸時代にはおよそ年間 60 万人を越える人々が伊勢神宮を参拝していたが、江戸時代中頃からほぼ 60 年周期で見られた「おかげ参り」は、幕末のある年の記録では年間 500 万人以上にもなったという。おかげ参りとは民衆の集団参宮で、街道筋の人々からの施行《せぎょう》のおかげで無銭旅行も可能だったため、 なかには娘だけ、子供だけの参宮もあり、主人に黙って子供数人が無断で出かける「抜け参り」も多かった。通常の場合、伊勢神宮への旅は、村で伊勢講《こう》を組織して旅費を積み立て、農閑期に男性の代表を選んで代参させる方法が一般的だが、関西では男女含めた講員全員で総参りすることも多かったという。

自由な旅が許されない閉鎖的な生活を送る江戸時代の庶民にとって、伊勢参りは幕府公認の開放的な旅であった。伊勢への道中は、京や善光寺などへの遊山や古市の歓楽地で遊興したりと 50 日以上の長旅になり、「伊勢参り大神宮へもちょっと寄り」とうたわれたように、伊勢参りを口実とした気楽で自由な旅へのあこがれが、多くの庶民を伊勢路へと駆り立てたのだろう。

伊勢おはらい町▷

安藤広重 / 伊勢参宮略図并東都大伝馬街繁栄之図▽△

伊勢国出身の有名人

名前	生没年	概要
河村瑞賢	1618-1699	東廻り、西回り航路を開く
食行身禄	1671-1733	江戸中期の富士講行者
野呂元丈	1693-1761	本草学者
沼波弄山	1718-1777	伊勢万古焼の創始者
大黒屋光太夫	1751-1828	漂流民。ロシア女帝エカテリーナ二世に拝謁
宇田川玄真	1769-1834	蘭学者。『醫範提綱』
松浦武四郎	1818-1888	幕末期の北方探検家

この人に注目

三井高利《みついたかとし》（八郎兵衛《はちろべえ》）

元和八年(1622)～元禄七年(1694)

江戸に出店を構え近世の経済界を牛耳った伊勢商人の第一人者。井原西鶴の『日本永代蔵』の中で「大商人《おおあきんど》の手本なるべし」と評された彼は、松坂本町の商家の末子として生まれ、8人兄弟の中でも並外れた商才の持ち主であった。延宝元年(1673)日本橋本町に呉服店（越後屋）、京に呉服仕入れ店を開業。正札からびた一文値引きしない「現金掛値なし」の「店先売《たなさきう》り」、チラシ広告配布など革新的な商法で大成功をおさめる。天和三年(1683)駿河町に移転し江戸両替店《えどりょうがえだな》も開店、巨万の富と不動の名声を得て、三井財閥の基礎を築いた。

この人に注目

本居宣長《もとおりのりなが》

享保十五年(1730)～享和元年(1801)

伊勢国松坂の木綿問屋に生まれる。商人には不向きな性格と折からの家業の不振により、医者を志して京へ上京する。荻生徂徠《おぎゅうそらい》、契沖《けいちゅう》の学問に触れ、国学研究に目覚めた。帰郷後、医業の傍ら賀茂真淵《かものまぶち》を訪ねて門人となり、同時に古事記の研究を託された。後半生を古事記研究に捧げ、寛政十年(1798)、『古事記伝』全44巻を35年かけて完成させた。

築城の名手が築いた城

津城《つじょう》 2

「伊勢は津でもつ　津は伊勢でもつ」と詠われたこの城は、築城の名手藤堂高虎が冨田氏の旧城を修築、城地を拡大して22万石の太守の居城にした。平時は津城を、有事の時は伊賀上野城を詰の城とする構想であった。本丸と西の丸、堀が残り、角櫓が復元されている。

三重県津市丸の内

JR紀勢本線、近鉄津駅からバス

伊勢国の悲話

夜《よる》の虹《にじ》（伊勢市）

雄略天皇の皇女、稚足姫《わかたらしひめ》は斎宮として伊勢神宮の神に仕えていた。ある年、阿閉臣国見《あへのおみくにみ》という者が、稚足姫と姫の世話をしている廬城部連《いおきべのむらじ》武彦《たけひこ》という若者を陥れようと「武彦が稚足姫を懐妊させた」という噂を流した。神聖な斎宮にかかわる風聞はたちまちのうちに都まで広がり、武彦の父はこの噂を聞くと、子の罪が自身にまで及ぶことを恐れ、武彦を誘い出して殺してしまう。雄略天皇は伊勢に使者を送り、稚足姫にこの噂の真偽を問いただした。姫はまったく身に覚えのないことだと弁明し、使者はそれを天皇に伝えたが、噂はなかなか収まらなかった。思いつめた稚足姫はある夜、ひそかに神鏡を持って五十鈴川の岸へ向かい、人気のないことを確かめ鏡を川原に埋めると、神の妻である斎宮としての自分が潔白であることを証明するため、自ら命を絶った。天皇は姿を消した姫を必死に探させ、やがて五十鈴川の川原に大きな虹が立っているのが見つかった。虹の下には神鏡が埋まっており、稚足姫はそのかたわらに冷たく横たわっていた。雄略天皇はその様子を聞き、我が娘の潔白を悟ったという。

伊勢国不思議な話

阿漕《あこぎ》の平次《へいじ》（津市） 3

昔、阿漕浦辺りに住む平次の母が病気になった。平次はヤガラという魚が病に効くと聞いて阿漕浦へ獲りに行く。しかしヤガラは伊勢神宮の供物を取る禁漁区にしかいないことがわかった。平次はひそかに禁漁区へ入りヤガラを捕らえたが、母親のもとにたどり着く前に取締りの役人に見つかって殺されてしまった。平次が死んだ日には浜辺にすすり泣きが聞こえるという。

捕《と》えられた雷神《らいじん》（桑名市）

昔、伊勢桑名の赤須賀という海沿いの地に雷が落ちた。しかし、落ちたところが井戸の中だったので村人が蓋《ふた》をしてしまい、雷神は外に出られなくなってしまった。雷神は村人に二度とこの地に雷を落とさないと約束して逃がしてもらったという。ところが次に雷神は西方という山手の地でたらいの中に落ち、蓋をされて再び捕まってしまった。雷神は泣く泣く赤須賀でしたのと同じ約束をした。だから赤須賀と西方には雷が落ちないのだという。

志摩国《しまのくに》

（三重県）

志摩国は志摩半島の先端をその範囲とし、朝熊街道の鳥羽を中心に発展した。菅島や坂手島などの景勝地や高天原の天の岩戸などの名所を有する。天然の良港が多く海産物を豊富に産出した。

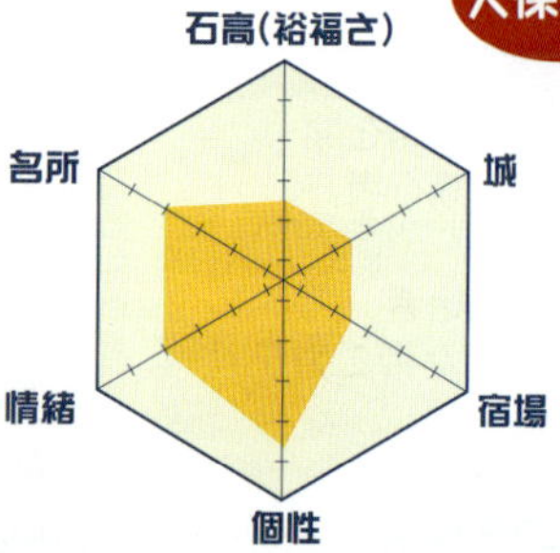

天保年間

知っとくDATA

推定人口	41,888人（1834年）
名産品	常節、鮑、さざえ、鯛、伊勢海老、鯨、五色砂、真珠、
名物	熨斗鮑
埋蔵金噂話	少　多
代表的妖怪	共潜き

志摩国 御家 変遷表

天保九年(1838)
～廃藩置県を経て現代まで

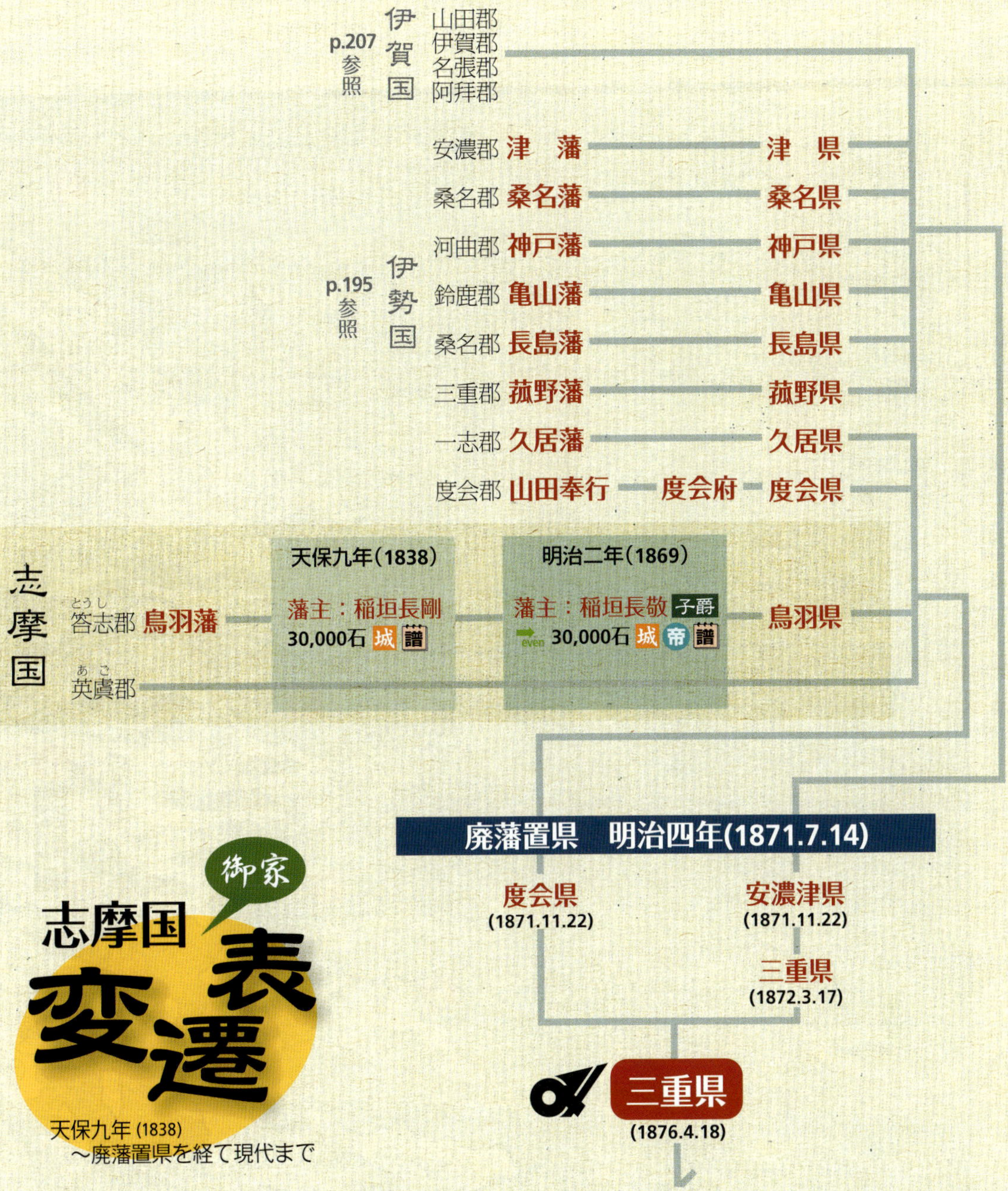

志摩国のあらまし

南北朝の時代、南伊勢から志摩にかけて北畠氏が勢力を持っていた。貞治二年(1363)、紀州の九鬼浦から志摩に進出した九鬼《くき》隆良は波切城《なまりじょう》を築いて北畠氏に属した。戦国時代になると九鬼家五代定隆の次子嘉隆《よしたか》が地頭13人衆を屈服させ、鳥羽城を築いて志摩を統一する。その後嘉隆は戦国最強と謳われた九鬼水軍の将として織田信長に仕え、石山本願寺攻めなどに戦功をたてた。関ヶ原の役の時、嘉隆は西軍について東軍に与した長子守隆《もりたか》と戦って破れ、答志島に逃れて自刃した。守隆はその功によって5万5000石の鳥羽城主となるが、守隆の後継をめぐるお家騒動によって九鬼家は摂津三田《さんだ》へ移され、寛永十年(1633)、内藤忠重が3万5000石で入封する。しかし三代忠勝が芝増上寺の法要で刃傷事件を起こし改易となる。以後土井家や松平大給家、板倉家など譜代大名が次々と藩主を務めたが、享保十年(1725)下野烏山から稲垣氏が3万石で入部し、幕末まで代を重ねた。

上方
33
志摩国

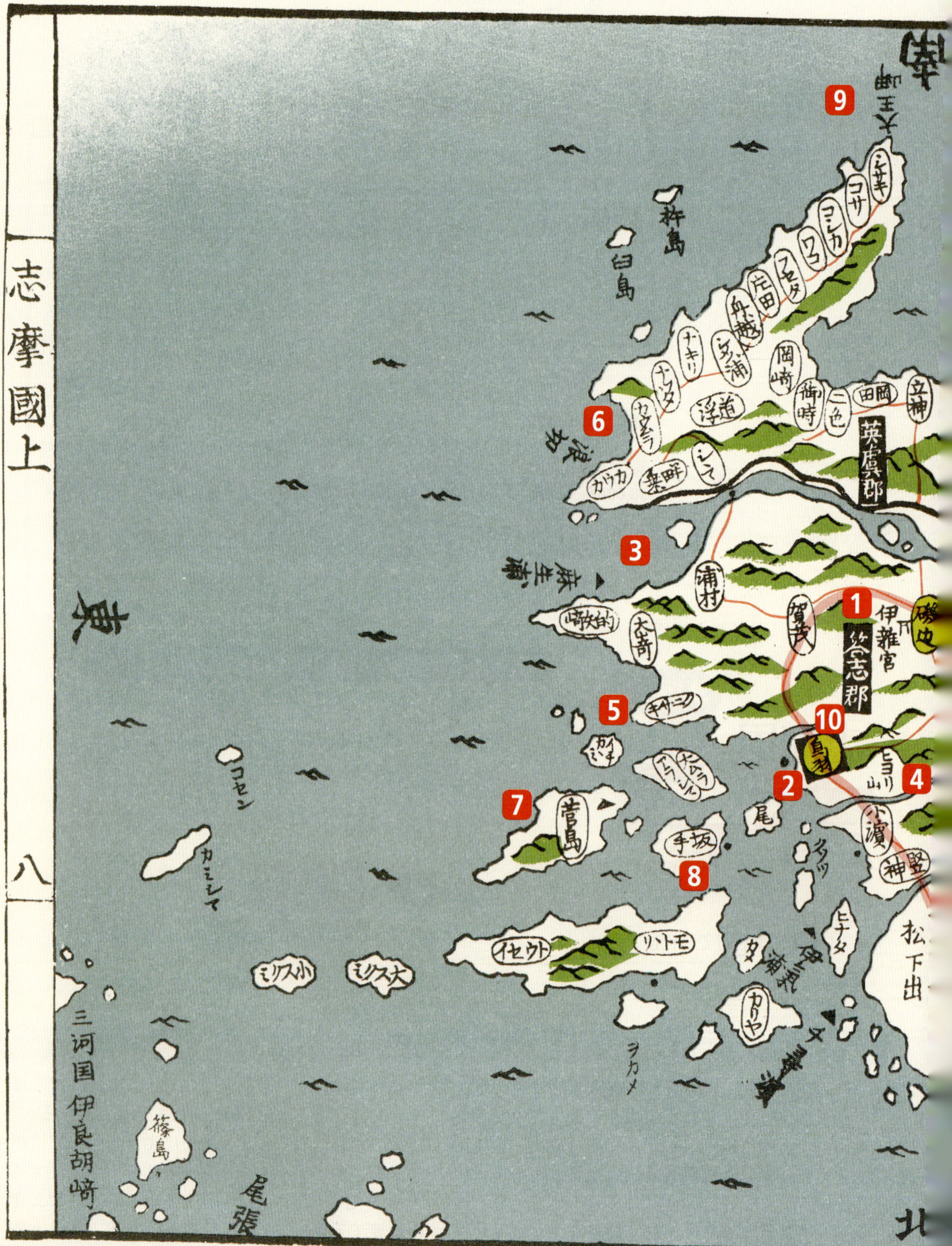
志摩國上
八
東
北
英虞郡
答志郡
伊雑宮
浦村
賀茂
大崎
麻生浦
白島
菅島
手坂
鳥羽
三河国伊良胡崎
篠島
尾張
1
2
3
4
5
6
7
8
9
10

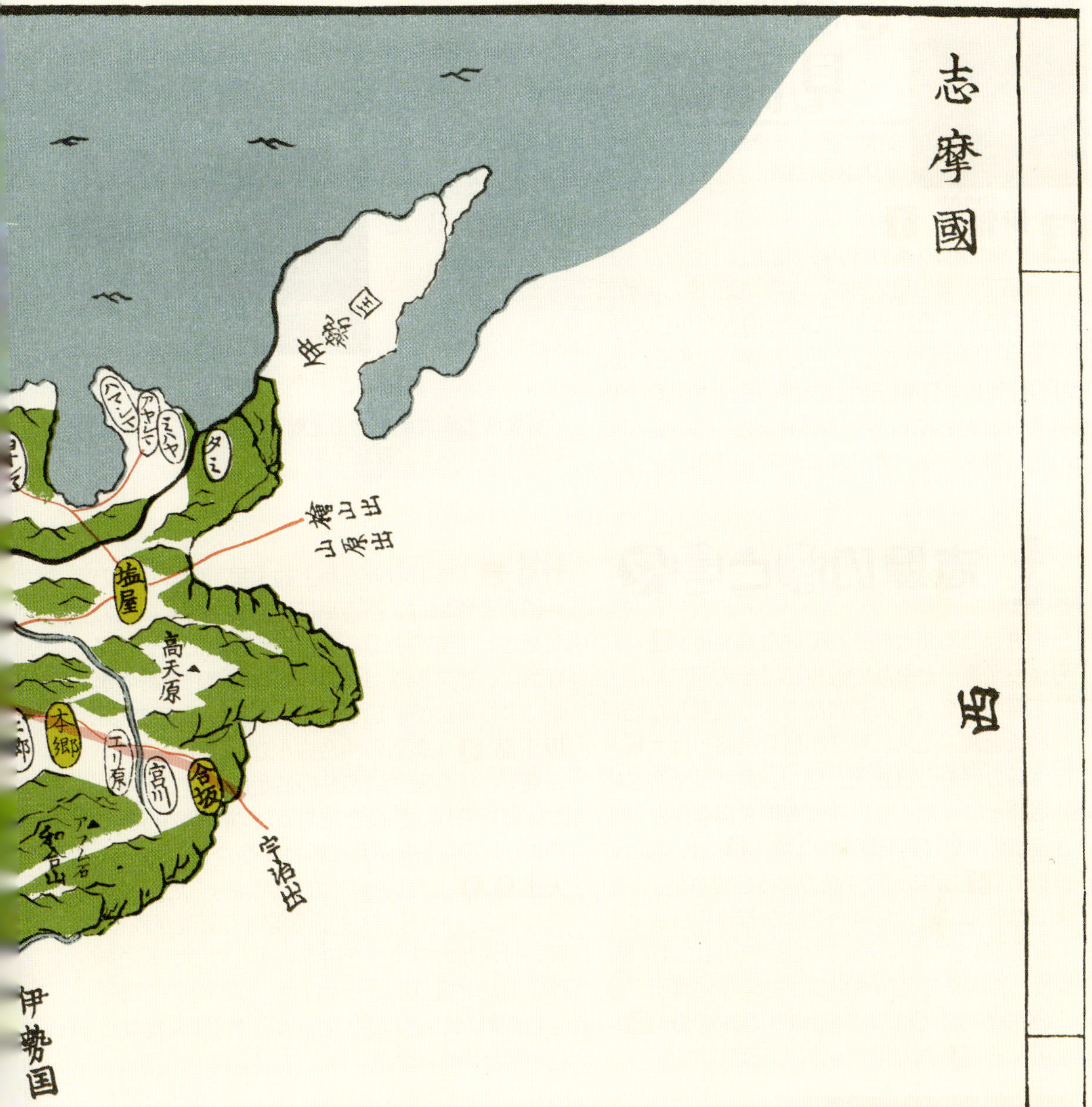
志摩國
伊勢国
タミ
ミハヤ
檜山出
山原出
塩屋
高天原
本郷
エリ原
宮川
合坂
宇治出
アフム石
和合山
伊勢国

志摩国 名所旧跡 見聞録

安藤広重 / 六十余州名所図会
「日和山鳥羽湊」

歴史

伊雑宮《いざわのみや》 1

土地の信仰を集める伊勢の別宮

志摩一宮で伊勢の皇大神宮（内宮）の別宮。伊勢三宮の一つに数えられる名社で地元の人々からは「いぞうぐう」、「いそべさん」と呼ばれ親しまれている。6月の伊雑宮御田植祭は、摂津の住吉神社、下総の香取社とともに日本三大田植祭の一つとして知られる。漁師や海女から信仰が厚い伊雑宮には不思議な伝説が残っている。昔、磯部の海女が海から帰ってこないことがあった。翌日帰ってきたので訳を聞いてみると、潜っているうちに伊雑宮に着いていて桐の小箱を貰ったという。海女はその箱を開けてはいけないと言われていたが、話を聞いた庄屋が奪って開けてしまう。箱の中身は蚊帳《かや》だったが、それ以来海女の家には不幸が続いたそうだ。

△伊雑宮

三重県志摩市磯部町上之郷
近鉄志摩線上之郷駅下車

志摩の湊と島々

中世まで泊浦と称されていた鳥羽湊（2）は、海運の発達にともない近世には船の停泊地点として賑わった。一大消費都市へと発展した江戸へ物資を運ぶため、特に西廻り航路では大坂～江戸間の廻船の行き来が増加、鳥羽は重要な中継地点となった。リアス式海岸を島々がとりまき波が穏やかな鳥羽湊や的矢《まとや》湊（3）は、高台の日和山《ひよりやま》（4）から天候や潮の具合を観察し、下田までの航海に適した頃合をはかる風待ち湊として役割を果たしていた。また志摩付近には突風、豪雨、岩暗礁など海難事故が絶えない難所が多く、船乗りの間では「伊勢の神崎、国崎の鎧《よろい》（5）、波切《なまり》大王（6）がなけりゃよい」と謡われた。

菅島《すがしま》 7 **:** 鳥羽の東方海上約1里（3キロ余）の沖にある菅島は、答志島《とうしじま》に次いで大きく、鮑《あわび》の産地として知られる。北東端の岬上に立つ菅島灯台は、寛文年間（1661～1673）に河村瑞軒《ずいけん》の建議により幕府が建てた日本初の公設灯台である。

坂手島 8 **:** 鳥羽の沖合約9町（1キロ）に浮かぶ島で、江戸時代は若芽《わかめ》の名産地として知られた。江戸時代、悪疫を鎮めるために始められた棒ねり行事は毎年7月に行われる。

大王島 9 **:** 大王崎の沖にある島。「だんだらぼっち」という片目・片足の怪物の伝説が残る。賢い村人が大ワラジを編み、千人力の巨人にあげるのだと言うと、そんな巨人がいたのではとても敵わないと「だんだらぼっち」は現れなくなったという。

東京海洋大学所蔵

△安永九年（1780年）頃の海図（鳥羽を中継地点に熊野大島から伊豆下田までの航路が示されている。）

志摩国出身の有名人…

この人に注目

御木本幸吉《みきもとこうきち》

安政五年（1858）〜昭和二十九年（1954）

志摩国鳥羽に代々続くうどん製造・販売業「阿波幸」の長男として生まれる。早い時期から商才を発揮し、青物行商や、米穀業を営む。明治十一年（1878）東京への旅行中、真珠に興味を持ち、以後、英虞湾において真珠養殖の研究を始めた。明治二十六年（1893）半円真珠の養殖に成功した幸吉は、その6年後東京銀座に御木本真珠店を開き、生産から加工・販売を一手に行った。明治三十八年（1905）には世界で初めて円形真珠の養殖に成功した。昭和四年（1929）、流行発信地パリに支店を出し、その養殖真珠は「ミキモトパール」として国内外から高く評価され、御木本は「真珠王」と称された。

江戸時代の食文化 -07

てごね寿司《ずし》

今も昔も伊勢志摩名物

recipe

1 マグロの刺身を 1cm 角に切り漬け汁に 1 時間程漬ける。
2 新生姜、茗荷を刻んで寿司飯に混ぜる。
3 2 を盛りつけた上に 1 を並べ、1cm 角に切った厚焼き卵と刻んだ大葉、海苔を散らす。

材料
まぐろ…300g
寿司飯…3 合分
厚焼卵…2 個分
大葉、新生姜、海苔、茗荷…適量
漬け汁：みりん…大さじ 1
たまり醤油…大さじ 2

編集部でやってみた！

おいしさ	★★★★
見た目	★★★★
難易度	★★
総合	★★★★

九鬼水軍の海城

鳥羽城《とばじょう》 10

織田信長の水軍の将である九鬼嘉隆は、大坂の本願寺勢を救出に現れた毛利水軍を大坂湾入口で散々に破り、九鬼水軍の名を轟かせた。伊勢湾にのぞむ海城で、子の守隆が摂津三田に移封された後、譜代が続き稲垣氏の代で明治を迎えた。天守閣の石垣や石塁の一部が残る。

三重県鳥羽市鳥羽
JR 参宮線鳥羽駅下車

志摩国 戦国最強の水軍

陸《りく》に上《あ》がった水軍《すいぐん》

伊勢志摩には古来多くの水軍が存在していた。戦時以外は海賊と呼ばれ、海上を制し秩序を取り締まる役割をもっていた。海賊は軍事力であると同時に物資を運搬する廻船業者でもあり、その経済力も決して些少《さしょう》なものではなかった。伊勢志摩の近海では、各水軍が海上の支配権をめぐって常に勢力争いを繰り広げていた。その争いの中、織田信長の助けを借りて海賊を鎮圧し、志摩地方を治めたのが九鬼嘉隆の勢力である。九鬼水軍は瀬戸内海の村上水軍とともに戦国最強と並び称される戦力を誇っていた。

九鬼氏は南北朝の動乱期に鳥羽など志摩全域を勢力下に収め、嘉隆の代になって織田信長に仕える。宗教勢力の打破を目指す信長の意向により、嘉隆は伊勢長島の一向一揆を攻めて功績を上げ、さらに石山本願寺攻めでも活躍した。豊臣家の天下となると、文禄・慶長の朝鮮出兵に軍船を供出している。

しかし、慶長五年（1600）関ヶ原の役のとき、嘉隆が西軍に、嘉隆の嫡子守隆が東軍に与し親子が相争うこととなる。敗れた嘉隆は答志島へ逃れ、そこで自刃した。功を認められた守隆は志摩の領土を安堵される。しかし徳川幕府はその後、各地の大名に大型船の所有を禁じてしまう。九鬼家は父祖伝来の武器を取り上げられてしまい、さらに守隆の死後は後継者をめぐって家内が分裂したため、九鬼家は摂津三田及び丹波綾部へ転封となった。二家に分かれた九鬼家が封ぜられたのは、いずれも水軍を養うことができない場所であった。九鬼水軍はこうして永遠に失われたのである。

△九鬼嘉隆首塚

△九鬼嘉隆胴塚

伊賀国《いがのくに》

（三重県）

伊賀国は布引山地以西の三重県とほぼその範囲が合致する。上野を中心に発展した。木材や黒石のほか伊賀焼や組紐の産地としても知られる。津藩藤堂家に統治された。

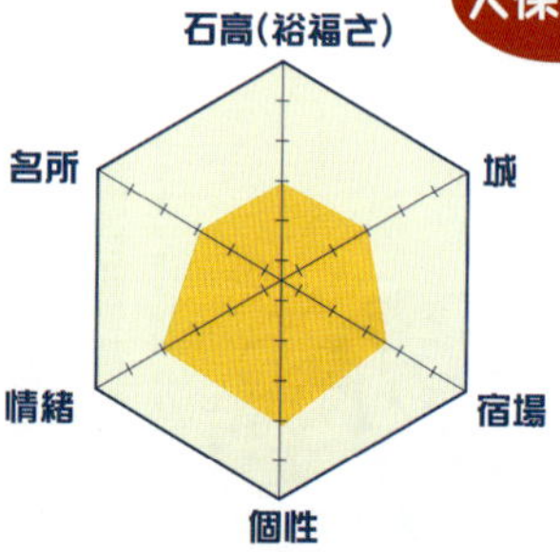

天保年間

知っとくDATA

推定人口	89,243人（1834年）
名産品	紅花、煙草、松茸、榧実、黒石、石灰、伊賀焼、組紐目薬、土鈴
埋蔵金噂話	少　多
代表的妖怪	狒々

江戸時代末期と現在の比較

伊賀国 御家 変遷表

天保九年 (1838)
〜廃藩置県を経て現代まで

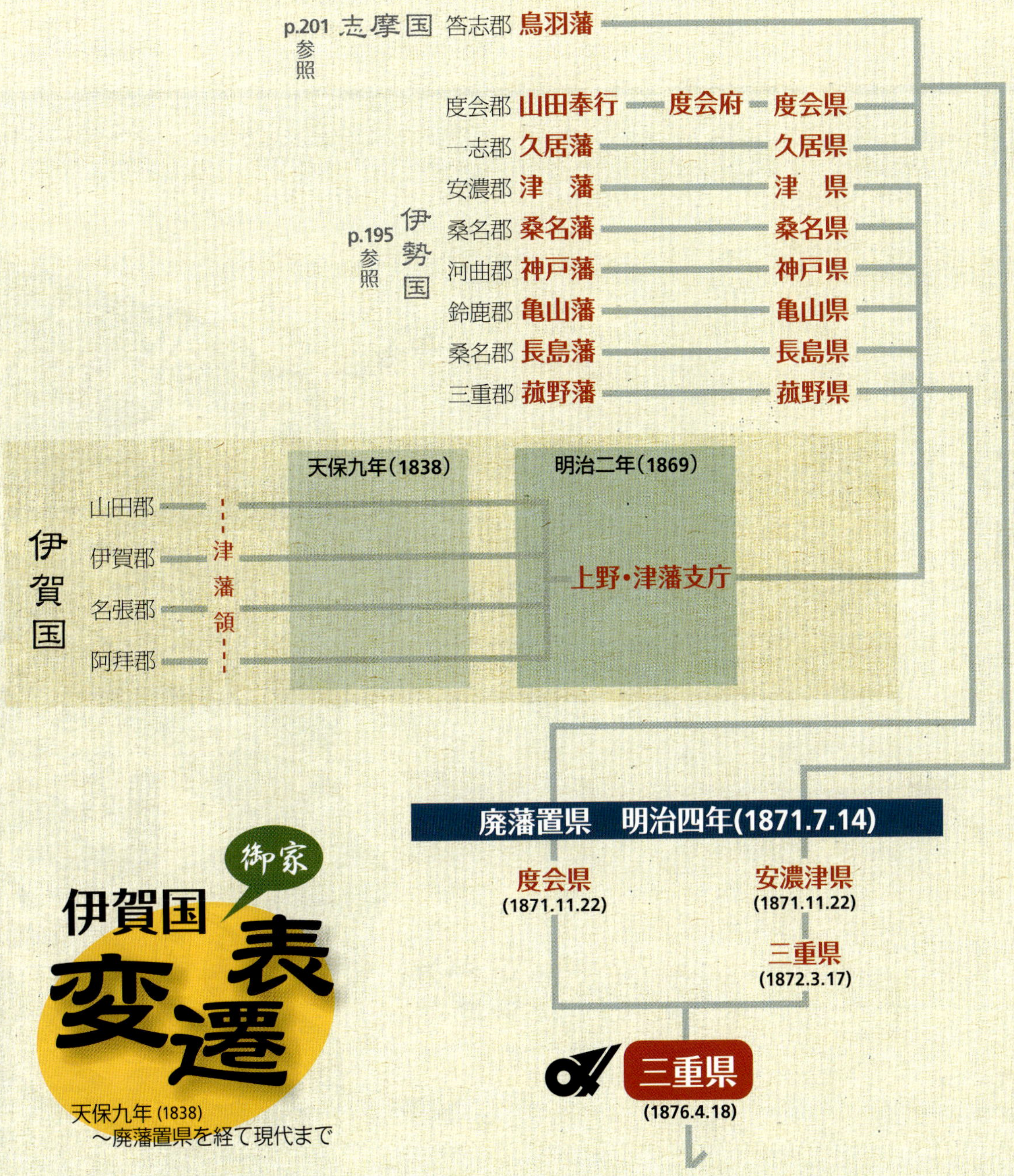

伊賀国のあらまし

伊賀は平家台頭の本拠であり、平治の乱には山田伊行《これゆき》が平清盛方に参陣した。平家滅亡後、源頼朝はこうした背景を重視し大内惟義を伊賀の守護に任じたが、平家の残党はその後も度々乱を起こした。室町以降は足利氏と同系の仁木氏が守護となり伊賀を統治していたが、天正九年 (1581) 織田信長は次子信雄《のぶかつ》を大将とする大軍を伊賀に送り、守護大名仁木氏と土着の勢力を一掃させた。

慶長五年 (1600) 関ヶ原の役後、伊予から入部した藤堂高虎が伊勢の安濃郡、一志郡と合わせて伊賀国全土を領した。伊賀を西国や大坂方に対する要衝とみなした徳川家康は、高虎に命じて伊賀上野に城を築かせる。江戸城建設にも関わり築城の名手と呼ばれた高虎は自ら縄張りをし、深い内堀・外堀をはじめ日本一といわれる高石垣を築いた。津藩藤堂家は徳川家の外様の先鋒といわれ信頼が厚かったが、鳥羽伏見の戦いでは先陣を切った藤堂軍が官軍に寝返り、幕軍敗北の要因を作った。

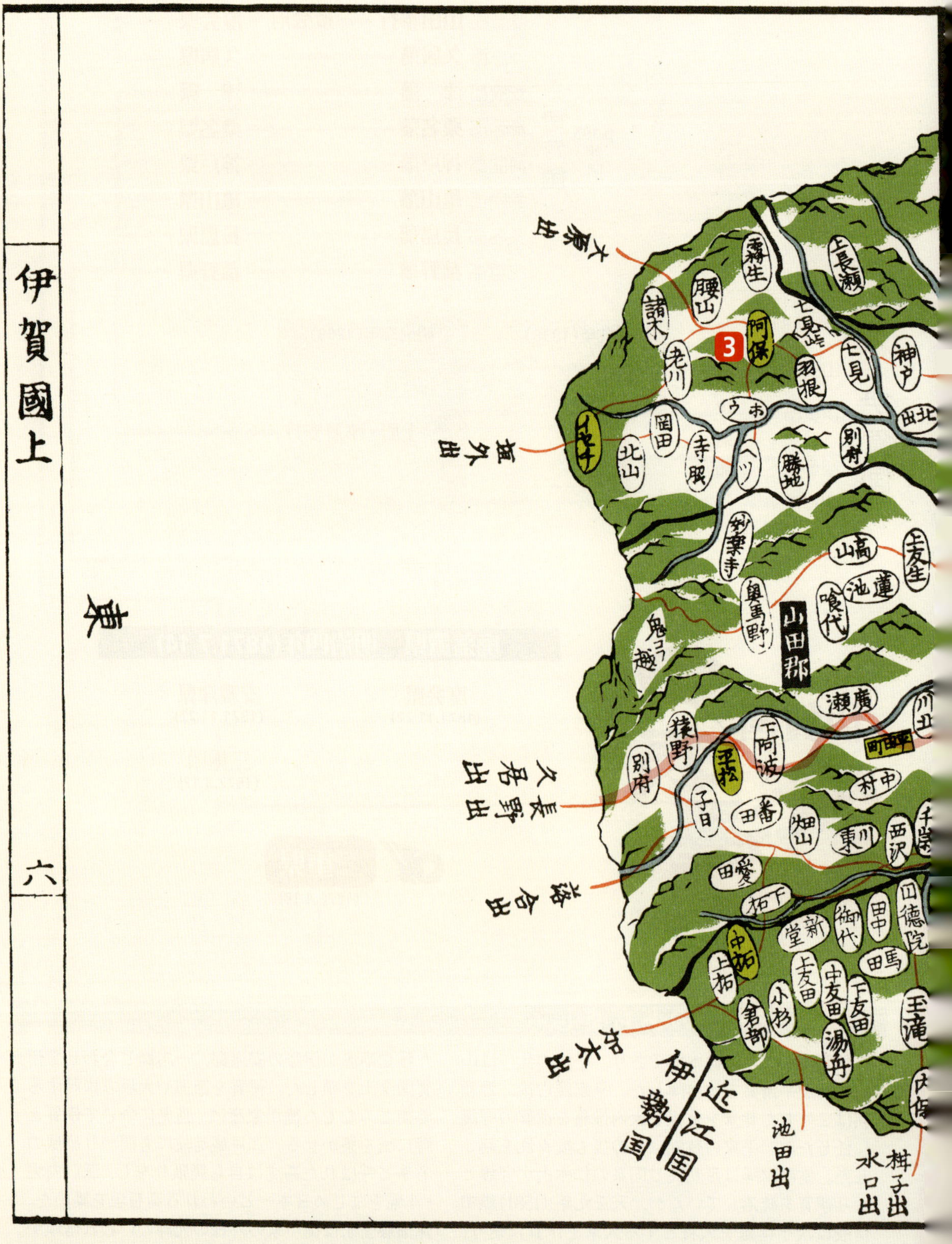
伊賀國上
六
東
大原出
諸木
腰山
阿保
老川
上長瀬
七見峠
七見
羽根
神戸
岡田
寺脇
北山
勝地
別府
高山
上友生
蓮池
喰代
山田郡
奥馬野
廣瀬
猿野
下阿波
平松
平田町
中村
別府
久居出
長野出
子日
番田
畑山
東川
西沢
愛田
落合出
下柘
中柘
上柘
新堂
御代
田中
馬田
上友田
中友田
下友田
小杉
倉部
湯舟
玉滝
加太出
伊勢国
近江国
池田出
柑子出
水口出

伊賀國
西
北
大和
伊勢
大和国
山城国
近江国
山城国
名張郡
阿拝郡
伊賀郡
名張
上野
三本松
島ヶ原
1
2
三本松出
初瀬寺道
上笠間出
尾山出
大和ノ石打出
北川木津路
北大河原出
奈良道
信楽ノ小川出
信楽ノ朝宮出
黒田川
長田川
蔵口
中村
布生
神屋
夏見
矢川
坂下
安部田
手井
黒田
黒田峠
松原
八幡
大滝
大内上庄
大野木
朝屋
鬼子
河南
小田
東村
西村
西山
三田
音羽
丸柱
土橋
外山
馬場
槙山
石川
服部
羽根
寺畑
西明寺
荒木
四十九
久米
才良
東谷
追分
蔵持

安藤広重 / 六十余州名所図会「上野」

伊賀国
名所旧跡見聞録

文化
伊賀《いが》くみひも
藤堂高虎自慢のくみひも

伊賀くみひもの歴史は長く、奈良時代初期に仏教とともに大陸から伝えられたといわれ、江戸時代にはすでに伊賀はくみひもの産地として知られていた。しかし、現在のような和装小物としての使用法は明治期からのことで、平安京では貴族の装束に、鎌倉〜江戸時代は主に武具部品に、一部は茶道具や日用品の装飾などに応用されていた。また戦国期には伊賀忍者が「下げ緒七術」の下げ緒の紐として使ったという記録も残る。明治の廃刀令によりくみひも産業は衰退するが、間もなく再興した。

△伊賀くみひも

歴史
島《しま》ヶ《が》原宿《はらしゅく》 1
伊賀の玄関口

聖武天皇ゆかりの観菩提寺（正月堂）を中心に出来た門前町。大和と伊賀を結ぶ交通の要衝で、鎌倉時代に宿駅が開かれた。木津川舟運の川湊として賑わい船番所が置かれる。2月に行われる正月堂の修正会《しゅしょうえ》は、奈良東大寺二月堂のお水取り（修二会）に先駆けて行われ、大餅会式《だいひょうえしき》ともいわれる。近郷の村々で寺へ捧げる大餅がつかれ、献餅練り込みがあるこの行事は伊賀路に春を呼ぶ風物詩として、遠近各地からの見物人や参詣者で大いに賑わう。

観菩提寺　三重県伊賀市島ヶ原
JR関西本線島ヶ原駅下車

自然
尼《あま》ヶ《が》岳《たけ》
画家も魅せられた秀麗な姿

天岳とも首岳とも呼ばれる伊賀国第一の高峰。山容が美しいので伊賀富士の愛称がある。尼ヶ岳の北にある桜峠は、伊勢路、阿保宿を経る初瀬街道の枝道が通る。尼ヶ岳は、狩野派の画家谷文晁が山々を描いた「日本名山圖會」にも取り上げられ、街道筋の名所として知られた。

三重県伊賀市

江戸
三大仇討
舞台は伊賀上野鍵屋の辻
『伊賀越仇討《いがごえかたきうち》』 2

荒木又右衛門保知《あらきまたえもんやすとも》は服部郷荒木村に生まれた剣豪である。新陰流を柳生十兵衛三厳から伝授される。のち大和郡山藩主松平忠明に召抱えられ、藩の剣術指南役となった。同じ頃、又右衛門は備前岡山池田家の家臣・渡辺内蔵助の娘を妻として迎えた。

ある時、その妻の弟で池田家に仕える渡辺源太夫が同僚の河合又五郎に殺された。又五郎は脱藩して江戸へ向かい、旗本安藤四郎右衛門に匿われる。岡山藩主池田忠雄は又五郎の身柄を要求するが、旗本の大名への対抗意識から四郎右衛門は又五郎の身柄を保護し続けた。幕府の裁定を仰いだ忠雄だが、大名家と旗本の確執が深まる中で急死する。死の床に家老を呼び、又五郎の首級《しゅきゅう》を墓前に供えよと言い残したといわれる。岡山池田家と、鳥取池田家の国替えを期に、源太夫の兄数馬は上意討ちの意趣をも含んだ敵討ちの旅に出た。その際、義兄又衛門が助太刀として同道したのである。一方その頃、旗本安藤四郎右衛門は谷中の寺に謹慎を命じられ、又五郎は江戸を追放されていた。

数馬・又右衛門は寛永十一年（1634）11月5日、苦難の末伊賀上野鍵屋の辻で仇敵又五郎にようやく巡り会う。又五郎の助太刀は大和郡山での又右衛門の同僚・河合甚左衛門であったが又右衛門はこれを討取り、数馬は又五郎と三刻（6時間）斬り合った末ようやく本懐を遂げた。又右衛門は二人が切りあっている間「助太刀はせぬ」と言って、じっと睨《にら》みを効かせていたという。

数馬と又右衛門は藤堂家に保護され客分として扱われたが、旗本からの刺客に備え厳重な警備が敷かれた。藤堂家に滞在すること4年、忠雄の子光仲に要請され二人は鳥取藩へ身柄を戻されることとなった。しかし又右衛門は鳥取に到着してわずか18日目に急死してしまった。41歳であった。鳥取に呼び寄せられていた又右衛門の妻が到着したのはその10日後のことであったといわれている。

伊賀国出身の有名人

この人に注目

松《まつ》尾《お》芭《ば》蕉《しょう》

正保元年(1644)~元禄七年(1694)

伊賀国上野の松尾与左衛門の次男に生まれる。津藩の侍大将に仕えながら、北村季吟に俳諧を学ぶ。職を辞した後、寛文十二年(1672)『貝おほひ』を編み、30歳頃に俳諧師となるため江戸へ上る。貞享元年(1684)頃、蕉風俳諧を確立し、俳諧の地位を和歌と比肩させた。旅に多く出て、『奥のほそ道』や『野ざらし紀行』などの秀作を残したが、元禄七年(1694)旅の途上の大坂で病に倒れた。最後の句は「旅に病んで夢は枯れ野をかけめぐる」。

日本一の高石垣の城

伊《い》賀《が》上《うえ》野《の》城《じょう》 2

家康は大坂の豊臣秀頼への備えとして、藤堂高虎に伊賀上野に築城を命じた。高虎は筒井氏の城地を広げるとともに大修築し、五層の天守を設けた。本丸西側には日本一高いという石垣を廻らし防備を固めている。復興天守や高石垣、濠があり、遺構をよく残している。

三重県伊賀市上野丸の内
近鉄伊賀線上野市駅下車

仇討ちは幕府によって公認された復讐の手段であるが、父や兄など尊属を殺された場合にのみ許された。伊賀越仇討は渡辺数馬が弟・源太夫の敵を討ったものだが、これは亡き岡山藩主池田忠勝が望んだためであると、主君の敵討ちに等しいものと解釈された。曽我兄弟・赤穂浪士とならんで日本三大仇討のひとつに数えられるこの伊賀越仇討は、その後「36人斬り」の講談『伊賀越仇討』や『伊賀の水月』として人気を得、芝居や映画にもなった。伊賀上野には舞台となった鍵屋の辻史跡公園の他、荒木又右衛門生誕地碑、河合又五郎の墓などゆかりの史跡が残る。

△歌川国貞 / 伊賀ノ上野仇討ノ図

伊賀国忍者伝説の残る地

◆赤《あか》目《め》四《し》十八《じゅうはち》滝《たき》(名張市)

伝説の修験者役《えんの》小《お》角《づぬ》がこの地で修行中、不動明王が赤い目の牛に乗って現れたことからこの名がついたという。1里ばかり続く渓谷は滝と淵と早瀬がつづき、奥に行くほど壮観な瀑布の風景が広がる。

役小角は、大和国葛城上郡の人。奈良時代の初め、河内国境の葛城山(戒那山)で仙術の修行をしたという呪術者。役《えん》の行者《ぎょうじゃ》ともいい、のちに修験道の開祖として崇められ、また伊賀流忍術伝説の源となる。

△赤目四十八滝

◆阿《あ》保《ぼ》宿《しゅく》(伊賀市) 3

日本伊勢参宮道の一つである初《は》瀬《せ》街道の宿場町。霧生の南に高尾という土地がある。村上天皇の時代(946~967)藤原千方という将軍が朝廷に反抗してここに立てこもった。千方には金鬼、風鬼、水鬼、蔭形の四鬼と伝えられる勇猛果敢な4人の家来がおり、この4人が伊賀忍者の祖であるという伝説が残る。

△芳虎 / 近江土山千方之邪法

◆式《しき》部《ぶ》塚《つか》(伊賀市)

昔、百《もも》地《ち》三《さん》太《だ》夫《ゆう》が北面の武士として都にあった頃、式部という官女と恋に落ちた。三太夫は任を解かれ帰郷する際、式部を伴うことにした。式部が先に家に着くと、嫉妬に狂った三太夫の妻は式部を殺して井戸に投げ込み、自分も身を投げて死んでしまう。三太夫は井戸を埋めて塚とし、二人の菩提を弔ったという。

百地三太夫は伊賀忍者の創始者ともいわれるが、講談や小説では大泥棒石川五右衛門の師として描かれる。百地家は服部、藤林ともに伊賀上忍三家の一つと数えられ、伊賀市には百地家に関する名所旧跡が多く残っている。

近江国《おうみのくに》

（滋賀県）

近江国は現在の滋賀県とほぼその範囲が合致する。中山道の彦根や東海道の膳所を中心に栄えた。国内最大の湖・琵琶湖や比良嶽など景勝地が多い。領内は彦根藩を中心に統治された。

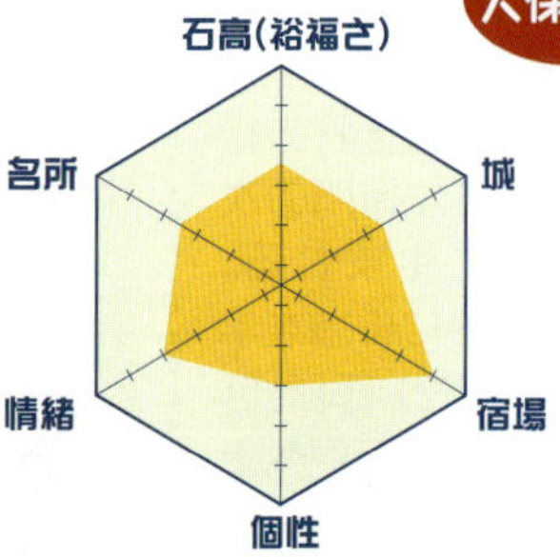

天保年間 知っとくDATA

推定人口	511,948人(1834年)
名産品	膳所米、鰻、干瓢 信楽茶、艾、蚊帳 鉄砲、水口煙管
名物	鮒鮓、姥が餅、和中散
埋蔵金噂話	少 ― 多
代表的妖怪	油坊、釣瓶おろし

近江国 御家変遷表

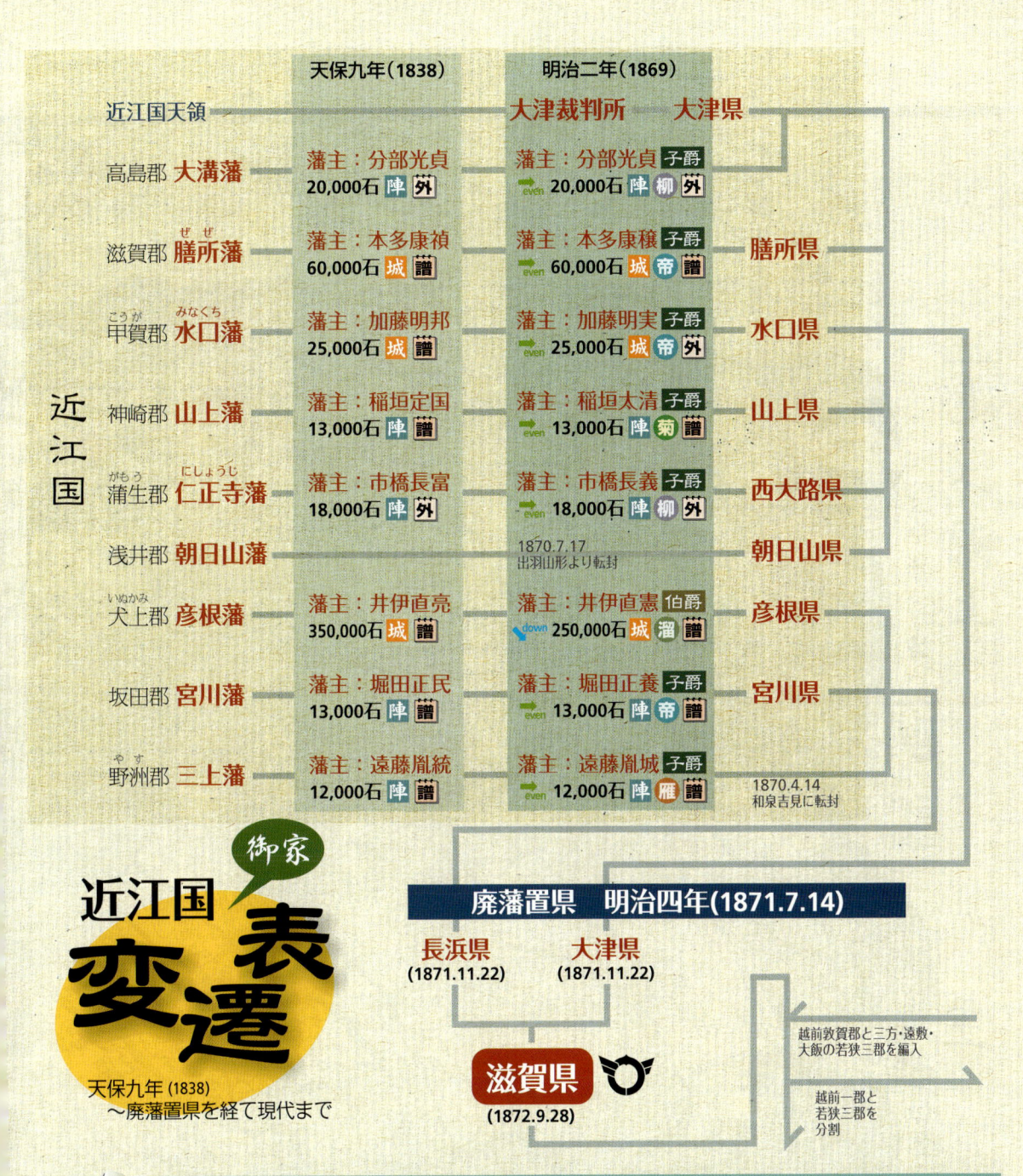

天保九年 (1838)
～廃藩置県を経て現代まで

近江国

郡	藩	天保九年(1838)	明治二年(1869)	県
近江国天領			大津裁判所	大津県
高島郡	大溝藩	藩主：分部光貞 20,000石 陣 外	藩主：分部光貞 子爵 even 20,000石 陣 柳 外	
滋賀郡	膳所《ぜぜ》藩	藩主：本多康禎 60,000石 城 譜	藩主：本多康穣 子爵 even 60,000石 城 帝 譜	膳所県
甲賀《こうが》郡	水口《みなくち》藩	藩主：加藤明邦 25,000石 城 譜	藩主：加藤明実 子爵 even 25,000石 城 帝 外	水口県
神崎郡	山上藩	藩主：稲垣定国 13,000石 陣 譜	藩主：稲垣太清 子爵 even 13,000石 陣 菊 譜	山上県
蒲生《がもう》郡	仁正寺《にしょうじ》藩	藩主：市橋長富 18,000石 陣 外	藩主：市橋長義 子爵 even 18,000石 陣 柳 外	西大路県
浅井郡	朝日山藩		1870.7.17 出羽山形より転封	朝日山県
犬上《いぬかみ》郡	彦根藩	藩主：井伊直亮 350,000石 城 譜	藩主：井伊直憲 伯爵 down 250,000石 城 溜 譜	彦根県
坂田郡	宮川藩	藩主：堀田正民 13,000石 陣 譜	藩主：堀田正養 子爵 even 13,000石 陣 帝 譜	宮川県
野洲《やす》郡	三上藩	藩主：遠藤胤統 12,000石 陣 譜	藩主：遠藤胤城 子爵 even 12,000石 陣 雁 譜	1870.4.14 和泉吉見に転封

廃藩置県　明治四年(1871.7.14)

長浜県 (1871.11.22)
大津県 (1871.11.22)

越前敦賀郡と三方・遠敷・大飯の若狭三郡を編入

越前一郡と若狭三郡を分割

滋賀県 (1872.9.28)

近江国のあらまし

近江国では、鎌倉時代の初め蒲生《がもう》郡佐々木荘の荘官佐々木（六角）氏が源頼朝の挙兵に加わり、鎌倉幕府草創の功臣として守護職に任ぜられた。戦国時代には浅井《あざい》氏が近江北部を領していたが、永禄十一年（1568）織田信長が近江に侵攻を始める。元亀元年（1570）、浅井長政は越前の朝倉義景と結び、姉川で織田・徳川連合軍を迎え撃つが敗れ、天正元年（1573）長政は小谷《おだに》城で自刃した。

慶長五年（1600）関ヶ原の役を経て天下を制した家康は、東海道・中山道が通る近江を畿内の関門と考え、旧勢力を一掃する。戸田氏、堀田氏などの譜代大名を近江国内の要所に配置し、さらに彦根（1）を第一の要衝地として徳川四天王の一人である井伊直政を18万石で封じた。のち35万石に加増された彦根藩井伊家は幕末まで一貫して彦根を領し、譜代筆頭として代々大老を出して徳川政権下で重きを成した。幕末の十六代藩主直弼《なおすけ》が安政の大獄を断行し、万延元年（1860）に桜田門外で暗殺されたことはあまりに有名である。

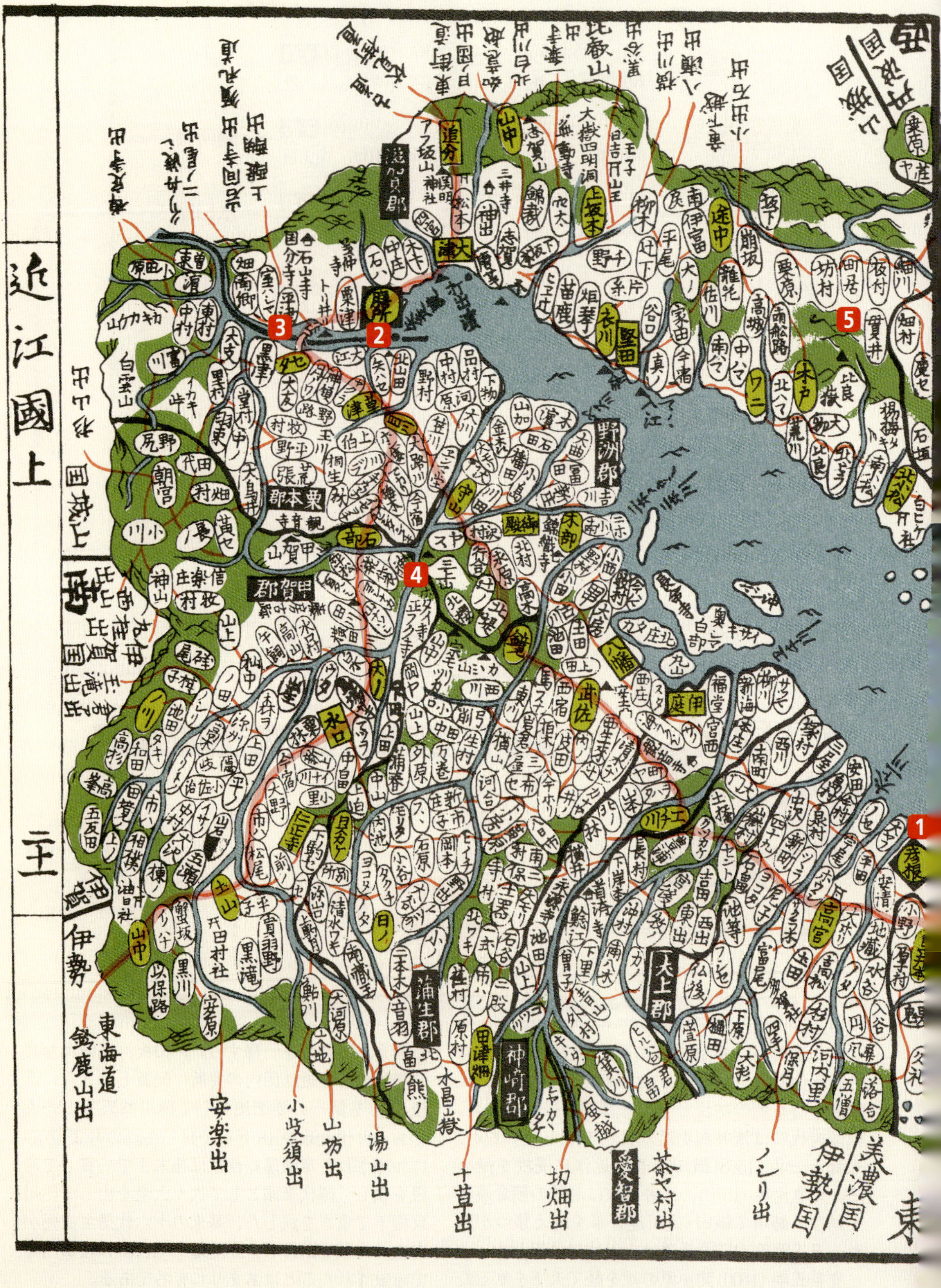
近江國上
東海道
鈴鹿山出
安楽出
小岐須出
山坊出
湯山出
切畑出
茶ヤ村出
美濃国
伊勢国
伊賀
伊勢
蒲生郡
神崎郡
愛智郡
犬上郡
野洲郡
甲賀郡
栗本郡
比叡山
大津
膳所
彦根
八幡
水口
日野
武佐
草津
石部
守山
堅田
高宮
1
2
3
4
5

近江國
北
琵琶湖
竹生島
高島郡
浅井郡
伊香郡
坂田郡
越前国
美濃国
中仙道

近江国 名所旧跡 見聞録

安藤広重 / 六十余州名所図会「琵琶湖石山寺」

自然 矢橋《やばせ》の渡《わた》し 2 瀬田《せた》の唐橋《からはし》 3

急がば回れの語源となった渡し船と橋

矢橋の渡しは東海道の草津宿と大津宿を2里（約8キロ）で結んだ湖上水運である。矢橋の渡しを使わないと、草津宿から大津宿までは瀬田の唐橋を渡って3里（約12キロ）の陸路を歩かなくてはならなかった。瀬田の唐橋は宇治橋、淀橋と並んで三大名橋と呼ばれ、「唐橋を制するものは、畿内乃ち天下を制する」といわれた軍事上の要地である。ちなみに「急がば回れ」の語源、「もののふの矢橋の船は速けれど急がば回れ瀬田の長橋」は、この矢橋の渡しと瀬田の唐橋を詠《うた》ったものである。時代の趨勢《すうせい》には勝てず、鉄道の開通に伴って渡しは廃《すた》れ、矢橋も廃湊となってしまったが、壬申の乱の舞台としても名高い瀬田の唐橋は近江八景の一つにも数えられ、情緒深い姿をとどめている。

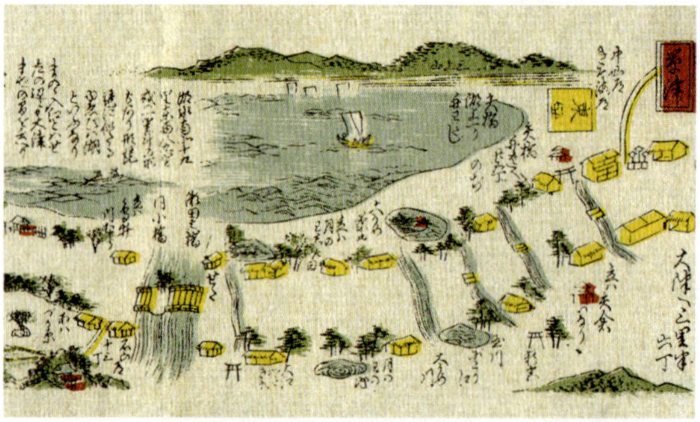

△諸國道中細見絵図 矢橋の渡しと瀬田の唐橋部分

自然 近江八景《おうみはっけい》

日本人の心の風景

近江八景とは、江戸時代初期頃に選定された近江の名勝「瀬田夕照《せたのせきしょう》」「石山秋月《いしやまのしゅうげつ》」「矢橋帰帆《やばせのきはん》」「粟津晴嵐《あわづのせいらん》」「三井晩鐘《みいのばんしょう》」「唐崎夜雨《からさきのやう》」「堅田落雁《かたたのらくがん》」「比良暮雪《ひらのぼせつ》」のことで、その原型は鎌倉時代から室町時代、禅とともに中国からもたらされた山水画の画題「瀟湘《しょうしょう》八景」にみることができる。近江八景が全国的に知られるようになったのは、広重が天保五年（1834）に描いた浮世絵によるが、屏風や陶磁器などにも登場することで日本の代表的風景として親しまれた。

△瀬田夕照

歴史 天保義民《てんぽうぎみん》 4

10万日の検地延期と義民の犠牲

天保十三年（1842）、三上村庄屋土川平兵衛らは、甲賀郡、野洲郡、栗太郡の農民と共に一揆を起こし、幕府勘定方市野茂三郎が滞在する三上山麓の陣屋を取り囲んだ。この騒動の発端は、本田の再検地によって村高の増加をはかろうとする市野らが、本来の6尺1分の間竿ではなく5尺8寸しかない間竿で検地しようとしたためであった。この一揆により農民たちは、検地を10万日延期するという証文を書かせることに成功した。しかし、一揆の首謀者とみなされた土川平兵衛ら11人は江戸送りとなり獄死してしまった。野洲市では今でも村を救った土川平兵衛らを称えて、毎年10月15日に天保義民祭を行っている。

現在も残る、近江商人の商売の極意

江戸コラム 近江商人《おうみしょうにん》の隆盛《りゅうせい》

江戸時代、近江中郡（蒲生・神崎・愛知《えち》）ことに八幡《はちまん》・日野・五箇荘《ごかしょう》を中心に、行商と出店によって三都ほか松前（蝦夷）をはじめ、広く全国的に進出した商人たち。彼らの国元は多数の渡来人移住地で、算数・商業に秀いでた子孫が多いことや、近江が三道の枢要を占め京都を控えているなど、商人の発生条件が揃っていた。また近江は水害が多く農業生産が不安定なためどうしても商業を求める必要があり、安土《あづち》・八幡以下が城下町でなくなり領主の保護を失った商人たちは、必要に迫られ行商人として各地に進出した。

営業形態は行商より出店となり、商業は工業・漁業・金融業にまで進展する。国産品の需要が増えると、原料を北陸に求めますます生産量を増やし、元和・寛永ごろから各国に店舗を構え、中には江戸日本橋に出店する者もいた。関東地方の醸造業は主として近江商人がはじめたもので、松前では場所請負人となり漁業にもあたった。

近江国出身の有名人

名前	生没年	概要
岡田八十次	1568-1650	近江商人
淀殿	不詳 -1615	豊臣秀吉の側室。豊臣秀頼の母
小堀遠州	1579-1647	大名茶人。「綺麗さび」幽玄・有心の茶道を創る
中江藤樹	1608-1648	日本陽明学の祖。『翁問答』
北村季吟	1624-1705	和学者、俳人。国学発展の先駆
浅見絅斎	1652-1711	山崎闇斎の弟子　『靖献遺言』
雨森芳州	1668-1755	儒学者。対馬藩で外交にも活躍
井伊直弼	1815-1860	幕末期の大老。桜田門外の変にて殺害

この人に注目

甲良《こうら》宗広《むねひろ》

天正二年（1574）～正保三年（1646）

近江国犬上郡甲良庄法養寺村の大工の家に生まれる。慶長の頃、徳川家康に招かれ江戸に移住。幕府作事方《さくじかた》大棟梁として、江戸城の改築や増上寺大徳院霊廟の建築などに力を発揮する。宗広の作品の中で最も有名なものは日光東照宮である。三代将軍徳川家光の命を受け、家康を祀る日光東照宮の「寛永の大造替」の総棟梁となる。寛永十三年（1636）、大仕事を完成。日光東照宮は「日光の社寺」のひとつとして、世界遺産に登録されている。

交通の要衝を睨む城

彦根城《ひこねじょう》 1

北陸道と中山道が分岐する要にあり、琵琶湖を背景に金亀山に築かれた城で、徳川四天王の井伊直政の子直継が藩祖。国宝の天守は大津城の移建とされ、天秤櫓や多聞櫓、太鼓門なども佐和山や長浜城から移築された。不遇時代の井伊直弼の埋木舎や楽々園がある。

滋賀県彦根市金亀町

JR 東海道本線彦根駅下車徒歩 15 分

彼らはその資金を持って大名貸《だいみょうがし》になり、さらにそれを運用し、日野出身の中井源左衛門家などは多数の出店で質屋をなしている。

また、経理・帳簿も相当に発達しており、支店から本店へ送られる決算報告書である「店卸目録」とその付属書類、支店における控え「店卸帳」、決算通算表である「店卸下書」、さらには日常使用された「大福帳」や「金銭出入帳」などにいたるまで各種の帳簿が揃えられていた。

近江国の伝説

愛護若伝説《あいごのわかでんせつ》（大津市）

昔、京の都に二条左大臣清平という貴族がいました。富と権勢を手にした彼は、子が生まれないことに悩んでいました。ある時、清平と妻は大和《やまと》の長谷寺《はせでら》に参籠《さんろう》します。しかし、観音菩薩のお告げは二人には子はできないというものでした。諦めきれない彼らは、子どもが授かるなら二人のどちらかの命を捧げる、という願をかけます。二人の必死の願いに観音菩薩は「子が3歳になったときに夫婦どちらかの命を絶つ」と告げて願いを聞き入れました。

それから清平夫妻に男の子が生まれ、愛護若と名付けられました。夫妻は若が3歳になったらどちらかが死ぬことを覚悟していましたが、観音菩薩の慈悲で何事も起こらずに月日が経ちました。ところが母親は、若が13歳になったとき「命を絶つという約束の年を10年も過ぎた。観音様でも嘘をつくのだ」と言ってしまいます。すぐに罰が下り母親は病で亡くなりました。

清平は後妻に雲井の前という女性を貰いましたが、この継母《ままはは》は若を家から追い出してしまいます。若は比叡山にいる叔父の阿闍梨《あじゃり》を訪ねて旅に出ました。苦しい旅の果てに阿闍梨の住む堂へたどり着きましたが、乞食のように薄汚れた姿の若を寺男は追い払ってしまいます。望みを失った若は小袖に自分の血で恨み言を書きつけ、霧降の滝へと身を投げたのでした。小袖を見た阿闍梨は驚いて清平に知らせ、清平は愛護若を追い出した雲井の前を川に沈めて殺したということです。

近江国不思議な話

比良《ひら》八荒《はっこう》の由来《ゆらい》（滋賀郡志賀町）5

昔、娘が若い僧に恋をした。僧は比良まで100日通えば気持ちに応えると言う。娘はたらいに乗って僧のもとへ通った。100日目、あわてた僧は目印になる灯を消してしまう。目印をなくした娘は琵琶湖に沈み、以来その頃になると「比良八荒」という強い風が吹くようになったと言う。

蝦《え》夷《ぞ》地《ち》
（北海道）

蝦夷地は現在の北海道とその範囲が一致する。昔から鮭や鯡、鮑などの豊富な海産物が採取され諸国に運ばれた。領内は松前藩が統治し、箱館は戊辰戦争における最後の舞台となった。

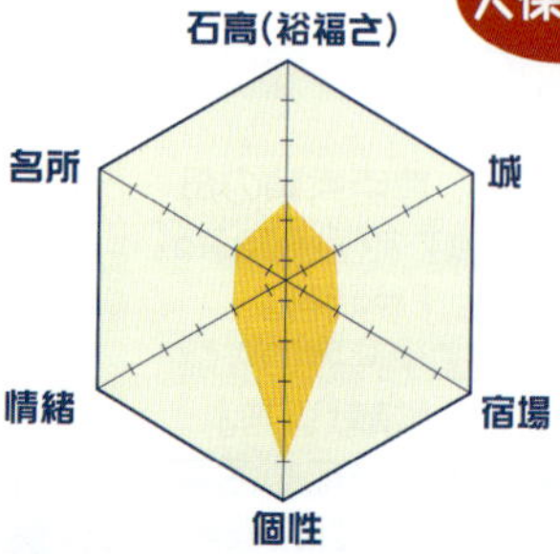

天保年間

知っとくDATA

推定人口	松前 67,862人（1834年）
名産品	数の子、木耳、海豹、海獺皮
名物	干独活、石焼鯨、鶴肉の塩漬
埋蔵金噂話	少 ━━━━ 多
代表的妖怪	もしりしんないさむ

江戸時代末期と現在の比較

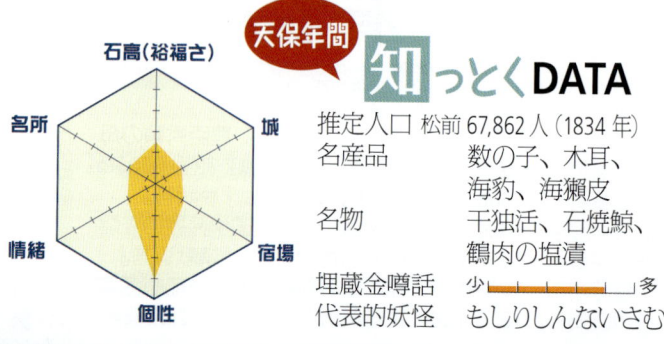

御家 蝦夷地 変遷表

天保九年 (1838)
～廃藩置県を経て現代まで

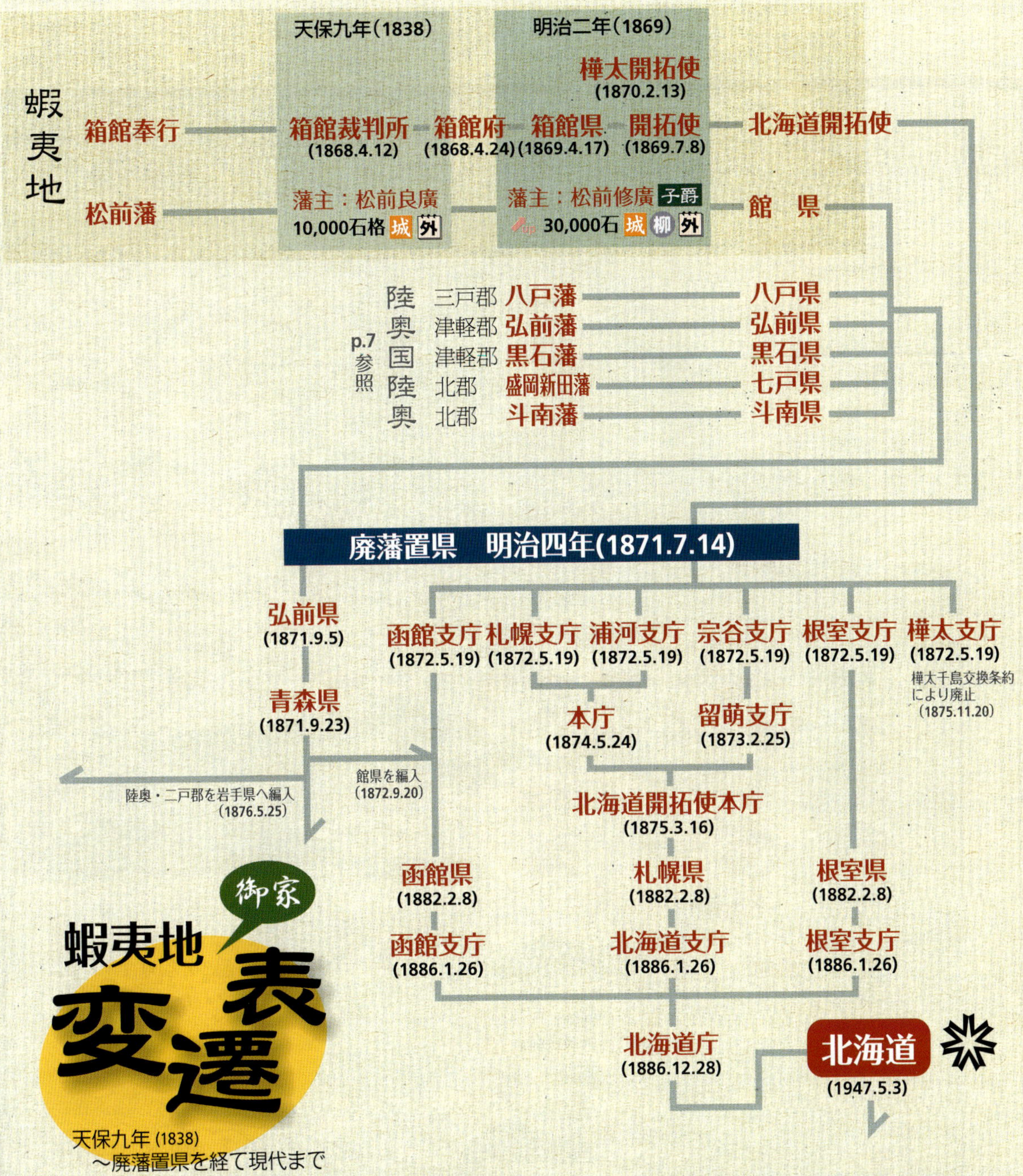

蝦夷地のあらまし

文治五年 (1189)、源頼朝は奥州藤原氏を滅ぼした後、奥羽の地の政務や訴訟を統轄する管領、遠《おん》国《ごく》奉行などを置いた。津軽の豪族である安東《あんどう》氏は蝦夷管領を命ぜられ、代々その職を継ぐことになった。南北朝時代、戦乱は奥羽にも広がり、敗れた豪族のうち蝦夷地へ逃れる者も多かった。やがて安東氏の代官蠣崎《かきざき》信広が蝦夷に渡来した和人を統《す》べるようになり、五代慶広《よしひろ》のとき豊臣秀吉から蝦夷島主として認められた。

慶長四年 (1599)、慶広は姓を蠣崎から松前《まつまえ》に改め、同十一年 (1606)、福山 (松前) に城を築いて領内統治の中心とした。松前藩は米を産しないため当初幕府は万石による格付を行わなかったが、寛文四年 (1664) 初めて１万石格とされ、松前氏は諸侯に列した。享和二年 (1802) には箱館に蝦夷奉行が設けられ、幕府の直轄地となった。元治元年 (1864) には五稜郭《ごりょうかく》が完成、戊辰《ぼしん》戦争最後の戦いの舞台となった。

礼文
利尻
宗谷
天塩
中川
雨竜
空知
石狩
札幌
小樽
高島
忍路
余市
古平
積丹
美国
岩内
後志
西
千歳
寿都
島牧
瀬棚
太櫓
久遠
山越
檜山
奥尻
茅部
胆振
亀田
上磯
渡島
1

明治三年（1870）金鱗堂福住清七版「北海道全図」

蝦夷地 名所旧跡 見聞録

橋本玉蘭貞秀 / 大日本国郡名所「陸奥ノ北国松前」部分

歴史 シャクシャインの戦《たたか》い

松前藩に対峙したアイヌ民族の誇りにみちた闘争

寛文九年（1669）、蝦夷アイヌ民族が一斉蜂起《ほうき》した反松前藩の戦い。シャクシャインとはシベチャリ（静内町）のアイヌ首長の名である。松前藩から不平等な交易を強いられていたアイヌ民族の蜂起の引き金は、シベチャリとハエ（門別町）が猟場をめぐって起こしたアイヌの内紛において、ハエの使者が松前藩に武器の要請に行ったが断られ、その帰途に死亡したことであった。死因は疱瘡《ほうそう》であったというが、これが松前藩による毒殺であるとシベチャリ・ハエ両地域に伝えられた。これを聞いたシャクシャインの怒りは頂点に達し、紛争相手であったハエ地域のアイヌをも傘下《さんか》に加え松前藩に襲撃を加えた。幕府側も津軽藩などに出兵を要請、結果シャクシャインは偽りの和解の酒席で旗本松前泰広に殺害された。

歴史 クナシリ・メナシの戦《たたか》い

アイヌ民族の和人に対する最後の抵抗

シャクシャインの戦いに敗れたアイヌ民族は、松前藩によって徐々に支配されていった。藩はアイヌに強制労働をさせ、従わない者には暴行・脅迫を加えるなど、力ずくで支配力を強化していった。松前藩の非道に対し寛政元年（1789）、クナシリ島の若いアイヌが中心となって松前藩の番人らを次々に襲撃した。その襲撃はクナシリから始まり、根室海峡対岸のメナシ地方（標津《しべつ》～羅臼《らうす》周辺）にまで及んだ。松前藩は鎮圧隊を派遣し、戦いの指導者 37 人のアイヌを処刑。アイヌ民族の武力は松前藩の前に敗北を喫した。以降アイヌ民族に対する不当な待遇は長年にわたり継続した。

歴史 高田屋嘉兵衛《たかたやかへえ》

北方開拓の功労者

明和六年（1769）、淡路国で生まれた高田屋嘉兵衛は船乗りとしての下積みを経て 27 歳で独立、辰悦丸を新造し箱館を目指した。取引は好調で箱館に店も持ち財をなした嘉兵衛は、箱館の道路や湊の開発にものりだした。また寛政十一年（1799）には近藤重蔵の北方領土調査の案内役として活躍、文化八年（1811）のゴローニン事件を発端とする日露の対立においては仲介役として事件を解決した。

間宮海峡は松田海峡になっていたかも知れない

松田伝十郎《まつだでんじゅうろう》の樺太探検《からふとたんけん》

江戸時代、樺太は蝦夷地の一部として認識されていたが詳細を把握しておらず、まだ樺太が離島であるか半島であるかの調査さえ行われていなかった。ちなみに樺太は当時「唐太」と表記されていたが、明治の北海道国郡命名の際、中国を表す「唐」を日本国内の地名に使用するのは不都合として樺太と命名された。

幕府が全蝦夷地を直轄することになった文化四年（1807）の翌年、幕吏・松田伝十郎は樺太探検を命ぜられた。伝十郎は、幕府が対ロシア対策として蝦夷地の防衛を強化するため東蝦夷地を直轄とした寛政十一年（1799）から、全蝦夷地直轄を経て、松前藩に全蝦夷地が返還される文政五年（1822）の間、極寒の蝦夷地で目覚ましい活躍をした。箱館奉行所の使いであった間宮林蔵とともに樺太に渡った伝十郎は、もし樺太が離島であるなら東周りでも西回りでも一周できるはずであると判断し、伝十郎が西回り、林蔵が東周りでそれぞれ北上していった。伝十郎が大陸との最狭地点ラッカ岬に到着した時、対岸に黒龍江の河口と大陸の山丹地を見、また先住民の情報から、樺太は島であると判断した。一方林蔵の東周りは海流で困難を極め、一旦引き返し今度は西回りで伝十郎の後を追うことにした。2 人が出会ったのは伝十郎の帰路、ラッカ岬の南ノテトであった。伝十郎の案内で 2 人はラッカ岬に戻り、伝十郎は樺太が離島であることの根拠を林蔵に説明した。結局この報告書は林蔵が書いて幕府に提出されたため「間宮海峡」と名付けられることになったが、伝十郎が書いて提出していたならば「松田海峡」と命名されていたかもしれない。

幕末模様 戊辰《ぼしん》戦争《せんそう》の終焉《しゅうえん》と土方歳三《ひじかたとしぞう》の最期《さいご》

よしや身は蝦夷の島根に朽ちぬとも魂は東の君やまもらむ

戊辰戦争を戦い抜いた新選組が最後にたどり着いた地は蝦夷である。会津を落とされ、恭順に転じた米沢藩に庄内の通行をも拒否された彼らは仙台で榎本武揚《えのもとたけあき》ら旧幕府海軍と合流し、榎本が打ち出した「蝦夷共和国」構想のもと戦い続けることを決意する。そして明治元年（1868）10月、旧幕府軍は蝦夷に上陸し、箱館五稜郭を奪って蝦夷独立新政府を樹立した。土方歳三はそこで陸軍奉行に任ぜられている。

ところで土方は戦巧者《いくさこうしゃ》であった。戊辰戦争では敗走のまま各地を転戦しているが、彼が陣頭指揮を執った小隊は必ずしも負け続けたわけではない。旧幕府軍と新政府軍の最後の交戦となった箱館総攻撃においてもそれは符合し、土方率いる隊は二股口で新政府軍を破ったが、他の陣がすべて敗戦したため退却を余儀なくされた。そしてその一カ月後、弁天台場に追い込まれた新選組を救援に向かったところを狙撃され、土方は戦死する。享年35歳であった。弁天台場が落とされ、最後の砦を失った榎本らはついに新政府軍に降伏し、戊辰戦争はここに終結を迎えた。土方の死よりわずか1週間後のことだった。蝦夷に渡る以前の話になるが、軍医松本良順《まつもとりょうじゅん》が土方に降伏を示唆した際、彼は「恭順に甘んじては黄泉《よみ》へ行って近藤にあわす顔がない」と話したという。

△土方歳三最期の地碑

幻の蝦夷地政権 五稜郭《ごりょうかく》 1

北海道近海に出没するロシア軍艦に対し、幕府が安政五年に起工し10年かけて築城した我が国初めてのオランダ式城郭。設計は伊予国大洲藩の軍学者武田斐三郎で、縄張は星形の特異な形だ。榎本武揚ら幕府脱走軍はここに拠り蝦夷地独立を計ったが、夢敗れ降伏した。

北海道函館市五稜郭町
市電五稜郭公園前下車

蝦夷の伝説

阿寒湖《あかんこ》のマリモ 2

昔、阿寒湖西岸のモノッペという集落の酋長シパッチにセトナという美しい娘がいました。18歳になったセトナは副酋長の次男メカニと結婚することが決まります。しかしメカニは札付きのワルでした。しかもセトナはマニベという凛々しい下僕に心を寄せていたのです。マニベもまたセトナを愛しく思っていました。

婚礼の日が近づくにつれ、セトナのマニベへの思いは募りました。その様子からメカニはセトナの本心に気付き、マニベを殺そうとします。不意をついてメカニはマニベに斬りつけましたが、逆に殺されてしまいました。自分に罪はないとはいえ、人を殺してしまったマニベは悩みます。そしてある日一人で阿寒湖に漕ぎ出しました。舟の上で好きな葦笛《あしぶえ》を心ゆくまで吹き終えると、そのまま身を投げてしまいました。これを聞いたセトナは悲しみ、ある風の強い夜、マニベを追って湖に身を沈めてしまいました。それ以来、阿寒湖には見たこともなかった緑色の丸い藻が浮かぶようになりました。集落の人々はそれをセトナとマニベの魂が湖で一つになったものだと思い、マリモと名付けて大切にしたということです。

蝦夷地不思議な話

議論石《ぎろんいし》（虻田郡虻田町）

有珠山《うすざん》の麓《ふもと》にトコタンという村がある。昔、有珠と虻田の首長が領地争いをした時、双方が使者を立て、ここで互いに議論をした。ところが有珠の使者も、虻田の使者も少しも譲らない。長い間議論に議論を重ねている内に、いつのまにか二人とも石になってしまったと伝えられている。

焼串岩《イマニッ》と尻餅沢《しりもちざわ》（三石郡三石町）

昔、コタンカラカムイという巨大な神が鯨を串に刺して焼いていたが、肉が焼けるまでの間に居眠りをしてしまった。ところが鯨から出た脂に火がついたので、驚いた神は尻餅をついてしまった。そのとき神が鯨を焼いた岩が焼串岩、尻餅をついたところが尻沢なのだという。

諸《しょ》藩《はん》索《さく》引《いん》

○諸藩

○幕府直轄地（奉行、代官所など）

【依拠・参考文献】

天保武鑑（天保九年）

藩史大事典	雄山閣
「県史」シリーズ	山川出版社
郷土史事典 各県シリーズ	昌平社
図説 日本の歴史	河出書房新社
大日本地名辞書	冨山房
日本歴史地名体系	平凡社
日本歴史大事典	小学館
江戸の判じ絵	小学館
ふるさと伝説の旅	小学館
全国妖怪事典	小学館ライブラリー
朝日 日本歴史人物事典	朝日新聞社
全国神社事典	大法輪閣
日本史用語事典	柏書房
日本の名産事典	東洋経済新報社
歴史の道調査報告書	各都道府県教育委員会
日本の街道事典	三省堂
日本の旧街道	実業之日本社
五街道細見	青蛙房
文政天保国郡全図	人文社
郷土資料事典	人文社
日本分県地名地図総覧	人文社
諸国道中細見絵図	人文社　他

図版協力（敬称略）
表紙・扉「無筆重宝 國尽案内」神戸市立博物館蔵
国立国会図書館（以下の図版以外）
「盛岡暦」東北大学附属図書館蔵
「菅江真澄肖像画」秋田県立博物館蔵
「天田愚庵遺言書六ヶ條」京都大学附属図書館蔵
「山田羽書」貨幣博物館蔵
「安永九年（1780年）頃の海図」東京海洋大学蔵
「江戸名所図会」出典 ちくま文庫『新訂 江戸名所図会1巻』
「東海道五拾三次之内　岡崎　矢矧之橋」
「武陽金沢八勝夜景」は高橋工房提供による復刻浮世絵版画使用（順不同）

写真協力（敬称略）
（社）函館国際観光コンベンション協会 / 青森県東京観光案内所 / 岩手県観光協会 / 宮城県観光課 / 雄勝地域振興局 / 秋田県観光課 / やまがたプラザゆとり都 / 鶴岡市役所観光物産課 / 福島県観光連盟 / いばらき観光物産センター / 群馬観光物産プラザ / 高崎市役所 / 野田市教育委員会 / 大多喜町役場 / 館山市役所 / 小田原市役所 / 新潟県写真家協会 / いきいき富山館 / 富山県 / 七尾市役所 / 石川県観光推進総室 / 福井県上中町教育委員会事務局 / 小浜市役所 / 甲府市観光協会 / 長野県東京観光情報センター / 高山市役所 / 岐阜県東京事務所六本木センター / 静岡県東京観光案内所 / 愛知県観光協会東京案内所 / 津市地域情報センター / 三重県観光連盟 / 鳥羽市役所 / 滋賀県東京観光物産情報センター　他（順不同）

●ものしりシリーズ　天保国郡全図《てんぽうこくぐんぜんず》でみる

ものしり江戸諸国《えどしょこく》 東《ひがし》日本編《にほんへん》

2005年1月　第1版第2刷発行

企画・編集　人文社編集部
印刷　三松堂印刷株式会社
製作協力　アルス21/ 竹條　創 / 今村　央 / スリージャグス / 上村　敏彦

発行者　近藤和吉
発行所　株式会社 人文社

〒101-0061　東京都千代田区三崎町 3-1-2
営業部　☎ 03-3263-3603　FAX 03-3263-3608
編集部　☎ 03-3263-3581　FAX 03-3263-3238
ホームページ　http://www.jinbunsha.co.jp/

この地図の作成に当たっては、国土地理院長の承認を得て、同院発行の20万分1地勢図を使用したものである。
（承認番号　平16総使、第271号）

判《はん》じてみよう

無筆重宝《むひつちょうほう》 國尽案内《くにづくしあんない》 答え合わせ

「無筆重宝 國尽案内」は天保期（1830～1844）頃に作られた判じ絵である。絵師は不詳だが、中には江戸訛の言葉も混じっているので、江戸版だろうか。各国名が絵で表され、一種の謎かけになっているので是非挑戦してみてもらいたい。

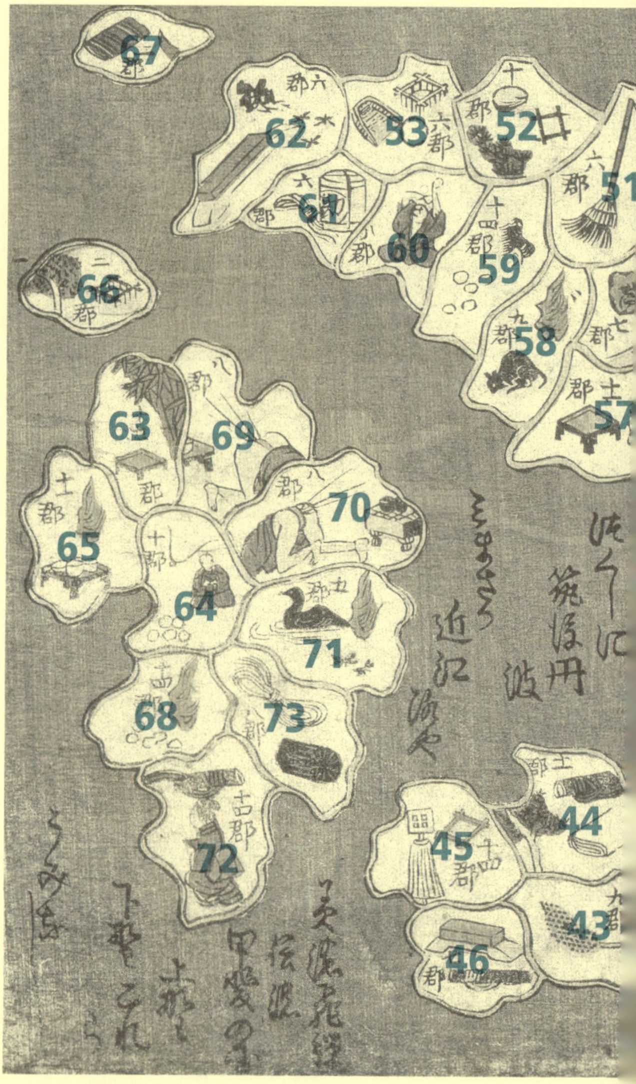

● 東日本編

1~5 **陸奥** ムツ（魚名）「むつ」
6,7 **出羽** 手に濁点＋歯「で・は（わ）」
8 **上野** 香＋漬け物「こう・つ（ず）け」
9 **下野** 袴《はかま》（下）をつける「しもつけ」
10 **常陸** 火＋太《た》刀《ち》「ひ・たち」
11 **下総** 袴《はかま》（下）＋苧《お》＋猿の頭上半分「しも・お（う）・さ」
※苧…麻の古名。
12 **上総** 蚊＋頭＋鞘《さや》の上半分「か・ず・さ」
13 **安房** 粟「あわ」
14 **武蔵** 十六武蔵「むさし」
※十六武蔵…中央に親石（武蔵）1 個、外郭に子石 16 個を並べて勝負する遊技。盤遊び。
15 **相模** 猿の頭上半分＋髪「さ・か（が）み」
16 **甲斐** 櫂《かい》「かい」
※櫂…水をかいて船を進めるのに使う船具。
17 **伊豆** 井戸＋頭「い・ず」
18 **駿河** すり鉢で擂《す》る＋蚊「する・か（が）」
19 **遠江** 戸＋へ＋箕《み》「と（お）・と・（う）・み」
※箕…穀類をあおってふるい、殻・ごみを除く農具。
20 **三河** 箕《み》＋川「み・かわ」
21 **尾張** 苧《お》を割る「お・わり」
22 **信濃** 雛《ひな》＋野「ひ（し）な・の」
23 **美濃** 蓑《みの》「みの」
※蓑…茅・菅などを編んで作り、肩に羽織って用いる雨具。
24 **飛騨** 火＋田「ひ・た（だ）」
25 **越後** 絵＋乳＋碁石五つ「え・ち・ご」
26 **佐渡** 猿の頭上半分＋砥石《といし》「さ・と（ど）」
27 **越中** 絵＋鼠《ねずみ》「え・（っ）・ちゅう」
28 **加賀** 蚊＋蚊に濁点「か・が」
29 **能登** 野＋砥石《といし》「の・と」
30 **越前** 絵＋乳＋膳「え・ち・ぜん」
31 **若狭** 輪＋蚊＋猿の頭上半分「わ・か・さ」
32 **伊勢** 井戸＋背「い・せ」
33 **志摩** 縞「しま」
34 **伊賀** 井戸＋蚊「い・か（が）」
35 **近江** 苧《お》＋へ＋箕《み》「お・お（う）・み」

● 西日本編

36 **山城** 山＋城「やま・しろ」
37 **大和** 矢＋的「や・まと」
38 **河内** 川＋乳《ち》「かわ・ち」
※乳…旗、幟（のぼり）などのふちに、竿を通すためにつけた小さな輪。形が乳首に似ているところから。
39 **和泉** 井戸＋月の上半分＋蓑《みの》「い・つ（ず）・み」
40 **摂津** 背＋月の上半分「せ・（っ）・つ」
41 **紀伊** 木＋井戸「き・い」
42 **淡路** 粟＋琴柱《ことじ》「あわ・じ」
※琴柱…箏・和琴の胴の上にたてて弦を支え、その位置を変えて調律するための「人」の字形の具。